회사법 연구 I

회사법 연구 I

김건식 지음

小花

차례

제3편 주주간의 이익조정

제4편 기업집단과 주주보호

머리말

1977년 학부를 졸업하고 대학원에 진학한 지도 어느덧 30년이 훌쩍 넘었다. 대학원은 연구자를 위한 곳이라지만 대학원 공부를 하면서도 뚜렷이 학자가 되겠다는 생각은 없었다. 미국법상의 집단소송에 대한 석사논문을 쓰면서 처음으로 연구라는 것이 재미있기도 하다는 점을 느꼈다. 1979년 석사과정을 마치면서 바로 미국유학을 떠났다. 막바지로 치닫는 정치현실을 뒤로하고 미국행 비행기를 탈 때만 해도 앞으로 어떻게 살아가야 할지 막연하기만 했다. 영어강의를 따라가는 것은 너무도 힘겨웠지만 LL.M. 논문을 쓰는 것은 그래도 즐거웠다. 기존 논문과는 다른 독자적인 주장을 내세우고 그것을 뒷받침하는 논리를 짜내다 보면 어느새 자신이 아주 고차원적인 일을 하는 듯한 착각에 빠지기도 했다. 1980년 여름 마침내 어느 law review로부터 그 논문을 게재해 주겠다는 편지를 받고서 갑자기 유명 학자나 된 것처럼 마냥 우쭐했던 기억이 생생하다. 어쩌면 온몸을 감쌌던 그때의 야릇한 쾌감이 나를 학문의 길로 이끈 것인지도 모르겠다. 이후 30년을 나는 대체로 회사법과 증권법을 공부하며 보냈다. 1986년 서울대 강단에 서면서부터 연구자 이외의 다른 길은 차츰 멀어져 갔다. 그러나 교수로서의 평온한 일상은 2007년 로스쿨 도입의 소용돌이를 맞으며 산산조각이 났다. 우여곡절 끝에 로스쿨 준비의 행정책임을 맡게 되면서 아쉽지만 학자의 삶은 잠시 접어둘 수밖에 없었다. 대신 학자로서의 휴지기를 맞은 김에 지난 30년 학문활동을 정리해 보자는 생각이 들었다.

그간 증권법 분야에서의 연구성과는 "증권거래법"과 "자본시장법"이라는 제목의 교과서를 내면서 대부분 반영하였다. 그러나 회사법에 관해서 발표한 내 논문들은 여러 곳에 흩어져 찾아보기 몹시 불편했다. 이들 중 기업지배구조에 관해서 쓴 비교적 가벼운 글들을 따로 뽑아 금년 봄 "기업지배구조와 법"이라는 책으로 발간하였다. "기업지배구조와 법"에 실리지 못하고 남은 글들을 모은 것이 이번에 내놓는 "회사법 연구" I과 II이다. 같은 회사법 분야의 글이지만 이 책에 실린 글들이 보다 학술적인 성격이 강한 것이 사실이다.

이 책에 실린 글들은 오랜 기간에 걸쳐 발표된 것들이어서 발표 당시와는 상법, 증권거래법 등 관계법령은 물론이고 경제 여건도 많이 변했다. 그것을 일일이 본문에 반영하는 것은 너무 부담스런 작업이라 최소한도의 내용만 追記에 담기로 하였다. 또한 원고를 정리하다 보니 각주의 인용방식도 글마다 차이가 있었다. 가급적 원래의 모습을 변경하지 않는다는 원칙을 지킨다는 핑계로 그대로 놓아두기로 했다. 아무쪼록 독자들의 너그러운 이해를 빌 뿐이다.

지난 5월로 2년의 학장 임기를 마치고 연구실로 돌아왔다. 창밖에 펼쳐진 관악산 정경을 하염없이 바라보다가도 언뜻 연구하고 싶은 테마나 마무리해야 할 일들이 머리 속을 스쳐 간다. 그러나 인생의 시침이 저녁을 향해 미끄러지듯 흘러가는 처지에 앞으로 30년 전과 같은 쾌감을 얼마나 맛볼 수 있을지 모르겠다.

이 책의 글들은 대부분 서울대에 재직하면서 쓴 것이다. 원고를 정리하면서 새삼 옛 은사들의 기억이 많이 떠올랐다. 돌아가신 정희철 선생님을 비롯해서 최기원, 양승규, 송상현 선생님께 받은 학은에 대해서 다시 한 번 감사의 마음을 표하고 싶다.

이 책을 내면서도 강원대학교 최문희 교수의 도움을 많이 받았다. 한창 연구에 물이 오른 최 교수가 이 책 때문에 빼앗긴 시간과 정력을 생각하면 미안하기 짝이 없다. 끝으로 어려운 출판 여건에서도 이러한 연구서의 발간을 쾌히 떠맡아준 도서출판 소화의 여러분들께 깊이 감사드리는 바이다.

2010년 8월

관악캠퍼스 연구실에서

김건식

제1편

일반론

01 21세기를 맞는 우리 회사법과 회사법학: 그 한계와 과제

I. 서론

전쟁의 상흔이 서서히 아물어 가던 1956년 한국법학원이 창립된 지 어언 50주년을 맞게 되었다. 한국법학원의 창립은 우리 법학의 발돋움을 위한 하나의 시도로 높이 평가할 수 있을 것이다. 우리 상법학계가 전쟁의 혼란에서 벗어나 본격적으로 학문활동을 개시한 것도 대략 이 무렵부터라고 할 것이다. 이 글은 그로부터 반세기를 지나 21세기에 접어든 오늘의 시점에서 이제까지의 우리 회사법과 회사법학의 한계를 성찰하고 앞으로의 과제를 확인하는 것을 목적으로 한다.[1]

1 이 글에서는 우리 회사법학계를 비판의 대상으로 삼았다. 지난 20여 년간 학계의 일각에서 활동해 온 본인도 그 비판에서 벗어날 수 없음은 물론이다. 또한 글의 성격상 우리 학계의 부정적인 측면을 상대적으로 부각하였지만 어려운 환경 속에서도 우리 회사법학의 토대를 구축한 선배학자들의 선구적인 업적을 과소평가하는 취지가 아니라는 점을 밝혀 둔다.

50년 전 우리 상법학계의 최대 과제는 하루빨리 일제의 유산인 의용상법에서 벗어나 독자적인 우리 상법을 제정하는 것이었다. 이러한 학계의 숙원은 1962년 군사정권하에서야 비로소 성취되었다. 당시 상법학계의 대표적인 학자들이 주축이 되어 마련한 상법의 회사편 규정은 1950년 개정된 일본상법과 크게 다르지 않았다. 회사법은 1984년과 1995년 2차례 개정을 거쳤지만 1997년 경제위기를 맞기까지 그 골격은 그대로 유지되었다. 우리 회사법에 대한 근본적인 재검토의 계기가 된 것은 1997년의 경제위기였다. 당시 경제위기의 원인으로 우리 기업지배구조의 후진성을 꼽는 견해가 널리 받아들여짐에 따라 지배구조의 한 축이라고 할 수 있는 회사법을 개정해야 한다는 여론이 힘을 얻게 되었다. 그리하여 처음으로 폭넓은 여론의 지지와 관심 속에 회사법 개정이 이루어지게 되었다. 경제위기가 가장 심각했던 1998년부터 경제가 회복기에 들어선 2001년까지 불과 4년 사이에 회사법은 무려 4차례나 개정되었다. 같은 시기에 상장회사에 관한 특칙을 담고 있는 증권거래법도 빈번하게 개정되었다. 개정의 빈도에 못지않게 중요한 것이 개정의 폭이라고 할 수 있다. 소수주주권 강화, 집중투표제, 감사위원회 등 회사운영의 투명성을 높이기 위한 개정이 광범하게 이루어짐과 동시에 회사분할이나 주식의 포괄적 교환 · 이전과 같이 조직개편의 촉진을 위한 새로운 제도도 도입되었다. 잠시 숨을 고른 정부는 2006년 6월 현재 다시 대폭적인 회사법개정을 추진하고 있다.

이러한 회사법의 지각변동은 우리나라에 국한된 것이 아니라 전 세계적으로 진행되고 있다. 이웃 일본에서는 그간 지속적인 개정으로 누더기처럼 복잡해진 종래의 회사법규정을 과감하게 포기하고 아예 상법과는 별도의 새로운 회사법전을 마련하였다. 영국, 독일, 프랑스, 호주 등 다른 선진국에서도 회사법은 종전의 패러다임으로는 소화하기 어려운 근본적인 변화를 겪고 있다. 유연성의 면에서 가장 앞선 회사법을 가졌다고 자부하며 이제껏 세계적인 변화의 흐름에서 한 발 벗어나 있던 미국의 회사법실무도 엔론사

태의 충격 속에 급히 제정된 Sarbanes-Oxley법에 의해 크게 변모하고 있다.[2] 이러한 외국의 회사법 개정동향은 다소의 시차를 두고 다시 우리 회사법에 변화의 압력으로 작용하고 있다.

최근 일련의 개정을 통해서 우리 회사법의 모습은 크게 바뀌고 있다.[3] 변화하는 것은 단순한 지엽말단이 아니라 우리 회사법의 토대를 이루고 있던 기존의 사고, 즉 회사법에 대한 觀이라고 할 수 있다. 이처럼 범세계적으로 회사법의 탈바꿈이 진행됨에 따라 우리 회사법학계의 연구대상도 이미 상당한 변화를 보이고 있는 것이 사실이다. 그러한 변화는 예컨대 상사법학계의 대표적인 학술지인 상사법연구에서도 확연히 감지할 수 있다. 상사법연구의 10년 전 호와 최근 호를 비교해 보면 무엇보다 연구의 양이 엄청나게 증가되었을 뿐 아니라 주제도 한결 다양해졌음을 발견할 수 있다.[4] 그러나 회사법연구의 양적 팽창에도 불구하고 연구의 방법이나 스타일면에서는 별로 과거와 차이를 느끼기 어려운 것 같다. 현행법상의 제도에 관한 논문에서도 비슷한 외국 제도에 관한 외국 학설에 의존하여 논지를 전개하는 모습은 과거와 크게 달라지지 않았다.[5]

실제로 보다 중요한 것은 과연 이처럼 쏟아져 나오는 회사법논문이 우리 경제계가 직면하고 있는 회사법적인 과제의 해결에 얼마나 도움을 주고 있는가 하는 물음이다. 안타깝지만 솔직히 이 물음에 대한 답은 상당히 부정적이다. 연일 발표되는 수많은 회사법논문 중에서 우리에게 절실한 회사법적 문제의 해결을 위해서 씨름하는 논문은 그리 많지 않다. 우선 논문을 위한

2 이 법의 간단한 내용에 대해서는 김화진, 미국의 회계개혁법률이 우리나라 기업들에 미치는 효과, BFL 제5호(2004. 5), 65면 이하 참조. 이 법은 우리나라를 비롯하여 여러 나라의 입법에 영향을 주었다. 이 법의 영향을 받은 우리 입법에 관해서는 고창현 · 김연미, 기업회계관련법의 분석과 평가, BFL 제4호(2004. 3), 41면 이하 참조.

3 최근 법무부가 추진 중인 회사법개정이 원안대로 이루어지는 경우에는 그 변화는 한층 더 심화될 것이다.

4 지난 10여 년 사이에 회사법논문을 게재하는 전문학술지가 다수 출현하여 상사법연구와 경쟁하고 있다.

5 과거에 비하여 외국문헌의 확보가 용이해짐에 따라 논문에서 인용하는 외국문헌이 부쩍 충실해졌다는 점이 긍정적인 변화라면 변화일 것이다.

논문으로 쓰인 것 같은 느낌을 주는 논문이 너무도 많다. 이미 수십 번씩 다루어진 테마를 다시 비슷한 각도에서 다루는 논문이 끊이지 않고 있다.[6] 또한 너무 많은 논문이 우리 기업현실의 문제에서 출발하기보다 특정한 법개념이나 법리의 해설에 시종하고 있다. 우리 회사법학의 이러한 기형적 상태는 결국 우리 회사법의 건전한 발전에 장애로 작용할 것이라는 점에서 우리 모두의 노력으로 시정해야 할 것이다.

이러한 우리 회사법학의 한계는 기본적으로 회사법에 대한 기능적인 접근이 미흡한 것에서 비롯된 것으로 판단된다. 그것을 극복하기 위한 실마리도 회사법에 대한 기능적인 성찰을 시도하는 것에서 찾아야 할 것이다. 회사법에 대한 기능적 접근의 강화, 이것이 바로 이 글의 주장이자 결론이다. 사실 현재 전 세계적으로 확산되고 있는 회사법의 패러다임 변화도 크게 보면 최근 20~30년간 미국 회사법학계를 중심으로 축적된 기능적 분석의 산물이라고 할 수 있다.[7] 바야흐로 회사법에 대한 기능적 고찰을 도외시하고서는 세계적인 회사법과 회사법학계의 동향에서 소외될 수밖에 없는 단계에 이르렀다. 회사법에 대한 기능적 접근은 먼저 회사법의 기능에 대한 관심에서 출발한다는 점에서 이 글도 회사법의 기능에 대해서 살펴보는 것으로부터 시작하기로 한다.

II. 회사법의 기능

최근 세계 각국이 이제까지와는 달리 회사법개정에 비상한 관심을 기울이고 있는 원인으로는 무엇보다 회사법이 경제발전에 영향을 준다는 믿음

6 자기주식취득, 사외이사, 적대적 기업인수에 대한 방어수단 등이 그 대표적인 예라고 할 것이다.
7 그러한 기능적 연구의 대표적인 예로 Reinier R. Kraakman 외, The Anatomy of Corporate Law (2004).

이 힘을 얻고 있다는 점을 들 수 있을 것이다. 경제발전에 대한 회사법의 긍정적 역할을 강조하는 자들은 대체로 다음과 같은 논리를 펴고 있다. 회사법은 이른바 corporate governance, 즉 기업지배구조의 한 축을 이룬다. 효율적인 기업지배구조는 자본시장의 성장을 가능케 하는 필요조건이다. 성숙된 자본시장의 뒷받침 없이 지속적인 경제성장은 어렵다. 요컨대 회사법은 경제발전을 지원하는 인프라의 중요한 구성요소라는 것이다.

이러한 논리는 그 과학적 진위 여부를 떠나서 비전문가의 눈에도 상당히 그럴듯한 것으로 비친다. 좋은 기업지배구조가 과연 자본시장의 필수적인 조건인지 여부는 아직 실증적으로 불분명한 것 같다. 그러나 자본시장과 경제성장의 상관관계는 많은 실증연구에 의하여 뒷받침되고 있다. 지구상의 어느 정부도 경제발전을 외면할 수 없다는 점을 고려하면 이들이 회사법의 개정에 힘을 쏟는 것은 너무도 당연한 일이다.

사실 법률외적인 관점에서 회사법의 기능을 바라보는 것은 여지껏 생소한 일이었다. 회사법과 경제성장의 상관관계에 대한 관심은 우리나라에서는 물론이고 외국의 회사법학계에서도 드물었다.

최근 외국 학계에서는 기업지배구조에서의 법의 역할에 대해서 열띤 논쟁이 전개된 바 있다.[8] 흥미로운 것은 이 담론에서 법학자보다는 오히려 경제학자가 법제도의 가치를 더 긍정적으로 평가하고 있다는 점이다.[9] 법제도를 연구대상으로 삼은 선구자들은 흔히 LLSV로 약칭되는 네 사람의 저명한 경제학자이다.[10] 법에 대한 이들의 관심은 러시아를 비롯한 과거 공산권 국

8 이하의 설명은 김건식, 기업지배구조에 관한 최근의 논의에서 무엇을 배울 것인가? 기업지배구조연구 제1호(2001), 12-13면을 수정 보완한 것임을 밝혀 둔다.

9 물론 법학자 중에서도 법의 중요성을 강조하는 자가 없는 것은 아니다. Black도 다른 제도와 아울러 법제도의 중요성을 강조하고 있다. Bernard Black, The Legal and Institutional Preconditions for Strong Securities Markets, 48 UCLA Law Review 1 (2001).

10 이들의 이름은 Raphael La Porta, Florencio Lopez-de-Silanes, Andrei Shleifer, Robert Vishny이다.

가의 민영화프로젝트에 참여한 경험에서 비롯된 것으로 보인다. 이들의 야심적인 민영화실험은 참담한 실패로 끝났다. 후에 실패의 원인을 분석한 결과 이들 구공산권국가에서는 법적 인프라가 결여되어 있음을 발견하였다. 그후 이들은 법을 독립변수로 하여 일련의 실증적인 연구를 수행하였다. 이들은 회사법의 주된 테마였던 주주이익보호를 기업지배구조의 중요한 변수로 파악하고 그것이 제대로 이루어지지 않으면 주식소유분산과 자본시장발전이 어렵다는 결론에 도달하였다.[11] 또한 이들은 주주이익보호가 대륙법계보다는 영미법계에서 더 앞서 있고 같은 대륙법계 중에서는 독일법계가 프랑스법계보다 더 잘 이루어지고 있다는 놀라운 주장을 발표하였다.[12]

LLSV의 법역할론을 바라보는 법학자의 시선은 대체로 비판적인 것 같다. LLSV가 소수주주를 보호하는 대표적인 장치로 들고 있는 서면투표 등에 대해서 과연 그것이 소수주주보호에 결정적으로 중요한 것인가 내지는 이것들만으로 소수주주보호의 정도를 가늠할 수 있는가 등 여러 방면에서 의문을 제기하고 있다. 또한 과연 오늘날 영미법과 대륙법의 구분이 과연 그렇게 중요한 것인지, 또 독일법계와 프랑스법계의 차이는 오히려 프랑스법계에 경제발전이 뒤진 나라들이 다수 포함되어서 그런 것은 아닌지 등 반론은 끊이지 않고 있다. 그러나 구체적인 점에서는 여러 가지로 흠이 있지만 기업지배구조에서 법이 차지하는 비중이 높다는 너무도 당연한 명제가 주목을 받게 된 것은 바로 LLSV의 공적이라고 할 것이다.

기업지배구조의 논의를 주도하는 법학자들은 대체로 LLSV와는 달리 법제도의 중요성에 대해서 상당히 회의적인 것 같다. 가장 회의적인 것은 시장이

11 La Porta et. al., Law and Finance, 106 Journal of Political Economy 1113 (1998); Corporate Ownership Around the World, 54 Journal of Finance 471 (1999); Investor Protection and Corporate Governance, 58 Journal of Financial Economics 3 (2000).

12 영미법계가 대륙법계에 비하여 소수주주보호에서 앞선 이유로는 법의 내용보다는 법원에 의한 집행이 보다 원활하게 이루어지고 있다는 점을 강조하고 있다. 이러한 법집행의 중요성은 이들만이 아니라 법학자들도 널리 인정하고 있는 바이다.

압력을 대신하기 때문에 법 자체는 그리 중요하지 않다고 주장하는 법경제학자들이다. 예컨대 Fischel이나 Bradely 같은 학자들은 회사법의 핵심을 이루는 충실의무나 주주대표소송조차도 주주이익보호에는 거의 기여하는 바가 없다고 주장할 정도이다.[13] 이들 법경제학자들은 회사법보다는 자본시장이나 경영권시장과 같은 시장의 압력을 훨씬 더 높게 평가하고 있다.

시카고식 법경제학을 신봉하지 않는 법학자들 중에도 회사법의 한계를 지적하는 자들은 많다. 법전 속의 법보다 현실 속의 법에 주목하는 것은 이제 일반적인 경향이라고 할 수 있다. 최근 이들이 특히 강조하는 것은 집행(enforcement)의 중요성이다. 집행의 중요성을 극명하게 보여 주는 예로는 흔히 러시아를 꼽고 있다. 러시아는 미국의 전문가들의 조언을 받아 훌륭한 회사법을 제정하였으나 법원의 부패 등 집행이 따라 주지 않아 민영화가 실패하게 되었다는 것이다.[14]

일부 학자들은 회사법이 자본시장의 전제조건이 아니라는 점을 역사적인 실증연구를 통해서 보여 주고 있다. 사실 소수주주를 보호하는 법적 장치와 주식소유분산이 통계적으로 상관관계가 있다는 것은 비교적 분명하지만 양자 간에 어느 쪽이 원인이고 어느 쪽이 결과인지는 분명치 않다.[15] 즉 소수주주보호가 주식소유의 분산을 가져오는 전제조건인지 여부는 분

13 시카고식 법경제학과는 다소 거리가 있는 Roe 같은 학자도 최근 회사법의 한계를 지적하는 논문을 발표한 바 있다. Mark Roe, The Quality of Corporate Law Argument and its Limits: History's Gaps, (Working Paper 2001); Corporate Law's Limits (Working Paper 2001).

14 최근에는 사회규범의 중요성을 강조하는 견해도 유력하다. 가장 선봉에 있는 학자는 전통적인 회사법학의 제1인자라고 할 수 있는 Eisenberg이다. 그는 경영진의 행동통제에는 법규범보다 또는 그에 못지않게 사회규범이 중요하다는 것을 강조하고 있다. Melvin A. Eisenberg, Corporate Law and Social Norms, 99 Columbia Law Review 1253 (1999); Robert Cooter & Melvin A. Eisenberg, Good Agent Character, Fairness, and Efficiency in Firms, 144 University of Pennsylvania Law Review 1717 (2001).

15 Roe는 소수주주보호가 이루어지더라도 주식소유의 분산은 이루어지지 않을 것이라고 하고 있는 데 비하여 Coffee는 법이 먼저 마련되고 나서 주식소유가 분산되기보다는 오히려 주식소유가 분산되면 법이 발달할 것으로 보고 있다. John C. Coffee, Do Norms Matter?: A Cross-Country Examination of the Private Benefits of Control (Working Paper 2001).

명치 않다. Cheffins의 연구에 의하면 영국에서는 회사법상 주주보호장치는 상당히 미흡했음에도 불구하고 주식소유의 분산이 진행되고 자본시장이 발달하였다.[16] 그는 회사법 대신 런던증권거래소의 자율규제와 금융기관이 투자자보호기능을 수행하였다고 주장하였다.[17] 이처럼 회사법의 역할에 한계가 있다는 지적에 경청할 구석이 있는 것은 분명하다. 그러나 주주이익을 효과적으로 보호하는 법적 장치가 기업지배구조의 중요한 구성요소라는 점을 부정할 수는 없다.

앞서 언급한 바와 같이 법경제학을 신봉하는 일부 학자들은 회사법보다 시장의 압력을 중시한다. 그러나 그것은 어디까지나 일단 시장이 제대로 작동하는 단계에서야 설득력을 가질 수 있는 입론임을 주의할 필요가 있다. 경영권시장이나 자본시장의 규율이 부재하거나 미약한 나라에서 그러한 입론은 현실적으로 그다지 도움이 될 수 없다. 오히려 회사법은 경영권시장이나 자본시장을 지탱하는 중요한 인프라로서 지속적으로 가꿔 나갈 필요가 있을 것이다. 자본시장이 미성숙한 상태에서 만연히 미국에서나 적용될 수 있는 회사법무용론을 전후맥락의 고려 없이 내세우는 것은 자칫 회사법을 개선하려는 노력에 찬물을 끼얹는 결과로 이어질 우려가 있다.

실제 기업지배구조에서 중요한 것은 회사법이나 증권거래법의 규정 자체가 아니라 그것의 집행 여부와 정도라는 명제는 이제 널리 지지를 받고 있다. 그러나 법집행의 실효성을 높이는 것은 단순히 실체법을 고치는 것보다 훨씬 더 어려운 일이다. 그렇다고 해서 실체법을 개선하는 노력이 무용한 것은 아닐 것이다. 실체법적인 규정이 없으면 집행도 있을 수 없기 때문이다.[18]

16 Brian Cheffins, Does Law Matter? The Separation of Ownership and Control in the United Kingdom, 30 Journal of Legal Studies 459 (2001).

17 자율규제기관의 규제가 법을 대체하는 기능을 수행할 수 있다는 점은 Coffee도 지적하고 있다. John C. Coffee, Convergence and Its Critics: What Are the Preconditions to the Separation of Ownership and Control? (Working Paper 2000), p.5.

18 집행의 개선은 소송제도와 밀접한 관련이 있기 때문에 법원을 설득하는 작업이 필요하다. 성격상 보

회사법은 건전한 기업지배구조를 지탱하는 하나의 기둥이라고 할 수 있다. 기업지배구조의 수준을 높이지 않고서는 성숙된 자본시장을 가질 수 없고 자본시장의 발전 없이 지속적인 경제성장은 불가능하다. 이러한 관점에서 회사법은 법률전문가뿐 아니라 정책담당자들도 주목해야 할 엄청난 실용적 가치를 지닌 분야라고 할 것이다. 그러나 간과해서는 아니 될 것은 회사법이 기업지배구조를 뒷받침하는 하나의 요소에 불과하다는 사실이다. 앞서 언급한 회사법의 역할에 관한 회의적 견해는 모두 이러한 회사법의 원천적인 한계를 지적한 것으로 이해할 수 있다.

Ⅲ. 우리 회사법과 회사법학의 한계와 과제

1. 서설

이처럼 회사법은 기업지배구조를 지원하는 중요한 요소이지만 그 기능에는 현실적으로 많은 한계가 있다. 실천적인 회사법학은 바로 이러한 회사법의 기능과 한계를 명확히 인식하는 것에서 출발해야 할 것이다. 그후에야 비로소 회사법의 기능을 촉진하고 한계를 보완하는 작업이 가능할 것이기 때문이다. 이러한 관점에서 보면 회사법학은 우리 현실과 무관하게 형성된 과거의 법적 개념이나 논리에 무작정 얽매이기보다는 변화하는 경제와 기업현실에 상응하여 끊임없이 변모하지 않고서는 제구실을 할 수 없는 학문분야라고 할 것이다. 그러나 과연 이제까지 우리 회사법학이 이러한 모습을 보여 왔는가에 대해서는 상당히 회의적이다. 상법이 제정된 1962년 이래 지난

수적이고 또한 이미 과중한 업무부담으로 시달리고 있는 법원에 새로운 역할을 떠맡기는 것은 쉬운 일이 아니다. 그러나 그렇다고 해서 포기할 일도 아닐 것이다.

40여 년간 우리 기업활동은 질적으로나 양적으로나 그야말로 상전벽해와 같이 변화하였다. 그러나 우리 기업이 세계적 규모로 성장하는 과정에서 불거진 수많은 회사법적 문제의 해결에 과연 우리 회사법학이 얼마나 주체적으로 대처하였는가? 이하에서는 이러한 관점에서 우리 회사법학의 한계를 짚어 보고 장차의 과제를 제시해 보기로 한다.

2. 회사법의 기능에 대한 인식의 결여

앞서 지적한 바와 같이 우리 학계의 회사법연구는 양적인 팽창에도 불구하고 우리 문제를 해결하는 현실적합성이 미흡한 것으로 판단된다. 그 원인으로는 여러 가지를 꼽을 수 있겠지만 가장 심층적인 원인은 회사법의 기능에 대한 우리 학계의 인식이 충분히 무르익지 못하였다는 점에서 찾을 수 있을 것이다. 종래 우리 학계가 회사법의 기능에 대해서 별 관심을 갖지 못한 이유는 회사법의 수용 자체가 주체적이지 못했던 역사적 현실에 기인한 면이 큰 것으로 보인다.

우리가 근대 회사법을 처음 접한 것은 구한말이지만 그것이 이 땅에 본격적으로 적용되기 시작한 것은 일제시대부터였다. 그러나 그것은 당시 우리의 경제현실과는 다소 거리가 있는 규범이었던 것이 사실이다. 식민지였던 이 땅에 적용되었던 일본상법은 일본이 자신의 경제현실에서 발생하는 법률문제의 해결을 위해서 독자적으로 마련한 것이 아니었다. 하루 빨리 구미 수준의 법제를 갖추어 선진국대열에 합류해야 한다는 시대적 필요에 따라 유럽식 회사법을 모방하여 급조한 것이었다. 당시 일본 학계는 충분한 검토 없이 통째로 도입한 생소한 법개념과 법리의 이해에 급급하였을 뿐 회사법의 기능에 대해서 체계적이고도 주체적으로 분석할 태세를 갖추지 못하였다. 일제하의 우리나라에는 상법학계라고 할 만한 것이 형성되지 못하였고 이러한 사정은 1945년 일제통치에서 벗어난 후에도 당분간 계속되었다. 따라서 해방 후 바로 시작된 상법제정작업을 실무법조인이 주도한 것은 불가피한 일이었다.[19] 그러나 상법제정작업은 해방 후의 정치적 혼란과 6 · 25동란 때문에 열매를 맺지 못하였고 결국 소수의 연구자들로 상법학계가 형성된 1960년대로 미뤄질 수밖에 없었다.

회사법을 담고 있는 우리 상법전은 5 · 16 후인 1962년 군사정권의 추진력을 빌려 제정되었다. 과거와는 달리 이번에는 당시 대표적인 상법학자들이 대거 참여하여 입법작업을 주도하였다. 그러나 1960년대 초에도 아직 우리 기업의 현실은 성숙한 회사법의 도움이 본격적으로 필요한 단계라고는 보기 어려웠다. 1963년 시작된 제3공화국은 경제개발을 본격적으로 추진하며 기업에 대한 자금조달을 자본시장에 맡기기보다 정부가 지배하는 은행에 의존하였다. 이 시기에는 대기업이라고 할 만한 기업이 거의 없기도 했지만 우리 경제를 대표한다고 하는 큰 기업조차도 지배주주가 거의 대부분의 주식을 소유하는 것이 보통이었다. 이런 상황에서 소유와 경영의 분리를 전제로 한 회사법이 제대로 작용할 여지는 애당초 별로 없었다. 회사운영상 회사법은 흔히 무시되었고 실제로 회사법의 쟁점이 문제된 판결도 많지 않았다. 회사소송은 회사법이 상정하는 형식적인 의사결정절차를 완전히 무시해온 회사의 관행을 경영진과 어떤 일로든 사이가 틀어진 일부 주주가 사후적으로 문제삼는 경우가 대부분이었다. 당시 회사법학계에서는 우리 회사운영상의 현실에 주목하기보다는 주로 회사법의 기본 원리에 대한 이해수준을 높이는 연구에 몰두하였다. 현실을 초월한 우리 회사법학계의 연구경향은 이미 이 시기부터 자리를 잡은 것으로 보인다.

1970년대에 접어들면서부터 정부도 은행일변도의 자금배분에서 벗어나기 위하여 자본시장을 육성하려는 노력을 다방면으로 기울였다. 1968년의

19 상법제정과 관련하여 보다 상세한 사정은 김건식, 우리 상법의 成立史的, 比較法的 고찰: 총칙, 상행위편, 기업과 법(김교창 변호사 화갑기념논문집, 1997), 32면 이하 참조.

자본시장육성에 관한 법률이나 1972년의 기업공개촉진법은 모두 정부의 그러한 의지가 법률적으로 표현된 좋은 예로 볼 수 있다. 그러나 자본시장육성법도 공개기업에 참여하는 투자자이익의 보호를 위한 규정보다는 소수주주의 간섭에 대한 지배주주의 우려를 달래고 편의를 도모하기 위한 규정이 더 많았다. 정부의 자본시장육성 정책으로 인하여 주식소유의 분산도 어느 정도 실현되었으나 지배주주가 모든 회사운영을 좌우하는 현실에는 별로 변화가 없었다. 기업의 집단화가 빠르게 진행되면서 기업현실과 회사법의 괴리는 한층 심화되었다. 점점 비중이 늘어 가는 소수주주들의 지위는 취약했고 지배주주는 실로 다양한 방법으로 주주이익을 침해하였지만 그에 대해서 회사법적 대응이 시도된 경우는 거의 없었다. 당시 회사법상 주주가 법적 대응에 나서기 어려웠지만 그것을 문제 삼아 회사법개정을 요구하는 목소리는 별로 들을 수 없었다. 주주이익이 무시되는 이러한 기업현실을 학계에서 완전히 몰랐던 것은 아니었다. 그러나 1970년대는 규범과 현실의 괴리가 워낙 보편적으로 존재하던 시기였기 때문인지 회사법학계는 규범의 변화에 그다지 적극적으로 나서지 않았다. 1962년 제정된 후 처음 행해진 1984년의 회사법 개정에서 개정사항이 주주이익보호와 밀접한 관련이 없는 내용으로 이루어진 것도 학계의 무관심을 보여 주는 예라고 할 수 있다.

경제규모의 증대와 아울러 민주화의 진전이 급속히 이루어진 1980년대 후반에 이르러 정부는 자원배분에 대한 개입을 줄이고 점차 시장기능에 의존할 수밖에 없었다. 이러한 정부정책에 힘입어 우리 자본시장의 규모는 비약적으로 증대되었다. 자본시장에 대한 기업의 의존도가 늘어감에 따라 주식소유의 분산이 일어나고 과반수를 넘던 지배주주의 지분도 차츰 낮아지게 되었다. 1986년을 계기로 우리 경제계에서 경영권에 위협이 되지 않는 무의결권주의 발행이 급속히 확산된 것은 바로 지배주주의 지분저하를 시사하는 증거라고 할 수 있다. 기업에 대한 지배주주의 실질적인 지분이 감소할수록 지배주주와 일반주주 사이의 이익충돌—경제학적인 용어로는 대리문제(agency problem)—은 심화되게 마련이다. 그럼에도 불구하고 우리 회사법은 물론이고 회사법학계의 연구에도 별다른 변화가 없었다. 당시 크고 작은 재벌그룹에 모두 총수라고 불리는 지배주주가 존재한다는 사실은 상식에 속하였다. 회사법학자가 그런 사실을 몰랐을 리는 없다. 그러나 현실적으로 지배주주의 행동을 특별히 통제할 필요가 있는지, 그리고 과연 상법의 회사 규정이 이들의 행동을 통제하기에 적합한지에 대한 연구는 별로 없었다.

1997년 우리나라를 강타한 경제위기의 원인으로 기업지배구조의 후진성을 꼽는 견해가 많다. 만약 이들의 지적이 옳다면 경제위기는 한편으로는 회사법 내지 회사법학계의 실패를 보여 주는 증거라고 할 수도 있을 것이다. 회사법은 1984년 개정된 후 10년 만인 1995년에 다시 개정된 바 있다. 당시 이미 재벌문제의 심각성은 물론이고 회사법이 재벌구조에서 발생하는 법적 문제를 해결하는 데 한계가 있다는 사실은 비교적 잘 알려져 있었다. 그러나 1995년 개정에서는 이처럼 절실한 문제는 제쳐 놓고 기술적인 사항을 손보는 데 그쳤다. 개정 내용 중 명목상으로나마 기업지배구조를 강화시키는 사항으로 볼 수 있는 것으로는 반대주주의 주식매수청구권과 감사지위의 강화 정도에 불과하다.

이처럼 우리 회사법개정이 기업의 현실과 동떨어진 것은 회사법개정이 이루어지는 여건과 무관하지 않을 것이다. 우리 회사법개정은 예나 지금이나 법무부가 주도하고 있다. 그러나 안타까운 일이지만 과거 법무부는 회사법의 개정에 대해서 별반 관심이 없었다. 이제까지 회사법의 개정은 장기적인 안목에서 체계적으로 진행되기보다는 주로 그때그때의 현안이나 애로사항을 해결하기 위한 목적으로 이루어졌다. 회사법개정작업을 개시할 때에는 법무부가 널리 관계기관에 구체적인 법개정의 수요를 조사하는 것이 관행이다. 이때 부각되는 것은 주로 기업 측의 요망사항이었다. 적어도 1997년 경제위기를 전후하여 시민단체활동이 대두되기 전에는 주주이익을 배려한 개정사항이 제시되는 경우는 거의 없었다.

이러한 상황에서 중요한 것은 회사법학계의 목소리, 특히 개정에 참여하는 회사법학자들의 의견이었다. 개정의 주도권을 가진 법무부나 국회가 회사법에 대한 관심이나 전문성이 떨어지는 상황에서 현실적으로 개정내용의 결정은 상법개정위원회 학자들의 손에 달려 있었기 때문이다. 그러나 학자들은 우리 회사법의 대폭적인 변화를 바랐던 것 같지 않다. 회사법이 개정되던 1995년 무렵에는 이미 기업지배구조에 관한 논의는 발원지라고 할 수 있는 미국을 넘어서 전 세계 학계에서 활발하게 진행 중이었다. 우리 학계에서도 재벌문제에서 발생하는 회사법적 문제점에 관한 연구가 이미 발표된 바 있었다.[20] 그러나 이러한 현실적인 논의는 당시 상법개정에 참여하였던 원로 상법학자들의 관심을 끌지 못했다. 이들은 혹시 회사법을 우리 기업지배구조의 현실적인 문제를 해결하는 수단이라기보다는 오랜 대륙법 전통하에서 형성된 정태적인 규범체계로 인식하였던 것이 아닐까?

대륙법계의 회사법도 패러다임 전환의 시대를 맞이하고 있는 오늘날에도 우리 학계의 문제점이 완전히 불식되었다고 보기는 어렵다. 경제위기를 거치면서 기업지배구조는 우리 회사법학계에도 낯익은 용어가 되었지만 기업지배구조의 맥락에서 회사법의 역할을 고민하는 시각이 반드시 일반적인 것은 아니다. 최근 재계와 언론에서는 '기업 하기 좋은 나라'라는 슬로건이 많이 나오고 있다. 이 슬로건은 현재 진행 중인 회사법개정작업에서도 자주 언급되고 있다. 그러나 누구도 선뜻 이의를 제기하기 어려운 이 슬로건은 자칫 투자자보호장치를 지배주주의 자유로운 기업활동을 방해하는 장애물로 인식시킴으로써 그것을 개선하려는 노력을 가로막는 쪽으로 남용될 우려가 있다.

지배주주의 편의만을 도모해서는 '기업 하기 좋은 나라'를 만들기 어렵다.

20 예컨대 김건식, 재벌과 소수주주보호, 한국의 대기업: 누가 소유하며 어떻게 지배되는가(기업구조연구회, 1995) 참조.

기업활동에는 자금이 필요하기 마련이다. 만약 투자하는 사람이 자신의 이익이 제대로 보호될 것이라는 믿음을 가질 수 없다면 기업의 자금조달이 원활하게 이루어질 수 없을 것이기 때문에 장기적으로 기업활동은 위축될 수밖에 없을 것이다.[21] 따라서 '기업 하기 좋은 나라'를 만들기 위해서는 투자자가 믿고 투자할 수 있도록 법적 보호장치를 제대로 구축할 필요가 있다. 이러한 법적 보호장치 중에 가장 중요한 것이 바로 회사법인 것이다.

3. 회사법에 대한 기능적 접근의 부족

회사법의 기능에 대한 우리 학계의 인식부족은 회사법에 대해서 기능적으로 접근하는 시도를 저해하였다. 회사법의 기능을 투자자보호를 통한 효율적인 기업지배구조의 구축으로 파악하는 사고의 밑바닥에는 회사법을 특정한 정책목적을 위한 수단으로 보는 시각이 깔려 있다. 우리 학계에는 회사법의 기능에 대한 인식이 취약한 것은 물론이고 이처럼 회사법을 수단으로 파악하는 시각도 취약한 것으로 보인다. 이러한 수단적인 사고에 따르면 회사법은 오랜 전통의 산물인 정태적 법개념의 체계가 아니고 지배주주를 포함한 의미의 경영자와 주주 사이에서 발생하는 대리문제를 해결하기 위한 수단으로 파악할 수 있다. 이러한 관점에서는 회사법의 가치는 그 논리적 · 체계적 정합성에 있는 것이 아니라 그것이 과연 대리문제를 적절하게 해결하고 있는가에 있다고 할 것이다. 만약 기존의 회사법에 포함된 여러 법리가 대리문제의 해결에 미흡하다면 보다 효과적인 새로운 법리를 모색할 필요가 있을 것이다.

대리문제를 해결하기 위해서는 경영자가 주주이익을 위하여 행동하도록

21 현재 투자자 이익을 보호하는 법적 장치가 발달된 나라로는 미국을 꼽는 것이 일반적이다. 만약 투자자보호장치가 기업가에 거추장스런 것이라면 미국은 '기업하기 나쁜 나라'로 기업활동이 위축되어야 할 것이지만 현실은 그런 것 같지 않다.

만드는 것이 요체이다. 회사법도 결국 사람의 행동을 변화시키는 것을 목적으로 한다는 점에서는 다른 법과 다르지 않다. 우리 회사법이 과연 경영자가 주주이익을 위하여 행동하도록 만드는 데 얼마만큼 성공하고 있는가? 이 물음이야말로 우리 회사법학자들이 늘 잊지 않아야 할 물음인 것이다. 현재 상황에서는 이 물음에 대한 답도 부정적일 수밖에 없다. 경제위기를 벗어난 오늘날도 재벌총수들이 끊임없이 배임 등 형사문제로 시달리고 있는 것은 회사법의 기능부전을 보여 주는 가장 강력한 증거라고 할 수 있다.

회사법의 법리를 그 자체 목적으로 볼 것이 아니라 특정의 목적을 위한 수단으로 보는 기능적 접근의 출발점은 우선 문제를 정확하게 파악하는 것이다. 수단에 불과한 회사법상의 개념이나 법리보다는 그것이 해결하고자 하는 현실적인 문제에 초점을 맞추고 수단인 법규정이 그 문제의 해결에 얼마나 효과적인가를 검토해야 할 것이다. 그러나 아직 우리 학계에서 발표되는 연구 중에는 우리 기업지배구조가 안고 있는 구체적인 문제에 초점을 맞추기보다는 개별 법리에 초점을 맞춘 것이 적지 않다. 예컨대 자기거래를 규율하는 제398조의 해석에 관한 논문은 많지만 그것이 우리 경제계에서 일어나고 있는 현실적인 자기거래를 얼마나 효과적으로 통제하고 있는가를 검토한 연구는 찾아보기 어렵다. 그간 우리 학계의 연구가 정책결정자에게 별로 영향을 미치지 못했던 것은 연구 대상이 현실문제와 다소 거리가 있었던 탓도 있었을 것으로 짐작된다.

4. 실증연구의 결여

이제까지 회사법학계는 기존 법규정 내지 법리의 해석에 치중해 왔다. 해석론에 치우친 나머지 실증적인 연구에는 거의 관심을 기울이지 않았다. 회사법학계가 실증적인 논의를 외면한 것에는 여러 가지 이유가 있을 것이다. 기존의 회사법연구에서 실증적인 분석을 찾아보기 어려운 가장 큰 이유는 앞서 언급한 기능적 접근이 주목을 끌지 못한 것에서 찾을 수 있을 것이다.

회사법에 대한 기능적 접근에는 적어도 다음 세 가지 요소가 필요하다. (1) 먼저 우리가 지향할 바람직한 상태(Y)가 어떤 것인가를 분명히 할 필요가 있다. 예컨대 주주이익의 극대화, 대리비용의 최소화, 준법경영의 확보 등 회사법의 크고 작은 목적들이 이에 속한다. (2) 다음에는 우리 기업지배구조가 실제로 어떻게 작동하고 있으며 무엇이 문제인지와 같이 현재의 상태(X)에 대한 명확한 인식이 필요하다. (3) 끝으로 X에서 Y에 도달하기 위해서 구체적으로 어떠한 법적(또는 비법적) 수단을 취할 것인가에 관하여 고민할 필요가 있다.

(1)은 단순히 법학적인 관점에서 답을 구할 수 있는 문제가 아니라 상당히 정치성이 가미될 수밖에 없는 문제라고 할 수 있다. 그렇다고 해서 회사법연구의 영역에서 이 문제를 배제한다면 연구의 설득력 내지 현실적합성이 손상될 것이다.

(2)는 전형적인 실증연구의 대상이라고 할 수 있다. 그러나 이제껏 회사법학계에서는 이 부분을 거의 무시해 왔다고 해도 과언이 아니다. 회사법학자들은 회사의 운영현실은 누구나 다 아는 사실로 학문적 연구대상이 될 수 없는 것으로 여기거나 법학이 아닌 경영학의 영역에 속하는 것으로 생각해 왔다.

(3)이야말로 가장 중요한 실증연구의 대상이라고 할 수 있다. 구체적인 법적 수단이 실제로 어떠한 결과를 낳는지에 대해서 정확히 파악하지 않고서는 올바른 정책적 대응이 불가능하기 때문이다.

일반적으로 (2)나 (3)과 같은 실증적인 연구는 주로 경영학 쪽에서 수행하고 있다. 미국에서는 회사법학자들도 실증연구에 대한 관심이 높다. 회사법 논문에서 재무관리학계의 최신 연구 성과를 인용하는 것은 이제 거의 일상적인 일이 되어 버렸다.

최근에는 회사법학자들이 직접 실증연구를 수행하여 그 연구결과가 오히려 재무관리논문에서 인용되는 사례도 늘고 있다. 그러나 우리나라에서는 실증연구는 아직 경영학이나 경제학분야의 전유물이라고 할 수 있다. 다행스러운 것은 우리 재무관리학자들이 과거에는 미국의 재무관련 데이터를 기초로 연구하는 경향이 있었지만 이제는 우리 자본시장의 데이터를 활용한 실증연구가 활발하게 진행되고 있다는 점이다.[22] 아직 우리 경제현실을 잘 보여 주는 연구 성과가 충분히 축적되어 있는 것은 아니지만 앞으로 사정은 크게 나아질 것으로 전망된다.

우리 회사법학계에서는 아직 실증연구에 대한 관심이 별로 큰 것 같지 않다. 이는 앞으로 우리 회사법학계, 특히 젊은 학자들이 의식적으로 노력을 쏟아야 할 과제라고 할 것이다. 그러나 실증연구성과를 수용하는 것에는 주의를 요한다. 우리 기업현실에 대한 실증연구가 미흡한 상황이다 보니 기업지배구조에 관한 논의에서 미국의 실증연구결과에 의존하는 경우가 많다. 그러나 외국의 연구결과를 맥락을 무시하고 그대로 우리나라에 적용하는 것은 위험할 수가 있다.[23] 예컨대 Black은 사외이사의 비율과 기업의 실적과는 반드시 연관이 있는 것이 아니라는 연구결과를 발표한 바 있다.[24] 이 결과는 사외이사제도를 달가워하지 않는 쪽에서 사외이사의 無用論을 뒷받침하는 근거로 즐겨 인용하고 있다. 그러나 그러한 해석이 과연 적절한 것인지는 의문이다. 미국의 대기업에서 경영진의 행동을 통제하는 기능은 사외이사나 충실의무와 같은 법적인 제도보다는 경영권시장이나 자본시장과 같은 시장의 압력이 맡고 있다. 이러한 상황에서 사외이사의 효과가 두드러지지 않는 것은 어쩌면 당연한 일일 수도 있다.[25] 그러나 그렇다고 해서 우리나라

22 최근에는 이들의 연구성과가 외국의 유명학술지에도 종종 발표되고 있다.

23 이하의 서술은 김건식, 기업지배구조에 관한 최근의 논의에서 무엇을 배울 것인가? 기업지배구조연구 제1호(2001), 14면에 크게 의존하였음을 밝혀 둔다.

24 Sanjai Bhagat & Bernard Black, The Uncertain Relationship Between Board Composition and Firm Performance, 54 Business Lawyer 921 (1999).

25 오히려 사외이사의 수는 회사가 자본시장의 압력을 받고 있는 정도를 나타내는 종속변수일 가능성이 큰 것이 아닐까?

와 같이 시장의 압력이 미약한 상황에서 사외이사의 존재가 무익한 것이라고 단정할 수는 없을 것이다.

미국 학계의 실증연구로서 우리나라에서도 흔히 인용되는 또 하나의 예로 대표소송과 집단소송과 같은 주주소송을 들 수 있다.[26] 미국에서는 주주소송이 실제로 주주이익을 도모하기보다는 원고 측 변호사의 이익에만 봉사한다는 비판론이 실무계에서는 물론이고 학계에서도 강하다.[27] 1995년 집단소송의 남용을 억제하기 위하여 증권소송개혁법(Private Securities Litigation Reform Act)이 제정된 것은 바로 그러한 비판에 근거한 것이다.[28] 주주소송에 관한 이러한 논의도 주주소송을 불편해하는 집단이 으레 내세우는 단골메뉴가 되고 있다. 이러한 논의가 우리나라에도 여러 가지로 참고할 점을 제공하는 것이 사실이다. 그러나 전후사정을 무시하고 그 논의를 그대로 수용하는 것은 바람직하지 않다. 집단소송이건 대표소송이건 주주가 제기하는 소송이 남용될 가능성이 있는 것은 사실이다. 그러나 실제 주주소송의 남용가능성은 여러 요소에 달려 있다. 미국에서 남용되는 사례가 많은 이유는—많은지 적은지 여부를 어떤 기준으로 따질 것인지도 문제이지만—미국에 고유한 여러 사정이 존재하기 때문이다. 미국에 변호사의 수가 많고 증거개시제도가 발달되어 있으며 성공보수가 너그럽게 인정된다는 점은 모두 주주소송에 우호적인 환경이다. 특히 중요한 것은 원고 측 변호사가 승소한 경우에는 물론이고 화해가 성립된 경우에도 법원이 우리나라에서는 상상할 수 없는 높은 액수의 변호사보수를 승인하고 있다는 점이다. 우리나라에

26 집단소송은 물론 주주에 의하지 않은 소송도 많지만 이곳에서는 주주에 의한 소송만을 전제하기로 한다.

27 대표적인 연구로는 Roberta Romano, The Shareholder Suit: Litigation Without Foundation?, 7 Journal of Law, Economics and Organization 55 (1991); Daniel R. Fischel & Michael Bradley, The Role of Liability Rules and the Derivative Suit in Corporate Law: A Theoretical and Empirical Analysis, 71 Cornell Law Review 261 (1986) 참조.

28 이 법의 개요에 대해서는 김건식 · 송옥렬, 미국의 증권규제(2001), 409-419면 참조.

는 이처럼 주주소송에 우호적인 환경이 아직 조성되어 있지 않다. 그럼에도 불구하고 최근 도입된 증권관련집단소송법에서는 수많은 남소방지장치를 도입하여 사실상 제소를 막고 있다.[29] 만약 증권관련집단소송이 정책상 필요한 기능을 수행하는 제도라면 이러한 상황이 바람직하지 않은 것은 물론이다.

회사법학이 현실적합성을 획득하기 위해서는 이제 실증연구를 무시할 수 없다. 그러나 실증연구의 오용은 오히려 회사법의 발전에 더 부정적인 결과를 초래할 수도 있다. 실증연구는 그것을 직접 수행하는 것은 더 말할 것도 없지만 그 성과를 제대로 이해하는 것도 어느 정도 통계학의 지식이 필요하다. 아직 우리나라에는 그러한 실증연구의 기법에 밝은 법률가는 그리 많지 않다. 그러나 실증연구에 대한 접근을 막는 보다 근본적인 장애물은 법률가의 무관심이라고 할 수 있다. 관심만 있다면 남의 연구를 이해하는 데 필요한 정도의 지식을 갖추는 것은 그렇게 어려운 일이 아니기 때문이다.

5. 학제적 접근의 결여

회사법의 목적이 결국 경영자의 행동을 바람직한 방향으로 변화시키는 것이라면 앞서 지적한 바와 같이 법전 속의 법보다는 현실에서의 집행이 더 중요할 것이다. 주의할 것은 경영자의 행동에 영향을 주는 것은 비단 회사법에 한정되는 것이 아니라는 점이다. 증권거래법, 공정거래법, 도산법, 세법, 간접투자자산운용업법 등 경영자의 행동을 제약하는 법률은 다양하다. 경영자에 대한 소송에 영향을 미친다는 점에서 집행법을 포함한 소송법도 관심대상이 될 수 있다. 정식의 법률은 아니지만 거래소의 상장규정이나 기업지배구조에 관한 모범규준이 현실적으로는 오히려 더 강력한 규범으로 작용

29 2006년 6월 현재 증권관련집단소송법에 의하여 제기된 소송은 한 건도 없다.

할 수도 있다. 회사법이 실효성을 높이려면 이러한 관련 법분야와 공조하고 협력할 필요가 있다. 그러나 종합적인 시각의 필요는 인접 법분야에만 국한되는 것이 아니다. 오늘날 재무관리나 회계의 기초지식 없이 회사가 직면하는 과제 자체를 제대로 이해할 수 없다. 또한 회사법연구에서 이제 법경제학적 분석은 비판의 대상으로 삼을 수는 있지만 결코 무시할 수 없는 주류적 연구방법으로 자리잡고 있다. 이러한 현상은 특히 미국에서 현저하지만 일본, 독일 등 다른 선진국에서도 급속히 확산되고 있다.

회사법학의 주된 관심대상인 기업지배구조는 법학, 경제학, 경영학이 교차하는 사회현상이다. 이에 대해서는 정치학, 사회학, 심리학도 관심을 표시하고 있다. 회사법학자가 이러한 다양한 학문분야에 대해서 고루 식견을 갖추는 것은 쉽지 않은 일이다. 따라서 현실적으로는 결국 이들 분야 전문가의 연구에 의존할 수밖에 없을 것이다. 그러므로 회사법연구자들은 다른 분야 전문가들과 공통의 과제에 대해서 의사소통할 수 있는 최소한도의 능력을 갖출 필요가 있다. 그러한 능력을 갖추는 데 상당한 노력이 필요하지만 그에 못지않게 중요한 것이 다른 전문가의 말에 귀를 기울이는 연구자의 개방적인 마음자세라고 할 것이다. 개방적인 마음자세의 요체는 사회문제의 해결에 법률가가 기여하는 몫이 중요하지만 일부에 불과하다는 평범한 진리를 명심하는 것이 아닐까?

이제껏 우리 회사법학계의 담론은 거의 전적으로 법학자들 사이에서만 행해졌다. 이는 회사법이 기업지배구조에서 중요하기는 하지만 하나의 구성요소에 불과하다는 점을 고려하면 유감스런 일이다. 최근 회계학, 재무관리 등 인접분야의 학자들과 학문적 교류가 간혹 성사된 바 있지만 아직 구체적으로 내세울 만한 성과는 없는 것 같다.[30] 아마도 상호 간에 문제의식을 공

30 현재 진행 중인 회사법개정작업에 기업관계자 외에 경제학자, 경영학자, 회계학자가 참여하고 있는 것은 고무적인 일이라고 할 것이다.

유하고 상대방이 사용하는 용어, 접근방법을 이해하려는 노력이 부족하였기 때문이 아닐까 짐작된다. 이제 우리 회사법학계가 보다 적극적으로 인접분야의 전문가들에게 한 걸음 다가가는 자세를 취할 필요가 있을 것이다.

IV. 맺음말

회사법은 단순히 과거의 법적 개념이나 논리에 얽매이기보다는 변화하는 경제현실에 상응하여 끊임없이 변모하지 않고서는 제구실을 할 수 없는 법분야이다. 지난 40여 년 동안 우리 경제현실은 엄청난 변화를 겪었으나 회사법은 별반 달라지지 않았다. 회사법과 회사현실의 괴리는 회사법의 기능에 대한 우리 학계의 인식이 투철하지 못했던 것에서 비롯된 측면이 있는 것 같다. 회사법의 기능에 대한 몰이해는 회사법에 대한 기능적 접근의 부재로 이어졌다. 기존의 회사법연구가 현실 문제의 해결보다는 실정법규정이나 법리의 해석에 치우친 것은 그러한 현상의 징표라고 할 수 있다. 올바른 기능적 접근을 위해서는 인접 법분야는 물론이고 인접 학문분야와의 협동, 즉 문제에 대한 종합적인 접근이 필요하다.

종합적인 접근은 회사법연구자에게 종전보다 훨씬 폭넓은 능력과 식견을 요구한다. 과연 현재의 법학교육제도에서 이러한 능력의 배양이 가능할 것인가? 아직도 진행 중인 로스쿨 도입논의는 이러한 관점에서도 다시 음미할 가치가 있을 것이다. 물론 로스쿨이 도입된다고 해서 짧은 교육기간 동안 이러한 전문적인 기량의 연마를 기대할 수는 없을 것이다. 그러나 다양한 전공분야의 수련을 거친 학생들을 가르치는 로스쿨체제는 학생들이 종합적 접근에 필수적인 개방적인 자세를 체득하고 견지하기에 상대적으로 더 용이한 체제로 판단된다.

회사법연구와 관련하여 우리 법학자들은 이제껏 일종의 고립상태에 빠져 있었다고 할 수 있다. 정부와 기업의 실무자나 다른 학문연구자로부터 단절된 것은 물론이고 심지어 법학의 다른 분야와도 담을 쌓고 지낸 면이 있음을 부정할 수 없다. 이러한 회사법학계의 고립은 오랫동안 스스로 자신의 영역과 역할을 축소해 온 결과라고 볼 수도 있다. 그러나 이러한 상태를 불식하지 않고는 회사법이 관계된 사회적 담론에서 회사법학계가 소외될 수밖에 없을 것이다. 이 글에서 강조한 회사법에 대한 기능적 접근은 우리 학계의 담을 허물고 우리 회사법학자를 한층 흥미롭고 창의적이며 생산적인 지적 활동의 세계로 인도할 것이다.

『저스티스』 제92호(2006. 7), 239-252면.

* 추기: 2006년 당시 진행 중이던 대폭적인 회사법 개정작업은 일부 입법에 반영되었지만 대부분은 아직 결실을 맺지 못한 상태이다. (주 29)에서는 증권집단소송이 제기된 바 없다고 서술하였으나 2009년 진성티이씨라는 회사를 상대로 최초의 집단소송이 제기되어 법원의 허가까지 받았으나 결국 화해로 종결된 바 있다. 32면의 서술과 관련하여 2007년 우여곡절 끝에 국회에서 로스쿨법이 통과되어 2009년부터 우리나라에도 로스쿨시대가 열렸다.

02 회사법의 구조개혁

I. 서론

미국의 저명한 회사법학자인 Bayless Manning 교수는 1962년에 발표한 한 논문에서 "이제 미국에서 회사법은 지적인 활동의 분야로서는 사멸하였다"고 선언한 바 있다.[1] 사실 1932년에 Berle와 Means가 "현대회사와 사유재산권"[2]이라는 거작을 발표한 이후 최근에 이르기까지 그같이 거창하고 독창적인 연구는 더 이상 나타나지 않았다. 이제 회사법의 골격은 완전히 정립되었으니 남은 것이라고는 학자나 실무가들이 거기에 살을 붙여 나가는 일밖에 없지 않겠는가 하는 것이 일반적인 견해였던 것 같다. 앞서 인용한 Manning 교수의 말도 그 같은 분위기를 반영한 것이 아닌가 생각된다.

1 Manning, The Shareholder's Appraisal Remedy: An Essay for Frank Coker, 72 YALE L. J. 223, 245 n.37 (1962).

2 A. Berle & G. Means, The Modern Corporation and Private Property (1932).

그러나 한동안 잠잠하던 회사법의 바다는 최근 다시 크게 출렁이고 있다. 이 새로운 움직임은 주로 회사제도를 이론적으로 연구하는 학자들이 주도하고 있다. 한 가지 특색이라면 법학자들뿐만 아니라 경제학, 경영학, 정치학 등 인접분야의 학자들까지도 활발하게 참여하여 이른바 학제적(interdisciplinary)인 논의가 이루어지고 있다는 점이다.[3] 이들의 관심은 주로 회사의 구조, 지배문제에 집중되고 있다.[4] 이들이 발표하고 있는 제안이나 연구성과들은 그야말로 각양각색이어서 체계적인 분류가 곤란하지만 그래도 일응 크게 두 가지로 나누어 볼 수 있다.

먼저 현대자본주의사회에서 사회가 차지하는 지위의 중요성에 비추어 회사는 주주이익뿐만이 아니라 다른 이해관계집단의 이익도 아울러 추구해야 한다는 기본입장에서 출발하는 개혁론들을 하나로 뭉뚱그려 볼 수 있다. 다음에는 사회의 목적은 주주전체의 이익을 극대화하는 것이라는 전통적인 회사관을 그대로 견지하면서 무능하거나 부정직한 경영자로부터 주주의 이익을 보다 잘 보호하기 위하여 기존의 제도를 어떻게 개선할 것인가에 대한 연구들이 다른 하나의 조류를 이룬다고 볼 수 있다.

이 글에서는 우선 이러한 두 가지 조류를 간단히 살핀 후에 결론으로서 그러한 외국의 움직임이 현재 우리나라의 회사법학계에 시사하는 바에 대하여 논하고자 한다. 이 같은 회사법개혁론은 우리나라를 빼놓고는 범세계적으로 전개되고 있는 듯하나 능력부족으로 아무래도 미국의 동향에 중점을 두지 않을 수 없었음을 밝혀 둔다. 그리고 이 글에서 논의의 대상이 되는 회사는 주로 규모가 큰 주식회사만을 가리킨다.

3 예컨대 Commentaries on Corporate Structure and Corporate Governance, and Directors' Liabilities-Legal, Economic and Sociological Analyses on Corporate Social Responsibility (K. Hopt & G. Teubner eds. 1985).

4 영어로는 corporate structure나 corporate governance라는 용어가 사용되고 있다.

II. 회사는 누구를 위한 존재인가

1. 서

자본주의사회의 전통적인 회사모델에 따르면 회사의 주인은 두말할 것도 없이 주주이고 경영자는 이 같은 주주의 이익을 극대화하기 위하여 노력하는 것이 원칙이다. 회사법의 대부분의 규정들은 주주(그리고 특히 우리나라에서는 회사채권자)의 이익을 보호하기 위하여 마련된 것이다. 따라서 주주가 아닌 사람은 회사의 성패나 의사결정에 아무리 절실한 이해관계를 갖는다 하더라도 회사법상 전혀 발언권을 가지지 못한다.

오늘날 특히 대기업의 일거수일투족은 주주는 물론 종업원, 채권자, 거래처, 지역주민 나아가 사회일반에 영향을 주고 있다. 그럼에도 불구하고 회사=주주라는 종래의 회사모델을 고수하는 것은 불합리하지 않은가 하는 의문을 제기하는 것은 놀라운 일이 아니다. 사실 주주나 채권자뿐만이 아니라 이해관계집단의 이익도 회사운영상 반영될 수 있도록 회사제도를 개혁하자는 움직임은 이미 상당히 오래전부터 여러 가지 형태로 전개되어 왔다. 그러한 움직임에도 크게 두 가지로 나누어 볼 수 있다. 한 가지는 이른바 회사의 사회적 책임론에 속하는 주장들이고 다른 한 가지는 주주뿐 아니라 종업원도 회사의 구성원으로 보고 그들의 이익을 회사의 의사결정과정에 반영시키자는 취지의 견해들이다.

2. 사회적 책임론

회사는 주주뿐 아니라 종업원, 소비자, 거래처, 지역주민 나아가 회사일반의 이익을 위하여 운영되지 않으면 안 된다는 이른바 회사의 사회적 책임론은 전통적 회사법의 개혁론으로서는 가장 오래된 역사를 가진 것이라 할 수 있다.[5] 사회적 책임에 대한 논의는 아직도 진행 중이지만 요즈음에는 대체로 반대론 내지는 신중론이 우세한 것 같다.[6] 반대론의 근거는 실로 다양하지만 가장 널리 주장되고 있는 것은 사회적 책임의 내용이 불명확하고 다의적이라는 것이다.[7] 즉, 경영자가 주주이익의 극대화라는 비교적 뚜렷한 목표뿐 아니라 "회사일반의 이익"과 같은 추상적인 목표까지 동시에 추구해야 한다면 가뜩이나 넓혀져 온 경영자의 재량의 폭이 거의 통제가 불가능할 정도로 확대된다는 것이다. 사회적 책임의 내용이 다의적인 데서 발생하는 이러한 난점을 피하기 위하여 사회적 책임을 절차적인 접근방법을 통해서 실현하자는 제안들이 나오고 있다. 즉 경영자들이 자신의 가치관 내지는 취향에 따라 사회적 책임을 내용을 정하도록 할 것이 아니라 아예 회사의 의사결정과정에 주주의 대표자들뿐만 아니라 사회일반의 이익을 대표하는 자들을 참여시키자는 발상에서 나온 개혁안들이 그것이다. 이 같은 절차적 접근방법도 두 가지로 분류할 수 있다. 한 가지는 각 집단별 대표방식으로 이름붙일 수 있는 것으로서 종업원, 소비자, 거래처 등 회사에 이해관계를 갖는 여러 집단의 대표자들을 이사회에 참여시키자는 제안이다.[8] 다른 한 가지는

5 미국에서의 사회적 책임론은 1930년대 초에 Berle와 Dodd 사이에서 벌어진 유명한 논쟁에서 발단이 된 것이다. 조금 다른 형태를 취하기는 하였지만 비슷한 내용의 주장은 독일에서 1920년대에 화려하게 전개되었던 이른바 기업 자체(Unternehmen an sich)의 사상에서도 발견할 수 있다. 이에 대한 간단한 설명으로는 정동윤, 회사법(1986), 8-10면 참조.

6 아직도 각국에서는 그에 대한 논문이 속속 발간되고 있다. 그중 몇 가지만 들자면 앞의 주(3)의 Corporate Governance and Directors' Liabilities에 게재된 논문; Engel, An Approach to Corporate Social Responsibility, 32 STAN. L. REV. 1 (1986); Stone, Corporate Social Responsibility: What it Might Mean, If It Were Really to Matter, 71 IOWA L. REV. 557 (1986); 中村一彦, 株式會社企業觀に關する若干の考察－企業の社會的責任との關聯において, 現代商事法の重要問題; 竹內昭夫, 企業と社會, 基本法學 7－企業, pp.22-37 (1983) 참조. 우리나라에서의 최근의 논문은 서규석, 상법 제401조와 기업의 사회적 책임, 상사법의 현대적 과제(춘강 손주찬 박사 화갑기념, 1984), 127면. 그리고 김건식, 회사의 정치헌금, 법조 1986년 2월호, 1-28면에서도 간략하게나마 이 문제가 다루어지고 있다.

7 예컨대 竹內昭夫, (주 6); Engel, (주 6), p.31 n.92.

8 Chayes, The Modern Corporation and the Rule of Law, in The Corporation in Modern Society p.41 (E. Mason ed. 1959). 비슷한 견해로는 R. Nader, M. Green & J. Seligman, Taming the Giant Corporation p.125 (1976).

공적 기관이 선임한 이른바 공익이사(public interest director)를 이사회에 참여시켜 사회일반의 이익을 대변케 하자는 제안이다.[9] 각 집단별 대표방식은 구호의 차원에서는 그럴듯하게 들릴지 몰라도 현실적으로는 각 집단 간의 이익충돌의 문제를 비롯해서 수많은 문제점을 안고 있기 때문에 학계에서조차도 거의 지지를 받지 못하고 있다.[10]

공익이사 방식은 요즈음 미국의 대기업이 이사회에 경영전문가 이외의 전직 고관, 종교계, 교육계 인사 등을 자발적으로 추인하는 현상이 일반화하고 있는 점에 비추어 그다지 큰 저항 없이 받아들여지지 않을까 생각할 수도 있다. 하지만 대다수의 견해는 정부 등 공적인 기관이 선임하는 이사가 과연 제대로 맡은 바 역할을 수행할 수 있을지에 대해서 극히 회의적이다.[11]

현재로는 회사는 주주의 이익을 위한 단체라는 전통적 회사관을 기본적으로는 유지하면서 적당한 한도에서 회사의 사회적 활동을 허용하자는 것이 다수의 견해가 아닌가 생각된다. 원래 미국에서는 회사의 자선활동도 주주이익극대화 원칙에 반하는 것으로 허용되지 않았다.[12] 하지만 법원은 차츰 "주주이익"을 넓게 해석하는 방법으로 그 같은 활동을 합법화해 왔다. 현재 미국의 모든 주가 아예 법전에서 명문으로 회사의 자선활동을 허용하고 있다.[13] 이와 관련하여 특히 주목할 것은 법원, 주의회, 회사에 지침이 될 수

9 C. Stone, Where the Law Ends pp.152-83 (1975); Jones & Goldberg, Governing the Large Corporation: More Arguments for Public Directors, 7 ACADEMY MGMT. REV. 603 (1982).

10 Eisenberg 교수는 각 집단별 대표방식은 이익충돌의 문제 이외에도 각 집단이 사업상의 결정에 참여하는 데 필요한 능력을 갖추지 못한 경우가 많다는 점, 거래처가 참여하는 경우 사업계가 카르텔화할 우려가 있다는 점, 각 집단 간에 권한분배를 공정하게 할 수 있는 기준이 없다는 등의 난점이 있다고 하고 있다. M. Eisenberg, The Structure of the Corporation, 21-22(1976). 그 밖의 난점에 대해서는 Engel, (주 6), p.33, n.100.

11 예컨대 Conard, Reflections on Public Interest Directors, 73 MICH. L. REV. 941, 956-57 (1977); Wedderburn, The Legal Development of Corporate Responsibility; For Whom Will Corporate Managers Be Trustees? in: Corporate Governance and Directors' Liabilities, (주 3), pp.16-17.

12 이하 미국법의 발전에 대하여 보다 상세한 것은 김건식, (주 6), 13-17면 참조.

13 1 Model Business Corporation Act Annotated p.198 (1985).

있도록 회사지배에 대한 원칙을 정리하는 American Law Institute(ALI, 미국법률가협회)의 작업이다.[14] 1984년 4월에 나온 제2초안의 §2.01은 바로 회사의 목적을 다음과 같이 규정하고 있다.

"회사는 회사와 주주의 수익을 증대하기 위한 사업활동의 수행을 그 목적으로 삼아야 한다. 단, 회사와 주주의 수익의 증대 여부와 관계없이 회사는 사업수행시, (a) 자연인과 마찬가지로 법이 정한 한도 내에서 활동하여야 하며, (b) 책임 있는 사업수행에 적합하다고 합리적으로 판단되는 윤리적 문제점들을 참작할 수 있고, (c) 공공복지사업, 인도적 사업, 교육사업, 자선사업을 위하여 합리적인 범위 내의 재산을 사용할 수 있다."[15]

이 규정은 전통적인 회사관의 고수론자들로부터는 경영자의 재량남용가능성 등을 이유로, 회사의 사회적 책임론을 추진하는 자들로부터는 그 규정이 회사의 사회적 책임을 인정하는 데 철저하지 못하다는 이유로 비판받고 있다.[16] 하지만 이론상으로는 어떻든 현실적으로는 기존의 경영구조에 손을 대지 않고서도 주주와 사회의 이익 모두를 존중하는 듯한 외관을 보여 준다는 이유에서인지 상당히 폭넓은 지지를 받고 있는 것 같다.[17]

14 이에 대해서는 그야말로 논문이 쏟아져 나오고 있다. 예컨대 Scott, Corporation Law and the American Law Institute Corporate Governance Project, 35 STAN. L. REV. 927 (1983); Symposium on ALI's Corporate Governance Project, 52 GEO. WASH. 495 (1984). 최근의 진행상황에 대해서는 Perkins, The ALI Corporate Governance Project in Midstream, 41 BUS. LAW. 1195 (1986).

15 American Law Institute, Principles of Corporate Governance: Analysis and Recommendations §2.01(Tent. Draft No.2, April 13, 1984).

16 White, How Should We Talk About Corporation? The Languages of Economics and Citizenship, 94 YALE L.J. 1416-17 (1985); Comment, Corporate Ethics and Corporate Governance: A Critique of the ALI Statement on Corporate Governance Section 2.01(b), 71 CALIF. L. Rev. 994, 1004-10 (1983); Schwartz, Defining the Corporate Objective: Section 2.01 of the ALI's Principles, 52 GEO. WASH. 511, 520 (1984).

17 1982년에 나온 ALI의 제1초안과 1984년의 제2초안은 상당히 여러 면에서 차이를 보이고 있으나 회사의 목적에 관한 §2.01은 자구가 조금 바뀐 것 이외에는 거의 동일한 내용을 담고 있다. Schwartz, (주 16), pp.520-521.

3. 종업원이익의 보호와 회사법

전통적인 회사모델에 따르면 종업원의 문제는 회사법의 영역에 속하는 것이 아니라 계약법 내지는 노동법의 영역에 속한다. 따라서 전통적인 회사모델에 따르는 경우에도 만약 계약법이나 노동법이 제대로 기능하기만 한다면 종업원의 이익은 잘 보호될 수 있을 것이다. 최근 유럽에서는 회사제도의 외부에서뿐 아니라 내부에서도 종업원이익의 보호를 도모하려는 움직임이 일고 있다. 그러한 움직임은 종업원을 단순히 기업의 외생적인(exogenous) 생산요소로 볼 것이 아니라 그 불가결의 구성부분으로 보아야 한다는 인식에서 출발한다.[18] 주주만을 회사의 구성원으로 보는 주된 근거는 주주만이 투자부담을 부담하기 때문이라는 것이다. 하지만 종업원도 상당한 위험을 부담한다. 예컨대 회사가 도산하는 경우에 종업원이 입는 불이익은 결코 주주의 손해에 못지않다. 사실 주주의 투자위험은 요즈음 한창 유행하는 포트폴리오이론(portfpolio theory)[19]에 의해 어느 정도 분산이 가능한 반면에 종업원이 부담하는 위험은 분산이 용이하지 않다.[20] 이 점에 비추어 종업원을 회사법상 회사의 구성원으로 수용하려는 유렵 각국의 움직임은 이론적으로도 어느 정도 근거가 있다고 할 수 있다. 그러한 움직임도 두 가지로 나누어 볼 수 있다.

첫째는 경영자가 업무수행시 종업원이익을 고려하도록 의무화하는 방식이다. 유럽 주식회사법안 70조 1항은 이사회원은 업무이행시 선관주의의무를 다하고 회사 및 종업원의 이익을 촉진하지 않으면 안 된다고 규정하고 있다.[21] 또한 영국의 1980년 개정회사법 46조 1항은 이사는 업무수행에 있어

18 M. Aoki, The Co-operative Game Theory of the Firm pp.3-9 (1984).

19 포트폴리오 이론에 대한 간단한 설명으로는 R. Brealey & S. Myers, Principles of Corporate Finance 117-58 (2d ed. 1984).

20 Aoki, (주 18), p.17.

21 森本滋, EC 會社法の形成と展開, pp.199-200 (1984).

주주의 이익뿐 아니라 종업원의 이익도 고려해야 한다고 명시적으로 규정하고 있다.[22] 이러한 규정들은 종래의 회사법의 태도에서 한 걸음 더 나아간 것은 분명하다. 하지만 이러한 일반적인 규정이 과연 구체적으로 효과를 발휘할 수 있을지에 대해서는 지극히 회의적이다.[23]

종업원의 이익을 회사의 정책결정과정에 반영시킨다는 면에서 이 같은 일반규정보다는 이른바 "종업원참가"의 방식이 한 수 위에 있음은 분명하다. 종업원참가의 구체적 내용에 대해서는 아직 견해의 일치를 보지 못하고 있다.[24] 이 글에서는 그중에서도 회사지배의 법적 구조에 직접 관계가 있는 공동결정제도만을 언급하기로 한다. 널리 소개되고 있는 바와 같이 서독에서는 이사회(Vorstand)의 구성원을 선임하는 권한을 가진 감사회(Aufsichtsrat)에 회사의 규모와 업종에 따라 일정수의 근로자대표를 참여시키는 공동결정제도를 채택하고 있다.[25] 특히 1976년의 공동결정법(Gesetz über die Mitbestimmung der Arbeitnehmer)은 2,000 명 이상의 종업원을 고용하는 모든 회사의 감사회구성원의 2분의 1은 근로자대표(종업원대표와 노조대표)로 채워야 한다고 규정하고 있다. 이러한 서독의 공동결정제도는 유럽공동체(EC)가 회원국의 회사법의 조정을 위해서 내놓고 있는 제5지령(the Fifth Directive)의 1972년 초안에서 채택되었으나 각 회원국의 정치적 · 경제적인 현실과의 조화를 위해서 1983년 초안에서는 보다 완화된 형태로 채택되었다.[26]

22 동법 74조는 회사가 영업을 폐지 또는 양도하는 경우 정관 또는 주주총회의 결의에 의해서 종업원에 분배금을 지급할 수 있다고 규정하고 있다. L. Gower, Principles of Modern Company Law p.579 (4th ed. 1979 & Supp. 1981).

23 영국회사법 46조 2항은 동조 1항에 따른 이사의 종업원이익참작의무는 종업원이 이행을 강제할 수 없음을 밝히고 있다. 따라서 종업원이 소송을 제기하기 위해서는 미리 주식을 조금 사 놓아야 한다. Ibid.

24 예컨대 河本一郎, 勞働者參加, 基本法學 7-企業, pp.271-273 (1983); 森本滋, (주 21), pp.166-167.

25 보다 상세한 것은 양찬석, 서독의 근로자경영참가제도고찰, 서울대학교 법학석사학위논문 1984, 참조.

26 Hopt, New Ways in Corporate Governance: European Experiments with Labor Representation on Corporate Boards, 82 MICH. L. REV 1338, 1344-48 (1984).

이처럼 종업원도 회사법상 회사의 구성원으로 파악함으로써 그들의 이익을 신장하려는 움직임은 우리나라를 비롯하여 미국, 일본 등에서는 거의 보이지 않을 뿐 아니라 앞으로 그러한 방향의 개혁이 추진될 가능성도 별로 없는 것 같다.[27] 이들 세 나라는 적어도 회사법적으로는 주주만이 회사의 구성원이며, 회사와 종업원의 관계는 회사법이 아니라 계약법 내지 노동법의 규율대상이라는 기본입장을 고수하고 있는 듯하다. 하지만 이러한 법제도상의 차이만을 이유로 이들 세 나라에서는 서독이나 영국에서보다 종업원이익이 덜 존중되고 있다고 일률적으로 말할 수는 없다. 먼저 영국회사법상의 추상적인 의무규정이 과연 실효를 거둘 수 있을지 의문이라는 점은 앞서 지적한 바와 같다. 그리고 서독의 공동결정제도도 사실상 기업의 기본정책 결정에 종업원의 의사를 반영한다는 면에서는 실패하였다고 지적되고 있다.[28] 또한 단순히 법제도의 외형만을 보고서 기업운영의 현실을 가늠하기 어려운 경우도 많다. 그 대표적인 예가 일본이라고 할 수 있다. 일본에는 서독이나 영국에서와 같은 법규정이 존재하지 않지만 일본의 대기업은 실제로 주주의 이익보다는 종업원의 이익을 위해서 운영된다고 보는 견해가 유력하다.[29] 이처럼 법제도의 내용이야 어떻든 간에 그 운영상 종업원의 이익이 잘 보호될 수 있다면 굳이 제도개혁을 논할 필요도 없지 않은가 하는 의문이 생길 수도 있다. 1981년 일본회사법의 개정과정에서 종업원 경영참가제도를 도입하자는 제안이 전혀 없었던 것도 바로 그러한 이유에서가 아니었나 여겨진다.[30] 그

27 최근 노동부가 발표한 금년도 업무계획에서도 기업이윤 일부를 근로자들의 복지기금으로 축적하게 하는 사내근로복지기금제도와 종업원지주제도의 도입을 권장한다고 하고 있을 뿐 종업원의 이사회 참여에 대해서는 전혀 언급이 없다. 동아일보, 1987년 1월 19일자 2면, 종업원참가에 관한 미국에서의 논의에 대해서는 Conard, The Supervision of Corporate Management: A Comparison of Developments in European Community and United States Law, 82 MICH. L. REV 1459, 1485-86 (1984), 일본에서의 도입가능성에 대해서는 河本一郎, (주 24), pp.291-292 참조.

28 河本一郎, (주 24), p.289.

29 西山忠範, 支配構造論(1980), 특히 pp.49-68 참조.

30 河本一郎, (주 24), pp.291-292.

러나 우리나라와 일본의 기업현실은 상이하다. 설사 우리나라에서도 기업이 현실적으로 종업원의 이익을 위해서 운영되고 있다고 하더라도 여전히 문제는 남는다. 왜냐하면 당장 실제로 큰 문제가 없다 하여 법과 현실의 괴리를 무작정 방치하는 것은 바람직하지 않기 때문이다.

III. 경영자의 통제

1. 서

서독을 비롯한 유럽의 여러 나라들과는 대조적으로 우리나라를 비롯해서 미국과 일본에서는 회사의 소유자는 주주이고 경영자는 주주이익을 극대화하는 것이 그 본분이라는 전통적인 회사법모델을 대체로 고수하고 있다. 따라서 이들 나라에서 회사법의 주된 과제는 무능하거나 부정직한 경영자로부터 주주를 보호하는 것이며, 회사법의 개혁논의도 경영자를 보다 효율적으로 통제하는 장치를 마련하는 데 집중되고 있다.[31] 물론 회사법상 주주들은 총회에서 무능하거나 부정직한 경영진을 교체할 수 있다. 하지만 이미 50여 년 전에 Berle와 Means가 간파한 이른바 소유와 경영의 분리현상이 대기업의 경우에 일반화됨에 따라 주주집단이 경영진을 직접 통제한다는 논리는 더 이상 설득력을 가질 수 없게 되었다. 요즈음은 주로 주주집단에 의한 통제 이외의 메커니즘을 효과적으로 기능할 수 있도록 개선하는 데 관심이 쏠리고 있다.

31 이는 최근 law review에 실리고 있는 회사법 분야의 논문제목만 보아도 쉽게 알 수 있다. 예컨대 Fischel & Bradley, The Role of Liability Rules and the Derivative Suit in Corporate Law: A Theoretical and Empirical Analysis, 71 CORNELL L. REV 261 (1986)와 그에 대한 comment들 참조.

2. 이사회에 의한 통제

미국에서는 종래의 회사법상 이사회가 업무집행기관으로 되어 있었지만 점차 업무집행기능은 이사회에서 선임하는 임원(officer)들에게로 사실상 넘어가 버렸다.[32]

이제는 주회사법도 이 같은 실무의 변화를 반영하여 과거에는 "회사의 경영은 이사회가 담당한다"는 식으로 되어 있던 규정들이 요즈음에는 회사의 경영은 이사회의 지시에 따라(under the direction of) 수행한다"는 식으로 바뀌고 있다.[33] 그리하여 이제 이사회는 임원들의 업무집행을 감독하는 것을 주된 기능으로 하여야 하며 그 업무감독이 충실히 이루어지도록 제도를 정비해야 한다는 움직임이 일고 있다.[34] 그중 가장 두드러진 것은 이사회의 임원으로부터의 독립성을 확보하자는 개혁안이다.[35] 요컨대 회사규모에 따라 일정수의 이사들은 임원 등과 "특별한 관계"(significant relationship)가 없는 자들 중에서 선임하자는 제안이다.[36] 그리고 그 개혁안에 따르면 이사후보의 지명과 회계감사인의 선임도 임원이 맡는 것이 아니라 위와 같은 독립적인 이사들이 과반수를 차지하는 인사위원회(nominating committee)와 감사위원회(audit committee)에서 각각 담당한다.[37]

이사회의 독립성을 확보하여 감독기능을 활성화시키자는 위의 제안은 폭

32 이 점을 드러내 주는 대표적인 연구로는 M. Mace, Directors: Myth and Reality (1971).

33 H. Henn & J. Alexander, Law of Corporations 563 (3rd ed. 1983).

34 예컨대 M. Eisenberg, The Structure of the Corporation 139-168 (1976).

35 그 같은 안의 대표적 추진자도 역시 Eisenberg 교수이다. Id. 174-177.

36 ALI, (주 15), §3.04, §1.26은 "특별한 관계"를 자세히 정의하고 있는데 그에 의하면 다음과 같은 경우에는 "특별한 관계"가 존재한다. (1) 회사와 현재 또는 최근 2년 사이에 고용관계가 있는 경우; (2) 회사의 임원이거나 최근 2년 사이에 고위간부이었던 자의 근친인 경우; (3) 회사와 현재 또는 최근 2년 사이에 상당한 거래관계가 있는 경우; (4) 최근 2년 사이에 회사의 고문이 되는 등으로 관계를 가졌던 법률사무소나 투자은행의 구성원인 경우.

37 Id. §§3.05, 3.06.

넓은 지지를 얻고 있다. 하지만 "독립적인" 이사에 대하여 너무 큰 기대를 해서는 안 된다는 회의론도 만만치 않게 제기되고 있다.[38]

3. 소송에 의한 통제

경영자의 무능, 부정직과 같은 충실의무(fiduciary duty)의 위반은 이사회가 그 감독기능을 잘 수행하여 사전에 예방하거나 사후에 그에 대한 제재를 가해야 할 것이다. 하지만 그것이 여의치 않은 경우에는 주주가 대표소송을 제기할 수밖에 없다. 현재 미국에서는 이러한 대표소송의 역할을 강화시킬 것이냐 아니면 약화시킬 것이냐의 문제가 활발히 논의되고 있다.[39]

이러한 논의는 주주가 제기한 대표소송을 그 소송과 직접 관련이 없는 이사와 고문으로 구성된 특별위원회의 결정으로 저지하는 테크닉이 널리 이용됨에 따라 시작되었다.[40] 학자에 따라서는 대표소송은 회사가 아니라 제소한 주주(보다 정확하게는 그의 배후에 있는 변호사)의 이익을 증진할 뿐이라고 대표소송의 역할을 혹독하게 비판하고 있다.[41] 하지만 대부분의 학자들은 대표소송이 경영자의 충실의무위반을 억지하는 효과를 갖는다는 점을 강조하여 가능한 한 그 효과를 살리면서 대표소송의 남용 가능성을 제거하는 방안을 모색하고 있다.[42]

38 대표적인인 것으로 Brudney, The Independent Director-Heavenly City or Potemkin Village? 95 HARV. L. REV 597 (1982).

39 Fischel & Bradley, (주 31), 그에 대한 comment들 참조.

40 법원은 태도에서 약간 차이를 보이고는 있지만 대체로 일정한 요건을 충족하는 한 그러한 위원회의 결정을 존중하고 있다. 예컨대 Auerbach v. Bennett, 393 N.E. 2d 994 (N. Y. 1979)와 Zapata Corporation v. Maldonado, 430 A. 2d 779 (Del. 1981)은 그 요건에서 차이를 보인다. R. Clark, Corporate Law 645-649 (1986).

41 예컨대 Fischel & Bradley, (주 31), 참조.

42 그러한 노력의 최근의 성과로서 American Law Institute, Principles of Corporate Governance: Analysis and Recommendations (Discussion Draft No.1, 1985).

4. 시장기구에 의한 통제

현재 미국의 회사법학계에서는 시장기구의 역할에 대해서 열띤 논의가 벌어지고 있다. 시장기구에 의한 경영자통제에는 보통 다음 세 가지를 포함시키고 있다.[43] 첫째는 회사가 생산하는 제품의 시장(product market)이다. 즉 타사제품과의 경쟁에서 살아남기 위해서는 경영자가 최선을 다하지 않을 수 없다는 것이다. 둘째는 금융시장(financial market)이다. 경영실적이 나쁜 회사는 금융시장에서 자금을 조달하는 데 그렇지 않은 회사보다 높은 비용을 부담하게 될 것이므로 경영을 개선하지 않으면 안 된다는 것이다. 셋째는 가장 널리 논의되고 있는 회사지배시장(market for corporate control)이다. 비효율적으로 운영되는 회사는 주가가 떨어져 다른 회사의 인수(takeover)대상이 되고 결국은 경영자의 교체가 일어난다는 이론이다.

이른바 Chicago학파에 속하는 학자들은 이 같은 시장기구의 통제력을 강조하여 그것만으로도 경영자통제는 충분히 달성할 수 있다고까지 주장하지만 그것은 과대평가의 느낌이 짙다.[44] 우선 시장기구가 제대로 작동하기 위해서는 여러 가지 전제조건을 갖추어야 할 텐데 현실은 그러한 이상세계에서 너무나도 동떨어져 있다. 또한 경영자의 이익충돌행위로 인한 회사의 피해는 시장기구에 영향을 줄 정도로 크지 않은 경우가 대부분일 것이기 때문에 정직하지 않은 경영자에 대한 시장기구의 통제효과는 거의 없다. 따라서 시장에 의한 통제 메커니즘을 개선하자는 주장에는 귀를 기울이면서도 학계는 이사회제도, 충실의무(fiduciary duty), 대표소송 등을 정비하는 데 노력을 모으고 있다.

43 이하의 설명은 주로 Eisenberg, The Modernization of Corporate Law: An Essay for Bill Cary, 37 U. MIAMI L. REV. 187, 204-04 (1983) 참조.

44 ALI, (주 15), pp.75-76.

Ⅳ. 결론—우리 회사법학의 과제

앞에서 극히 피상적으로나마 외국회사법의 개혁동향을 주로 미국을 중심으로 살펴보았다. 혹자는 과연 우리와 여러 가지로 상황을 달리하는 이러한 외국의 경험에 대하여 연구하는 것이 우리에게 무슨 의미를 가질 수 있겠는가 하는 당연한 의문을 가질지도 모른다. 일반적으로 비교법연구는 여러 가지의 의의를 가질 수 있겠지만 이 글에서 외국의 회사제도의 이모저모를 살핀 이유는 무엇보다도 거시적으로 우리 회사법의 현위치를 파악하고 앞으로 방향을 설정하는 데 참고하기 위한 것이다. 요즘 우리 사회의 가장 큰 관심의 대상이 되고 있는 개헌논의의 밑바닥에는 정치권력의 정통성(legitimacy)이 확립될 수 있는 헌법질서를 마련하자는 국민적 염원이 깔려 있다.

오늘날 우리 사회에서 정권의 정통성도 중요한 문제임이 틀림없겠지만 그에 못지않게 중요한 것이 기업의 정통성의 문제가 아닌가 생각된다. 현재 우리나라에서 기업, 특히 대기업의 정통성은 심각한 위기상태에 처해 있다.

지난 20여 년 동안 고도경제성장을 추구해 오는 과정에서 정부는 대기업에 유리한 정책을 취함으로써 소수의 대기업을 육성하였다. 대기업의 옹호론자들 중에서는 미국에서 General Motors회사를 위하는 것이 결국 미국을 위하는 것이라는 말이 있는 것과 같이 대기업을 위한 것이 결국 우리나라를 위한 것이 아니냐고 반문하는 자도 있을 수 있다. 그러나 우리나라의 대기업은 그런 논리로는 변호하기 어렵다. 그 이유로는 대강 세 가지를 들 수 있을 것이다.

첫째, 정확한 통계자료는 없지만 우리나라에서는 대기업의 경우에도 주식이 소수의 가족집단에 집중되고 있다는 데 대해서는 이론이 없다.[45] 그리

45 믿을 만한 통계자료를 구하기 어려운 이유는 우리나라에서는 주식거래의 실명화가 이루어지지 않아 이른바 주식의 위장분산이 가능하기 때문이다. 이 분야에 대한 학문적 연구는 많지 않지만 服部民夫, 現代韓國企業の所有と經營, アジア經濟, 1984年 5 · 6月, pp.132-150 참조.

고 이러한 현상이 경제성장의 과실의 분배면에서 바람직하지 않은 것이라는 데 대해서도 이론이 없다. 미국에서와는 달리 우리나라에서 이제껏 회사법이 실제로 별로 기능하지 않은 휴면상태의 법에 불과하였던 이유 중의 하나도 대부분의 기업이 주주로 불리는 대주주에 의해 직접 경영되었기 때문일 것이다.[46] 주식의 분산을 구체적으로 어떻게 달성할 것이냐는 회사법의 범위를 넘어서는 문제이다.

우리 기업의 두 번째 문제점으로 지적할 수 있는 것은 종업원의 이익에 대한 제도적인 보장이 미비하다는 점이다. 앞서 지적한 바와 같이 우리나라에서는 종업원의 문제는 회사법의 영역에서는 완전히 배제하고 노동법의 대상으로만 다루고 있다. 하지만 노동법상 노동조건의 결정에 있어 종업원의 교섭능력은 기업 측과 전혀 비교할 수 없는 것이 현실이다. 이제 주식의 분산과 마찬가지로 종업원의 지위향상도 우리 사회의 당면문제의 하나라는 데 대해서는 광범한 컨센서스가 이루어지고 있다. 종업원의 지위향상을 도모함에 있어서 현재와 같은 미국식 · 일본식의 회사모델을 그대로 고수할 것이냐, 서독식 모델을 따를 것이냐, 아니면 제3의 모델을 추구할 것이냐는 학자들의 연구실에서가 아니라 결국 정치세계에서 결정될 문제이다. 실제 가능성은 거의 없는 것 같기는 하지만 만일 서독식 모델로 옮겨 가는 경우[47]에는 현재의 회사법을 상당히 수정해야 함은 물론이다.[48]

마지막 문제점은 우리나라에서 경영자를 통제하는 제도적 장치가 거의 작용을 하지 못하고 있다는 사실이다.[49] 우선 대주주가 경영일선에서 자신

46 Kim, Corporate Governance in Korea, 8 J. COMP. BUS. & CAP. MKT. L. 21 (1986).

47 수년 전 민정당에서 "근로자사내복지기금의 설치운용"과 "근로자대표의 이사회참여"를 내용으로 하는 근로의욕향상 방안을 발표하여 논란을 일으킨 바 있었으나(양규석, (주 25), p.87, 주 8)) 앞서 인용한 노동부의 업무계획에서는 전자만이 들어 있는 것을 보더라도 아직 그 같은 가능성은 극히 희박한 것 같다. 앞의 (주 27) 참조.

48 이에 대해서는 河本一郎, (주 24), pp.289-291 참조.

49 보다 상세한 것은 Kim, (주 46), pp.31-32.

의 심복들을 이사로 임명하여 업무를 담당시키는 것이 현실임에 비추어 이사회에 의한 경영자통제라는 것은 완전히 공염불에 불과하다.[50] 회사법상 충실의무 관련조항이 불완전한 것은 접어 두더라도 법에 규정된 대표소송이 완전히 장식적인 제도로 전락하고 만 실정을 고려할 때 소송에 의한 경영자통제는 거의 부재하는 것이나 마찬가지다. 또한 우리 현실에서 시장기구에 의한 통제 특히 회사지배시장에 의한 통제는 전혀 없다고 해도 과언이 아니다.[51] 정부가 기업활동에 큰 영향을 주고 있는 우리나라 현실에서는 미국 등의 나라에서와는 달리 정부에 의한 통제라는 것이 존재할 수도 있겠다.[52] 우리 정부는 여러 가지 허가, 승인권이나 금융기관의 지출결정에 대한 영향력 등을 통해서 기업의 목덜미를 잡고 있다. 그러한 정부의 힘을 행사함에 있어 어느 정도 경영자의 능력, 정직성 등을 고려할지도 모른다. 하지만 경영자의 통제를 정부에 맡기는 것이 자의적인 결정, 부정부패의 가능성 때문에 바람직하지 않은 것은 물론이다.[53]

회사의 정통성을 확보하기 위해서는 이상의 세 가지 문제점을 개선하는 것이 필요하다. 이 세 가지 중 어느 한 가지도 중요치 않은 것은 없겠으나 우리 회사법학자들이 앞장서서 떠맡아야 할 일은 그중에서도 경영자를 실효성 있게 통제할 수 있도록 제도를 개선하는 것이다. 그것은 그 자체만으로도 어려운 일이다. 하지만 경영자의 통제만이 우리가 추구해야 할 유일한 가치는 아니다. 기업의 능률이나 생동력 또한 그에 못지않게 긴요한 가치가 아닐 수 없다. 따라서 우리 회사법학의 당면과제는 기업의 능률이나 생동력을 해치지 않으면서 경영자의 무사안일, 부정을 방지할 수 있게끔 제도적 장치를 재정비하는 것이다.

50 정희철, 이사회제도의 비교법적 고찰, 법학, 특별호 4권, p.49 (179).

51 Kim, (주 46), pp.31-32.

52 이 점은 세미나 당시 토론자였던 박길준 교수가 지적한 것이다.

53 Kim, (주 46), p.33.

그리고 이 같은 우리의 과제는 마침내 우리 회사법학을 창조적인 "지적 활동의 분야"로 발전시킬 것이다.

『서울대학교 법학』 제28권 1호(통권 69호, 1987. 4)

* 추기: ALI의 Principles는 1994년 최종판이 발간됨으로써 마무리되었다.

제2편

경영자의 의무와 책임

01 회사법상 충실의무법리의 재검토

I. 서언

1998년 12월 경제위기의 소용돌이 속에서 상법이 개정되었다. 경영의 투명성을 높이고 책임을 강화하기 위한 입법노력의 일환으로 이른바 충실의무조항으로 불리는 제382조의3이 신설되었다. 이사가 "법령과 정관에 따라 회사를 위하여 그 직무를 충실하게 수행하여야 한다"는 명제에 대해서는 누구도 토를 달기 어려울 것이다. 그러나 그 추상적인 문구가 의미하는 바가 무엇인지는 반드시 명확한 것은 아니다. 법무부가 밝힌 입법취지에 의하면 이 규정은 영미법상의 信認義務(fiduciary duty)[1]를 도입하기 위한 것이다.[2] 개

1 이곳에서는 fiduciary duty의 역어로 흔히 사용되는 충실의무 대신 신인의무라는 용어를 사용하기로 한다. 용어에 관해서는 뒤에 상세히 언급하기로 한다.

2 법무부, 개정상법(회사편) 해설(1999), 46면. '이사의 충실의무'라는 조문의 제목도 이를 뒷받침하고 있다. 당시 상법개정과정에 참여한 필자의 기억에 의하면 개정위원들도 일반적으로 미국법상의 fiduciary

정 전 상법상으로도 이사는 受任人으로서 선량한 관리자의 주의의무(이른바 선관주의의무)를 부담하였다(제382조 제2항; 민법 제681조). 이러한 선관주의의무가 영미법상의 信認義務와 어떠한 관계가 있는지에 관해서는 종래 학자들의 견해가 대립하였다. 수적으로는 선관주의의무가 信認義務와 대체로 유사한 기능을 수행할 수 있는 것으로 해석하는 쪽이 우세했던 것으로 보인다. 그러나 선관주의의무에는 영미법상의 신인의무 중 충실의무(duty of loyalty)가 포함되지 않는다며 충실의무의 도입을 주장하는 견해도 만만치 않았다.[3] 제382조의3의 신설로 인하여 이 같은 종래의 학설대립은 그 의미를 거의 상실하게 되었다. 이제 우리 회사법학계의 과제는 다시금 확인된(또는 새로이 도입된) 충실의무에 영미에서와 같이 활력을 불어넣는 것이다. 그러나 이질적인 사회에서 장구한 세월에 걸쳐 형성된 새로운 법리를 단순히 법규정 하나를 신설함으로써 그대로 계수할 수 있다고 기대하는 것은 아무래도 무리일 것이다. 이러한 작업을 위해서는 신인의무 내지 충실의무를 그 뿌리에서부터 다시 살펴볼 필요가 있다.

우리나라에서 信認義務에 관한 본격적인 연구는 지금부터 거의 30년 전인 1973년 宋相現 교수가 발표한 『株式會社理事의 忠實義務論』[4]으로부터 시작되었다고 해도 과언이 아니다. 그후 이 주제에 관해서는 일일이 열거하기 어려울 정도로 많은 수의 논문이 발표된 바 있다.[5] 그러나 유감스럽게도 이 기본적인 개념에 대한 우리 학계의 이해나 논의는 아직 만족스러운 수준에

duty를 도입하는 것으로 인식하고 있었다. 일본에서도 비슷한 규정을 이사의 충실의무를 선언한 규정으로 보고 있다. 일본상법 제254조의3은 이사가 준수할 대상으로 '법령과 정관' 외에 '주주총회의 결의'를 추가하고 있는 점을 제외하고는 우리 상법 제382조의3과 동일하다.

3 이병태, "영미법상 이사의 충실의무," 한양대 논문집 제5권(1971), 166면; 정동윤, 회사법(제5판), (1999), 432면 이하.

4 서울대 법학 제14권 제2호(1973), 119면 이하.

5 정태환, "이사의 충실의무," 법조(1981. 11), 20면 이하; 김윤찬, "이사의 충실의무," 경성대학교 논문집 제3권 제1호(1982), 310면 이하; 손진화, "주식회사이사의 충실의무," 사법행정(1988. 12), 36면 이하; 김영선, "이사의 충실의무," 인천대 법학논총 제2권 제1호(1999), 83면 이하.

도달하지 못한 것 같다.[6] 한편 신인의무란 개념을 활용할 필요가 있는 문제 상황은 폭발적으로 증가하고 있다. 원래 信認義務는 영미법의 독특한 산물인 신탁법(trust law)에서 유래한 개념이다. 그러나 오늘날 그 적용범위는 신탁법, 회사법, 대리(agency)와 조합(partnership) 등의 분야를 넘어서 날로 확대되고 있다. 최근에는 信認義務가 적용될 수 있는 다양한 법영역을 포괄하는 개념으로 "fiduciary law"라는 새로운 용어를 사용하는 자들도 등장하고 있다. 이러한 흐름을 대표하는 Frankel 교수는 『身分에서 契約으로』라는 Henry Maine의 유명한 명제를 모방하여 '계약에서 fiduciary에로'라는 구호를 제창하고 있을 정도이다.[7] 바야흐로 信認義務에 대한 관심은 전 세계적으로 새롭게 확산되고 있다. 그러나 뒤에 살펴보는 바와 같이 뜻밖에도 이 개념에 대한 이해는 본고장인 영미의 학계에서도 완전히 정착된 것이라고 보기는 어렵다.

이 글의 주된 목적은 제382조의3의 도입을 계기로 상법상 충실의무 관련 규정이 우리 기업지배구조상의 문제를 해결하는 데 어느 정도까지 유효할 수 있는지 이들 규정의 사정거리를 확인하고 실효성을 높이기 위한 방안을 검토하는 것이다. 이러한 작업을 제대로 수행하기 위해서는 출발점으로 돌아가 영미법상 信認義務가 지니는 의의와 한계를 다시 한 번 음미할 필요가 있다. 논의의 순서는 다음과 같다. 먼저 기초적인 작업으로서 신인관계(fiduciary relationship), 충실의무 등 기본적인 용어의 정리, 신인관계와 계약관계와의 비교검토 등을 통하여 신인의무가 차지하는 법적 위상을 점검한다(II). 이어

6 그 예외라고 할 만한 것은 송상현 교수의 제자인 이중기 교수가 영국에서 제출한 박사학위논문(Choongkee Lee, "Conflicts of Interest in Securities Firms: On Fiduciary Law, Confidentiality and Corporate Personality"(unpublished Ph.D. Dissertation, University of Sheffield)(1994))이다. 이 논문은 충실의무에 대한 본격적인 분석을 담고 있으나 유감스럽게도 출판되지 못하여 국내학계에는 거의 알려지지 못하였다.

7 Tamar Frankel, "Fiduciary Law," 71 California Law Review 795 (1983). 樋口範雄 敎授가 최근 출간한 「フィデュシャリー(信認)의 시대」(1999)라는 책명도 이와 유사한 사고에서 유래한 것이다.

서 회사법상의 충실의무에 관한 본격적인 고찰(III)에 들어가 충실의무를 부담하는 주체와 관련하여 특히 우리나라에서 중요한 의미를 갖는 지배주주의 충실의무에 대해서 살펴보고, 충실의무의 상대방, 충실의무의 내용, 충실의무위반에 대한 구제수단, 충실의무와 법원의 역할 등 충실의무와 관련된 여러 쟁점에 대해서 간단히 살펴보기로 한다.

II. 信認義務에 관한 基礎的 考察

1. 몇 가지 基本用語의 정리

우리 학계에서 영미법상의 fiduciary duty에 관한 용어례는 다소 혼란된 모습을 보이고 있다. 이곳에서는 본격적인 논의에 들어가기 앞서 우선 fiduciary duty에 관한 몇 가지 기본개념과 용어를 정리해 두고자 한다. 먼저 fiduciary duty를 발생시키는 관계를 fiduciary relationship이라고 한다. 이 글에서는 일본에서의 용어례에 따라[8] 이를 信認關係로 번역하기로 한다.[9] 그렇다면 fiduciary duty는 흔히 사용되는 충실의무라는 용어보다는 信認義務로 부르는 편이 더 나을 것이다.[10] 信認義務를 부담하는 주체인 fiduciary도

8 일본의 예를 따르는 것에 대해서 정서적으로 거부감을 느끼는 이도 많을 것이나, 더 적당한 용어가 없다면 구태여 독자적인 용어를 고집할 필요는 없을 것이다.

9 학자에 따라서는 신뢰관계 · 授信關係 · 신임관계로 번역하기도 한다. 植田 淳, 英米法における信認關係の法理(1997), 17면 (주 1). 이러한 용어가 신인관계라는 용어보다 덜 생소한 것이 사실이다. 그러나 어차피 신인관계라는 개념 자체가 생소한 것이라면 혼동을 막기 위하여 생소하더라도 특별한 용어를 새로이 만들어 사용하는 것이 바람직할 것이다.

10 이철송 교수도 충실의무 대신 信認義務라는 용어를 사용하고 있다. 이철송, 회사법강의(제9판), (2001), 587면. 일본에서는 受託者責任이라는 용어를 사용하는 자도 있다. 藤田友敬, "忠實義務の機能," 法學協會雜誌 117권 2호(2000), 137면 이하.

역시 일본의 용어례에 따라 受認者라고 부르기로 한다.[11]

信認義務를 어떻게 체계화할 것인가에 대해서는 영미에서도 아직 견해가 완전히 일치된 것은 아니다.[12] 영미법상 信認義務는 주로 duty of loyalty를 가리키는 것으로 보고 있다.[13] 그러나 미국의 회사법학계에서는 信認義務에 duty of loyalty는 물론이고, duty of care[14]까지 포함시키는 것이 일반적이다.[15] 이곳에서는 전자는 충실의무, 후자는 주의의무로 부르기로 한다.[16] 이처럼 신인의무는 대부분 충실의무를 가리키는 의미로 사용되고 있으므로 때로는 양자를 혼용하기로 한다.

2. 信託 · 信認義務 · 信認關係

信認關係의 원조는 신탁이다. 영미법상 특정재산에 대해서 신탁(trust)이 설정되면 受託者(trustee)는 신탁재산에 대한 법적인 소유권자로서 모든 권한을 행사할 수 있다. 수탁자가 권한을 남용하는 경우 수익자(beneficiary)는 곤란한 처지에 빠지게 될 것이므로 수탁자의 권한남용으로부터 수익자를 보호할 필요성이 대두된다. 영미법상의 信認義務法理는 형평법법원(the Court of Chancery)이 오랜 기간에 걸쳐서 수탁자의 갖가지 권한남용행위를

11 간혹 fiduciary를 수탁자로 번역하기도 하는데, 그 경우에는 trustee와 혼동될 우려가 있으므로 조금 어색하기는 하지만 잠정적으로 受認者라는 용어를 사용하기로 한다.

12 이러한 사정에 관한 간단한 소개로는 植田, (주 9), 29-37면 참조.

13 다만, 영국회사법상으로는 이사의 업무집행권한의 행사를 통제하는 수단으로 '선의로 회사의 이익을 위하여 행위할 의무', '정당한 목적을 위해서만 권한을 행사할 의무' 등을 신인의무와는 별개의 의무로 인정하고 있다.

14 신탁법상으로는 duty of prudence라는 용어가 사용되기도 한다.

15 Black 교수는 전통적인 양대 의무 외에 공시의무(duty to disclose)와 적대적 기업인수시의 특별한 주의의무를 추가로 제시하고 있다. Bernard S. Black, "The Fiduciary Duties of Outside Directors," Stanford Law School John M. Olin Program in Law and Economics Working Paper No.219 (2001).

16 다만, 영국에서는 주의의무는 信認義務와는 별개의 의무로 파악하고 있다. 植田, (주 9), 36면.

억제하는 과정에서 발전시켜 온 법리이다.[17] 信認義務法理는 당초부터 엄격한 의미의 신탁에만 적용되었던 것은 아니었다. 사실 애초에는 오늘날의 신인관계에 포함되는 다양한 관계를 막연히 "relationship of trust and confidence"라는 일반적인 용어로 표시하였다. 그러나 차츰 형평법법원의 판결례가 개별적인 법리로 형체를 갖춰 감에 따라 "trust"는 좁은 의미의 신탁만을 가리키는 것으로 굳어졌다. 종래 "relationship of trust and confidence"가 가리키던 관계는 fiduciary relationship, 즉 신인관계라는 용어로 표시하게 되었다. 한편 법원이 신인관계의 법리를 신탁을 넘어서 다른 분야에 적용하던 종래의 관행은 여전히 계속되었다. 어차피 信認義務라는 것이 제정법의 근거 없이 법원이 구체적인 사안의 공정한 해결을 위하여 인정한 개념이다 보니 그것을 신탁 이외의 관계에 적용하는 것에 대해서도 특별히 거부감이 없었다. 문제된 상황이 신탁관계와 마찬가지로 信認義務를 필요로 하는 상황이라면 당사자에게 信認義務를 부과하는 것은 오히려 당연한 것으로 받아들여졌다. 그렇다면 이제 문제는 어떠한 경우를 신인관계로 볼 것인가 하는 것이었다. 그러나 영국의 법원은 형평법에 의한 구제의 탄력성을 유지하기 위하여 신인관계를 적극적으로 정의하는 것에는 소극적이었다.[18]

3. 信認關係의 징표

어떠한 경우를 신인관계로 볼 것인가에 대해서 그간 영미학계에서는 많은 논의가 있었다.[19] 그러나 신인관계를 발생시키는 구체적 징표를 찾고자

17 효시적인 판결은 300여 년 전 판결인 Keech v. Sanford, 25 Eng. Rep. 223(1726)이라고 한다. Robert Cooter & Bradeley J. Freedman, "The Fiduciary Relationship: Its Economic Character and Legal Consequences," 66 New York University Law Review (1991), 1045 n.1.

18 Lee, (주 6) 10면; 植田, (주 9), 3면.

19 그에 대한 간단한 소개로는 예컨대 植田, (주 9) 12-17면 참조.

하는 기왕의 시도는 그다지 생산적이지 못하였다.[20] 오늘날은 신인관계에 대해서는 특정인이 受認者에 해당하기 때문에 信認義務를 부과한다기보다는 오히려 구체적인 사실관계상 특정의 信認義務를 부과할 필요가 있기 때문에 특정인을 受認者로 볼 수밖에 없다는 식의 논리가 일반적이다. 이러한 사고에 의하면 신인관계는 신축적인 개념으로 그것이 인정될지 여부는 구체적인 사실관계에 의존할 수밖에 없고 따라서 그 범위를 미리 획정하기는 불가능하다. 이러한 기본전제만 잊지 않는다면 신인관계의 정의에 관한 기존의 연구들은 신인관계에 대한 이해에 도움이 될 수도 있을 것이다.

먼저 신인관계에 관한 대표적인 연구자라고 할 수 있는 Frankel 교수의 견해를 살펴보자.[21] Frankel 교수는 신인관계에서 受認者의 상대방이 되는 자를 위탁자(entrustor)라고 부르고 있으나[22] 이곳에서는 그 대신 본인(principal)이라는 용어를 사용하기로 한다. Frankel 교수에 의하면 신인관계는 기본적으로 受認者가 본인에게 사회적으로 유익한 서비스를 제공하는 관계이다.[23] 수인자가 서비스를 효율적으로 제공할 수 있으려면 본인이나 본인의 재산에 대해서 권한(power)[24]을 보유해야 하며 그 때문에 권한남용을 어떻게 막을 것인가 하는 문제가 생겨난다. 受認者의 권한행사를 본인이 직접 감독하기는 어렵다. 감독에 드는 비용이 본인이 신인관계에서 얻는 이익을 뛰어넘을 가능성이 클 뿐 아니라 受認者의 서비스는 대부분 전문성이 높아서 본인이 평가하기 곤란하기 때문이다. 이처럼 본인이 직면하는 위험을 경감해 줄 수 있는 외부적인 통제수단은 없거나 있더라도 미약하다. 이러한 서비스관

20 예컨대 Finn의 시도와 그에 대한 비판에 대해서는 Lee, (주 6), 14-15면. 신인관계를 유형별로 분류하는 작업은 보다 긍정적인 평가를 받고 있다.

21 Tamar Frankel, "Fiduciary Duties," in The New Palgrave Dictionary of Economics and the Law (1998), Vol.2, pp.127-132.

22 Frankel 교수는 이 개념을 정의하고 있지 않으나 일단 신인관계를 설정하는 자와 수익자를 겸한 자를 가리키는 것으로 볼 수 있다.

23 사회적으로 유익한 서비스이기 때문에 정책적으로 그것을 장려할 필요가 있다.

24 이러한 권한의 범위는 구체적인 신인관계에 따라 차이가 있다.

계에서 본인의 이익을 보호하기 위해서는 受認者의 권한행사에 어떤 제약을 가할 필요가 있고 그러한 역할을 하는 것이 바로 신인의무라는 개념이다. 즉 신인의무란 受認者가 지닌 권한 내지 영향력을 통제하는 기능을 수행한다. 한편 이중기 교수는 신인관계의 존부판단에 영향을 줄 수 있는 요소들로 관계의 성격이나 당사자의 기대, 당사자의 취약성, 재량의 존재, 당사자의 능력, 이익상충의 정도, 청렴성의 필요 등의 요소를 들고 있다.[25]

반면 신인관계에 관한 영연방쪽 학계의 대표 격인 Finn 판사는 수년간의 연구를 총정리한 유명한 논문에서 Frankel 교수나 이 교수와 같이 다양한 요소를 늘어놓는 대신 다음과 같이 간단한 정의를 채택하고 있다.[26] 즉 본인이 상대방이 사익이 아니라 본인의 이익이나 본인과 受認者의 공동이익을 위하여 행동할 것을 기대할 권리가 있을 때 그 상대방을 受認者로 본다는 것이다.[27] 문제는 어떠한 경우에 본인이 상대방이 자신의 이익을 위하여 행동할 것을 기대할 권리가 있다고 할 수 있는가 하는 점이다. 그 물음에 답하기 위해서는 결국 다시 Frankel 교수나 이 교수가 제시한 다양한 요소를 고려하지 않을 수가 없을 것이다.

어느 쪽의 견해를 따르더라도 신탁에서의 수탁자와 수익자, 주식회사의 이사와 주주, 대리인과 본인, 조합원 상호 간에 신인관계가 존재한다는 점은 분명하다. 영미에서는 그 밖에도 펀드매니저와 투자자의 관계, 증권회사와 투자자, 의사와 환자 등 신인관계로 인정되는 관계는 계속 늘어나고 있는 추세이다. 그러나 영미법계의 국가에서도 실제로 신인관계로 인정되는 관계는 국가에 따라 상당한 편차를 보이고 있다. 예컨대 뉴햄프셔주에서는 저당권자와 저당권설정자의 관계를 신인관계로 파악하지만 영국이나 호주에서는

25 Lee, (주 6), 15-17면.

26 Paul Finn, "The Fiduciary Principles," in Equity, Fiduciaries and Trusts 54 (Youdan ed., 1989).

27 Hetherington 교수도 조금 다른 맥락에서이기는 하지만 신인의무의 근거를 당사자의 '기대'에서 찾고 있다. John A. C. Hetherington, Defining the Scope of Controlling Shareholders' Fiduciary Responsibilities, 13 Canada-United States Law Journal (1988), 103.

그렇게 보지 않는다.[28] 또한 신인관계로 인정하는 경우에도 신인의무의 내용이 어떠한가에 대해서는 다시 이견이 존재한다.

4. 信認關係와 契約關係[29]

(1) 信認關係는 契約關係의 일종에 불과한 것인가

이처럼 신인관계는 그 테두리나 알맹이나 아직 상당히 모호한 상태를 면치 못하고 있다. 그런데 신인관계가 과연 계약관계와는 어떠한 '관계'에 서는 것인가의 문제에 이르면 한층 더 아리송해진다. 가장 근본적인 문제는 신인관계가 계약관계의 일종에 불과한 것인가, 아니면 그와는 별도의 특수한 존재인가 하는 것이다. 우리 법상 신인관계의 전형은 신탁법상의 수탁자와 수익자, 그리고 회사법상의 이사와 회사 사이의 관계에서 찾아볼 수 있다. 이들은 모두 계약에 의하여 성립한다. 영미에서도 신탁은 계약에 의하여 성립되는 경우가 일반적이다.[30] 그리하여 최근에는 신탁도 기본적으로는 계약의 한 유형에 불과하다는 주장이 나오고 있다.[31] 이와 관련하여 주목할 것은 법경제학적인 관점이다. 법경제학자들의 견해에 의하면 信認關係는 당사자가 사전에 구체적인 상황을 미리 예상하여 합의하고 합의이행을 감독하는 것이 곤란한 경우에 인정되는 것으로서 그 산물인 신인의무는 바로 그러한 계약의 불완전성을 보완하기 위한 수단에 불과하다.[32] 이처럼 신인관계를

28 Finn, (주 26) 2-3면.

29 신인관계와 계약관계의 비교에 관해서는 이중기, "증권회사에 발생하는 이익충돌과 정보유용의 문제," 한림법학포럼 제6권(1997), 135면 이하 참조.

30 계약관계가 없이도 신탁관계가 존재하는 것으로 보는 경우가 있다. 이른바 의제신탁(constructive trust)의 경우가 그것이다.

31 John Lanbein, "The Contractarian Basis of the Law of Trusts," 105 Yale Law Journal, 625 (1995).

32 Frank Easterbrook, "Contract and Fiduciary Duty," 36 Journal of Law and Economics 425 (1993).

기본적으로 계약관계에 환원시키는 입론은 신인관계의 기능을 손상시키는 결과를 초래한다는 점에서 아직 학설이나 판례에서 일반적으로 수용되고 있지는 않다.[33]

(2) 契約에 의한 修正問題

사실 보다 어려운 것은 신인관계에서 발생하는 의무를 계약에 의하여 수정하는 것이 가능한가 하는 문제이다. 신인관계를 계약으로 보는 계약설적 입장에서는 그 내용을 계약으로 수정하는 것은 원칙적으로 당연히 가능할 것이다.[34] 그러나 계약자유에도 한계가 있는 것이므로 계약설을 취한다고 해서 신인관계의 내용을 무제한 변경할 수 있는 것은 아니다. 예컨대 受認者의 신인의무를 전면적으로 면제하기로 하는 합의는 효력을 인정받을 수 없을 것이다. 신인의무를 낳는 당사자 간의 관계는 서로 자발적으로 참여하는 관계이지만 수인자에게 부과되는 신인의무는 수인자의 의사에 기하여 발생한 것이라기보다는 법원이 구체적으로 타당한 결과를 얻기 위하여 인정한 것에 불과하다.[35]

한편 신인관계를 계약관계와 구별되는 독자적인 범주로 인정하는 전통적인 견해에 의하면 계약에 의하여 신인의무를 수정할 수 있는 여지는 보다 축소될 수밖에 없다.[36] 그러나 전통적인 견해에 의하더라도 계약에 의한 수정의 여지가 전혀 없는 것은 아니다. 사실 신인관계라고 해도 구체적인 내용은 각양각색이다. 본인이 스스로를 방어할 수 있는 능력을 어느 정도 갖추고 충

33 Frankel, (주 21), 131-132면.

34 예컨대 Butler & Ribstein, "Opting out of Fiduciary Duties: A Response to the Anti-Contractarians," 65 Washington Law Review, 1 (1990).

35 Robert C. Clark, "Agency Costs Versus Fiduciary Duties," in Principals and Agents: The Structure of Business (1985) (J. Pratt & R. Zeckhauser eds.), p.62; Finn, (주 26), 54면.

36 Victor Brudney, "Contract and Fiduciary Duty in Corporate Law," 38 Boston College Law Review, 595, 623 (1997); Hetherington, (주 27), 105면.

분한 정보를 가진 상태에서 동의하는 경우라면 受認者의 신인의무를 다소 완화하는 것도 가능할 것이다.[37]

(3) 信認關係와 契約關係의 混在

신인관계를 계약관계와는 구별되는 독자적인 범주로 보는 전통적인 견해에 의하더라도 신인관계와 계약관계가 반드시 상호배타적인 것은 아니다.[38] 영미법상으로는 계약의 당사자들 사이에서도 신인관계가 성립되는 경우, 즉 계약관계와 신인관계가 혼재하는 경우를 인정한다.[39] 예컨대 의사와 환자 사이의 관계는 기본적으로 계약에 의하여 설정되지만 동시에 신인관계의 성질을 띤다. 최근 관심을 끄는 것은 스스로를 보호할 능력을 갖춘 상인들 간에 교섭을 통해서 성립된 상거래관계에서도 신인관계의 성립을 인정할 필요가 있는 경우가 있는가 하는 문제이다. 당초 그러한 상업적인 거래관계에서는 信認義務가 발생할 여지가 없는 것으로 보는 것이 일반적이었다. 그러나 차츰 상거래의 경우에도 신인의무가 인정되는 경우가 생기게 되었다.[40] 대리점계약이 신인관계에 속한다는 점에는 애초부터 의문이 없었다. 반면에 차관계약이나 매매계약은 특별한 경우가 아닌 한 신인관계를 낳지 않는 것으로 본다. 뒤에서 보는 바와 같이 이사와 사채권자의 관계는 사채권자가 계약으로 자신의 이익을 보호할 수 있다고 보아 사채권자에 대한 이사의 신인의무를 부정하는 것이 일반적인 견해이다.[41] 한편 합작투자계약, 특

37 Frankel, (주 21), 130-131면.

38 Paul Finn, "Fiduciary Law and the Modern Commercial World," in E. McKendrick ed., Commercial Aspects of Trusts and Fiduciary Obligations (1992), p.13.

39 Hospital Products Ltd. v. U. S. Surgical Corp.(1984), 55 A.L.R. 417, at 454. Brudney, (주 36), 598 n.8.

40 상세한 것은 Finn, (주 38), 13면 이하.

41 미국에서도 은행과 예금자, 보험회사와 보험수익자 사이의 관계는 신인관계로 보지 않는 것이 일반적이다. Frankel, (주 21), 128면.

약점계약(distributorship agreement) 등은 구체적인 내용에 따라 신인관계로 볼 수 있는 경우가 있다.

(4) 契約關係의 필요 여부

신인관계는 처음부터 당사자 간에 신인관계로서 성립하는 경우도 있지만, 때로는 애당초 신인관계가 아니었던 관계가 당사자 사이에 '신뢰와 신임'(trust and confidence)이 형성됨에 따라 신인관계로 인정받는 경우도 있다.[42] 이러한 당사자 간에 존재하는 관계는 계약관계인 경우가 대부분이다. 그러나 신인관계가 성립되기 위해서는 반드시 수인자와 본인 사이에 계약관계가 존재해야만 하는 것은 아닐 것이다. 앞서 설명한 여러 요소를 감안할 때 특정인을 타인과의 관계에서 수인자로 볼 필요가 있다면 그들 사이에 계약관계가 존재하지 않는 경우에도 신인관계를 인정할 수 있을 것이다. 어차피 신인의무법리라는 것이 법관이 당사자 사이의 실질적인 정의와 형평을 추구하는 과정에서 생성된 법리라는 점에 비추어 보더라도 계약관계 유무가 걸림돌이 될 수는 없을 것이다. 뒤에 언급하는 바와 같이 이사와 주주, 지배주주와 소수주주 사이에 신인관계가 인정되는 것은 그러한 사고에 입각해서만 설명할 수 있는 것이다.

5. 他人의 行動을 制約하는 다른 法理와의 비교

신인의무라는 것은 결국 수인자의 행동을 본인의 이익에 합치되는 방향으로 통제하기 위한 도구개념이다. 그러나 타인의 이익을 고려하여 특정 당사자의 행동을 통제하기 위한 도구개념으로는 신인의무만이 있는 것이 아

42 이 점은 이중기 교수가 지적해 주었다.

니다. Finn 판사는 계약법상의 법리로 다음의 두 가지를 들고 있다.[43] 하나는 이른바 非良心性(unconscionability)法理[44]이고, 다른 하나는 信義則(good faith)이다. 당사자의 행동을 통제하는 정도가 가장 약한 것은 비양심성법리이다. 그에 의하면 취약한 처지에 있는 상대방의 이익을 착취할 정도로 과도하게 사익을 추구하는 것은 허용되지 않지만 기본적으로 자기 자신의 이익을 추구하는 것은 가능하다. 비양심성법리는 상당히 극적인 경우에만 원용될 수 있는 법리로서 실제로 당사자의 행동을 제약하는 정도는 미미하다. 비양심성법리에 위반한 경우의 구제수단은 계약을 무효로 보는 것이며 손해배상은 원칙적으로 인정되지 않는다. 비양심성법리는 결국 '전부 아니면 전무'라는 식의 법리일 뿐 아니라 구제수단이 제한되기 때문에 실제로는 유용성이 떨어진다.

한편 신의칙은 비양심성법리가 소극적으로 상대방의 이익을 침해하지 말 것을 요구함에 비하여 적극적으로 상대방의 이익을 배려할 의무를 부과한다. 우리 민법상의 신의칙이 계약법을 넘어선 사법일반의 원칙인 데 비하여, 영미법상의 신의칙은 계약법상의 원칙으로서 상대방에 대한 성실 및 공정의 의무(duty of good faith and fair dealing)와 같이 '공정성'이라는 개념과 결합된 형태로 나타나기도 한다. 실제로 신의칙이 상대방의 이익을 얼마나 배려할 것을 요구하는가는 결국 사회통념에 따를 수밖에 없을 것이다. 그러므로 신의칙도 신인의무와 마찬가지로 상당히 융통성 있는 개념인 것은 틀림없다. 특히 신인의무의 내용으로 공정성개념을 포함시키는 견해에 의하면 신의칙은 신인의무에 상당히 접근한다고 할 수 있다. 구태여 차이를 찾자면 신의칙은 당사자가 기본적으로 자신의 이익을 추구하는 것이 허용되지만 상대방의 이익을 부당하게 침해하지 않을 것을 요구하는 데 비하여, 신

43 상세한 설명은 Finn, (주 26), 6-24면.

44 미국 통일상법전 2-302조가 채택하고 있다.

인의무는 기본적으로 본인의 이익을 앞세울 의무라고 할 수 있다. 신인의무의 가장 엄격한 형태는 수인자가 오로지 본인의 이익을 위해서만 행동할 의무라고 할 수 있다. 그러나 신인관계의 유형은 다양하기 때문에 그중에는 受認者의 사익추구를 일정한 범위 내에서 허용하는 것이 바람직한 경우도 있을 수 있다. 대표적인 경우가 회사법상 이사와 회사의 관계라고 할 수 있다. 미국의 회사법상 이사는 자기거래(self-dealing)와 같이 회사이익과 자신의 이익이 충돌되는 경우를 무조건 회피하여야 하는 것은 아니고 공정성을 유지하는 한 거래가 허용된다. 즉 공정성(fairness)개념은 판례법상 신인의무의 내용의 중심축을 이루고 있다. 이처럼 신인의무를 공정성과 동렬에 놓는 것에 대해서는 신인의무의 수준을 후퇴시킨다는 이유로 비판하는 견해[45]도 존재하지만 현재 그러한 추세는 전세계적으로 확산되고 있는 것으로 보인다. 이처럼 완화된 형태의 신인의무는 앞서 언급한 신의칙과 구별하기 어려울 것이다. 따라서 특정의 법률관계를 신의칙으로 규율하는가 신인관계로 규율하는가는 국가에 따라 차이를 보이고 있다. 다만 신인의무는 공시의무를 포함하기 때문에 공시가 필요한 상황이라면 신인관계로 보는 편이 더 나을 것이다.

6. 信認義務와 忠實義務

어떠한 경우에 신인관계로 인정되는지가 모호한 것에 못지않게 信認義務의 내용이 어떤 것인지도 상당히 모호하다. "특정인이 受認者에 해당한다는 말은 분석의 시작에 불과하다"는 프랑크푸르터(Felix Frankfurter) 대법관의 유명한 발언은 바로 이 점을 강조한 것이다.[46] 과거에는 信認義務를 언급할 때

45 예컨대 Lawrence Mitchell, "Fairness and Trust in Corporate Law," 43 Duke Law Journal, 425 (1993).
46 SEC v. Chenery Corporation, 318 U.S. 80, 85-86 (1943).

특히 윤리적인 색채가 강하게 부각되었다.[47] 차츰 시간이 흐름에 따라 信認義務에는 여러 가지 의무가 포함되는 것으로 보았다. 그렇지만 信認義務의 가장 핵심적인 요소는 역시 충실의무(duty of loyalty)라고 할 수 있다. 좁은 의미의 信認義務는 이러한 충실의무만을 가리킨다. 보다 넓은 의미의 信認義務에는 주의의무(duty of prudence or care)도 포함된다. 특히 미국의 회사법학계에서는 주의의무와 충실의무를 信認義務의 양대 지주로 파악하고 있다.[48] 그러나 주의의무는 계약이나 불법행위에서도 인정될 수 있는 의무이기 때문에 그것을 별도로 인정하는 실익이 반드시 큰 것은 아니다.

충실의무는 受認者가 본인의 이익을 우선시킬 것을 내용으로 한다. 보다 구체적으로는 두 가지 요소로 구성되는 것으로 본다.[49] 하나는 이른바 이익충돌금지원칙(no conflict rule)[50]으로서 受認者가 본인의 이익과 자기이익이 충돌하는 상황에 들어가서는 아니 된다는 원칙이다. 이 원칙을 관철한다면 자기거래는 허용될 수 없을 것이다. 다른 하나는 이른바 이익획득금지원칙(no profit rule)으로서 受認者가 신인관계상의 지위를 이용하여 이익을 얻는 것을 금하는 원칙이다.[51] 이사가 회사의 내부정보를 이용하여 이익을 얻는 것은 바로 이 원칙에 위반되는 것으로도 볼 수 있다. 이처럼 이익을 얻는 것을 금하기 때문에 그 이익을 박탈하는 것을 구제수단의 하나로 보고 있다.

47 신인의무의 기준으로 Cardozo 판사가 제시한 "정직성만이 아니라 가장 민감한 명예의 엄수"(not honesty alone, but the punctilio of an honor the most sensitive)라는 구절은 아주 널리 인용되고 있다. Hetherington 교수는 그처럼 윤리적인 색채를 강조한 이유를 워낙 신인의무의 내용이 불분명하다 보니 위반을 막기 위하여 그렇게 한 것으로 보고 있다. Hetherington, (주 27), 105면.

48 Black 교수는 전통적인 양대 의무 외에 공시의무(duty to disclose)와 적대적 기업인수시의 특별한 주의의무를 추가로 제시하고 있다. Bernard S. Black, "The Fiduciary Duties of Outside Directors," Stanford Law School John M. Olin Program in Law and Economics Working Paper No.219.

49 보다 상세한 것은 Finn, (주 26), 27면 이하.

50 Brudney 교수가 말하는 배타적 이익원칙(the exclusive benefit principles)은 이 원칙을 가리키는 것으로 볼 수 있을 것이다. Brudney, (주 36), 601면.

51 四宮 교수는 신탁사무처리시에 제3자의 이익을 도모해서는 아니 되는 것을 제3의 원칙으로 추가하고 있다. 四宮和夫, 信託法(新版)(1989), 231면.

충실의무가 요구되는 경우에도 그 정도가 어느 상황에서나 반드시 동일한 것은 아니다. 구체적인 신인관계의 모습에 따라 요구되는 충실의무의 내용에 상당한 차이가 있을 수 있다.[52] 예컨대 유족의 생활비를 제공하기 위하여 상속재산을 관리하는 수탁자는 매우 엄격한 충실의무를 부담한다. 신탁법상 수탁자의 자기거래는 원칙적으로 인정하기 어렵다(신탁법 제31조 제1항).[53] 그러나 회사의 이사에 적용되는 충실의무는 반드시 수탁자의 경우와 같이 엄격히 해석할 필요가 없을 것이다. 상법에서 이사의 자기거래나 경업을 이사회의 승인하에 허용하고 있는 것은 그 때문이기도 하다. 나아가 에이전트나 투자자문업자와 같이 고객이 선임권을 갖고 감독이 가능한 수인자의 경우에는 훨씬 낮은 정도의 충실의무가 부과된다.[54] Hetherington 교수는 이처럼 충실의무의 내용을 결정하는 기준으로 다음과 같이 법경제학적인 기준을 제시하고 있다. 즉 의무를 추가로 부과함으로써 얻는 한계이익이 그것을 부과함으로써 초래되는 한계비용보다 큰 한도 내에서는 의무가 요구된다고 하고 있다.[55] 이러한 기준에 따르더라도 결국 구체적인 사안에서 충실의무의 내용은 법관의 판단에 달려 있다. 따라서 충실의무의 사활에는 법관의 태도가 결정적으로 중요하다. 이 점에 관해서는 뒤에 다시 언급하기로 한다.

52 주의의무의 내용도 역사적으로 변화하고 있다. 그 가장 대표적인 예로는 미국에서 포트폴리오이론의 발달에 따라 수탁자가 주식 같은 위험자산에도 제한적으로 분산투자할 수 있게 된 것, 즉 수탁자의 의무위반을 판단하는 기준이 이른바 prudent man rule에서 prudent investor rule로 바뀐 것을 들 수 있을 것이다.

53 四宮, (주 51), 234면.

54 Frankel, (주 21), 130면.

55 Hetherington, (주 27), 110면.

7. 우리 法에 대한 示唆

이상에서 살펴본 바와 같이 충실의무(내지 신인의무)[56] 법리는 예컨대 甲이 乙의 전문적인 능력에 무방비적으로 의존하게 되는 경우에 乙이 甲의 이익을 우선하도록 乙의 행동을 제약하는 법리에 속한다. 우리나라에서도 이러한 형태의 법리가 필요한 것은 부정할 수 없다. 문제는 과연 우리도 영미에서와 같은 충실의무법리가 필요한가 하는 것이다. 앞서 지적한 바와 같이 위의 예에서 을의 행동을 제약하는 법리는 충실의무 말고도 비양심성법리와 신의칙이 존재하고 특히 후자와 충실의무는 중복되는 부분이 크다. 그럼에도 불구하고 충실의무가 필요한 이유로는 여러 가지를 들 수 있다. 비양심성법리와 신의칙이 계약법상의 법리이기 때문에 계약관계가 존재하지 않는 상황에서는 적용하기 곤란한 데 비하여 충실의무는 계약관계와 무관하게 적용할 수 있다는 점, 충실의무위반의 구제수단으로는 이익반환이 포함되는 점, 신인의무에는 수인자의 공시의무가 포함된다는 점 등이 그것이다. 우리나라에서도 신의칙이 존재한다.[57] 우리 법상 신의칙은 계약관계를 넘어서 사법 전반, 나아가 법질서 전체에 미치는 원칙으로 인정받고 있다. 따라서 이론상으로는 우리 법원도 신의칙을 근거로 영미법에서와 같은 신인관계법리를 형성할 수 있는 여지가 없는 것이 아니다. 그러나 우리나라에서는 신인관계법리가—적어도 영미에서와 같은 정도로는—발전되지 못하였다.

영미법계국가에서는 형평법의 전통이 있기 때문에 제정법상 명시적인 근거가 없는 경우에도 법관이 신인관계를 인정하고 재량에 따라 구체적인 상황에 적합한 구제수단을 제공하는 것이 가능하다. 그러나 그러한 전통이 부재하는 우리나라에서는 제정법상 명시적인 뒷받침 없이 법관이 그처럼 폭

56 이하 충실의무와 신인의무를 같은 의미로 사용한다.

57 비양심성법리에 상응하는 것은 민법상의 폭리행위금지규정(제104조)이라고 하겠지만, 충실의무와는 상당히 거리가 있는 규정이기 때문에 이곳에서는 따로 언급하지 않기로 한다.

넓은 재량을 행사할 것을 기대하기는 어렵다. 우리나라에도 신인관계에 대한 제정법적인 근거가 전혀 없는 것은 아니다. 우리나라에서도 영미법상 신인관계에 해당하는 관계를 제정법상 규율하고 있는 경우가 적지 않다. 신탁법상의 수탁자는 물론이고 증권투자신탁업법상의 위탁회사, 상법상 주식회사 이사 등 신인의무를 부담하는 자는 점차 늘고 있다. 다만 법규정이 존재한다 해도 내용은 대부분 그다지 상세하지 못하기 때문에 역시 법관의 적극적인 자세가 없이는 법규정의 취지를 살리기 어렵다. 반면에 신인관계에 관한 명시적인 법규정이 존재하지 않는 경우에도 당사자들 사이에 존재하는 계약관계를 근거로 일방 당사자에게 수인자와 같은 의무를 부담시키는 것이 가능할 수 있다. 大村 교수는 대륙법상 계약상의 의무는 반드시 당사자의 구체적인 합의에 의하여만 설정되는 것이 아니라 계약유형별로 그 성질상 신의칙이나 형평에 의하여 정형적인 의무로 설정될 수 있다고 주장한다.[58] 그러므로 위임의 경우와 같이 선관주의의무가 명시된 경우는 더 말할 것도 없고, 그러한 규정이 없는 경우에도 어떤 계약이 성질상 신인의무를 수반해야 한다고 판단되는 경우에는 명시적인 합의가 없어도 당연히 신인의무가 발생한다고 볼 수 있다는 것이다.

당사자들 사이에 계약관계마저도 존재하지 않는 경우에는 결국 앞서 언급한 바 있는 민법상의 신의칙이나 권리남용금지의 원칙과 같은 일반규정에 기댈 수밖에 없을 것이다. 예컨대 甲이 乙의 재산에 영향력을 미치는 경우에는 신의칙 내지 권리남용법리에 따라 受認者는 자신의 영향력을 남용해서는 아니 될 의무가 존재하는 것으로 볼 수 있다. 이러한 사고는 이미 독일에서 주주의 성실의무(Treuepflicht)와 관련하여 등장한 바 있다. 종래 독일의 판례는 주주 사이에 계약관계가 존재하지 않는다는 이유로 성실의무를 부

58 大村敦志, "現代における委任契約," 中田裕康 · 道垣内弘人 編, 金融取引と民法法理(2000), 102면. 大村 교수는 이를 대륙계약법의 의무보전기능으로 부르고 있다.

정해 왔으나 마침내 1989년 연방대법원의 Linotype판결을 계기로 주주의 성실의무를 정면으로 인정하였다.[59] 주주와 주주 사이에 그러한 의무를 인정하는 법적인 근거에 대해서는 다툼이 있으나 주로 신의칙(독일민법 제242조)을 내세우고 있다.[60] 그러나 법원을 움직인 것은 신의칙이란 법적 근거가 아니라 지배주주의 횡포로부터 소수주주를 보호할 필요성이었다. 즉 법원이 성실의무를 인정하도록 한 원동력은 그러한 의무를 인정하지 않고는 소수주주를 보호할 수 없다는 인식이었던 것이다. 그러한 인식은 과거 영국의 형평법원으로 하여금 신인관계법리를 개발하게 한 동인이기도 했다.

앞서 언급한 바와 같이 우리나라에서도 특정의 서비스제공자에게 충실의무와 같이 행동을 제약하는 틀을 부과할 필요성은 존재한다. 그리고 그러한 법리를 법원이 개발하는 데 적어도 이론상으로는 제약이 없다. 그렇다고 해서 우리 법원이 그러한 법리를 판례법으로 형성해 갈 것을 가만히 기다리는 것이 최선의 방책은 아닐 것이다. 본인의 보호가 필요한 구체적인 상황을 파악하여 적절한 구제수단을 명시해 둔다면 법원의 도움을 받기가 한층 수월할 것이기 때문이다.

59 주주의 성실의무와 Linotype판결에 관해서는 김건식, "소수주주의 보호와 주주의 성실의무," 서울대학교 법학 제32권 제3호 · 제4호(1991), 98면; Herbert Wiedemann, Zu den Treupflichten im Gesellschaftsrecht, in Festschrift Heinsius, S.949 참조. Linotype판결은 1995년 Girmes판결(BGHZ 129, 137)과 1999년 Hilgers판결(44 Aktiengesellschaft(AG) 1999, 517)에 의하여 재확인된 바 있다.

60 Herbert Wiedemann, Gesellschaftsrecht, S. 433; Barbara Grünewald, Gesellschaftsrecht 3. Aufl.(1999), S. 241; Albrecht Nehls, Die Gesellschaftsrechtliche Treupflicht im Aktienrecht (1993), S.65 f.

III. 會社法上의 忠實義務

1. 序說

앞서 살펴본 바와 같이 충실의무가 적용되는 양상은 극히 다양할 뿐 아니라 그 범위도 넓다. 그러나 현대사회에서 충실의무가 가장 중요한 의미를 가질 뿐 아니라 가장 정교하게 발달된 것은 회사법분야에서이다. 회사법의 가장 근본적인 과제는 경영자의 행동과 투자자의 이익을 일치시키는 것이고, 충실의무는 그 핵심적인 수단이라고 할 수 있다. 그러나 뒤에서 살펴보는 바와 같이 우리나라에서 충실의무법리는 종래 우리 기업현실에서 발생하는 수요를 충족하기에는 크게 미흡했다. 우리나라에서는 경영자의 행동을 제약하는 법리가 그다지 필요하지 않았던 것인가? 그것은 아닐 것이다. 왜 우리나라에서 그러한 법리가 제대로 발전되지 못하였는가는 그 자체로 흥미로운 테마이지만 이 글에서 다룰 여유는 없다. 이곳에서는 충실의무법리를 우리 기업의 현실에 적용함에 있어서 해결해야 할 주요 쟁점들을 구체적으로 검토하기로 한다.

2. 會社法上의 受認者

(1) 支配株主와 業務執行指示者의 責任

상법은 충실의무를 부담하는 受認者(fiduciary)로 이사를 명시하고 있다(제382조의3, 제382조 제2항).[61] 그러나 주지하다시피 회사의 의사결정에 영향을 미치는 것은 이사에 한정되지 않는다. 우리 경제계에서 특히 중요한 존재는

61 그 밖에 감사 · 검사인 등도 受認者에 해당한다.

흔히 재벌총수라고 불리는 지배주주이다.[62] 이들 총수는 실제로 기업그룹 전체의 의사결정을 절대적으로 지배함에도 불구하고 이사직을 맡지 않은 경우에는 마땅히 견제할 만한 수단이 없다는 인식이 점차 확산되었다. 그리하여 1998년 상법개정에서는 지배주주의 행동을 통제하기 위하여 이른바 사실상의 이사규정이라고 불리는 제401조의2를 도입한 바 있다. 제401조의2에는 다른 범주도 포함하고 있지만 지배주주와 관련하여 중요한 것은 "자신의 영향력을 이용하여 이사에게 업무집행을 지시한 자"(제1호)라는 범주이다. 이 규정에 의하면 업무집행을 지시하는 한도 내에서는 지배주주도 이사와 비슷한 책임을 진다.[63] 그러나 이처럼 '지시'를 요구하고 있는 점이 이 규정의 실효성을 크게 감소시키는 결과를 가져올 것으로 예상된다.[64] 은밀히 이루어질 지시를 입증하는 것이 실제로 극히 어려울 뿐 아니라 많은 경우에는 그나마 총수의 지시가 없어도 그 의중을 짐작하여 속된 말로 '알아서 기는' 형태로 충성을 다하는 경우가 많을 것이기 때문이다.[65] 이러한 사정을 고려하면 '지시'의 존재는 가급적 융통성 있게 인정하는 것이 바람직할 것이다.

(2) 支配株主의 忠實義務

위에서 지시가 없는(또는 지시를 입증할 수 없는) 경우에도 지배주주에게 책임을 물리는 방안으로는 크게 두 가지를 생각해 볼 수 있을 것이다. 하나는

62 지배주주는 비단 재벌과 같은 기업그룹에서뿐 아니라 개별적인 기업에서도 존재하지만, 특히 중요한 의미를 갖는 것은 재벌그룹에서이므로 이곳에서는 그것을 전제로 논의를 전개하기로 한다.

63 충실의무에 위반하는 지시의 경우뿐 아니라 주의의무에 위반되는 지시에 대해서도 책임을 진다고 볼 것이다.

64 이 규정의 도입 전에도 그러한 지시를 입증할 수 있었던 경우에는 어떻게든 지배주주의 책임을 묻는 것이 불가능하지는 않았을 것이다.

65 제401조의2에 대한 보다 상세한 비판으로는 김건식 · 정승욱, "지배주주의 통제방안: 행동, 구조, 시장,"(이선 외 엮음, 한국기업지배구조의 현재와 미래(2000)), 523면 이하 참조.

지배주주에게 충실의무를 인정하는 것이다. 지배주주의 충실의무라는 개념의 장점은 반드시 지배주주의 지시를 입증할 수 없는 경우에 국한되는 것은 아니다. 지배주주가 이사의 업무에 관여하는 것이 아니라 주주로서의 권한(주로 의결권)을 직접 행사하는 경우에는 이사에 대한 지시가 없으므로 제401조의2가 적용될 여지가 없다. 따라서 이러한 경우에는 충실의무를 인정하지 않고서는 지배주주의 책임을 물을 방도가 없다.[66] 같은 영미법국가에서도 지배주주의 충실의무에 대한 태도는 반드시 일치되지 않는다. 영국에서는 지배주주의 충실의무는 일반적으로 인정하지 않고 있는 데 반하여[67] 미국에서는 인정하고 있다.[68] 미국에서도 처음에는 주주간에는 그러한 의무가 없다고 보았으나 결국 경영자가 지배주주의 의사를 따른다는 점을 고려하여 충실의무를 인정하게 된 것이다.[69] 그러나 지배주주의 충실의무를 긍정한다고 해도 지배주주가 아무런 행동도 하지 않은 경우라면 책임을 묻기는 어려울 것이다. 미국에서 실제로 지배주주의 충실의무가 인정된 판례의 사안을 살펴보면 의결권의 행사나 지배주식의 매각과 같이 지배주주의 행동이 존재하는 경우가 대부분이다.

66 이중기, "영국법상의 그림자이사와 법인이사," 상사법연구 제15권 제1호(1996), 261면.

67 Zipora Cohen, "Fiduciary Duties of Controlling Shareholders: A Comparative View," University of Pennsylvania Journal of International Business Law 379 (1991), 지배주주의 권한행사를 제약하는 다른 법리들이 존재한다. 가장 중요한 것은 지배주주도 권한을 회사 전체이익을 위하여 성실히 행사할 의무(duty to exercise power bona fide for the benefit of the company as a whole)라는 충실의무에 유사한 의무를 부담한다는 점이다. 또한 지배주주가 소수주주를 부당하게 억압하는 경우 소수주주에게 이른바 unfair prejudice remedy(영국 회사법 제459조)가 부여된다. 이중기, "회사지배구조의 변동과 관련된 이사와 지배주주의 의무," 한림법학포럼 제5권(1996), 209면, 222면 이하.

68 Perlman v. Feldman, 219 F.2d 173, 175(2d Cir.)(소수주주와 회사에 대한 지배주주의 신인의무를 인정); Sinclair Oil Corp. v. Levien, 280 A.2d 717, 720 (Del. 1971), (친자회사 사이의 거래에서는 친회사가 자회사에 신인의무를 부담).

69 Hetherington, (주 27), 106면.

(3) 英國會社法상의 그림자이사

구체적인 지시를 입증할 수 없는 경우에도 그 책임을 물을 수 있는 두 번째 방안은 일정한 요건을 충족하는 지배주주를 이사와 같이 취급하는 것이다. 이와 관련해서는 영국회사법상의 그림자이사(shadow director)법리를 참고할 수 있을 것이다.[70] 그림자이사법리는 영연방국가에서 광범위하게 채택되고 있는 법리로서 이사가 아니면서 이사들에게 영향력을 행사해 온 배후의 인물을 이사로 포착하여 책임을 부과하기 위하여 개발된 법리이다. 배후의 인물[71]을 그림자이사로 보기 위해서는 그가 이사들에게 지시를 하고 그 지시에 이사들이 습관적으로 따라온 것을 입증하여야 한다. 따라서 문제된 특정의 행동에 대한 지시를 입증할 필요는 없을지라도 평소에 일반적인 지시가 행해졌음은 입증해야 할 것이다. 앞서 업무집행지시자 규정의 적용시 지배주주가 평소 경영에 폭넓게 관여해 온 경우에는 특정사안에 대한 지시가 있었던 것으로 추정한다면 비슷한 결과에 이를 수 있을 것이다.

(4) 支配株主가 會社인 경우

지배주주가 자연인이 아니라 법인인 경우에는 어떻게 책임을 물을 것인가의 문제가 있다. 법인 중에서도 가장 일반적이라고 할 수 있는 주식회사의 경우만을 살펴보자. 먼저 회사 자체에 대해서 충실의무를 인정하거나 사실상의 이사로 보는 방법이 있다.[72] 회사 자체에 책임을 묻게 되면 실효성은 높

70 그림자이사에 대해서는 이중기, (주 66), 261면 참조.

71 그림자이사는 반드시 자연인에 한하지 않고 회사도 될 수 있다.

72 회사가 이사가 될 수 없다는 견해를 따른다고 해서 반드시 회사가 사실상의 이사도 될 수 없다고 볼 것은 아니다. 예컨대 호주법은 회사가 이사로 선임되는 것을 허용하지 않으면서도 그림자이사로 보는 것은 인정하고 있다. Joanna Bird & Jennifer Hill, Regulatory Roms in Australian Corporate Law, 25 Brooklyn Journal of International Law (1999), 555, 586.

아질 것이다.[73] 그러나 그 결과 지배회사의 투자자들이 뜻하지 않게 손해를 보게 된다.[74] 다른 방법은 지배회사가 아니라 지시를 내린 지배회사의 경영진을 사실상의 이사로 보거나 그에게 충실의무를 인정하는 것이다. 만약 지배회사의 경영진이 자력이 없다면 구제의 실효성이 없을 수도 있다. 따라서 바람직하기는 지배회사와 지배회사 경영진 모두의 책임을 묻는 것이다.

실제로는 지배회사를 지배하는 개인주주가 있는 경우가 많을 것이다. 예컨대 총수(X)가 회사 甲을 지배하고 甲을 통해서 간접적으로 회사 乙을 비롯한 다수의 계열사를 거느리고 있는 경우를 가정해 보자. 이러한 상황에서 회사 乙의 지배주주는 지배회사인 甲으로 보기보다는 그것을 지배하는 총수 X로 보는 편이 더 효과적일 수 있다. 이 경우에 총수 X는 회사 乙의 직접 '주주'가 아니기 때문에 지배주주로 볼 수 없지 않은가 하는 의문이 있을 수 있다. 그러나 그처럼 반드시 직접적인 주식보유에 집착할 필요는 없을 것이다. 지배주주에게 충실의무를 부과하는 이유가 회사나 다른 주주들에 대한 영향력 때문이라면 형식적으로 '주주'가 아니라는 이유로 충실의무를 부과할 수 없다고 볼 필요는 없을 것이다.

3. 信認義務의 相對方—會社 · 株主 · 債權者 · 옵션保有者

(1) 會社와 株主

이사[75]가 受認者로서 신인의무를 부담할 때 그 상대방, 즉 본인은 누구인

73 법인을 그림자이사로 인정하는 경우의 장점에 대해서는 이중기, (주 66), 275-276면 참조. 지배회사에 책임을 묻는 방법으로는 파견한 이사의 사용자로서 사용자책임을 묻는 것도 생각해 볼 수 있을 것이다.

74 이론상으로는 투자자들이 회사에 손해를 끼친 이사 등을 상대로 대표소송을 제기할 수 있을 것이다.

75 지배주주와 같은 다른 수인자도 있지만, 이곳에서는 편의상 이사라는 용어를 사용하기로 한다.

가? 먼저 상법상으로 이사가 회사에 대해서 신인의무를 부담한다는 것에는 의문이 없다. 그 의미에 대해서는 뒤에서 다시 살펴보기로 한다. 주주에 대해서는 어떠한가? 우리 상법상으로는 이사는 회사와 계약관계에 있을 뿐 주주와는 직접 계약관계가 없다. 그러나 미국에서는 이사가 회사뿐 아니라 주주에 대해서도 신인의무를 부담한다고 보고 있다. 앞서 살펴본 바와 같이 신인의무의 근거를 수인자가 본인의 재산에 대해서 갖는 영향력에서 찾는다고 한다면 직접적인 계약관계가 존재하지 않는다는 것은 크게 문제될 것이 없을 것이다. 이러한 미국법상의 입장은 법경제학적인 관점에서는 다음과 같이 정당화되고 있다. 주주는 회사의 잔여재산청구권자(residual claimants)이다. 채권자 · 근로자 등 회사의 다른 이해관계자들은 모두 계약에 의하여 그 내용이 구체적으로 확정된 권리를 갖는다. 주주는 이러한 이해관계자들에게 계약상의 채무를 이행하고서 남은 재산에 대한 권리를 가질 뿐이므로 회사의 흥망성쇠는 주주의 이해에 직결되는 것이다. 주주[76]와 경영자 사이에는 계약을 체결한다 해도 경영자에게는 주주의 이익을 위하여 최선을 다하라는 것 말고는 경영자의 권한에 대하여 구체적인 제약을 가할 수 없다. 그러므로 주주에게는 다른 이해관계자와는 달리 신인의무에 의한 보호가 필요한 것이다.[77] 그러나 우리 법상 새로이 도입된 제382조의3의 문언에서는 그러한 취지를 읽어내기 어렵다. 특별히 주주에 대한 충실의무를 인정하는 규정을 채용하기 전에는 결국 민법상의 신의칙과 같은 일반조항에 의하여 주주에 대한 의무를 인정할 수밖에 없을 것이다.[78]

76 법적으로는 회사가 계약의 당사자이다.

77 Hetherington, (주 27), 109면.

78 이사가 주주에 대해서 신인의무를 부담한다고 해도 주주가 항상 직접 이사에 대해서 신인의무위반의 책임을 물을 수 있다는 결론이 나오는 것은 아니다. 원칙적으로 회사가 구제수단을 행사함으로써 주주의 이익이 보호되는 상황에서는 개별주주에게 소권을 인정하기는 어려울 것이다.

(2) 會社債權者

이사가 회사채권자에 대해서도 신인의무를 부담하는가? 이사의 업무집행이 채권자의 이익에 다소간 영향을 미치는 것은 부정할 수 없다. 그러나 한 사람의 행동이 다른 사람의 이익에 영향을 미친다고 해서 항상 신인의무를 인정할 수 있는 것은 아니다. 이사가 주주의 이익을 위해서 어떠한 일을 해야 하는가는 사전에 명시하는 것이 현실적으로 불가능한 반면에 이사가 채권자를 위해서 해야 할 일은 훨씬 명확하다. 채권자가 채무자인 회사에 바라는 것은 이자와 원금을 제대로 지급하고 만기 전에 위험수준을 부당하게 높이지 않는 것이다. 이러한 채권자의 기대는 구태여 이사의 신인의무를 인정하지 않더라도 계약으로 보호하는 것이 가능하다. 또한 이사가 주주의 이익과 아울러 채권자의 이익까지도 고려하는 것이 허용된다면 이사의 권한남용을 억제하는 것이 어려워질 것이다. 그리하여 일반적으로 이사는 회사채권자에 대한 관계에서는 신인의무를 부담하지 않는 것으로 보고 있다.[79]

주주에 대한 신인의무를 주주가 잔여재산청구권자로서 위험을 부담하기 때문에 발생하는 것으로 파악하는 견해에 의하면, 채권자가 위험을 부담하는 상황에 이르면 채권자에 대해서도 신인의무를 부담하는 것으로 볼 수도 있을 것이다. 회사가 도산이 임박한 경우에 예외적으로 이사가 채권자에 대해서 신인의무를 부담한다고 보는 견해는 바로 그러한 사고에 입각한 것으로 볼 수 있다.[80] 주주와 경영자 사이에서뿐 아니라 주주와 채권자 사이에도

79 일부 학자들은 적어도 사채권자에 대해서는 신인의무를 부담한다고 주장한다. 예컨대 Morey W. McDaniel, Bondholders and Corporate Governance, 41 Business Lawyer 413 (1986). 이 문제에 관한 일반적인 논의에 대해서는 윤영신, "주주와 사채권자의 이익충돌과 사채권자의 보호," 상사법연구 제17권 제1호(1998), 313면 이하 참조.

80 예컨대 Credit Lyonnais Bank Nederland, N.V. v. Pathe Communications Corps., 91 WL 277613 (Del. Ch. 1991). 다만, 재판장인 Allen 판사는 채권자라고 명시하는 대신 회사라고 표시하고 있으나, 그 경우의 회사는 주주가 아니라 주로 채권자를 가리키는 의미로 사용하고 있다.

근본적인 이익충돌이 존재한다는 점은 이제 잘 알려져 있다. 주주는 주주유한책임의 원칙에 따라 실패시의 위험을 부담하지 않기 때문에 모험을 할 가능성이 있다. 그러나 회사의 재산상태가 건실한 경우—즉 주주가 잃을 것이 있는 경우—에는 구태여 그러한 모험을 감행할 가능성은 드물다. 그러나 도산이 임박하게 되면 주주는 모험이 실패하더라도 어차피 손해볼 것이 없게 된다. 이러한 모험은 성공가능성이 낮아서 회사 전체로 보면 바람직하지 않지만 주주의 관점에서는 합리적일 수 있다. 도산이 임박한 상황에서 실제로 이해관계를 갖는 쪽은 채권자이다. 다른 말로 하면 채권자가 잔여재산청구권자가 되는 것이다. 이러한 상황에서 그러한 무모한 결정을 방지하기 위해서는 이사가 주주 대신 채권자에 대해서 충실의무를 부담하는 것으로 해석할 필요가 있을 것이다.[81]

현행 상법상으로도 주식회사에서 채권자의 이익이 완전히 무시되고 있는 것은 아니다. 제401조상 이사가 악의 또는 중과실의 임무해태로 인하여 제3자에게 손해를 입힌 경우에는 손해를 배상할 책임을 진다. 여기서 제3자에 속하는 가장 중요한 부류가 바로 회사의 채권자이다. 이처럼 이사가 채권자의 손해를 배상해야 할 경우가 있지만 그것은 적어도 통설에 의하면 이사가 '회사에 대한' 의무를 위반한 때에 한한다. 따라서 엄밀히 말하면 그 경우를 이사가 '채권자에 대해서' 신인의무를 부담하는 경우와 동일시하기는 어렵다.

(3) 옵션保有者

최근에는 전환사채 · 신주인수권부사채와 같은 주식 관련 증권뿐 아니라 스톡옵션같이 주식을 취득할 수 있는 선택권(이하 옵션)이 다양한 형태로 발

81 경영자는 통상의 상황에서는 모험을 할 인센티브가 주주만큼 크지 않다. 왜냐하면 실패하는 경우에는 직장을 잃는 경영자로서는 주주보다 실패의 위험이 더 크기 때문이다.

행되고 있다. 이러한 옵션보유자에 대해서 이사가 신인의무를 부담하는가? 별로 논의는 없지만 아직은 부정적으로 보는 견해가 일반적인 것 같다. 이들은 엄밀히 말해서 아직 주주의 지위에 이른 것으로 볼 수 없다는 것이 그 근거이다. 그러나 일률적으로 이렇게 말하는 것은 부당할 수도 있다. 왜냐하면 주주 · 채권자 · 옵션보유자의 구별은 상대적인 것이기 때문이다. 앞서 살펴본 바와 같이 이사가 주주에 대해서 신인의무를 부담하는 근거는 주주가 채권자와는 달리 잔여청구권자이기 때문이다. 그렇다면 채권자가 없는 대신 주주와 옵션보유자만이 존재하는 회사를 생각해 보자. 그러한 회사에서는 잔여청구권자적인 성격은 주주보다는 오히려 옵션보유자가 더 강하다. 앞의 논리를 일관한다면 그러한 회사에서는 주주가 아니라 옵션보유자에게 신인의무를 부담한다는 입론도 불가능하지는 않을 것이다.[82]

(4) 會社利益과 株主利益

미국에서는 일반적으로 이사의 신인의무는 회사와 주주에 대한 것으로 보고 있다. 의무의 상대방으로 회사만이 아니라 주주를 아울러 들고 있지만, 전통적인 견해에 의하면 '회사'와 '주주'는 대체 가능한 것으로 보고 있다. 그리하여 이사가 추구할 목표가 주주이익극대화라는 점이 널리 받아들여졌다. 특히 주주이익극대화란 명제는 법경제학자들 사이에서 지지를 받았다.[83] 이처럼 주주이익만을 강조하는 통설에 대해서는 다른 이해관계자들도

82 경제학적으로 보면 채권자와의 관계에서 주주도 일종의 옵션보유자로 볼 수 있다. 이러한 새로운 견해에 관해서는 Thomas A. Smith, "The Efficient Norm for Corporate Law: A Neotraditional Interpretation of Fiduciary Duty," 98 Michigan Law Review, 214 (1998).

83 대표적으로 Jonathan R. Macey, "An Economic Analysis of the Various Rationales for Making Shareholders the Exclusive Beneficiaries of Corporate Fiduciary Duties," 21 Stetson Law Review 23 (1991).

위험을 부담한다는 근거를 들어 반대하는 견해도 만만치 않다.[84] 최근에는 법경제학적인 논리를 추종하는 학자 중에서도 주주이익극대화 명제에 반론을 제기하는 자가 나오고 있다.[85] 기존의 법경제학적 견해는 합리적인 투자자는 분산투자를 하고 있을 것이므로, 설사 위험이 높다 해도 기대수익이 높은 쪽을 원할 것이라는 전제에 입각하여 주주이익극대화를 지지하였다. 그러나 합리적인 투자자라면 주식만이 아니라 사채까지도 보유할 것이므로 주식의 기대수익이 높아지더라도 그 때문에 사채의 가치가 더 하락한다면, 그것을 원하지 않을 수도 있다.[86] 이처럼 주주뿐 아니라 사채권자의 이익까지 함께 고려한다면, 주주이익이 아니라 회사이익을 극대화하는 것을 목표로 삼아야 할 것이다.

미국에서와는 달리 회사를 주주만의 것으로 보는 견해에 대해서 아직 저항감이 강한 우리나라에서 이러한 견해는 상당히 매력적일 수 있다. 우리나라에서는 주주이익을 내세우는 일반투자자들에 대해서 경영진이 '회사이익'을 방패로 내세우는 경우가 많다. 그러나 회사이익을 잘못 이해하는 경우에는 자칫 불합리한 결과에 이를 수 있다. 먼저 회사이익을 회사재산으로 잘못 이해하는 경우에는 어떻게든 회사재산을 늘리는 것을 정당화할 수도 있다. 이익배당을 하지 않거나 불필요한 투자를 하는 것도 당장 회사에 재산을 유보하거나 유입하는 것이기 때문에 회사이익극대화에 부합하는 것으로 보일 수도 있다. 주주이익 대신 회사이익개념을 수용할 수 있으려면 회사이익에 자본비용개념을 반영하는 것이 전제되지 않으면 아니 될 것이다. 예컨대 자기자본비용[87]이 10%인 경우 수익률이 6%인 사업안은 그것이 회사재산을

84 대표적인 문헌으로 Lawrence G. Mitchell(ed.), Progressive Corporate Law (1995); Margaret M. Blair, "Stakeholders as Shareholders, Ownership and Control: Rethinking Corporate Governance for the Twenty-First Century," 109 Harvard Law Review 1150 (1996).

85 Smith, (주 82), 216면.

86 Smith, (주 82), 217면.

87 무위험자산의 수익률에 보통주의 위험프리미엄을 더한 것을 가리킨다.

증가시키는 것은 분명하지만, 주주의 부를 감소시키므로 실행해서는 아니 될 것이다. 이러한 사업안은 외관상으로는 기업가치를 증가시키지만 자본비용을 고려하면 오히려 기업가치를 감소시킨 것으로 보아야 할 것이다. 그러나 우리 기업의 최고경영자들은 주주로부터 얻는 자금의 비용은 거의 영(0)으로 생각하는 경향이 있는 것 같다. 어차피 경영자들로서는 여러 가지 이유에서 기업규모를 확대하는 것을 선호한다. 이러한 상황에서 회사이익을 강조하다 보면 기업의 가치를 감소시키는 과잉투자가 일어날 가능성이 높다.

4. 忠實義務의 內容

(1) 忠實義務의 포괄성

앞서 언급한 바와 같이 충실의무는 기본적으로 受認者와 본인의 이익이 충돌되는 경우에 受認者의 이익을 앞세우는 것을 내용으로 한다. 受認者와 본인의 이익이 충돌되는 경우는 다양하다. 우리 상법에서는 그중에서도 자기거래 · 경업금지에 대해서 규정을 두고 있다. 그러나 미국법상의 이른바 회사기회이론(corporate opportunity doctrine)에 대해서는 규정을 두고 있지 않다.[88] 그렇다고 해서 이사가 회사에 속하는 사업기회를 탈취하는 것이 허용되는 것은 아니다. 사업기회를 탈취한 이사는 충실의무를 위반한 것으로 보아 손해배상책임을 물을 수 있을 것이다.[89] 회사의 사업기회를 빼앗긴 이사들은 충실의무위반보다는 주의의무위반의 책임을 져야 할 것이다. 사업기회와 관련해서는 아무런 규정이 없기 때문에 회사에 속하지만(또는 속하는 것으

88 이사가 회사의 영업과 동종부류의 영업을 수행하는 회사의 이사가 되는 것은 경업금지규정에 의하여 금지된다. 그러나 이사가 동종부류가 아닌 영업을 수행하는 경우에는 그 규정으로 금지할 수 없다.
89 다만, 회사의 손해를 어떻게 산정할 것인가는 문제로 남을 것이다.

로 보이지만) 회사가 추진하지 않는 사업기회를 활용하고자 하는 이사는 경업금지의 경우와는 달리 어떻게 해야 말썽의 소지를 피할 수 있는지 상당한 불확실성이 존재한다.

(2) 忠實義務의 정도

앞서 지적한 바와 같이 충실의무의 범위나 정도는 구체적인 신인관계나 受認者에 따라 달라질 수 있다. 따라서 어떠한 경우에는 이익이 충돌하는 지위에 서는 것 자체가 금지되는 경우가 있는가 하면 어떠한 경우에는 본인의 승인이 있으면 그것이 허용되는 경우도 있을 수 있다. 대체로 수인자의 충실의무는 신탁보다는 회사의 문맥에서 더 약할 것이고 같은 회사에서도 이사보다는 지배주주의 충실의무가 더 약할 것이다. 결국 특정사안에서 충실의무의 정도는 법원이 구체적인 사정을 고려하여 판단할 수밖에 없을 것이다.

(3) 忠實義務와 理事會의 承認

충실의무규정은 일반적으로 강행규정인 것으로 인식되고 있다. 앞서 살펴본 바와 같이 회사법을 계약의 결합(nexus of contracts)으로 보는 계약론자의 견해[90]에 의하면 충실의무도 결국은 회사 내지 주주와 이사 사이의 내부관계를 규율하는 것이므로 계약에 의한 수정이 가능하다. 충실의무규정을 완전히 임의법규로 보기는 곤란하지만, 그렇다고 해서 당사자들의 의사에

90 회사법의 성격을 둘러싼 계약론자와 그에 반대하는 전통적인 학자 사이의 논쟁에 관해서는 Columbia Law Review (Vol. 89, No.7(1989), 1395면 이하)에 실린 여러 논문이 특히 유익하다. 계약론자의 입장은 Frank H. Easterbrook & Daniel R. Fischel, "The Corporate Contract," 89 Columbia Law Review 1416 (1989), 그리고 반대론자의 입장은 Melvin A. Eisenberg, "The Structure of Corporation Law," 89 Columbia Law Review 1461 (1989)에 잘 나타나 있다.

의한 수정의 여지가 전혀 없다고 하기도 어렵다. 충실의무규정은 기본적으로 이사와 주주 사이의 이익충돌을 막기 위한 것이지만, 상법 자체도 이사와 회사가 대립적인 지위에 서는 것을 절대적으로 금지하는 것이 아니라 이사회의 승인에 의하여 어느 정도 허용하고 있다. 그러한 측면에서는 이미 임의법규적인 성격이 가미되고 있다고 할 수 있다.[91] 이처럼 이익상충의 억제를 목적으로 하는 충실의무의 내용을 어떠한 방법으로 어느 정도까지 완화시킬 수 있는지는 입법론상으로는 물론이고 현행 상법상의 자기거래규정(제398조)과 경업금지규정(제397조)의 해석론상으로도 중요한 문제라고 할 수 있다.

충실의무를 경감하는 수단으로 상법은 이사회의 승인을 채택하였다. 그러나 그 방법 이외에도 정관에 의한 허용,[92] 주주총회에 의한 승인(특별결의 또는 보통결의), 대표이사에 의한 승인 등 다른 선택지가 있을 수 있다. 또한 이사회승인이라도 사후의 승인을 허용할 것인지, 포괄적인 승인이 어느 정도까지 가능한 것인지, 승인을 받은 경우에 이사는 완전히 면책이 되는 것인지 등이 문제될 수 있다.

(4) 理事會承認의 前提條件

이사회의 승인이 제대로 가치를 인정받으려면 적어도 두 가지 전제가 필요하다. 하나는 승인권한을 가진 이사회가 정확하고 충분한 정보를 가져야 한다. 따라서 당해 이사는 이익상충의 소지가 있는 상황에 관한 정보를 이사회에 제공해야 할 것이다. 상법은 이러한 정보제공의무에 대해서 명시하고 있지 않다. 그러나 영미법상으로는 이러한 정보제공의무가 신인의무의 핵심을 이루는 것으로 강조되고 있다. 충분한 정보 없이 내려진 승인에 의미를

91 이 점에 관한 치밀한 연구로는 神作裕之, 學習院大學法學部 硏究年報 26호(1991), 187면 참조.
92 원시정관이냐 변경된 정관이냐에 따라 차이가 있을 수 있다.

부여할 수는 없을 것이므로 해석상 그러한 정보제공의무가 당연히 요구되는 것으로 보아야 할 것이다.

승인이 제대로 기능할 수 있기 위한 또 하나의 전제는 승인을 하는 이사들의 독립성이다. 미국에서는 이해관계 없는(disinterested) 이사나 주주에 의한 결의에 대해서만 비로소 거래의 공정성을 추정해 준다. 이 맥락에서 이해관계는 상당히 폭넓게 해석되고 있다.[93] 사내이사나 업무집행이사는 문제된 거래에 개인적인 이해관계를 갖지 않는 경우에도 현실적으로 이해관계 있는 것으로 간주된다.[94] 따라서 회사로서는 이해관계 없는 이사를 선임할 인센티브가 있다. 우리 상법상으로도 결의에 이해관계 있는 이사는 의결권이 배제된다(제391조 제3항, 제368조 제4항). 그러나 그러한 이해관계는 미국에 비해서는 훨씬 좁게 해석되고 있으므로 직접 당사자가 아닌 이사는 모두 의결권을 행사하고 있다. 예컨대 지배주주인 대표이사와 회사가 거래를 하는 경우에도 당사자인 지배주주를 제외한 나머지 이사 전원이 결의에 참여할 수 있다. 그러한 경우의 승인이 별로 의미를 가질 수 없음은 오히려 비법률가들이 더 잘 알고 있는 것 같다.

이러한 이사회의 승인이 제구실을 하도록 한다는 면에서도 최근 강화되고 있는 사외이사제도는 중요한 의미를 갖는다. 현재 증권거래법상 대규모 상장법인과 협회등록법인의 경우에는 사외이사가 50% 이상 선임되도록 되어 있다(제191조의16 제1항, 제54조의5 제1항). 이처럼 사외이사의 선임을 법적으로 강제하는 것에 대해서는 경제계는 강한 거부감을 표출한 바 있다. 따라서 기업들이 마지못해 영입하는 사외이사의 독립성을 높이는 데 관심을 기울이지 않는 것은 당연한 일이다.[95] 현실적으로 사외이사가 진정 독립성이

93 예컨대 American Law Institute, Principles of Corporate Governance: Analysis and Recommendations, Sec. 1.15 (1994)(이해관계 없는 이사의 정의).

94 Black, (주 15), 6면.

95 삼성전자에서 시민단체가 추천한 사외이사후보의 선임을 굳이 거부한 예에서 드러나듯이 기업 측에서는 사외이사를 외부의 추천에 의하여 선임하는 것을 자존심의 문제로 보는 것 같다. 반면에 미국

있는지 여부는 외부에서 객관적으로 확인할 방도가 없다. 결국 이사회의 승인이 제대로 작동될 수 있으려면 회사경영진의 인식변화와 사외이사들의 수준향상이 필요하다.[96]

이사의 독립성을 확보할 수 없는 단계에서는 이사회의 승인 대신에 주주총회의 승인을 요하는 대안도 생각해 볼 여지가 있을 것이다. 물론 주주총회를 개최하는 것은 이사회를 개최하는 것보다 훨씬 어렵다. 따라서 주주총회의 승인을 요하는 거래는 상당한 규모에 달하는 경우에 한정하는 것이 바람직할 것이다.[97] 한편 주주들의 합리적인 무관심(rational apathy)과 기관투자자들이 재벌의 영향권 하에 있는 우리나라의 현실을 고려하면 주주총회라고 해서 주주이익에 부합하는 결의를 할 것이라고 안심할 수 없는 것도 사실이다. 그러나 '이해관계 있는' 주주의 범위를 넓히는 쪽으로 규정을 마련한다면 상당히 효과적일 수 있을 것이다.

5. 忠實義務違反에 대한 救濟手段

충실의무위반에 대한 사법상의 제재로서는 주로 거래의 효력부인 · 손해배상 · 이익반환의 세 가지를 생각해 볼 수 있다.[98] 미국에서는 충실의무가 형평법의 전통에서 연유하기 때문인지 법원은 그 위반에 대한 구제수단을

에서는 경영자들조차도 사외이사가 중심이 되는 이사회를 지지하고 있다. 대기업사장의 단체인 Business Roundtable이나 전국회사이사협회(National Association of Corporate Directors)도 이사회의 과반수를 독립이사로 선임할 것을 권고하고 있다. Black, (주 15), 7면.

96 사외이사제도의 성공 여부는 우리 사회가 과연 신뢰할 수 있는 인사를 얼마나 확보할 수 있는가, 사외이사가 제 목소리를 내는 것을 당연하게 여기는 사회규범이 얼마만큼 확산될 수 있는지 여부에 달려 있다고 볼 수 있다(Black, (주 15), 8면; Melvin A. Eisenberg, "Corporate Law and Social Norms," 99 Columbia Law Review 1253 (1999).

97 법무부에서 발주한 기업지배구조개선 자문용역보고서가 회사의 자산이나 매출액의 20%가 넘는 거래의 경우에 주주총회의 승인대상으로 하자고 제안하고 있다. 법무법인 세종 외, 최종보고서 및 법개정권고안(2000), II. A.

98 그 밖에 관련된 이사의 해임 등을 생각해 볼 수 있다.

상당히 융통성 있게 인정하고 있다. 특히 충실의무를 위반한 행위로 인하여 얻은 이익을 회사에 반환하도록 하는 조치를 취할 수 있다는 점이 미국법의 특징이자 장점이라고 할 수 있다. 우리 상법상으로는 손해배상이 규정되어 있으며, 이익반환은 경업금지규정위반의 경우에만 명시되고 있다.

가장 효과적인 구제수단은 信認義務에 위반한 이사의 거래를 사전에 저지하거나 사후에 효력을 부인하는 것이다. 사전에 저지하는 것은 법원의 결정을 얻는 데 시간이 걸리기 때문에 현실적으로 어렵다. 그러나 사후적으로 무효화하는 것도 이사의 행위를 기초로 축적된 법률관계를 무너뜨리는 결과를 가져올 수 있기 때문에 쉬운 일은 아니다.[99] 우리 법원은 특히 전환사채와 같은 증권발행의 불공정성이 문제된 경우에는 거래의 안전을 너무 중시한 나머지 심지어 발행된 증권이 아직 제3자에게 인도되지도 않은 상황에서도 그것을 무효화하는 것을 꺼리는 경향이 있다.[100]

우리나라에서 충실의무위반에 대한 주된 구제수단은 손해배상을 청구하는 것이다. 손해배상이 원활하게 이루어질 수 있다면 충실의무위반은 상당히 억제될 수 있을 것이다. 그러나 이사의 충실의무위반으로 인해서 회사나 주주가 입는 손해를 입증하기는 쉽지 않다. 때로는 이사의 이익을 입증하는 편이 쉬울 수도 있다. 만약 이사의 이익을 회사의 손해로 볼 수 있다면 편리할 것이다. 이사의 이익을 회사의 손해로 파악하는 것은 전자가 후자보다 더 큰 경우에 특히 효용이 크다. 그러한 경우에 이사에게 회사의 손해만을 배상할 책임을 지우는 것만으로는 이사의 충실의무위반행위를 충분히 억지할 수 없을 것이기 때문이다.[101]

99 미국에서도 무효화는 극히 어렵다. Black, (주 15), 11면.

100 대표적인 판결로 서울고법 2000. 6. 23. 선고 68 나 4608 판결.

101 충실의무위반행위가 적발될 확률이 높지 않은 점을 감안하면 실제의 손해보다 몇 배가 되는 징벌적 배상을 인정해야 한다는 입론도 가능할 것이다. 실제로 미국에서는 징벌적 배상을 인정하는 판례가 늘고 있다고 한다. Cooter & Freeman, (주 17), 1069 n.71. 이 문제에 대해서 보다 상세한 검토로는 藤田友敬, (주 10), 137면 이하 참조.

따라서 미국에서와 같이 충실의무위반행위로 인한 이익을 회사가 박탈할 수 있는 길이 열릴 필요가 있다. 입법론상으로는 이익반환청구를 경업금지의 경우에 한하지 않고 모든 충실의무위반의 경우에 확대할 필요가 있을 것이다.[102] 해석론상으로는 이사의 충실의무위반행위로 인한 이익의 전액을 손해로 볼 필요가 있다.[103]

6. 忠實義務의 實效性

(1) 訴訟手段의 정비

1998년의 개정으로 이사를 비롯한 경영자의 충실의무를 뒷받침하는 법적인 근거는 충분히 마련된 것으로 보인다. 앞서 지적한 바와 같이 추가적인 입법조치의 필요가 전혀 없는 것은 아니겠지만 법원이 충실의무의 적용에 적극적인 자세를 취한다면 넘을 수 없는 장애가 그다지 많은 것은 아니다. 그러나 앞으로 충실의무법리가 우리나라에서도 바로 꽃을 피울 것으로 기대하는 것은 무리다. 충실의무가 법적으로 인정되더라도 그것을 집행할 수 있는 절차적인 수단이 정비되지 않고는 여전히 그림의 떡에 불과할 것이다. 그러므로 충실의무위반에 대해서 책임을 물을 수 있는 여건이 현실적으로 갖추어질 필요가 있다. 이사가 충실의무를 위반한 경우 그에 대한 구제수단은 주주대표소송(회사에 대한 충실의무를 위반한 경우)과 주주에 의한 집단소송(주주에 대한 충실의무를 위반한 경우)이다. 주주대표소송은 과거에 비해서는 훨씬 제소가 쉬워졌지만 아직 활성화되기를 기대하기는 어렵다. 집단소송은 아직 도입되지 않은 상태라 주주가 개별적으로 소송을 제기할 수밖에 없

102 일본 학계에서 마련한 신탁법개정시안에서는 수탁자의 충실의무위반에 대한 구제수단으로 이익반환을 명시적으로 정하고 있다(제22조 · 제27조).

103 道垣内弘人, 信託法理と私法體系(1996), 212-213면.

다.[104] 주주대표소송의 경우에는 아직 원고의 주식보유요건이 장애가 되고 있다. 원고가 이사(내지 지배주주)의 권한남용에 관한 증거를 확보할 수단이 미비한 것도 문제이다. 그러나 무엇보다도 중요한 것은 주주가 구태여 제소에 나설 인센티브가 별로 없다는 점이다. 그간의 법개정으로 원고주주의 소송비용과 변호사비용을 보상하기 위한 제도는 어느 정도 정비되었다(상법 제405조; 증권거래법 제191조의13 제6항). 그러나 승소를 통해서 얻을 수 있는 이익이 제한되는 상황에서 회사의 도움을 받는 경영자를 상대로 힘겨운 소송에 나설 주주는 그다지 많지 않을 것이다. 언제까지나 시민단체의 활동에 의존할 수는 없을 것이다. 그렇다고 해서 전혀 희망이 없는 것은 아니다. 아직은 미미하지만 기관투자자가 제소에도 보다 적극적인 자세를 취하는 경우에는 사정은 크게 달라질 것이다. 그러나 의결권을 제대로 행사하는 데도 소극적인 기관투자자들이 소송에 나서기까지는 상당한 시간이 경과하여야 할 것이다.

(2) 法官의 역할

주주가 큰 결심을 하고 법원의 문을 두드리는 경우에도 장애는 남아 있다. 앞서 살펴본 바와 같이 충실의무는 내용이 지극히 유연한 개념이다. 경영자의 권한남용은 워낙 다양한 형태로 발생하기 때문에 그에 효과적으로 대처하기 위해서는 충실의무와 같은 유연한 개념을 사용하지 않을 수 없다. 추상적인 충실의무법리를 구체적인 사실관계에 적용하여 정의로운 결과를 끌어내는 것은 법관의 임무이다. 영미의 법원은 충실의무개념을 활용하여 각양각색의 이익상충을 비교적 효과적으로 처리해 왔다. 충실의무를 중심으로

104 현재 정부는 허위공시·부실감사 등 증권거래와 관련한 일부 사항에 관해서 제한적으로 집단소송을 도입하기 위한 법안을 제출한 상태이다.

축적된 방대한 판례는 영미법의 자랑스런 유산이라고 할 것이다. 이러한 판례법의 중심을 이루는 충실의무가 제정법상의 개념이 아니라는 점은 법전 중심의 사고에 익숙한 우리에게는 경이로운 일이다. 어차피 충실의무가 제정법적 기초를 결한 것이었다면, 왜 대륙법계의 국가에서는 그러한 전통이 형성되지 못했는가 하는 의문이 떠오르게 된다.

일반화가 수반하는 위험을 무릅쓰고 논하자면, 정교한 법전을 가지고 있는 대륙법국가에서는 아무래도 법관의 법형성기능이 경시되는 경향이 없지 않다. 특히 프랑스와 같이 전통적으로 법관에 대한 불신이 강했던 나라에서는 법관에 의한 법형성이란 늘 경계의 대상이었다. 그러나 그 같은 대륙법국가의 특징은 오늘날 크게 퇴색하고 있다. 이제 대륙법법관과 보통법법관과의 사이에 실제로 그렇게 큰 차이가 있는 것은 아니라는 인식이 확산되고 있다.[105] 법관에 대한 불신이 뿌리깊었던 프랑스에서도 법관에 의한 법형성은 상당히 활발히 진행되고 있다.[106] 법관에 의한 법형성은 남의 나라 이야기만은 아니다. 우리나라에서도 예컨대 민법상의 일반조항인 신의칙과 권리남용조항(제2조)은 이미 각양각색의 문제영역에서 활용되고 있다. 그러나 적어도 회사소송의 분야에서는 우리 법원이 그다지 적극적이지 못한 느낌이 있는 것이 사실이다. 충실의무법리는 사안의 구체적인 사실을 따져 보지 않고서는 적용할 수 없다. 즉 충실의무법리는 상당히 사실관계에 밀접히 연관된(fact-specific) 법리인 것이다. 어차피 추상성이 높은 법리이기 때문에 사실관계에 비추어 어떠한 결론이 형평과 정의에 보다 부합되는 것인지 결정해야 한다. 아직 충실의무에 관한 우리 법원의 판결례가 충분히 축적되었다고 하기 어렵지만, 일부 판결에서 법원은 결론의 정당성을 사실관계의 합리적인 해결을 가져오는지 여부에서 구하기보다는 분쟁의 실질과는 무관한 형식적

105 Ugo Mattei, Comparative Law and Economics (1997), pp.81-83.

106 Mattei, (주 105), 85면. 예컨대 프랑스법상의 astreinte, 이탈리아법상의 일반적인 금지명령권 등을 들 수 있다.

인 논리(예컨대 주식관련사채발행의 경우 거래안전의 강조)에서 구하는 모습을 보이고 있다.[107] 이러한 태도야말로 바로 충실의무법리의 발전을 가로막는 장애물이라고 하지 않을 수 없다.

우리 법관이 경영자의 이익상충이 문제되는 사안에서 그다지 적극적인 자세를 취하지 않는 이유는 정확히 파악하기 어렵지만 다음과 같은 요소들이 작용하고 있는 것은 아닐까? 첫째, 과도한 업무량 때문에 보다 구체적으로 타당한 분쟁해결을 위하여 생소한 이론을 과감하게 채택하기보다는 기존의 통설이나 판례를 기계적으로 따르는 경향이 없지 않다. 둘째, 아무래도 변호사들이 나서서 주장을 해주어야 법관이 새로운 이론을 채택하기가 쉬운데 아직 변호사들의 창의력이 그다지 발휘되지 못하고 있다.[108] 셋째, 종래 이익상충에 관한 회사소송이 드물었기 때문에 법관들이 아직 역량을 키울 기회가 부족했다.

법관이 소극적인 태도를 지속하는 한 우리나라에서 충실의무법리가 제대로 발전할 수 없을 것이다. 영미에서와 같이 생동하는 충실의무법리를 우리나라에 정착시키는 것이 단순히 법규정 몇 개만을 채택하는 것으로 마칠 수 있는 일이 아니라는 점은 이제 분명하다. 충실의무법리는 '자동적으로 집행될 수 있는'(self-enforcing) 법리가 아니라 그 나라의 법적 인프라에 크게 의존하는 법리인 것이다. 이제까지 우리의 관심은 주로 충실의무법리를 상법에 '도입'하는 것에 집중되었다. 아직도 상법상의 규정을 보완할 여지가 없는 것은 아니다. 그러나 앞으로는 도입된 충실의무법리의 실효성을 높이기 위한 작업에 관심을 기울여야 할 것이다. 충실의무법리는 법관이 부패하거나 무능한 경우는 물론이고 소극적인 경우에도 제대로 작동하기 어렵다. 우리 법관의 능력은 어느 나라의 법관에 비하더라도 뒤지지 않는다고 확신한다.

107 그 대표적인 예로서 서울고법 2000. 6. 23. 선고 98 나 4608 판결.

108 소수주주인 원고를 대리하는 변호사들이 기업을 대리하는 변호사들에 비하여 상대적으로 수도 적고 경험이 부족하다는 점도 이러한 결과에 영향을 주고 있는 것으로 보인다.

법관의 청렴성을 놓고 일반인들 사이에서는 여러 말이 있지만 적어도 판결의 결론을 돈과 바꾸는 식의 부패는 없다고 믿고 있다. 문제는 법관의 적극성과 창의성이다. 충실의무가 제대로 작동할 수 있는 여건을 갖추는 일이나 실제로 충실의무를 활용하는 일이나 모두 법률가의 창조적이고 적극적인 작업을 요구한다. 로마의 법관이나 영국의 형평법법관이나 먼저 제정법이 있었기에 재판을 할 수 있었던 것은 아니다. 영국에서 보통법법관이 경직된 보통법원칙을 내세워 구제를 거부한 경우 억울한 당사자는 형평법법관을 찾을 수 있었다. 우리나라에서 법관이 형식논리의 방패를 내세우는 경영자의 손을 들어 준다면 억울하게 피해를 본 투자자는 누구를 찾아야 하는가? 법관이 투자자에 불리한 판결을 과연 미비한 입법의 탓으로만 돌릴 수 있을 것인가? 충실의무법리를 우리나라에 정착시키는 것은 현재 한국의 법률가들이 직면하고 있는 가장 중요한 과제 중 하나라고 할 것이다.

Ⅳ. 結論

최근 우리 기업의 지배구조에 관한 법제는 크게 개선되고 있다. 그러나 기업지배구조에 대한 시장의 평가, 특히 외국투자자의 평가는 아직 냉엄하다. 우리 기업의 주가는 수익력과 자산가치에 비해서 현저하게 낮게 평가되고 있다(이른바 Korea Discount).[109] 이러한 Korea Discount의 원인이 반드시 우리 기업의 낙후된 지배구조 때문만이라고는 단언할 수 없다. 그러나 어느 정도는 그 영향이 없지 않으리라고 판단된다. 많이 개선되기는 했지만, 지배주주를 포함한 경영자와 주주 사이의 대리인문제는 아직도 상당히 심각한 상태이기 때문이다. 대리인문제가 발생하는 맥락은 극히 다양하다. 특히 우

109 장하성, "코스닥 등록기업의 기업지배구조 개선방안," 증권학회 2001년 8월 29일 심포지엄자료, 2면.

리나라 재벌과 같이 소유구조가 복잡한 기업집단에서 이익상충이 발생하는 구체적인 상황을 일일이 예상하여 대처하는 것은 기술적으로 쉽지 않다. 따라서 충실의무와 같은 융통성 있는 일반개념을 활용할 필요가 있다. 특히 회사내부적인 통제나 시장에 의한 통제가 아직 미약한 우리 상황에서는 충실의무의 역할은 더욱 중요하다. 그러나 앞서 지적한 바와 같이 충실의무에 관한 규정을 도입하는 것보다는 그 실효성을 확보하는 것이 훨씬 더 어렵다. 충실의무에 관한 법규정을 채택하는 것은 비교적 간단하지만 실제의 기능을 제고하는 것은 결코 만만한 일이 아닌 것이다.[110]

만약 우리나라에서 충실의무법리가 실효성 있게 집행되는 단계에 이르면 어떠한 변화가 일어날 것인가? 정확히 예측하기는 어렵지만 기업의 구조가 보다 충실의무를 의식한 형태로 전환될 가능성이 있다. 현재와 같은 복잡한 소유구조는 이익상충의 소지가 많기 때문에 충실의무위반 시비에 휘말릴 가능성이 높다. 따라서 기업의 소유구조는 미국이나 영국에서와 같이 보다 단순한 형태로 변화될 것이다. 여러 사업분야에서 활동하는 기업이라면 완전자회사를 다수 거느린 지주회사나 다수의 사업부문을 내부에 둔 단일한 회사의 형태를 취하는 경우가 보다 많아질 것이다. 현재와 같이 외부주주들이 다수 존재하는 자회사는 차츰 줄어들 것이다. 충실의무법리의 발전은 회사내부의 이사회구성에도 영향을 줄 가능성이 높다. 충실의무위반의 소지를 없애기 위해서는 의사결정기관의 중립성을 확보할 필요가 있다. 이해관계 없는 이사를 다수 선임하여 이익상충의 소지가 있는 결정은 이들에게 맡김으로써 충실의무위반의 시비를 피하려 할 것이다.

이러한 변화는 결과적으로 영미식의 기업지배구조에 접근하는 변화라고

110 그러한 점에서는 형태상의 수렴(formal convergence)이 기능상의 수렴(functional convergence)보다 앞서는 예외적인 경우에 해당한다고 할 수 있다. Ronald J. Gilson(김건식 역), "세계화하는 기업지배: 형태상의 수렴인가 기능상의 수렴인가," 서울대학교 법학 제38권 제3호 · 제4호(1997), 1면 이하 참조.

할 수 있다. 영미식 기업지배구조를 받아들이는 것에 대해서는 여전히 생리적인 반감을 느끼는 사람들이 많다. 이른바 진보진영은 물론이고 재계에서도 그러한 반미정서를 자극함으로써 기업지배구조 개선노력에 찬물을 끼얹는 사례가 없지 않다. 그러나 우리에게 중요한 것은 영미식이냐 유럽식이냐 아니면 우리 식이냐 하는 제도의 '레테르'가 아니라 과연 우리 사회가 직면한 문제를 얼마나 잘 해결해 줄 수 있는가 하는 제도의 실속이 아닐까?

심당 송상현 선생 화갑기념 논문집(21세기 한국상사법학의 과제와 전망)(2002), 145-175면.

02 자기거래와 미국회사법의 절차적 접근방식

I. 서설

미국회사법상 일반적으로 자기거래(self-dealing)란 이사[1] 또는 지배주주와 회사 간의 거래를 말한다.[2] 자기거래에 관여하는 이들 이사나 지배주주는 회사의 의사결정에 영향을 미칠 수 있기 때문에 거래의 조건이 회사에 불리하게 결정될 가능성이 높다. 따라서 어느 나라에서고 자기거래를 규제하는 것은 회사법의 기본적인 과제에 속한다. 그러나 이러한 자기거래에 관한 규제

1 이 글에서는 임원(officer)을 포함하는 의미로 사용한다.

2 Clark는 자기거래에 다음의 네 가지를 포함시키고 있다.
1) 회사와 이사 또는 임원(officer) 사이의 거래
2) 회사와 이사 또는 임원이 중대한 재정적 이해관계를 갖고 있는 기업과의 거래
3) 친회사와 불완전소유자회사(partially owned subsidiary corporation) 사이의 거래
4) 겸임이사가 있는 회사 사이의 거래
R. Clark, Corporate Law, 159 (1986).

가 가장 발달한 것은 역시 미국회사법이라고 할 수 있다. 미국회사법의 최근 경향은 자기거래의 결과보다는 자기거래의 절차 내지 과정을 규제하는 것에 중점을 두고 있다. 자기거래에 관한 우리 상법 제398조도 기본적으로는 이러한 절차적 접근방식에 기한 것으로 볼 수 있다. 이 글은 이러한 미국회사법의 최근 동향을 소개하고 그 문제점을 지적함으로써 우리 상법의 해석론 및 입법론의 토대를 제공하는 것을 목적으로 한다.

미국이나 우리나라에서나 법규정은 이사의 행위에 초점을 맞추고 있다. 그러나 미국에서와는 달리 대기업에서도 소유와 경영이 분리되어 있지 않은 우리의 현실에서는 이사보다는 지배주주 내지 지배회사의 행위를 규제하는 것이 보다 긴요할 것이다. 이러한 현실을 고려하여 이 글에서는 지배주주에 의한 자기거래의 문제도 아울러 다루고자 한다.[3]

미국법상 회사법은 주법에 맡겨져 있으며 각 주의 회사법은 내용이 각양각색이다. 특히 지배 · 종속회사 간의 거래에 관하여는 일반적인 이사의 자기거래와 별도로 규정하고 있는 예는 드물다. 법원은 주로 충실의무(fiduciary duty)에 관한 기존의 판례법상의 원칙들을 이용하여 이 문제를 해결하고 있다. 이러한 사정에 비추어 자기거래에 관한 미국법의 현황을 간단히 설명하기는 어렵다. 이곳에서는 미국의 회사법에 가장 중요한 의미를 갖는 델라웨어주회사법과 모범사업회사법, 그리고 최근 미국법률가협회(American Law Institute)가 발표한 Principles of Corporate Governance: Analysis and Recommendations(Proposed Final Draft, 1992, 이하 Principles로 인용)를 중심으로 자기거래에 관한 주제정법과 판례의 동향을 검토하기로 한다.

논의의 순서는 먼저 이해관계 없는 이사나 주주의 승인이라는 회사내부

3 지배 · 종속회사 사이에 존재하는 일반적인 이익 상반문제에 관한 미국회사법에 대해서는 김건식, 기업집단에서의 소수주주보호: 미국회사법을 중심으로, 성곡학술논총 25집 게재 예정(1994년 발간 예정). 이 글의 서술 중 지배 · 종속회사 간의 거래에 관한 부분은 일부 위의 논문과 중복된 부분이 있음을 밝혀 둔다.

절차가 갖는 중요성을 논하고, 이어서 공정성 중에서도 절차적 공정성이 중시되는 현상에 대하여 살펴본 후에 끝으로 이러한 절차적 접근방식이 우리 법에 주는 시사점을 음미하여 보고자 한다.

II. 회사 내부승인절차의 중요성: 절차중시경향(1)

1. 자기거래에 관한 판례법의 변천

이사나 지배주주가 회사 및 주주에 대하여 충실의무를 부담한다는 점은 미국의 판례법상 일찍이 확립되었다. 법원은 개별적인 사례에 대응하여 이러한 충실의무의 내용을 구체화하여 왔다. 이사나 지배주주의 자기거래는 바로 이러한 충실의무가 적용되는 대표적인 유형의 거래이다. 19세기 중반 이후 미국에서 이사와 회사 사이의 거래에 관한 판례법은 대체로 다음과 같은 단계를 거쳐서 발전하였다.[4] 제1단계인 1880년경에는 이사와 회사 간의 계약은 그 조건이 공정한지 여부와 관계없이 회사나 그 주주가 취소할 수 있었다. 이러한 원칙은 지배·종속회사 간의 거래는 물론이고 겸임이사가 있는 회사 사이의 거래에 적용되었으나 30년 후에는 폐기되었다. 제2단계인 1910년경에는 이해관계 없는 과반수 이사의 승인을 받은 거래는 법원이 불공정 또는 사기라고 판단하지 않은 한 유효하다는 것이 일반적인 원칙으로 굳어졌다. 다만 이사의 과반수가 이해관계를 갖는 거래는 공정성 여부와 관계없이 회사나 주주가 취소할 수 있었다. 제3단계인 1960년경에는 자기거래에 대한 규제가 한층 완화되어 이해관계 없는 이사가 과반수에 미달하는

4 Marsh, Are Directors Trustees? Conflict of Interests and Corporate Morality, 22 Bus. Law. 35, 36-43 (1966); Clark, (주 2), 160.

경우에도 바로 취소할 수 있는 것으로 보지는 않게 되었다. 법원은 엄격한 심사를 거쳐 거래가 회사에 대해서 불공정하다고 판정한 경우에 비로소 그 거래를 무효화하였다. 즉 자기거래도 공정하기만 하면 유효라는 원칙이 등장한 것이다. 공정성의 입증은 피고 측이 부담하는 것이 모든 주에 공통된 원칙이었다.[5] 주법에 따라서는 충분한 개시가 이루어질 것을 전제조건으로 한 경우도 있었다. 그러한 주법하에서는 충분한 개시가 이루어지지 않은 거래는 공정성 여부와 관계없이 취소 가능한 것으로 보았다.[6]

그러나 자기거래에 대한 판례법은 주에 따라 세부적으로는 상당한 차이가 있었다.[7] 이러한 판례법의 불확실성을 피하기 위하여 경제계에서는 일종의 자구책으로 정관에 이사와 회사의 거래를 승인하는 규정을 포함시키는 관행이 생겨났다.[8] 그와 아울러 이사의 자기거래에 관하여 제정법도 서서히 등장하게 되었다.

2. 자기거래에 관한 제정법의 확산

자기거래에 대한 제정법은 자기거래에 관한 규정인 1971년의 모범사업회사법(The Model Business Corporate Act. "모범법") 41조가 제정된 1969년까지 이미 15개의 주가 채택하고 있었다.[9] 이른바 "interested director statutes" 또는 "safe harbor statutes"라고 불리는 이러한 제정법은 현재 거의 모든 주가 채택하고 있다. 이들 주법의 목적은 자기거래에 대한 포괄적인 규제가 아니라 단

5 Mitchell, Fairness and Trust in Corporate, 43 Duke L.J. 425, 438 n.41 (1993).

6 Mitchell, (주 5), 439.

7 Small, Conflicts of Interest and the ALI Corporate Governance Project-A Reporter's Perspective, 48 Bus.Law. 1377, 1378 (1993).

8 Small, (주 7), 1378-1379. 당시의 판례는 정관에 그러한 규정이 있는 경우에도 거래의 공정성을 판단할 수 있다는 점을 강조하였다.

9 Small, (주 7), 1379.

지 이해관계 있는 이사가 관련된 거래라고 해서 바로 취소할 수 있는 것은 아니라는 점을 분명히 하는 것이었다. 나머지 문제에 관해서는 기존의 판례법이 그대로 적용되었다. 비교적 초기의 입법인 캘리포니아주 일반회사법(California General Corporation Law)은 일반적인 이사의 자기거래[10]도 다음 중 어느 하나의 요건을 충족하는 경우에는 유효라고 하고 있다(§310(a)): (1) 주주에 의한 선의의 승인이 있는 경우; (2) 이사회에 의한 선의의 승인이 있고 승인 당시에 거래가 공정하고 합리적인(just and reasonable) 경우; (3) 위의 (1)이나 (2)의 승인이 없더라도 이사가 당해거래가 공정하고 합리적임을 입증하는 경우. 따라서 (1)의 경우에는 이사가 거래의 공정성을 입증하지 못하는 경우에도 자기거래를 유효한 것으로 볼 수 있는 길이 열리게 되었다. 다만 승인시에는 거래에 관한 정보가 충분히 개시될 것이 전제되고 있다.

이하에서는 이사나 주주의 승인을 근거로 자기거래를 유효화하는 다수의 주제정법[11] 중 대표적인 것이라고 할 수 있는 델라웨어주 일반회사법(Delaware General Corporation Law), 비교적 완화된 태도를 취한 것으로 평가되는 모범법, 비교적 엄격한 태도를 취한 것으로 평가되는 Principlcs를 차례로 살펴본다.

3. 델라웨어주법

이사의 자기거래에 대한 델라웨어주법 144조는 자기거래를 자동적으로 취소할 수 있는 것으로 보았던 과거의 판례를 부정하는 형식을 취하고 있다. 즉 144조에 의하면 다음 세 가지 중 어느 하나에 해당하는 경우에는 회사와 이사의 거래를 승인하는 결의에 당해 이사가 관여하였다는 것만을 이유로

10 겸임이사가 있는 회사 간의 거래에 대해서는 따로 규정하고 있다.

11 1992년 현재 그러한 입법을 하고 있는 주는 델라웨어주를 비롯하여 46개 주에 이른다. Mitchell, (주 5), 455 n.113 (1993). 이들 주법의 자세한 유형에 관해서는 Principles, 312-320.

그 거래가 바로 무효나 취소할 수 있는 것으로 되는 것은 아니다.

(1) 개시와 이해관계없는 이사의 선의의 승인

(2) 개시와 주주의 선의의 승인

(3) 승인이나 추인 당시 거래의 공정성

이러한 델라웨어주법의 정확한 의미에 대해서는 많은 의문이 존재한다. 먼저 개시가 이루어지지 않은 경우에는 그 자체로 취소 가능한 것으로 볼 것인가? 아니면 승인이 이루어지지 않은 경우와 같이 공정성 기준의 적용을 받는 것으로 볼 것인가? 그 밖에 위 (1)에서 이해관계 없는 이사의 승인이 있는 경우의 효과는 무엇인가에 대해서도 의문이 있었다. 법원이 이사의 승인을 마치 경영판단(business judgment)과 같이 존중해야 할 것인가, 아니면 거래의 공정성에 대한 심사를 어느 정도 인정할 것인가가 분명치 않았다. 그러나 1987년의 Marciano v, Nakash판결[12]에서 델라웨어주 대법원은 방론으로 이해관계 없는 이사들이 충분히 개시된 정보에 기하여 승인한 결정을 경영판단으로 판시한 바 있다. 이러한 델라웨어주 대법원의 견해는 이해관계 없는 이사의 승인 후에도 거래의 공정성에 대한 사법심사의 여지를 인정하는 캘리포니아주 등 일부 주들의 태도와 상반되는 것이다. 한편 1990년 형평법원은 Citron v. E. I. Dupont de Nemours &Co.판결[13]에서 지배 · 종속회사 간 합병에 대하여 이해관계 없는 이사의 승인이 있었음에도 경영판단원칙을 적용하지 않고 공정성 심사를 인정한 바 있다.

위 (2)의 의미는 그다지 분명치 않다 1976년 Fliegler v. Lawrence판결[14]에서 델라웨어주 대법원은 법문과는 달리 "이해관계 없는" 주주의 승인을 요하고 있다. 과반수 주주의 승인이 있었지만 이해관계 있는 주주들이 결의에 참여하고 이해관계 없는 주주들은 약 3분의 1만이 참여한 사안에서 대법원

12 535 A.2d 400 (1987).

13 584 A.2d 490 (Del. Ch. 1990).

14 361 A.2d 218 (Del. 1976).

은 나머지 이해관계 없는 주주들이 어떻게 투표하였을 것인지 모른다는 이유로 144조의 적용을 부정하였다. 또한 대법원의 판시에 의하면 (2)의 승인이 있다고 하여 자기거래에 대한 공격이 완전히 불가능하게 되는 것은 아니다. 주주의 승인은 단지 자기거래가 자동적으로 취소 가능하게 되는 것을 막는 효과를 가질 뿐이고 주주가 거래의 불공정성을 입증하여 공격하는 것을 막지 못한다는 것이다.

반면에 (1)이나 (2)의 승인이 없다고 해서 바로 취소 가능하게 되는 것은 아니다. 위 (3)은 그러한 승인이 없는 경우에도 당해이사가 거래의 공정성을 입증할 수 있는 길을 열어 놓고 있다. 그러나 현실적으로 이사가 거래의 공정성을 입증할 수 있는 경우는 거의 없다.[15]

4. 모범사업회사법[16]

모범법은 1971년 법 41조와 1984년 법 8.31조까지는 위에서 살펴본 일반적인 주회사법과 마찬가지로 간결한 내용으로 되어 있어 해석상 의문이 많았다. 그러나 1988년의 개정시에 새로 도입된 8.60조에서 8.63조의 4개 조문은 종전의 규정과는 달리 보다 명확한 지침을 제시함으로써 불필요한 소송의 여지를 최소화하고 있다.[17] 그러나 모범법이 적용대상으로 삼은 거래의 범위는 그리 넓지 않다. 모범법은 이사의 이익상반거래를 규율대상으로 하고 있다. 따라서 지배주주 내지 지배회사의 행위는 물론이고 이사가 아닌 임원이나 직원의 행위도 모범법의 적용대상이 아니다. 또한 이사와 회사의 이익이 상반되는 경우 중에서도 이사의 일방적인 행위가 아니라 회사와의 거래

15 Mitchell, (주 5), 465.

16 보다 상세한 설명은 Model Business Corporation Act Annotated Vol.3, 1142. 3-1142.136 (3d ed.1993) 참조.

17 새로운 모범사업회사법을 모델로 삼은 주법은 1993년 현재 워싱턴주를 비롯하여 4개 주에 이르고 있다. Mitchel, (주 5), 455 n.144.

(transaction)만을 적용대상으로 한다. 따라서 예컨대 이사에 의한 회사기회유용과 같이 회사와의 거래라고 할 수 없는 경우에 대해서는 모범법의 규정이 유추적용될 수 있을 뿐이다.

이사의 자기거래에 관한 모범법의 규정들은 다음과 같은 구조를 취하고 있다. 먼저 8.60조에서는 이익상반, 필요한 개시 등의 주요 개념에 대한 정의를 내리고 있다. 8.61조는 자기거래와 관련하여 법원이 취할 수 있는 행동의 범위를 제한하고 있다. 이어서 8.62조와 8.63조는 각각 이사회의 승인요건과 주주의 승인요건에 관해서 규정하고 있다. 이하에서는 가장 핵심적인 규정이라 할 수 있는 8.61조의 내용을 소개하기로 한다.

먼저 법원은 당해거래가 8.60조에서 정의한 이사의 이익상반거래에 해당하지 않는 경우에는 이익상반을 이유로 거래의 금지 또는 취소, 또는 손해배상과 같은 제재를 가할 수 없다(§8.61(a)). 이익상반거래에 해당하더라도 다음 세 가지 중 하나를 충족하는 경우에는 법원은 당해거래를 금지 또는 취소하거나 손해배상과 같은 제재를 가할 수 없다(§8.61(b)): (1) 8.62조에 의한 이사회의 승인; (2) 8.63조에 의한 주주의 승인; (3) 결정 당시에 당해거래가 회사에 대하여 공정할 것. (1)이나 (2)의 승인이 있으면 거래가 유효로 확정되는 것은 물론이고 이사에 대한 공격도 불가능하게 된다. 그러한 승인을 얻지 못한 경우에도 이사는 거래의 공정성을 입증함으로써 같은 효과를 거둘 수 있을 것이다. 이사가 위의 3가지 중 어느 하나도 충족하지 못한 경우에 비로소 법원은 판례법상 인정되는 적절한 구제수단을 원고에 부여할 수 있을 것이다.

주의할 것은 이사의 승인은 8.30(a)에서 정한 이사의 일반적인 주의의무의 테두리를 벗어나서는 안 된다는 점이다. 그러한 주의의무를 위반한 이사의 승인에 대해서는 위와 같이 이익상반거래를 정당화하는 효과를 부여하지 않는다.[18] 만약 이사의 승인시에 당해거래가 회사에 불공정한 것이 명백

18 MBCA Annotated, (주 16), 1142. 37-38.

하였다면 이사가 주의의무를 위반한 것으로 볼 수 있고, 따라서 위와 같은 승인의 효과는 인정되지 않을 것이다. 따라서 이사의 승인이 있는 경우에도 거래의 공정성에 대하여 법원이 심사할 수 있는 여지가 완전히 없는 것은 아니다.

5. Principles

(1) 자기거래의 두 가지 유형

Principles는 이사와 회사의 거래와 지배주주와 회사의 거래를 구별하여 규정하고 있다. 전자는 §5.02에서 그리고 후자는 §5.10에서 규정하고 있다. 종래 미국법에서는 회사 사이에 존재하는 지배 · 종속관계 자체를 근거로 양 회사 사이의 거래를 자기거래로서 규제하는 법리는 존재하지 않았다.[19] 다만 지배회사와 종속회사 사이에 공동의 이사가 있는 경우에는 이들 이사가 각 회사에 대해서 부담하는 충실의무 사이에 충돌이 있기 때문에 마치 이사와 회사의 자기거래에 대해서 적용하는 것과 유사한 원칙을 적용하였다.[20] 이러한 미국법의 태도는 지배회사와 종속회사 사이의 거래도 양사의 이사를 겸임하는 이사가 존재하지 않는 한 상호 독립한 회사 사이의 거래와 같이 공정하게 이루어질 수 있다는 전제에 서 있는 것이다. 그러나 이러한 전제가 비현실적으로 낙관적임은 부인할 수 없다.[21] 따라서 차츰 지배회사와 종속회사 사이의 거래를 겸임이사의 존재 여부와 관계없이 일반적인 자기거래와 마찬가지로 규제하려는 입법이나 판례가 출현하게 된 것은 당연

19 江頭憲治郎, 會社の支配 · 從屬關係と從屬會社の保護(2), 法學協會雜誌 97권 2호(1980), 148면.

20 델라웨어주를 비롯한 37개 주법이 겸임이사가 있는 회사 간의 거래와 회사와 이사 간의 거래를 동등하게 규제하고 있다. MBCA Annotated, (주 16), 1142.42-43.

21 물론 실제로는 대부분의 지배 · 종속회사 간에 겸임이사가 존재할 것이므로 큰 문제는 없을 것이다.

한 일이다.[22] 그러나 아직도 대부분의 주제정법은 지배 · 종속관계 자체에 초점을 맞추어 별도로 규정하기보다는 겸임이사가 존재하는 회사 사이의 거래로서 일반적인 이사와 회사 사이의 거래의 일부로 파악하고 있다.[23] 겸임이사가 있는 회사 간의 거래에 대한 규정의 내용은 주에 따라 반드시 동일하지는 않다. 델라웨어주법은 일반적인 자기거래와 동일한 규제를 가하고 있는 데 반하여(§144) 캘리포니아주법은 일반적인 자기거래에 대해서보다는 규제를 완화하고 있다(§310).[24] Principles는 지배 · 종속회사 사이의 거래에 대해서 독자적으로 규정하고 있을 뿐 아니라 그 규제내용도 일반적인 이사와 회사 사이의 거래보다 훨씬 덜 엄격하다.

(2) 이사와 회사의 자기거래: §5.02

이곳에서는 먼저 이사의 자기거래에 관한 §5.02의 개요를 간단히 설명한다. §5.02에 의하면 이사가 회사와 거래를 함에 있어 공정거래의무(duty of fair dealing)[25]를 준수하기 위해서는 두 가지의 요건을 충족하여야 한다. 첫째 요건은 이익상반과 거래에 관한 개시이다. 둘째로는 다음의 네 가지 중 어느

22 Palley v. McDonnell Co., 295 A.2d 762 (Del. 1972); South Carolina Code §12-18.16(c); Me. Rev. Stat Ann. tit.13A §717(3)

23 제정법이 지배 · 종속회사 사이의 거래에 대해서 명시적으로 규정하지 않았다고 해도 법원이 그러한 거래에 대해서 아무런 규제를 가할 수 없는 것은 아니다.

24 캘리포니아주법상 (1) 일반적인 자기거래의 경우와 (2) 겸임이사가 있는 회사 사이의 거래의 경우와의 차이는 다음과 같다: 첫째, (1)에서는 주주에 의한 승인의 경우에는 그렇지 않지만 이사에 의한 승인의 경우에는 거래의 공정성(just and reasonable)이 별도로 요구되는 것(§310(a)(2))에 비해 (2)에서는 이사에 의한 승인의 경우에도 승인만 있으면 공정성의 입증이 결여된 경우에도 거래는 유효하다(§310(b)(1)); 둘째, (1)에서는 주주나 이사의 승인이 없는 경우 거래의 유효를 주장하는 자가 거래의 공정성을 입증해야 하는 것(§310(a)(3))에 비하여 (2)에서는 이사의 승인이 없는 경우 거래의 무효를 주장하는 자가 거래의 불공정성을 입증하여야 한다.

25 Principles에 의하면 전통적인 분류에 의하면 duty of loyalty에 속하는 것 중에서 행위자가 금전적인 이해관계를 갖는 경우만을 의미한다. Principles, 264.

하나에 해당하여야 한다. (1) 거래의 공정성; (2) 이해관계 없는 이사들이 거래가 공정하다는 합리적인 판단에 기하여 사전에 승인하였을 것; (3) 이해관계 없는 이사들이 거래가 공정하다는 합리적인 판단에 기하여 사후에 승인함과 아울러 몇 가지 추가적인 요건을 갖출 것[26]; (4) 이해관계 없는 주주들이 사전 또는 사후에 승인하고 그것이 회사재산의 낭비(a waste of corporate assets)[27]에 해당하지 않을 것. 공정거래의무의 위반을 주장하는 자가 위 (2), (3), (4)의 승인 중 어느 것도 행해지지 않았음을 입증하는 경우에는 이사가 거래의 공정성을 입증할 책임을 진다(§5.02(b)).

위에서 보는 바와 같이 이해관계 없는 이사의 사전승인이 있는 경우에도 원고가 거래의 공정성을 공격할 기회가 봉쇄되는 것은 아니다. 다만 입증 책임이 원고에게 전환되고 거래의 불공정성뿐 아니라 이해관계 없는 이사의 판단이 불합리하였다는 것까지 입증해야 하는 차이가 있다.[28] 왜 이처럼 이해관계 없는 이사의 사전승인이 있는 경우에도 공정성 심사의 여지를 남겨야 하는가? Principles의 대표기초자인 Eisenberg 교수는 그 이유를 다음의 두 가지로 들고 있다.[29] 첫째, 이사들은 아무래도 자기 동료와의 거래에 대해서 판단할 때에는 제3자와의 거래를 대할 때보다는 덜 엄격할 가능성이 크다. 둘째, 회사법상 이해관계 없는(disinterested)의 법정 정의는 아무래도 사실상 아무런 이해관계 없는 것과는 다르게 마련이기 때문에 이해관계 없는 이

26 상세한 내용은 (2)보다 엄격하다. 사후승인에 대해서 보다 엄격한 기준을 적용하는 이유는 사후승인의 경우에는 사전승인의 경우와는 달리 이사들이 문제의 거래의 당사자인 이사와 거래조건에 대해서 교섭할 기회가 없기 때문이다. Eisenberg, Self-Interested Transactions in Corporate Law, 13 J. Corp. L 997, 1008 (1988); Small, (주 7), 1388-1389.

27 "회사재산의 낭비"에 해당하는 거래란 아무런 대가를 받지 않고 그리고 아무런 합리적인 사업목적 없이 회사자금을 지출하거나 회사재산을 처분하는 경우 또는 대가를 받았으나 통상의 건전한 사업판단을 가진 자라면 누구도 그것이 회사의 급부에 상당하는 가치를 가진 것으로 여기지 않을 정도로 그 가치가 불충분한 경우를 말한다(§1.42).

28 이러한 이사승인의 불합리성을 입증하는 것은 쉽지 않지만 경영판단원칙의 위반을 입증하는 것보다는 용이한 것으로 보고 있다. Principles, (주 25), 294.

29 Eisenberg, (주 26), 1000.

사의 승인이라고 하여 무조건 존중할 수는 없다. Eisenberg 교수는 회사 내부의 승인이 있는 경우에도 공정성 심사의 여지를 인정하는 Principles의 태도가 기존의 판례와 대체로 일치하는 것으로 보고 있다.[30] 그러나 이해관계 없는 이사의 승인을 경영판단으로 보아 따로 공정성 심사를 필요로 하지 않는 것이 기존 판례의 태도이며 그러한 판례의 태도가 타당하다는 견해도 만만치 않다.[31] Principles의 기초자는 이사의 판단이 불합리한 경우란 거래의 조건이 객관적으로 보아 합리성의 범위를 벗어날 정도로 불공정한 경우로 보고 있다.[32] 그러나 원고가 이해관계 없는 이사에 의한 공정성 판단이 불합리한 것이었다는 점을 입증하는 것은 현실적으로 극히 어려울 것이므로 이들 견해의 차이는 실제로는 그리 크지 않을 것이다.[33]

(3) 지배 · 종속회사 사이의 거래: §5.10

§5.10은 "지배주주와 회사와의 거래"라는 제목하에 다음과 같이 규정하고 있다.

(a) 일반원칙

회사와 거래하는 지배주주는 다음의 경우 그 거래에 관하여 회사에 대한 공정거래의무를 이행한 것으로 본다.

30 Eisenberg, (주 26), 1009.

31 Hansen et al., The Role of Disinterested Directors in "Conflict" Transactions: The ALI Corporate Governance Project and Existing Law, 45 Bus. Law 2083, 2093-2097 (1990). 실제로 Principles의 기초과정에서 자문위원들 중에 이사들의 판단이 경영판단의 범위를 벗어나지 않는 한 거래를 유효로 보자는 견해를 주장한 자는 아무도 없었다고 한다. Small, (주 7), 1383 n.31. Principles의 태도에 대한 실무계의 반론 중 가장 최근의 것으로는 Johnston & Alexander, The Effect of Disinterested Director Approval of Conflict Transactions Under the ALI Corporate Governance Project-A Practitioner's Perspective, 48 Bus. Law. 1393 (1993)

32 Small, (주 7), 1382.

33 이들 견해의 차이에 대해서는 특히 Johnston & Alexander, (주 31), 1398-1400 참조.

(1) 그 거래가 성립시에 회사에 공정한(fair) 경우. 또는 (2) 이해관계 없는 주주들이 이익상반과 거래에 관한 개시 후에 그 거래를 사전에 승인하거나 사후에 추인하고 그 거래가 거래시에 회사재산의 낭비에 해당하지 않은 경우.

(b)입증책임

그 거래가 개시 후에 이해관계 없는 이사들에 의해서 사전에 승인되거나 이해관계 없는 주주들에 의해서 승인 또는 추인된 경우에는 그 거래를 공격하는 당사자가 입증 책임을 진다. 그 거래가 이해관계 없는 이사들에 의해서 추인되었고 사전승인을 얻지 못한 것이 회사에 중대한 손해를 끼치지 않은 경우에도 그 거래를 공격하는 자가 입증책임을 진다. 그 거래가 그처럼 승인 또는 추인되지 못한 경우에는 (c)항이 달리 규정하는 경우를 제외하고는 지배주주가 입증책임을 진다.

(c) 정상적인 영업상의 거래

회사의 정상적인 영업상 회사가 지배주주와 체결한 거래의 경우에는 이해관계 없는 이사들이나 주주들이 그 거래를 승인 또는 추인하였는지 여부와 관계없이 그 거래를 공격하는 당사자가 그 거래의 불공정성에 대한 증거를 제출할 책임을 진다.

(4) §5.02와 §5.10의 비교

§5.02와 §5.10은 다음과 같은 차이를 보인다. 첫째, 이사의 승인의 효과가 다르다. §5.02에서는 이사에 의한 승인이나 추인이 있는 경우에는 입증책임도 의무위반을 주장하는 자에게 전환될 뿐 아니라 판단기준도 "거래의 공정성"에서 "거래의 공정성에 대한 판단의 합리성"으로 완화되고 있다. 따라서 거래가 실제로 불공정하다는 것뿐 아니라 이사의 판단도 불합리하였다는 점을 입증하여야만 공정거래의무의 위반을 인정할 수 있다. 현실적으로 그

러한 입증이 가능한 경우는 거의 없을 것이다.[34] 그러나 §5.10에서는 이사의 승인은 입증책임을 전환시킬 뿐이다.[35] 종속회사의 경우에 이처럼 이사의 승인이 갖는 의미를 중시하지 않는 이유는 지배주주가 존재하는 경우에 이사들이 지배주주로부터 독립적인 판단을 하는 것이 어렵기 때문일 것이다.

둘째, §5.02에서와는 달리 §5.10에서는 정상적인 영업상 거래의 경우에는 특별히 지배주주를 보호하는 규정을 두고 있다. 즉 지배 · 종속회사 간의 정상적인 영업상 거래의 경우에는 이사 등의 승인 여부에 불구하고 의무위반을 주장하는 자에게 증거제출책임을 부담시키고 있다. 이사와 회사 간의 거래의 경우와는 달리 지배 · 종속회사 사이에서는 거래가 우연적 · 일회적으로가 아니라 일상적 · 반복적으로 일어나는 경우가 많다. 이러한 경우에도 개별적인 거래마다 일일이 승인을 요하거나 지배주주에 공정성의 입증에 필요한 증거제출을 요구하는 것은 무리일 것이다.

셋째, 개시의무의 면에서 사소한 차이가 있다. 즉 §5.02에서는 개시의무가 무조건 부과되어 거래가 공정한 경우에도 개시요건이 충족되지 않으면 공정거래의무의 위반으로 보고 있는 데 반하여 §5.10에서는 개시 의무가 반드시 요구되는 것이 아니다. 그렇지만 거래를 공격하는 당사자에게 입증책임을 전환하기 위해서는 승인하는 이사나 주주들에게 개시할 필요가 있기 때문에 현실적으로는 커다란 차이가 없다.

6. 소결

이상에서 살펴본 바와 같이 주회사법과 Principles는 모두 이사나 주주의

34 Principles는 이러한 합리성 기준이 경영판단원칙이 요구하는 rationality 기준보다는 이사에게 불리하지만 일반적인 공정성 기준보다는 한결 유리한 것으로 보고 있다. Principles, 294.

35 Johnston & Alexander, (주 31), 1401면 이하는 이 점이 기존의 판례와 어긋나는 것이라고 비판하고 있다.

승인과 같은 회사내부 절차의 가치를 높이 평가하고 있다. 그러나 이사나 주주의 승인을 중시하는 정도는 다소 차이가 있다. 캘리포니아주법에 의하면 이해관계 없는 이사의 승인이 있는 경우에도 당해거래에 대한 공격이 불가능한 것은 아니고 단지 원고에게 불공정성을 입증할 책임이 전환된 뿐이다. 또한 Principles도 이해관계 없는 이사나 주주들의 승인이 있는 경우에는 적용될 기준을 완화하거나[36] 입증책임을 거래에 대해서 공격하는 자에게 전환함으로써 회사관계자가 내부승인절차를 밟도록 유도하고 있다. 모범법은 한 걸음 더 나아가 이해관계 없는 이사의 승인이 있으면 거래가 명백히 불공정하지 않은 한 법원이 그 거래를 금지하거나 취소할 수 없도록 하고 있다. 이사나 지배주주는 회사내부 승인절차를 거침으로써 거래의 공정성에 대한 공격을 곤란하게 만들 수 있을 것이다. 이제 법원이 "공정성"이라는 일반적인 개념에 대해서 판단해야 하는 경우는 별로 많지 않을 것이다. 그것은 거래의 효력의 예측 가능성을 높인다는 점에서는 바람직한 변화라고 할 수 있다. 그러나 이사나 지배주주가 계획적으로 절차를 악용하는 경우에는 사법심사에 의한 구제가 거의 불가능해진다는 문제가 있다.

III. 공정성의 절차적 측면: 절차중시경향(2)

1. 공정성의 두 가지 측면

위에서 지적한 바와 같이 이른바 "interested director statute"하에서는 법원이 거래의 공정성에 대해서 판단해야 할 경우는 대폭 감소할 것이다. 그러

36 이사의 승인의 경우에는 공정성 기준에서 공정성에 관한 판단의 합리성 기준으로, 주주의 승인의 경우에는 공정성 기준에서 회사재산의 낭비기준으로 각각 완화하고 있다.

나 회사내부 승인절차를 거치지 않은 경우에는 물론이고 그러한 절차를 거친 경우에도 법원이 공정성의 심사를 해야 할 필요는 여전히 존재한다. 그렇다면 공정성이란 도대체 어떤 내용을 가진 것인가? 이제껏 공정성의 내용을 구체화하려는 시도는 그다지 성공을 거두지 못하였다. 미국의 판례와 학설은 공정성에 관하여 다양한 기준을 제시해 왔으나[37] 현재 가장 널리 받아들여지고 있는 견해는 델라웨어주 법원이 채택하고 있는 "완전한 공정성(entire fairness)" 기준 내지 "내재적 공정성(inherent fairness)" 기준이라고 할 것이다. 델라웨어주법원의 최근의 판례는 공정성을 가격의 공정성(fair price)과 절차의 공정성(fair dealing)의 두 가지 요소로 나누어 논의를 전개하고 있다.[38] 전자가 공정성을 결과의 측면에서 파악한 것이라면 후자는 과정의 측면에서 파악한 것이다. 공정성의 이러한 두 갈래 가닥은 각각 상이한 경로를 거쳐 형성된 것이다. 주목할 것은 최근 델라웨어주 판례를 비롯한 미국의 판례가 공정성의 판단에서도 절차적인 측면을 중시하는 경향을 보이고 있다는 점이다. 이곳에서는 처음에는 공정성을 주로 결과의 측면에서 파악하던 미국의 판례가 차츰 절차의 공정성으로 초점을 옮겨 가는 과정을 더듬어 보기로 한다.

2. 실체적 공정성의 등장과 퇴조: 연방대법원의 Geddes판결과 Pepper판결

자기거래의 가격의 공정성, 즉 실체적 공정성을 강조한 대표적인 예로는 1921년 연방대법원판결인 Geddes v. Anaconda Copper Mining Co.판결[39]을

37 간단한 소개에 관해서는 Hirsh, Operations of a Public Subsidiary-Conflicts and Corporate Opportunity Problems, Publicly Held Subsidiary 64-67 (M.Lipton ed. 1974).

38 대표적인 것은 뒤에 설명하는 Weinberger판결이다.

39 222 F. 129 (D.Mont. 1915), aff'd, 245 F. 225 (8th Cir. 1917), rev'd, 254 U. S. 590 (1921). 이 판결의 소개는 Mitchell, (주 5), 448-450에 의존하였다.

들 수 있다. Geddes판결에서 문제된 것은 Alice Gold & Silver Mining Company("Alice")라는 광산회사가 Amalgamated Copper Company ("Amalgamated")의 자회사인 Anaconda("Anaconda")에 자산 전부를 양도하는 거래의 공정성이었다. Anaconda의 사장이자 Amalgamated의 이사인 Ryan은 Alice의 과반수 주식을 매입할 수 있는 옵션을 취득하여 Amalgamated의 또 다른 자회사인 Butte Coalition Company("Butte")에 양도하였다. 옵션을 행사하여 Alice의 과반수 주식을 매입한 Butte는 주주총회에서 자산 전부를 Anaconda 주식과 교환하여 Anaconda에 이전하는 것에 동의하였다. 그 거래 후 Alice는 해산하였다. Alice의 소수주주는 Alice와 Anaconda 사이에 겸임이사가 있었으며 거래의 가격이 불공정하였다는 것을 이유로 거래를 무효화하기 위한 소를 제기하였다. 제1심법원은 "완전한 공정성"(entire fairness) 기준을 채택하면서 주로 가격의 적절성을 문제 삼았다. 당해거래에서는 가격이 자의적으로 결정되었으나 법원은 가격결정의 자의성보다 거래의 가격이 과연 당시에 다른 사람들이 제시하였을 가격보다 더 높은 것인지 여부를 중시하였다. 법원은 거래의 가격이 그다지 높지 않아 시장에서 경쟁매매를 통해서 매각되었다면 가격이 더 높아졌을 가능성이 있음을 인정하였다. 그러나 법원은 거래의 무효를 선언하는 대신 Anaconda로 하여금 Alice자산을 시장에 매각대상으로 내놓아 시장에서 제시된 가격이 문제의 거래가격보다 높은지 여부를 가리도록 하였다. 만약 시장에서 제시된 가격이 거래가격보다 낮은 경우에는 문제의 거래는 그대로 유지된다고 판시하였다. 법원의 판결은 항소심에서는 그대로 유지되었으나 상고심인 연방대법원에서 파기되었다. 연방대법원은 거래가격이 불충분한 것이라면 거래를 무효화하여 원고가 자산의 실제의 가치를 누릴 수 있도록 하여야 하며 시장에서의 가격형성이라는 유연한 사정에 따라 거래를 유효라고 하는 것은 옳지 않다고 보았다.

Geddes판결은 절차의 공정성이 인정되는 경우에도 거래의 가격이 가능한 한 최고가가 아니라면 자기거래는 허용되지 않는다는 취지로 해석되었다.

이러한 연방대법원의 실체적 공정성 기준은 그후 여러 주의 판결에 영향을 주었으나[40] 10여 년 후의 Pepper v. Litton판결[41]을 계기로 차츰 퇴조하기 시작하였다.

1939년 연방대법원판결은 Pepper판결의 사실관계는 다음과 같다. Dixie Splint Coal Company라는 회사의 지배주주인 Litton은 회사에 대하여 밀린 보수를 청구한 후에 회사의 자산을 모두 다른 회사에 양도함으로써 회사를 파산상태로 만들었다. 회사의 채권자인 원고는 Litton이 갖는 채권의 무효를 구하는 소를 제기하였다. Douglas 대법관은 Geddes판결에 의하면 자기거래를 행한 이사나 지배주주는 "거래의 선의"(the good faith of the transaction) 및 거래의 "내재적 공정성"(inherent fairness)을 입증할 책임을 진다는 전제하에 다음과 같이 판시하였다. 그 기준의 요점은 모든 상황에 비추어 그 거래가 독립당사자 간의 교섭(arm's length bargain)의 특징을 갖추고 있는가 하는 것이다. 사안에서 주로 문제된 것은 Litton이 받은 보수의 적정성과 같은 실체적 측면이 아니라 그가 다른 채권자의 채권을 무력화하기 위하여 취한 부당한 조치라는 절차적 측면이었다. Douglas가 언급한 독립당사자 간의 교섭은 기본적으로 교섭의 결과보다는 교섭의 과정을 중시하는 절차적인 기준이라고 할 수 있다. 그후 독립 당사자 간의 거래에서 나왔을 것과 비슷한 결과를 요구한 판결도 없지 않았으나 일반적인 판례의 경향은 독립당사자 간의 거래에서와 같은 과정 내지 절차를 요구하는 것이었다.[42] 이제 가격은 Geddes판결에서와 같이 최고일 필요는 없고 공정한 것으로 여겨지는 가격대에 속하기만 하면 된다. 이러한 절차중시 경향을 이사와 회사 간의 거래뿐 아니라 지배 · 종속회사 간의 합병에 관한 판결에서도 찾아볼 수 있다.

40 Perlman v. Feldman, 219 F.2d 173 (2d Cir.), cert. denied, 349 U.S. 952 (1955); Jones v. Ahmanson & Co., 460 P.2d 464 (Cal.1969); Shlensky v. South Parkway Building Corp., 166 N. E. 2d 793 (Ill. 1960) 등 다수.

41 308 U. S. 295 (1939).

42 Mitchell, (주 5), 453 n.106 및 본문 참조.

이하에서는 그 경향이 가장 두드러진 델라웨어주 판결의 동향을 살펴보기로 한다.

3. 지배 · 종속회사 사이의 합병에 관한 델라웨어주 판결

(1) Weinberger판결에 이르기까지의 경과

미국에서 최근에 빈번히 일어나고 있는 지배회사와 종속회사 사이의 합병도 지배회사가 종속회사의 의사결정을 지배한다는 점에서 자기거래의 일종으로 볼 수 있다. 이러한 지배 · 종속회사 사이의 합병은 주로 종속회사의 소수주주를 축출하기 위한 목적으로 행해지고 있다. 지배회사가 종속회사를 자신이나 다른 자회사에 흡수합병하고 종속회사의 소수주주들에게 자신의 주식 대신에 현금을 지급하는 것이 전형적인 예라고 할 수 있다. 우리 법상으로는 소멸회사의 주주들이 존속회사의 주식을 교부받게 되어 있으므로 이 방법은 불가능하다. 그러나 미국에서는 1925년 플로리다주법이 처음 도입한 이래 1993년 3월 1일 현재 2개의 주를 제외하고는 모든 주에서 현금합병을 인정하고 있다.[43]

주법이 현금합병을 허용한 것을 계기로 델라웨어주에서는 약식합병(short-form merger)에서 시작하여 나중에는 정식합병(long-form merger)[44]의 경우에도 소수주주의 축출을 허용하기에 이르렀다.[45] 이러한 축출에 불만이 있는 주주는 주식매수청구권을 행사하는 길밖에 없었다. 소수주주의 보호가 미흡하다는 주장이 높아 감에 따라 지배주주의 권한행사를 제한하기 위해서 종전의 태도를 뒤엎은 것이 바로 1977년 델라웨어주 대법원이 선고한 Singer v.

43 MBCA Annotated, (주 16), 1238.

44 약식의 절차에 의한 약식합병(short-form merger)이 아닌 합병을 말한다.

45 R. Gilson, The Law and Finance of Corporate Acquisitions, 870 (1986).

Magnavox Co.판결[46]이다. 그 판결에서 법원은 소수주주를 축출하는 효과를 가져오는 합병은 적어도 "정당한 사업목적"(valid business purpose)이 있어야 한다고 판시하였다. 이러한 Singer판결의 결론은 뒤에 보는 바와 같이 델라웨어주에서는 변경되었지만 아직도 다수의 주는 그러한 태도를 유지하고 있다.[47] Singer판결의 사안은 다음과 같은 것이었다. 한 회사가 신설한 자회사를 통해서 Magnavox회사에 대한 공개매수를 실행하여 1주당 9달러에 주식의 84%를 취득하였다. 그로부터 1년 이내에 그 자회사와 Magnavox회사 사이의 합병을 통해서 Magnavox회사의 소수주주들을 1주당 9달러를 주고 축출하였다. 델라웨어주 대법원은 합병의 무효와 손해배상을 구하는 소수주주들의 청구를 기각한 형평법원(Court of Chancery)의 판결을 다음과 같은 이유로 파기하였다. 즉, 회사를 지배하는 주주는 소수주주에 충실의무를 부담하여 소수주주의 축출만을 목적으로 합병을 감행하는 것은 사기에 해당하는 것은 아닐지라도 소수주주에 대한 다수주주의 충실의무의 위반이다. 또한 법원은 지배주주가 사업목적을 제시하는 경우에도 합병조건 등이 Sterling판결[48]에서 채택한 "완전한 공정성"기준에 적합한지 여부를 면밀히 검토할 것이고 그 기준을 위반한 경우에는 형평법상 요구되는 적당한 구제수단을 부여할 것이라고 판시하였다.

그러나 Sterling판결의 정확한 사정거리에 대해서는 다음과 같은 의문이 제기되었다[49]: "사업목적"을 얼마나 엄격히 해석할 것인가, "완전한 공정

46 380 A. 2d 969 (Del. 1977).

47 Principles, 1054.

48 Sterling v. Mayflower Hotel Co, 93. A. 2d. 107 (1952). 지배 · 종속회사 사이의 합병은 정의상 지배회사가 종속회사를 지배하므로 자기거래와 마찬가지의 법리가 적용된다. 위 판결은 이 점에 관한 대표적인 판례이다. 위 판결에서 문제된 것은 친회사인 힐튼호텔과 자회사인 메이플라워호텔 사이의 합병이었다. 법원은 친회사는 자회사의 다수주주로서 소수주주에 대해서 fiduciary의 지위에 선다는 전제하에 친회사는 결국 거래의 양편에 서기 때문에 그 거래의 완전한 공정성(entire fairness)의 입증책임을 진다고 판시하였다.

49 보다 자세한 것은 Gilson, (주 45), 883-888.

성"과 가격의 공정성은 어떻게 다른 것인가, 형평법상 요구되는 적당한 구제수단은 구체적으로 무엇인가. 이러한 의문에 대해서는 Singer판결 이후 논의가 계속되었으나 그러한 논의에 어느 정도 매듭을 지은 것이 바로 다음에 소개하는 1983년의 Weinberger v. UOP, Inc.판결[50]이다.

(2) 완전한 공정성 기준의 발전: Weinberger판결

Weinberger판결은 Singer판결에서 채택하였던 사업목적기준을 포기함과 아울러 Singer판결이 야기하였던 여러 가지 의문점에 대해서도 해명하였다. 이하에서는 판결내용을 자세히 소개하기로 한다.[51]

1) 사실관계

1974년 자회사를 매각하여 축적한 자금을 투자할 곳을 찾고 있던 Signal은 상장회사 UOP의 주식 50.5%를 주당 21달러에 공개매수를 통해서 취득하였다. Signal은 UOP의 이사회정원 13석 중 6석을 차지하였고 이어서 UOP의 사장이 퇴사하자 그 자리도 자기 회사출신으로 채웠다. 그로부터 약 3년이 지난 후에도 여유자금의 투자대상을 찾지 못한 Signal은 UOP의 나머지 주식에 눈을 돌렸다. UOP의 이사를 겸하고 있던 Signal의 이사 2명이 UOP의 내부정보를 이용하여 계획서를 만들어 Signal에 제출하였다. 그에 의하면 UOP의 주식을 주당 24달러 이내에 매수하다면 유리한 투자가 될 수 있다는 것이었다. Signal의 고위경영진들은 주당 20 내지 21달러에 나머지 주식을 매수하는 안을 경영위원회에 제출하기로 결정하였다. 이어서 열린 Signal의 경영위원회에는 위원이 아니었음에도 UOP의 사장이 참석하여 그 정도 가격이

50 457 A. 2d 701 (1983).

51 이 판결에 대한 논문은 많으나 우선 Berger & Allingham, A New on Cash-out Mergers-Weinberger Eclipses Singer, 39 Bus. Law. 1, 3-5 (1983) 참조.

면 "너그러운"(generous) 것이라고 자신의 견해를 밝혔다. UOP의 사장은 외부이사 전원을 전화로 접촉하고 자사의 고문투자은행에 거래조건의 공정성에 대한 의견서(fairness opinion)작성을 의뢰하였다. Signal과 UOP, 양사의 이사회는 전화를 통한 공동이사회를 개최하여 UOP를 주당 21달러에 Signal에 흡수합병하기로 합의하였다. UOP의 이사를 겸하고 있던 Signal 측 이사들은 UOP의 이사회에 참석하기는 하였으나 표결에는 참여하지 않았다. 이들이 합의한 합병계약서에는 (1) Signal을 제외한 소수주주의 과반수의 찬성을 얻을 것, (2) 소수주주의 찬성표에 Signal의 찬성표를 더하면 총 주식의 3분의 2 이상일 것이라는 조건이 포함되어 있었다. UOP의 주주총회에서는 이러한 조건이 모두 충족되었으므로 합병이 실현되었다. 이 합병에 반대하는 UOP의 소수주주인 원고가 합병의 취소 또는 손해배상을 구하는 소송을 집단소송(class action)으로 제기하였다. 원고는 (1) 합병의 조건이 Signal에게만 유리한 점, (2) 합병이 정당한 사업목적이 없이 순전히 소수주주의 축출을 위해서 실행된 점, (3) UOP의 주주총회에서 위임장설명서 등에 합병조건의 교섭이나 공정성 의견의 졸속성에 관한 개시가 불충분했다는 점 등을 주장하였다. 원심은 원고의 청구를 기각하였다. 원고의 상고에 대하여 대법원은 애초에는 원심의 판단을 지지하였으나 바로 재심을 행하여 원심판결을 파기환송하였다.

2) 판결요지

판결의 요지는 대략 다음과 같이 정리할 수 있다.

합병에 적용되는 "완전한 공정성" 기준(entire fairness standard)은 절차의 공정성(fair dealing)과 가격의 공정성(fair price)의 양자를 포함한다. Signal과 UOP 사이의 거래절차는 다음과 같은 이유로 공정한 것으로 볼 수 없다: (1) 계획서의 존재 여부와 내용이 UOP의 외부이사나 주주들에게 개시되지 않았다; (2) 가격에 대한 교섭이 거의 없었다는 사실이 UOP의 주주들에게 개시되지 않았다; (3) UOP의 공정성 의견이 사실을 졸속으로 작성된 것임에도 충실한 보고서처럼 주주들에게 제시되었다.

가격의 공정성을 판단함에 있어서는 원심과 마찬가지로 주식매수청구권 절차에서 적용되는 기준을 적용하지만 그 기준은 다음과 같이 확충한다. 종래 델라웨어주에서 적용해 온 자산가치, 시장가치, 수익가치의 3자를 적당히 가중평균하여 주가를 산정하던 가중평균법은 "금융계에서 사용되는 일반적인 기법을 배제하는" 한 이제 분명히 시대에 뒤진 것이다. 앞으로 주식매수청구절차에서 주식의 평가는 기업금융이론 내지 실무상 일반적으로 승인된 방법 또는 재판절차에서 이용가능한 모든 방법을 동원하여야 한다. 델라웨어주 회사법 262조는 주가의 산정에 있어 "모든 관계있는 요인들"(all relevant factors)을 고려하되 합병의 실행으로 인하여 발생할 가능성이 있는 가치 중에서 사행성 있는(speculative) 것은 배제하도록 하고 있다. 법원은 이러한 사행성의 예외를 아주 협소한 예외로 보아 합병시에 알려지고 입증이 가능한 미래의 가치도 주가산정에 고려해야 한다고 판시하였다. 따라서 현금합병의 경우 주주들이 축출됨으로써 입는 손해도 고려해야 한다.

앞으로 현금합병에서 소수주주가 가격의 불공정을 이유로 금전배상을 구하는 경우에는 위에서 설시한 주식평가에 관한 새로운 기준에 따른 주식매수청구절차에 의하는 것이 원칙이다. 그러나 가격의 불공정 이외에 사기, 부실표시, 고의적인 낭비 등의 이유로 청구하는 경우에는 종래와 같은 형평법상의 구제가 인정된다.

Signal판결 이후 사업목적기준은 거의 무의미한 것으로 전락하였다. 델라웨어주가 취하고 있는 공정성 기준, 현재 주주들이 행사할 수 있는 강화된 주식매수청구권, 구체적인 사실관계에 적합한 구제수단을 부여할 수 있는 광범한 재량 등에 비추어 Signal판결에서 제시된 사업목적요건이 소수주주의 보호에 더 기여할 것이 없으므로 그 요건은 폐기하기로 한다.

3) Weinberger판결의 공정성 기준

Weinberger판결에서 사업상 목적기준을 포기함에 따라 이제는 순전히 소수주주를 축출하기 위한 합병도 굳이 그럴듯한 사업목적을 끌어 댈 필요없이 가능하게 되었다. 그러나 여전히 공정성 요건을 충족하지 않으면 아니 된다. 이곳에서는 Weinberger판결에서 밝히고 있는 공정성 기준을 다시 정리해 보기로 한다.[52]

먼저 축출합병은 여전히 공정성 요건을 충족하여야 한다. 완전한 공정성 요건은 절차의 공정성과 가격의 공정성으로 나눌 수 있다. 절차의 공정성과 관련해서는 합병의 교섭과정, 이사회에 대한 정보의 개시, 이사와 주주의 승인과정 등이 중요하다. 소수주주에 의한 승인결의와 독립적인 교섭위원회의 선임 등과 같이 종속회사의 의사결정절차를 지배주주의 영향력으로부터 단절시키는 절차적인 배려가 베풀어지는 경우에는 불공정을 입증할 책임이 원고에 전가된다. 가격의 공정성을 판단함에 있어서는 주식매수청구권의 경우와 동일한 주식평가방법이 적용된다. 한편 종래 주식평가에 있어서 적용해 오던 델라웨어공식(이른바 Delaware block method)[53]은 포기하고 그 대신 "금융계에서 이용되는 일반적인 평가기법"에 따라 "모든 관계있는 요인"들을 감안하여 "공정한 가치"를 구하도록 하고 있다. 그리하여 평가에 있어서는 합병으로 인하여 장차 기대되는 이익도 특히 "사행적인 것을 제외하고는 고려할 수 있고 따라서 소수주주는 이른바 시너지이익(synergistic gains)의 배분에도 참여할 수 있다. 주의할 것은 이처럼 일단 일반적인 주식평가방법을 이용하는 한 그 평가결과에 관계없이 가격의 공정성이 인정된다는 것이다.[54]

52 이 부분의 서술은 Gilson, (주 45), 905-907에 크게 의존하였다.

53 자산가치(asset value), 수익가치(earnings value), 시장가치(market value)의 가중평균치를 구하는 방식으로 델라웨어주 법원이 처음 채택하였다.

54 Mitchell, (주 5), 463.

이처럼 주식매수청구권의 경우의 주식평가방법이 일반소송에서의 주식평가방법과 동일해지고 또한 소수주주의 이익을 충분히 반영하는 방향으로 개선됨에 따라 완전한 공정성 요건의 위반을 주장하는 주주는 원칙적으로 주식매수청구권만을 행사할 수 있을 뿐이다. 예외적으로 일반적인 손해배상청구나 유지청구를 할 수 있는 경우는 사기, 부실표시, 자기거래, 고의적인 회사재산의 낭비 등의 경우이다. 일반소송에 의한 손해배상을 구하는 경우에도 주식평가방법이 통일되었으므로 배상액 자체는 주식매수청구권을 행사한 경우와 다를 바가 없을 것이나 일반 소송의 경우에는 집단소송이 가능하고 주식매수청구권에 부과되는 여러 가지 절차상의 제약을 피할 수 있다는 이점이 있다.

(3) Weinberger판결 이후

델라웨어주가 아닌 주에서 Weinberger판결을 추종하는 판결은 아직 별로 많지 않다. 한편, 델라웨어주에는 Weinberger판결을 보완하는 후속판결들이 나오고 있다. 이하에서는 그들 중 중요한 몇 가지만을 소개한다. 특히 중요한 것은 1985년 주대법원판결인 Rosenblatt v. Getty Oil Co.판결[55]이다. Rosenblatt판결은 조부회사와 손회사 사이의 합병에 관한 것이다. 이들 두 회사는 모두 석유회사였는데 양 회사의 경영진은 당시까지의 경쟁관계를 청산하고 합병을 하기로 합의하고 자산평가를 위해서 독립적인 석유엔지니어링업체를 고용하였다. 양 회사는 또한 각각 평가작업을 위해서 투자은행을 선임하였다. 이들 양 회사는 합병조건의 결정에 필요한 주식평가에 있어 열띤 교섭을 벌였고 마침내 합병조건에 합의하였다. 합병계약은 양 회사의 이사회는 물론이고 주주총회에서 통과되었다. 특히 손회사의 소수주주의

55 493 A. 2d 929 (Del. 1985).

89.4%의 동의를 얻었다. 그럼에도 불구하고 손회사의 소수주주인 원고는 합병의 공정성을 공격하는 집단소송을 제기하였다. 델라웨어주 대법원은 문제의 합병은 절차의 면에서나 가격의 면에서 공정하다는 이유로 원고의 청구를 기각한 원심의 판결을 유지하였다. 법원은 특히 양 회사 사이의 교섭이 독립한 당사자 사이의 교섭과 마찬가지로 공정하게 이루어진 것에 감명을 받은 것으로 보인다. Rosenblatt판결에서 법원이 판시한 중요한 사항은 다음과 같다. (1) 친회사가 내부적으로 마련한 평가서를 자회사에 개시해야 하는 경우는 Rosenblatt판결에서와 같이 그 자료가 자회사의 이사나 임원에 의해서 작성된 경우에 한한다. (2) 친회사와의 교섭을 담당한 자들이 자회사의 외부 이사이고 이들이 충분한 정보를 가지고 적극적으로 교섭에 임한 경우에는 절차적 공정성은 크게 향상된다. (3) 소수주주의 압도적인 찬성은 공정성 판단에 긍정적으로 작용한다. (4) 주식의 평가가 외부의 공정성 의견과 외부전문가의 평가에 기하여 이루어진 경우 종래의 델라웨어공식에 의하더라도 무방하다.

Rosenblatt판결은 절차의 공정성이 가격의 공정성에 대한 판단에도 영향을 줄 수 있음을 보여 준다. 이러한 현상은 1990년 델라웨어주 형평법원의 판결인 Citron v. E. I. Dupon de Nemours & Co.판결[56]에서도 나타나고 있다. 법원은 가격의 공정성에 대한 검토에 들어가기에 앞서 합병조건에 관한 교섭이 독립당사자 사이에서와 마찬가지로 이루어졌다는 점을 강조하였다. 법원은 결국 가격이 공정하였다는 결론을 내렸다.

다음에는 1985년 판결인 Rabkin v. Philip A. Hunt Chemical Corp.판결[57]에 대해서 살펴보자. 1983년 3월 1일 Olin Corporation("올린")은 Philip A. Hunt Chemical Corporation ("헌트")의 대주주로부터 헌트주식 63.4%를 주당

56 584 A. 2d 490 (Del. Ch. 1990).

57 498 A. 2d 1099 (Del. 1985).

25달러에 취득하였다. 당시 두 당사자 사이에 체결된 주식매입계약에 의하면 그로부터 1년 이내에 올린이 헌트의 나머지 주식을 매입하는 경우에는 가격을 역시 25달러로 하도록 되어 있었다. 올린은 처음부터 헌트의 나머지 주식을 매입할 의사가 있었으나 25달러의 제한을 받는 1년이 지나기를 기다려 매입에 착수하였다. 올린은 매수가격으로 주당 20달러를 제시하였고 헌트의 이사회도 결국 그에 동의하여 합병계약이 체결되었다. 헌트의 소수주주들인 원고는 합병을 유지(留止)하기 위하여 소송을 제기하였다. 원고는 올린이 합병 시점을 불공정하게 조작함으로써 가격이 과도하게 낮게 결정되었다고 주장하였다. 이에 대해서 형평법원은 Weinberger판결에 의하면 사기적인 요소(deception)가 없는 한 소수주주는 주식매수청구권에 의존할 수밖에 없다는 전제하에 원고의 청구를 기각하였다. 대법원은 원심의 판결을 파기환송하였다. 대법원은 Weinberger판결이 주식매수청구권 이외의 구제수단을 반드시 사기가 있는 경우에만 인정하는 것은 아니며 절차의 공정을 판단함에 있어서는 거래의 시점도 하나의 요소가 될 수 있으므로 원심은 원고의 청구를 각하할 것이 아니라 과연 원고의 주장대로 올린이 합병의 시점을 늦춘 것이 절차의 불공정에 해당하는지 여부를 따져 보아야 했다고 판시하였다.

끝으로 1991년 판결인 Oberly v. Kirby판결[58]에서는 이러한 Weinberger판결의 내재적 공정성 기준을 공익법인 이사의 자기거래에 적용함으로써 그 기준이 지배·종속회사 사이의 합병에는 물론이고 일반적인 자기거래에도 적용될 수 있음을 시사한 바 있다.[59]

58 592 A. 2d 445 (Del. 1991).
59 Mitchell, (주 5), 469.

(4) Principles

Principles는 Weinberger판결과 마찬가지로 기본적으로 지배회사와 종속회사 사이의 합병의 맥락에서는 소수주주의 이익을 주로 주식매수청구권으로 보호하려는 태도를 취하고 있다. §7.25(a)는 다음과 같은 요건을 갖추는 경우에는 지배·종속회사 간의 합병에서 주식매수청구권이 배타적인 구제수단이라고 하고 있다. (1) 종속회사의 이사들이 합병에 동의함에 있어 소수주주들에게 지급된 대가가 그 주식의 공정한 가치(fair value)에 해당한다는 것을 믿은 것에 충분한 근거(adequate basis)가 있을 것. (2) 소수주주에게 거래의 조건과 이해 상반에 대한 개시를 행하였을 것. (3) 합병이 법률과 정관의 규정에 따른 승인을 받았을 것. (4) 거래를 승인하지 않은 주주들에 Principles가 규정하는 내용의 주식매수청구권[60]이 부여될 것. 따라서 이들 네 가지 요건을 충족한 경우에는 사업목적이 없이 순전히 소수주주 축출을 위한 합병도 허용된다는 결론이 된다.[61]

입증책임에 대해서는 Principles는 이해관계 없는 이사나 주주의 승인의 가치를 높이 평가하고 있다. 즉, 이해관계 없는 이사에 의해서 사전에 승인되거나 이해관계 없는 주주에 의해서 사전에 승인받거나 사후에 추인받은 경우에는 합병을 공격하는 당사자가 위 (1) 내지 (4)의 위반을 입증할 책임을 부담한다(§7.25(b)). 그 밖의 경우에는 지배회사 쪽에서 위 (1) 내지 (4)의 요건을 충족하였음을 입증하여야 한다.

한편 위에서 (1)내지 (3)은 충족되었으나 (4)가 충족되지 않은 경우—즉, 주식매수청구권이 부여되지 않거나 그 내용이 Principles가 정하는 것과 다

60 Principles는 §7.22와 §7.23의 규정에 따를 것을 요건으로 하고 있다. 자세한 내용에 대해서는 김건식, "미국회사법상의 주식매수청구권," 서울대학교 법학 제34권 3·4호(1993), 102면 이하 참조.

61 Principles, 1055.

른 경우—에는 입증책임은 다시 두 가지 경우로 나누어 부담한다(§7.25(c)). 먼저 당해거래가 이해관계 없는 주주의 사전승인을 받은 것인 경우에는 그 것이 공정하지 않다는 이유로서만 다툴 수 있으며 그 입증책임은 다투는 자가 부담한다. 반면 그러한 승인이 없는 경우에는 지배주주가 그 거래가 나머지 주주들에 대해서 공정하였다는 점을 입증할 책임이 있다.

IV. 결어: 미국법의 절차적 편향과 그 한계

이상에서 본 바와 같이 자기거래에 관한 최근의 미국법은 도처에서 절차에의 경사를 보여 주고 있다. 먼저 회사 내부의 승인절차를 거친 경우에 공정성의 입증책임을 원고 측에 전환하고 나아가서는 원고의 입증책임을 한층 가중함으로써 절차를 중시하고 있다. 또한 델라웨어주법원은 공정성을 판단함에 있어서도 절차의 공정성과 가격의 공정성을 구분하고 전자가 철저히 확보되는 경우에는 후자의 인정이 용이해질 수 있음을 시사하고 있다. 나아가 지배·종속회사 간 합병의 경우에는 금융계에서 사용되는 일반적인 주식평가방법에 의하여 평가하였다면 금액의 다소에 관계없이 가격의 공정성을 인정하고 있다. 따라서 이제 앞으로는 자기거래를 계획하는 당사자는 후일의 공격을 막기 위하여는 회사 내부의 절차를 거치는 것은 물론이고, 거래가 본격적인 교섭을 거친 것과 같은 외형을 갖출 필요가 있다. 이러한 절차적인 접근은 법원이 거래의 공정성이라는 다분히 주관적인 개념을 피할 수 있게 해준다는, 그리하여 적어도 겉으로는 보다 객관적으로 보이는 판단을 할 수 있게 해준다는 장점을 지니고 있다. 거래가 실체적으로 공정한가를 따지는 것보다는 절차의 공정성을 확보해 주는 여러 요소들이 존재하는지를 판단하는 것이 상대적으로 용이할 것이다. 법관이 상당히 자의적일 수밖에 없는 주관적인 기준보다는 객관적인 기준에 기우는 것은 당연한

일이다.[62]

주의할 점은 미국법의 이같은 절차로의 도피에는 비용이 따른다는 것이다. 소수주주의 지위가 보다 취약해진 것이 바로 그 비용이라 할 수 있다. 과거와 같이 자기거래가 무조건 금지되었던 시기에는 소수주주가 법원의 구제를 받는 것은 비교적 용이하였다. 그러나 이제 이사나 지배주주가 조금 신경을 써서 그럴듯한 절차를 밟기만 하면 소수주주는 속수무책이 될 공산이 크다. 이제까지도 자기거래사건에서 이사나 지배주주의 책임이 긍정된 사례는 드물었다. 그러나 앞으로는 더욱 찾아보기 어려울 것이다. 이처럼 자기거래에 관한 현재의 법적 규제가 소수주주의 이익을 침해하는 방향으로 남용되기 쉽다는 점을 고려하면 오히려 과거와 같이 자기거래를 원칙으로 금지하고 예외적으로 — 예컨대 SEC 같은 기관의 승인을 받은 경우에만 — 허용하자는 Clark의 제안이 타당한 면도 있다.[63] 그러나 현실적으로 그러한 제안이 수용될 가능성은 별로 없는 것 같다.

미국의 이러한 절차적 접근방식을 우리는 어떻게 받아들여야 할까? 먼저 지적해 둘 것은 그것이 우리와는 별 관계가 없는 또 하나의 외국의 조류에 불과한 것은 아니라는 점이다. 우선 우리 상법 제398조부터 자기거래에 이사회의 승인을 요하는 구도를 취하고 있으므로 이 규정의 올바른 해석과 개선을 위해서는 미국법의 현황과 문제점을 제대로 파악할 필요가 있을 것이다. 확실히 이러한 절차적 접근방식이 지닌 매력은 부인할 수 없다. 그것이 보다 객관적이라는 점은 물론이고 회사 내부의 승인절차가 엄격히 시행될 수만 있다면 소수주주의 희생하에 사익을 추구하는 이사나 지배주주의 행위는 저절로 억제될 것이라는 점도 커다란 장점이라 할 것이다. 그러나 우리나라의 기업 현실에서는 미국식의 절차중심 사고에 대해서는 경계할 필요

62 Mitchell, (주 5), 472, 특히 n.190.

63 Clark, (주 2), 188. Mitchell도 비슷한 제안을 하고 있다. Mitchell, (주 5), 488-489.

가 있다. 미국법이 절차를 중시하는 방향으로 선회하는 것이 가능했던 것은 미국 경제계의 현실이 받쳐 주고 있었기 때문임을 간과해서는 안 된다. 먼저 회사 내부의 승인절차부터 살펴보자. 미국법상 내부의 승인은 "이해관계 없는" 이사나 주주에 의할 것이 요구된다. 미국의 대규모 상장회사에서는 이사회의 외부이사들이 많게는 과반수에 이르기까지 참여하고 있는 것이 보통이다. 물론 이들 외부이사들이 내부 경영진으로부터 과연 진정으로 독립성을 유지하고 있는가, 실효성 있는 감독에 필요한 전문지식, 정보, 나아가 의욕을 가지고 있는가 등 근본적인 의문이 제기된 바 있다.[64] 그러나 최근 일부의 회사에서이기는 하지만 이사회가 무조건 경영진의 의도에 순응하던 종래의 관행에서 벗어나 심지어 최고경영자를 몰아내는 사례도 나타나고 있다.[65] 사실상 이해관계 없는 이사가 전무하다시피 한 우리 기업의 현실을 고려하면 회사 내부의 승인이라는 것은 악용될 소지가 크다. 그렇다고 해서 우리도 사외이사제도를 도입하자는 주장에 대해서는 선뜻 따르기가 주저된다. 기업이라는 유기적인 조직체의 의사결정양식에 인위적으로 그토록 커다란 변화를 일으키는 것이 혹시 득보다 실이 많지 않을까 우려되기 때문이다. 또한 우리나라에서는 독립당사자 간의 교섭에서와 같은 절차의 공정성(fair dealing)을 갖추기도 어려울 것이다. 예컨대 그러한 절차의 공정성을 뒷받침하기 위해 이용되는 투자은행의 "공정성의견"(fairness opinion)의 공정성에 대해서는 미국에서도 의문이 제기되고 있는 실정이다.[66] 우리나라에서 과연 어떠한 회사 외부의 기관이 미국의 투자은행만큼이라도 객관적이고 전문적인 평가를 수행할 수 있는지 의문이다. 요컨대 미국의 절차적 접근방식이 어

64 그 대표적인 것으로는 Brudey, The Independent Director–Heavenly City or Potemkin Village?, 95 Harv. L. Rev. 597 (1982).

65 Kodak, Compaq 등이 그러한 회사의 예이다. A Survey of Corporate Governance, 15-17, in Economist, Jan. 29. 1994.

66 Bebchuk & Kahan, Fairness Opinions: How Fair Are They and What Can Be Done About It?, 1989 Duke L. J. 27 (1989).

느 정도 설득력을 가질 수 있는 것은 그것을 뒷받침하는 하부 구조가 존재하기 때문이다. 그러한 전제조건을 결하고 있는 우리의 현실을 감안하면 미국식의 절차적 접근방식에 대해서 보다 신중을 기하지 않을 수 없을 것이다.

『서울대학교 법학』 35권 1호(1994. 6), 261-282면.

03 주주대표소송의 활성화와 관련된 몇 가지 문제점: 일본의 경험을 참고로 하여

I. 서설

최근 발표된 정부의 新재벌정책에서는 앞으로 여신규제 등과 같이 외부적인 간섭을 가급적 줄여 나가는 대신 경영의 투명성, 공정성을 확보할 수 있는 기업내부체제를 갖추는 데 비중을 두고 있다. 이와 관련하여 총수 내지 지배주주의 독단 · 전횡을 억제할 수 있는 구체적인 방안의 하나로 株主代表訴訟(이하 "대표소송")의 활성화가 제시되고 있다.[1] 사실 대표소송은 우리 상법의 제정시부터 이미 인정되어온 제도이지만(403조 이하) 실제로는 거의 이용되고 있지 않다. 지난 30여 년 동안 대표소송이 법원의 판결에까지 이른 예는 단 한 건도 없는 것으로 보인다.[2] 이처럼 대표소송이 사실상 死文化되

1 한국일보 1996년 4월 29일자.

2 우연히 어느 변호사에게 들은 바에 의하면 대표소송을 제기하였다가 후에 취하한 예가 한 번 있었다고 한다. 뒤에 보는 바와 같이 대표소송의 경우 취하가 가능한지 여부에 대해서 학설이 나뉘고 있는

고 있는 이유로는 여러 가지를 들 수 있을 것이다.[3] 그러나 무엇보다도 결정적인 장애물은 역시 상법이 원고적격을 5% 이상의 주식을 보유한 주주에 한정하고 있는 점(403조)이 아닌가 생각된다. 정부는 이러한 주식보유요건을 1% 선으로까지 대폭 인하하는 한편 소송비용도 소액으로 定額化할 방침이라고 한다. 그러나 이러한 변경이 이루어진다고 해서 바로 대표소송이 활성화될 수 있을 것인가에 대해서는 의문이 없지 않다. 사실 대표소송의 門戶를 넓히기로 하는 경우에도 구체적으로 어떠한 방법을 취할 것인가는 신중한 검토를 요하는 문제이다. 그러나 이 글에서는 대표소송의 활성화를 위한 구체적인 방안에 관해서는 다루지 않는다. 그보다는 앞으로 우리나라에서도 대표소송이 널리 활용되는 경우에 부각될 문제점에 초점을 맞추기로 한다.

대표소송은 원래 영국의 형평법(equity)에서 유래한 제도이지만 미국에서 가장 널리 이용되고 있다.[4] 그러다 보니 대표소송의 功過에 대한 논의가 가장 활발한 곳도 역시 미국이다.[5] 그러나 최근에는 이웃 일본에서도 대표소송이 뜨거운 관심의 대상이 되고 있다. 대표소송이 학계나 실무계의 주목을 받게 된 것은 물론이고 이제는 텔레비전이나 신문 등 언론매체에서도 관심을 갖기에 이르렀다. 어느 면에서 보면 현재 대표소송이 사회에서 차지하는 비중은 오히려 일본 쪽이 미국 쪽보다 더 높은 것이 아닌가 하는 감이 들 정도이다. 이처럼 갑자기 대표소송에 대한 관심이 높아진 직접적인 원인은 최

점을 고려하면 흥미로운 사실이라고 할 것이다.

3 이 문제를 다룬 최근의 문헌으로는 權載烈, "우리나라에서 주주대표소송제도가 사실상 死文化된 원인," 商事法論叢(강위두 박사 화갑기념논문집 1996년)(상) 337면 이하.

4 미국에서는 연간 2천~3천 건의 대표소송이 제기되고 있다고 한다. 小林秀之=原 强, 株主代表訴訟(1996) 2면.

5 특히 법경제학적 접근방식을 취하는 학자들 사이에서는 대표소송의 부정적 측면을 강조하는 견해가 강하다. 대표적인 것으로는 Roberta Romano, "The Shareholder Suit: Litigation Without Foundation?, 7 Journal of Law, Economics and Organization 55 (1991); Daniel R. Fischel & Michael Bradley, "The Role of Liability Rules and the Derivative Suit in Corporate Law: A Theoretical and Empirical Analysis," 71 Cornell Law Review 261 (1986).

근 대표소송의 수가 급격히 증가하고 있기 때문이다. 대표소송의 증가에 따라 대표소송의 두 가지 측면이 크게 부각되고 있다. 첫째, 이른바 corporate governance(企業支配構造 내지 회사통할)의 문맥에서 대표소송이 수행하는(또는 수행해야만 하는) 기능 내지 역할이 무엇인가에 관심이 쏠리고 있다. 둘째, 과거에는 인식되지 못했거나 그다지 관심을 끌지 못했던 구체적인 법적—특히 절차법적—쟁점들이 진지하게 논의되고 있다. 이러한 대표소송의 두 가지 측면은 전자는 보다 이론적인 성격이 강하고 후자는 보다 기술적인 성격이 강하다는 식으로 구분이 가능하지만 결코 서로 무관한 것이 아니다. 특히 대표소송의 가치를 어떻게 평가하느냐가 구체적인 절차법적 문제의 해결에 커다란 영향을 줄 수 있다.

이 글의 목적은 이러한 대표소송제도의 두 가지 측면을 일본의 학설판례를 참고로 하여 고찰하는 것이다. 이 글은 다음과 같은 순서로 진행한다. 먼저 일본에서 대표소송이 늘어나게 된 배경과 현상을 간단히 소개한다(II). 다음에는 본론에 들어가 corporate governance의 시각에서 대표소송의 총론적인 문제점을 살펴보고(III), 이어서 판례에서 부각된 대표소송의 절차법적 문제점을 검토하기로 한다(IV).

II. 일본의 대표소송제도: 그 개정 및 현상

대표소송에 관한 일본상법의 규정은 몇 가지 점을 제외하고는 우리 상법규정과 대체로 유사하다. 가장 중요한 차이는 원고적격에서 찾아볼 수 있다. 우리 상법과는 달리 일본상법은 주주가 6개월 이상 주식을 보유할 것을 요구할 뿐 보유주식의 수에 대해서는 아무런 언급이 없다(267조). 따라서 일본상법상으로는 단 1주만을 보유하는 주주도 대표소송의 제기가 가능하다. 그러나 과거에는 우리나라와 마찬가지로 일본에서도 대표소송은 그다지 이용되지 않았다. 대표소송제도가 처음으로 도입된 1950년부터 1989년까지 약 40년간 대표소송이 제기된 건수는 10건에 불과했다고 한다.[6] 그러나 이러한 사정은 최근에 와서 크게 변화하였다. 그러한 변화의 계기가 된 것은 1993년의 상법개정이었다. 과거에는 후술하는 바와 같이 대표소송에서의 소송비용을 산정하는 방식에 관하여 다툼이 있었다. 그러나 1993년의 상법개정으로 대표소송의 경우 소송의 목적의 가액을 95만 엔으로 간주하여 원고주주가 추급하는 이사 등의 손해배상책임액에 관계없이 소송비용을 일률적으로 8,200엔으로 정하였다(상법 267조 4항, 민사소송비용 등에 관한 법률 4조 2항, 동법 별표제1).[7] 또한 대표소송을 제기한 주주가 승소한 경우에 변호사보수에 추가하여 제소에 수반된 조사비용 등 필요한 비용의 상당액에 대해서도 회사에 청구할 수 있도록 하였다(268-2조 1항).[8] 이러한 법률의 개정이 과연 대표소송의 증가를 가져올 것인지에 대해서는 회의적인 견해도 없지 않았다.[9] 그러나 일본경제의 버블(bubble)이 붕괴함을 계기로 경영자에게 방만한 경영의 책임을 묻는 소송이 증가하고 있다. 최근의 통계에 의하면 1995년 12월 말 현재 株主代表訴訟의 係屬件數는 174건이라고 한다.[10] 이는 1993년 말의 84건, 1994년 말의 145건에 비해서 대폭 증가한 것이다. 이러한 수적 증가에 못지않게 경영진을 위축시키는 것은 청구액의 거액화 현상이다. 최근의 사건중에는 청구액이 수백억 엔대인 소송이 적지 않고 심지어는 1,500억 엔을 넘는 소송도 나오고 있다.[11]

6 岩原紳作, "株主代表訴訟の構造と會社の被告側への訴訟參加," 特別講義商法(竹内昭夫 編)(1995), 226면 주 1).

7 이러한 개정에 대해서 반대가 없었던 것은 아니다. 平賀健太, "株主代表訴訟管見," 商事法務 1354호(1994), 26면.

8 이러한 개정이 이루어진 배경에는 日米構造協議會를 통한 미국측의 압력도 작용하였던 것으로 알려지고 있다.

9 山下友信, 會社役員賠償責任保險と會社法, ジュリスト1031호(1993), 48면.

10 商事法務 1420호, 41면(1996).

11 小林秀之=原 强, 株主代表訴訟 (1996), 4면 주 2) 참조.

수의 증가가 그에 대한 학문적 관심의 증가로 이어진 것은 당연한 일이다. 이제 일본에서는 어지간한 상법학자 치고 대표소송에 관하여 논문을 한 편이라도 발표하지 않은 사람이 드물 지경이다. 최근에는 대표소송의 절차법적 측면이 부각됨에 따라 대표소송에 관한 논의는 訴訟法學界로까지 확산되고 있다.[12] 그러나 경제적인 이해관계가 걸려 있는 변호사들의 관심은 가히 폭발적으로 급증하였다. 일본의 서점가에는 변호사들이 집필한 대표소송 관련 책자가 한 달이 멀다 하고 새로이 등장하고 있는 실정이다. 심지어 최근에는 대표소송의 제기 등 주주권을 보호하는 것을 주된 목적으로 하는 단체가 有限會社의 형태로 설립되어 화제가 되고 있다.[13]

이러한 대표소송은 단순히 주주보호를 위한 하나의 수단을 넘어서 일본사회의 운영방식의 근본을 뒤흔들어 놓을 수도 있는 무서운 잠재력을 가진 제도이다. 이러한 사실은 최근 일본사회를 떠들썩하게 만들었던 住專問題[14]의 해결과 관련하여 극명하게 부각된 바 있다. 住專은 주택자금의 융자를 전문으로 하는 금융기관으로서 버블시기에 부동산을 담보로 방만하게 대출을 늘려 왔다. 이들은 버블이 깨지면서 부동산가격이 폭락하자 대부분이 거의 도산상태에 빠지게 되었다. 주로 은행에 의하여 설립된 이들은 자금을 은행과 農林系金融機關으로부터 조달하여 그중 상당부분을 은행이 소개하는 부동산회사에 대출하였다. 도산상태에 빠진 住專의 처리과정에서 大藏省은 처음에는 은행은 대출자금 전부를 포기하고 농림계 기관도 대출자금의 상당부분을 포기하기로 하는 案을 마련하였다. 그러나 농촌의 표를 의식한 국회의원들의 강력한 로비에 밀려서 결국 국가의 재정자금을 도입하여 농림계

12 訴訟法學者들이 주도한 작업의 예로는 ジュリスト 1062호(1995)의 특집(手續法からみた株主代表訴訟); 小林=原, (주 11)의 책을 들 수 있다.

13 자세한 정보가 없어 정확한 판단을 내릴 수는 없으나 이처럼 대표소송을 제기하는 것을 목적으로 하는 단체가 어떻게 영리법인 有限會社의 형태로 성립될 수 있는지 의문이 있다.

14 住專이란 주택전문금융회사의 약칭으로 일본말로는 주센으로 발음된다.

기관의 손해를 줄여 주는 방향으로 처리안을 변경하였다. 이처럼 국민의 세금을 사용하여 농림계 금융기관을 살리려는 정부안에 대해서는 반대하는 여론이 전국적으로 비등하였다. 시민들은 관리들이 住專을 법적 절차에 따라 도산처리하는 대신에 밀실에서 재량에 따라 처리안을 마련하여 이해관계자들에게 강요하는 이제까지의 관행에 대해서 강한 불신을 표시하였다. 또한 정부안에 대해서는 농림계 금융기관에 비해서 상대적으로 불이익을 입는 은행의 주주들도 크게 반발하였다. 정부안의 작성과정에서는 일부 은행의 주주들이 대표소송을 제기할 가능성이 있다고 해서 대표소송을 제한하는 문구를 넣자는 주장도 없지 않았으나 최종단계에서 빠졌다고 한다. 실제로 은행의 주주 중에서는 은행의 부담이 불공평한 경우에는 은행경영진에 대해서 대표소송을 제기할 것이라고 공언하는 자도 있었다. 그리하여 은행의 경영자들도 부담을 늘리라는 대장성의 요구에 대해서는 완강히 저항하였다. 그 저항의 구실 중 하나가 바로 대표소송의 위협이었다. 이처럼 은행이 대장성에 저항하는 것은 과거에는 거의 상상하기 어려운 일이었다. 이제까지 은행을 비롯한 기업은 대장성이 결정해서 지시하면 으레 그저 묵묵히 따를 뿐이었다. 그러나 이제 기업은 대표소송 때문에라도 법률적인 근거가 모호한 정부의 지시에 무조건적으로 순응하기는 어렵게 되었다. 이처럼 대표소송은 오늘날까지 일본사회를 지탱해 오던 관료엘리트의 지배에 커다란 위협이 되고 있다. 대표소송에 대해서 경제계는 물론이고 관료사회도 반대의 기치를 높이 들고 있는 것은 바로 그 때문이라고 할 수 있다.[15]

15 1995년 통산성은 학자들로 연구회를 구성하여 대표소송을 제한하기 위한 논의를 체계적으로 시도한 바 있다. 그 보고서는 다음과 같은 책으로 발간되었다. 通産産業省 産業政策局産業資金課, 株主代表訴訟の現狀と課題(1995).

III. 기업지배구조와 대표소송

1. 서설

미국에서부터 시작하여 전 세계를 풍미하고 있는 企業支配構造(corporate governance)에 관한 논의는 이제 일본에서도 상당한 관심을 모으고 있다.[16] 企業支配構造에 관한 논의에서 빼놓을 수 없는 것이 바로 대표소송이다. 대표소송의 본고장인 미국에서는 실증적 차원에서 대표소송이 과연 회사 내지 주주의 이익에 기여하고 있는가라는 문제가, 그리고 규범적 차원에서 어떻게 하면 대표소송제도를 보다 會社利益과 조화되는 방향으로 개선할 수 있을까 하는 문제가 주목을 끌고 있다.[17] 일본에서의 논의는 아직 대체로 후자의 문제에 집중되고 있는 것 같다. 이하에서는 일본에서 논의되고 있는 몇 가지 문제들을 살펴보기로 한다.

2. 주주대표소송의 성격—소송비용과 관련하여

(1) 代位訴訟인가 代表訴訟인가

우리나라에서와는 달리 일본에서는 대표소송의 성격에 대해서 상당한 논의가 행해져 왔다.[18] 종래 대표소송은 주주가 회사를 대위하여 회사의 소권을 행사하는 代位訴訟 내지 派生訴訟(derivative action)으로 보는, 대위소송설이 일반적인 견해이다.[19] 이러한 代位訴訟說에 의하면 대표소송은 이른바 법

16 1994년 사법분야의 대표적인 학회인 私法學會가 會社支配를 연례심포지엄의 테마로 채택한 바 있다.

17 후자에 관한 대표적 논문으로는 Reinier Kraakman, Hyun Park & Steven Shavell, "When Are Shareholder Suits in Shareholder Interests?," 82 Georgetown Law Journal 1733 (1994).

18 이점에 관한 대표적인 문헌으로는 竹内昭夫, "株主の代表訴訟," 會社法の理論 III(1991) 229면 이하.

19 우리나라에서도 마찬가지이다. 최기원, 신회사법론(제7판 1996), 759-760면.

정소송담당에 해당하는 경우로서 주주가 회사의 권리를 행사하는 것이기 때문에 판결의 효력이 회사에 미치는 것은 당연하다. 형식적인 면만을 보면 이러한 대위소송설이 타당할 것이다. 그러나 株主代表訴訟을 대위소송으로만 파악하면 그 실질을 올바로 이해하기 어렵다. 대표소송은 주주가 회사를 대표하여 소송을 수행한다는 점에서 경영진에 의한 업무집행이라는 회사의 기본운영원리에 대한 중대한 예외라고 할 수 있다. 代位訴訟說은 왜 그러한 예외를 인정하여 주주에게 회사의 소송수행권을 맡기는가를 설명하지 못한다. 회사의 제소결정이나 소송수행은 업무집행에 속하는 사항이므로 원칙적으로는 이사회의 지시에 따라 대표이사가 담당하여야 할 것이다. 그러나 이사, 감사 등과 같이 경영진에 속하는 자에 대한 제소 여부를 동료인 경영진에 맡겨서는 공정한 판단을 기대하기 어렵다. 우리 상법(394조)과 마찬가지로 일본상법도 이사에 대한 소송은 감사의 권한사항으로 하고 있다(275-4조). 그럼에도 불구하고 다시 주주가 제소할 수 있는 길을 열어 준 것은 감사에 의한 제소도 현실적으로 기대하기 어렵다는 인식에 기한 것이다. 이처럼 주주에 의한 대표소송은 경영진을 신뢰할 수 없는 상황에서 경영진의 관여를 배제시킨 예외적인 경우에 해당한다. 회사기관의 관여를 배제하는 경우에는 주주전원이 나서야 하겠지만 그것은 현실적이지 못하다. 따라서 일부의 주주가 전체주주를 대표해서 이사를 상대로 제소하는 것을 인정한 것이다.[20] 이러한 점에서 株主代表訴訟은 대위소송성과 아울러 집단소송(class action) 내지 대표소송(representative action)과 같은 성격을 겸유하는 것으로서 경영진의 위법행위에 대한 강력한 견제수단이라고 할 수 있다.[21]

20 대표소송의 제기권한을 단독주주권으로 할 것인가 소수주주권으로 할 것인가는 결국 정책적인 고려에 따라 결정할 문제라고 할 것이다.

21 竹内, (주 18), 232면. 이 견해에 의하면 대표소송이 주주가 회사의 권리를 대위행사하는 구조를 취하고 있는 것은 회사에 법인격이 인정되는 것에서 오는 결과이다. 만약 회사의 법인격을 무시한다면 원고주주가 행사하는 것은 실제로는 주주 전원의 권리일 것이므로 집단소송 내지 대표소송과 차이가 없을 것이다.

代位訴訟說에 의하면 株主代表訴訟도 회사기관이 아닌 주주가 소송수행을 담당한다는 점이 다를 뿐 결국은 회사의 소송이라 할 것이므로 소송에 관련된 사항은 모두 회사가 소송을 제기한 경우와 동일하게 처리해야 할 것이다. 그러나 경영진을 견제하는 대표소송적 특성을 감안한다면 회사의 소송과 달리 처리하는 것도 가능할 것이다.[22] 다음에 소개하는 日興證券損失補塡事件은 소송비용의 문제와 관련하여 株主代表訴訟의 성격에 관한 이러한 대립을 잘 보여 주고 있다.

(2) 日興證券損失補塡事件

일본 굴지의 증권회사인 日興證券은 일부 고객이 증권거래 등에서 입은 손실을 보전하거나 이익을 보충해 주기 위하여 경제적인 이익을 제공하였다. 日興證券의 주주인 원고는 회사가 그러한 위법한 손실보전행위로 인하여 약 470억 엔 상당의 손해를 입었으므로 그것을 배상하라는 소를 회사의 이사 16인을 상대로 제기하였다. 이 소송이 제기될 당시에는 대표소송의 원고주주가 소송수수료로 얼마를 납입하여야 하는가에 대해서 명시적인 규정이 없었다. 원고는 대표소송이 이른바 非財産權上의 請求에 해당하는 것으로 보아 수수료로서 8,200엔을 납입하였다. 이에 대해서 東京地方裁判所는 원고소송대리인에 수수료의 부족분 2억 3,000여 만 엔을 추가납입하라는 補正命令을 내렸다. 원고가 이에 불응하자 東京地方裁判所는 원고의 소를 각하하였다.[23] 그 논거는 대표소송도 재산권상의 청구이므로 소송물가액은 소로써 주장하는 이익으로 산정하여야 한다(민사소송비용법 4조 1항; 민사소송법 22조 1항)는 것이었다. 그러나 抗訴審인 東京高等裁判所는 다음과 같은 견해

22 최근의 학설은 주주대표소송의 구체적인 문제의 해결을 이러한 성격에 대한 대립에서 끌어내는 것에는 의문을 표시하고 있다. 예컨대 岩原, (주 6), 229면.

23 東京地判 1992. 8. 11, 判例タイムズ 797호 285면.

에 입각하여 1심판결을 파기환송하였다.[24] 대표소송은 "회사의 이사에 대한 청구권을 개개의 주주가 행사하는 형식을 취하고 있지만 실질적으로는 회사의 이익을 主眼으로 하는 회사를 위한 소송이 아니며 그렇다고 해서 전적으로 주주개개인의 이익만이 관계된 소송도 아니라 단체내부에 있어서 그 구성원이 자기의 개인적 이익에 직접 관계가 없는 자격으로 구성원 전체의 이익을 위하여 단체의 기관의 위법행위의 시정을 구하는 것을 목적으로 하는 소송의 일종이라고 보는 것이 가장 적합하다." 이처럼 대표소송에는 회사의 이익만을 위한 것이 아니라 주주를 위한 소송인 측면도 있는 것이므로 "소로써 주장하는 이익"은 회사에 손해배상이 지급되는 것에 의하여 원고주주를 포함한 총 주주가 받는 이익으로 보아야 하며 이는 회사가 승소판결에 의하여 얻는 이익과는 다르다. 이러한 시각에 입각하여 東京高等裁判所는 그러한 이익을 구체적으로 산정하는 객관적 · 합리적 기준은 찾을 수 없다는 이유로 대표소송의 소송물가액을 비재산권상의 청구에 준하여 95만 엔으로 보았다.[25] 이 판결은 다시 상고되었으나 最高裁判所는 원심의 결론과 이론구성을 그대로 유지하였다.[26]

3. 대표소송과 회사이익(1): 회사이익을 위한 법령위반행위

(1) 대표소송과 회사이익의 충돌

대표소송을 代位訴訟으로 파악하든 대표소송적 성격을 겸유하는 것으로 파악하든 그것이 회사이익—이하 주주 전체의 이익과 동일한 의미로 사용

24 東京高判 1993. 3. 30, 判例時報 1460호, 138면.

25 東京高等裁判所가 이 판결을 선고할 당시에는 이미 대표소송의 소송물가액을 95만 엔으로 명시하는 상법개정안이 제출된 상태였다.

26 最1小判 1994. 3. 10 資料版 商事法務 121호(1994) 149면.

한다—을 보호하기 위하여 인정되는 것이라는 점에는 다툼이 없다. 단지 後者는 대표소송이 이사의 위법행위를 시정 내지 억제하는 기능이 있다는 점을 중시하고 있을 뿐이다. 뒤에 살펴보는 바와 같이 다소 의문은 있지만 일반적으로는 경영진의 위법행위를 억지하는 것이 궁극적으로 회사에게도 이익이라고 볼 수 있을 것이다. 이처럼 일반론으로는 대표소송과 회사의 이익 사이에는 아무런 갈등도 없는 것처럼 보인다. 한 걸음 더 나아가 대표소송은 회사이익의 보호에 불가결한 수단인 것처럼 보인다. 그러나 앞서 언급한 바와 같이 미국에서는—그리고 점차 일본에서도—대표소송이 오히려 회사이익을 저해할 수도 있다는 주장을 펴는 자가 적지 않다. 이들은 대표소송제도의 본래의 취지와는 달리 실제로 제기되는 대표소송은 회사의 이익에 반하는 경우가 많다고 주장하고 있다.[27] 그렇다면 구체적으로 대표소송이 회사의 이익에 반하는 것은 어떠한 경우일까? 그러한 경우는 일응 다음의 세 가지 유형으로 나누어 볼 수 있을 것이다.

(가) 대표소송에서 문제삼고 있는 이사의 행위가 적법한 경우

(나) 이사의 행위가 위법하지만 회사에는 손해가 없는 경우

(다) 이사의 행위가 위법하고 회사에도 손해가 있지만 소송을 하는 것이 오히려 회사의 이익에 객관적으로 반하는 경우[28]

위(가)나 (다)에 해당하는 사례는 쉽게 상상할 수 있다. 그러나 어떠한 경우가 (나)에 해당하는지는 얼핏 떠오르지 않을 수도 있다. 다음에 소개하는 두 판결은 (나)에 해당하는지 여부가 문제되는 전형적인 사례라고 할 수 있다.

27 (주 5)에 인용된 문헌 참조.

28 (다)에 속하는 경우의 예로는 다음과 같은 것들이 있다:
1) 회사가 승소로 인하여 얻는 이익보다 소송비용이 많이 드는 경우
2) 이사의 사소한 부주의로 인하여 손해가 발생한 사안으로서 그것을 문제삼는다면 경영진의 사기가 저하될 우려가 있는 경우
3) 소송을 하지 않는 편이 회사의 이미지 훼손을 피할 수 있는 등 장기적으로 회사에 이익이라고 판단되는 경우

(2) 하자마(ハザマ)組政治獻金事件[29]

사실의 개요는 다음과 같다. 피고는 건설회사의 이사로서 지방자치단체의 건설공사를 수주받기 위하여 단체장(町長)에 현금 1,400만 엔을 교부하였다. 원고는 위와 같은 교부행위는 형법상의 증뢰 및 政治資金規正法상의 숨은 헌금에 해당하며 이사의 임무에 반하는 것으로서 회사에 같은 금액의 손해가 발생하였다고 주장하며 피고에 대한 책임을 묻는 소송을 제기하였다. 주된 쟁점은 피고의 행위가 일본상법 266조 1항 5호가 말하는 "法令 또는 정관에 위반하는 행위"에 해당하는가 하는 것이었다. 피고는 여기서 말하는 "法令"은 (가) 상법에 특별히 정해진 구체적인 법령만을 가리키고 형벌법규나 선관주의의무를 정한 규정은 그에 포함되지 않으며, (나) 설사 그러한 규정이 포함된다고 해도 형벌법규의 위반이나 선관주의의무의 위반은 없고, (다) 설사 법령위반이 있다 해도 회사의 손해가 없다는 등의 주장을 하였다. 이러한 피고의 주장에 대해서 동경지방재판소는 다음과 같이 판시하였다.

> "〔증뢰행위〕에 의하여 회사에 이익이 생겼다든가 관습화하여 동업자가 하고 있기 때문에 贈賂를 하지 않고는 일을 얻을 수 없는 우려가 있다고 하는 이유로 영업활동으로서의 증뢰행위를 정당화할 수 있는 것은 아니다. 따라서 증뢰행위는 설사 회사의 업적의 향상에 이바지하고 회사를 위한 영업활동의 일환이라는 의식하에 행해진 것이라고 하더라도 정관의 목적의 범위 내의 행위라고 인정할 여지는 없고 이사의 정당한 업무집행권한을 일탈하는 것이고 또한 증뢰행위를 금하는 형법규범은 이사가 업무를 집행함에 있어 따라야 할 법규의 일환을 이루는 것으로 상법 266조 1항 5호의 '법령'에 해당한다고 할 것이다. … 증뢰행위로 인하여 受注를 받은 결과 〔회사가〕 이익을 얻은 사실이 있다 하더라도 이익

29 東京地判 1994. 12. 22, 判例時報 1518호, 3면.

은 工事를 시행한 것으로 인한 이익이고 … 손해의 원인행위와의 사이에 법률상 상당한 인과관계에 있다고 할 수 없으며 損益相計의 대상으로 할 수 없다고 새겨야 할 것이다."

동경지방재판소는 증뢰행위는 형벌법규위반이고, 형벌법규도 상법 266조 1항 5호상의 "법령"에 해당함을 분명히 하였다. 나아가 증뢰행위와 같은 반사회적인 행위로부터 회사가 얻는 이익은 정당화할 수 없다고 보고 그러한 행위로 인한 이익으로 뇌물금액만큼의 손해를 상쇄하는 것을 거부하였다. 그 결론을 뒷받침하는 근거로는 그 이익과 증뢰행위 사이에 인과관계가 없다는 점을 들었다. 증뢰행위와 회사이익 사이에 인과관계가 없다는 이 판단은 일반인들의 상식과 다소 차이가 있는 것이 아닌가 여겨진다. 물론 증뢰행위를 근절하기 위해서는 단순히 형벌로 처벌하는 것뿐 아니라 민사상으로도 불이익을 가할 필요가 있다는 점은 충분히 이해할 수 있다. 그러나 회사가 증뢰행위로 인해서 사실상 이익을 본 것은 부정하기 어렵지 않을까? 그럼에도 불구하고 이사의 책임을 인정하기 위한 방법으로는 두 가지를 생각할 수 있다. (가) 이사의 책임을 인정하기 위해서 회사의 손해를 의제하는 방법과 (나) 증뢰행위로 인하여 회사의 명성이나 이미지가 손상된 것을 회사의 손해로 보는 방법이 그것이다. 증뢰행위로 인한 명성추락이 장기적으로 회사의 영업에 얼마만큼 지장을 주는가는 회사에 따라 다르고 금액으로 측정하기도 어려울 것이다. 따라서 (나)의 방법도 어느 정도 의제적인 요소가 있는 것은 부정할 수 없다.[30] 그렇지만 (나)의 방법을 택하는 경우에는 문제된 법령위반행위의 성격에 따라 피고이사의 책임인정 여부를 달리할 수 있는 융통성이 있다. 즉 증뢰행위와 같은 반사회성이 강한 행위에 대해서는 회사의 이미지손상이 크다고 보아 손해를 인정하고 기술적인 법령위반행위에

30 이러한 점에서 대표소송에는 순전히 회사이익만으로는 정당화하기 어려운 측면이 존재하는 것이 사실이다.

대해서는 손해를 인정하지 않을 수도 있다.

(나)의 방법으로 가장 잘 설명할 수 있는 것이 바로 다음에 소개하는 野村證券損失補塡事件이다.

(3) 野村證券損失補塡事件

사실의 개요는 다음과 같다. 일본 최대의 증권회사인 野村證券은 1989년 4월 고객인 동경방송으로부터 영업특정금전신탁의 관리운용을 맡았다. 그러나 계약이 종료한 1990년 2월경에는 동경방송의 손실이 3억 6,000만 엔에 이르렀다. 그에 앞서 1989년12월 大藏省은 당시 증권업계에서 관행적으로 행해지고 있던 손실보전행위를 자제할 것을 통고하였다. 그럼에도 불구하고 1990년 3월 野村證券은 東京放送 등 주요 고객들에 대해서 약 161억 엔에 상당하는 손실액을 보전해 주기로 결정하였다. 그에 따라 1990년 3월 14일 신주인수권증권을 매매하는 형식을 통해서 약 3억 6,000만 엔에 달하는 이익을 이들에게 제공하였다. 1991년 11월 公正取引委員會는 損失補塡은 獨禁法 19조의 "불공정한 거래방법"에 해당하는 것이므로 배제할 것을 권고하였다. 1992년 원고는 소정의 절차를 거쳐 野村證券의 이사들을 상대로 우선 1억 엔의 손해배상을 구하는 소송을 제기하였다.[31] 원고는 손해배상청구의 근거로 선관주의의무위반, 증권거래법위반, 독금법위반의 세 가지를 주장하였다. 이에 대해서 동경지방재판소는 앞의 두 가지에 대해서는 부정하였지만 독금법의 위반은 인정하였다.[32] 다만 독금법위반을 인정하면서도 다음과 같은 이유를 들어 손해의 발생을 부정하였다.

31 원래의 소송의 경과는 조금더 복잡하지만 편의상 단순화하였다.

32 東京地判 1993. 9. 16, 判例時報 1469호(1993), 25면. 피고의 행위가 과연 선관주의의무의 위반이나 증권거래법의 위반에 해당하는지 여부에 대해서는 의문이 있으나 이 글에서는 더 이상 다루지 않는다. 이 판결에 관한 평석은 무수히 많으나 上村達男, "野村證券損失補塡代表訴訟判決の法的檢討," 商事法務 1335호(1993), 2면 참조.

"회사가 입은 손해를 인정함에 있어서는 경쟁자의 고객을 자기와 거래하도록 유인함에 있어서 일정한 지출을 한 것이 회사에 대해서 얼마 만큼의 손해를 주었는가의 관점에서 지출액뿐 아니라 그 행위에 의하여 회사에 발생한 이익도 종합하여 고려하여 이를 행하는 것이 상당하다(이 점에서 예컨대 증뢰행위라면 회사에 이익이 된다 하여도 그 지출은 公序良俗에 반하여 허용되지 않는 것으로 지출액이 바로 회사의 손해가 된다고 할 것인 것과 다르다)."

재판소는 이사들이 그 손실을 보전해도 그에 의하여 동경방송과 거래관계가 유지되고 확대된다면 장기적으로 보아 지출금액에 상당하는 이익이 회사에 발생할 것이라는 점을 고려하여 손실보전을 하였다는 것과 실제로 동경방송과의 거래관계가 계속되었고 그에 의하여 회사가 이미 이익을 얻고 있고 앞으로도 이익을 얻을 것이라는 것을 토대로 회사의 손해를 부정하였다. 이러한 재판소의 판단은 위와 같은 독금법 19조의 위반행위는 公序良俗에 반하는 것이 아니라는 전제에 선 것으로 볼 수 있다.

항소심에서 東京高等裁判所[33]는 독금법 19조는 경쟁자의 이익을 보호하기 위한 규정으로 그 위반행위로 인하여 손해를 입는 것은 당해회사가 아니라 그 회사의 경쟁자이기 때문에 그 규정의 위반이 바로 상법 266조 1항 5호의 법령위반에 해당한다는 해석은 상당하지 않다고 보았다.[34] 그러나 상법 266조 1항 5호의 법령에는 일반적인 선관의무를 규정한 추상적 법령도 포함된다. 그렇다면 野村證券의 손실보전행위가 선관주의의무에 위반하는가? 동경고등재판소는 손실보전을 하기로 한 회사의 결정은 경영상의 판단으로서 선관주의의무에 반하는 것이 아니라고 판단하였다. 그러므로 법령위반이 존재하지 않으므로 어려운 손해문제에 들어가지 않고 1심의 원고패소판결을 유지하였다.

33 東京高裁 1995. 9. 26, 資料版商事法務 1995년 10월호, 3면.

34 이 점은 위에서 살펴본 하자마(ハザマ)組事件判決에서 증뢰행위가 법령위반이라고 보는 것과 다르다.

(4) 理事의 法令違反行爲와 회사의 이익

이상의 두 판결은 모두 이사가 회사이익을 위해서 실정법을 위반한 경우를 대상으로 하고 있다. 회사이익을 목적으로 하는 행위라도 법을 위반한 행위에 대해 제재가 가해지는 것은 당연하다. 문제는 이사가 그 경우 회사에 대해서도 책임을 져야 하는가이다.

우리 상법과 마찬가지로 일본상법은 법령위반을 손해배상책임을 발생시키는 사유로 명시하고 있다(266조1항5호). 따라서 법문을 문자대로 해석한다면 어떠한 법령이든 이사가 그것을 위반하는 경우에는 바로 손해배상책임이 발생한다고 볼 수도 있을 것이다.[35] 그러나 회사의 이익을 위해서 행동한 이사에게 법령위반을 이유로 책임을 묻는 것은 어딘가 일반인의 법감정과는 맞지 않는 면이 있기도 하다. 바로 이 점이 위의 두 사건에서 법원을 곤혹스럽게 하였을 것으로 짐작된다.

회사의 이익을 위하여 법을 위반한 이사의 회사에 대한 책임이란 문제는 회사법상 근본적인 문제에 속한다. 그러나 대표소송제도가 死文化되어 있는 상황에서는 표면 위로 浮上하기 어렵다. 회사를 위해서 위법행위까지 감행한 이사에 대해서 회사 측이 포상은 못할망정 적극적으로 나서서 소송을 제기하지는 않을 것이기 때문이다. 일본에서도 이처럼 근본적인 문제가 이제서야 제기된 것도 그간 대표소송제도가 사실상 잠자고 있었던 사정에 기인한다. 이 문제는 이론적으로는 물론 현실적으로도 극히 흥미로운 문제이지만 이 글의 주제인 대표소송과는 반드시 직접 관련이 있는 것은 아니므로 연구는 후일로 미루기로 한다.[36] 다만 한 가지 지적해 둘 것은 대표소송에 대한 부정적인 시각의 밑바닥에는 회사이익을 위해서 법을 위반한 이사의 책

35 다만 과실책임으로 볼 것인가에 대해서는 다툼이 존재한다. 최기원, (주 19), 743-744면.

36 이 문제에 대한 본격적인 연구로는 吉原和志, "法令違反行爲と取締役の責任," 法學(東北大) 60권 1호 (1996), 1면 이하 참조.

임을 묻는 것은 오히려 회사의 이익에 반하는 것이 아닌가 하는 사고가 깔려 있다는 점이다.

4. 대표소송과 회사이익(2): 주주권의 남용과 불법행위

(1) strike suit

앞서 회사이익과 조화될 수 없는 것으로 제시한 대표소송의 유형 중 가장 회사이익과의 충돌이 두드러진 것은 (가)—이사의 행위가 적법함에도 불구하고 제소한 경우, 즉 정당한 근거 없이 제소한 경우—라고 할 수 있다. 그러나 이러한 유형의 소송은 대표소송에서만 문제되는 것이 아니고 모든 소송에서 일반적으로 문제될 수 있다. 이러한 소송이 문제되는 것은 원고가 자신의 청구가 전혀 이유가 없음을 알면서도 상대방을 소송을 통해 여러 가지로 괴롭힘으로써 돈을 뜯어내기 위한 방편으로 제기되는 경우이다. 이러한 소송을 미국에서는 흔히 strike suit로 부른다. strike suit가 등장할 가능성은 특히 대표소송의 경우에 높다. 대표소송의 대상은 회사의 행위이므로 거액의 손해배상청구의 구실로 삼기가 좋고, 그 회사 주식을 1주만 가지고 있으면 누구나 쉽게 원고가 될 수 있기 때문이다. 대표소송제도에서는 strike suit—즉 대표소송의 남용—를 어떻게 억제하는가 하는 것이 가장 핵심적인 과제라고 할 수 있다. 실제로 대표소송제도의 구체적인 내용 중에는 이러한 대표소송의 남용을 막기 위하여 도입된 것들이 적지 않다. 이곳에서는 대표소송제도의 외부의 제도로서 strike suit의 규제에 이용되고 있는 2가지 제도, 즉 주주권(또는 소권)남용의 법리와 불법행위제도를 차례로 살펴보기로 한다.

(2) 株主權濫用의 法理(1): 三井鑛山事件

대표소송에서 주주권남용의 법리의 적용이 문제된 대표적인 판결은 바로 유명한 三井鑛山事件判決이다. 사실의 개요는 다음과 같다. 三井鑛山株式會社는 자회사인 三井시멘트를 합병하고자 하였다. 그러나 26% 주주인 甲이 합병에 반대하였기 때문에 특별결의의 성립에 자신이 없었다. 그리하여 三井鑛山의 이사회는 甲의 주식을 자신의 100% 자회사인 三池開發에 매수시킬 것을 결의하였다. 그후 三池開發은 甲의 주식을 약 82억 엔에 취득하여 그것을 35억 여 엔의 손해를 보고 타인에게 양도하였다. 원고는 三井鑛山의 주주로서 결국 자회사인 三池開發의 손해는 三井鑛山의 손해라고 주장하며 이사 18인을 상대로 손해배상을 청구하는 대표소송을 제기하였다. 피고는 원고가 賣名을 목적으로 제소한 것임을 주장하며 本案前抗辯을 하였다. 東京地方裁判所는 賣名을 목적으로 제소한 것에 확신을 가질 수 없다는 이유로 항변을 배척하고 원고의 일부승소를 선언하였다.[37] 이러한 東京地方裁判所의 논리에 의하면 만약 그 소송이 매명을 목적으로 한 것임이 분명하였다면 주주권남용으로 허용할 수 없다는 결론에 이를 것이다. 그러나 항소심인 東京高等裁判所는 賣名을 위하여 제소한 것만으로 주주권의 남용으로는 볼 수 없다고 판시하며 피고의 항소를 기각하였다.[38] 東京高等裁判所는 주주권의 남용이 되기 위해서는 회사로부터 금전을 갈취하는 등 부당한 개인적 이익을 획득할 의도가 있든지 회사나 이사에 대한 부당한 괴롭힘을 목적으로 하는 등 특단의 사정이 있는 경우에 한한다고 판시하였다. 상고심인 最高裁判所는 원심의 사실인정을 그대로 지지하여 피고의 상고를 기각하였다.[39]

37 東京地判 1986. 5. 29, 判例時報 1194호, 33면.
38 東京高判 1989. 7. 3, 金融 · 商事判例 826호, 3면.
39 最1小判 1993. 9. 9, 判例時報 1474호, 17면.

(3) 株主權濫用의 法理(2): 長崎銀行事件

피고의 주주권남용의 항변이 받아들여진 예로는 長崎銀行事件이 있다. 사실의 개요는 다음과 같다. 원고는 長崎銀行의 채무자로부터 長崎銀行의 저당권이 설정된 자신의 부동산을 유리하게 매각해 달라는 부탁을 받았다. 원고는 부동산의 매각처분을 자신에게 일임할 것을 長崎銀行에 요구하였으나 은행이 이를 거부하자 은행을 비방하는 가두선전을 하는 등 여러 가지로 은행을 괴롭히는 행위를 감행하였다. 그러한 행위로도 목적을 달성하지 못하자 이번에는 은행이 위의 채무자의 도산으로 인하여 입은 손해가 그 이사의 충실의무위반으로 인한 것이라고 주장하며 대표소송을 제기하였다. 이에 대해서 피고이사는 원고의 제소가 주주이익과는 무관하게 순개인적인 이익을 추구하는 수단으로 회사이익의 침해하에 행해진 것으로서 주주권의 남용이라고 주장하며 소의 각하를 구하는 본안전항변을 제출하였다. 長崎地方裁判所는 다음과 같이 판시하며 피고의 본안전항변을 받아들여 소를 각하하였다:

> "株主의 대표소송권한은 株主가 주주로서의 이익을 지키기 위하여 회사의 正規의 체제에 의한 운영을 監督是正하는 수단으로서 인정되고 있는 권리이고 이른바 共益權에 속하는 것이다. 따라서 만약 주주가 위와 같은 법의 취지를 벗어나 회사의 이익, 더 나아가서는 다른 주주의 이익의 희생 내지 침해하에 주주인 자격과는 관계없는 순전한 개인적인 이익을 추구하기 위한 거래수단으로서 그 권리를 행사한다면 그것은 이미 주주의 권리의 남용으로 허용될 수 없는 것이라고 하지 않을 수 없다."

長崎地方裁判所는 원고의 제소가 위에서 말한 "순전한 개인적인 이익"을 위한 것이라고 판단하였다.

(4) 個人的 利益의 추구: 主觀的 要素

위의 두 판결에서 보는 바와 같이 일본의 법원은 주주권남용의 요소로서 주주의 지위와는 무관한 개인적인 이익의 추구라는 주관적 요소(이것에는 단순히 회사나 경영진을 괴롭히기 위한 목적도 포함된다)를 들고 있다.[40] 주의할 점은 이러한 주주권남용법리의 적용범위는 위의 (가)의 경우—즉 이사의 행위가 적법한 경우—와 완전히 일치하는 것이 아니라는 것이다. (가)의 범위는 객관적으로 결정되는 것임에 반해서 주주권남용이 성립하기 위해서는 개인적 이익의 추구라는 주관적 요소가 필요하다. 한편 주주권남용은 (가)의 경우뿐만 아니라 (다)의 경우—즉 이사의 행위가 위법하고 회사에도 손해가 있지만 소송을 하는 것이 오히려 회사의 이익에 객관적으로 반하는 경우—에도 주관적 요소만 존재한다면 인정될 수 있다. 그러나 피고가 실제로 長崎銀行判決에서처럼 주관적 요소를 입증할 수 있는 경우는 그다지 많지 않으므로 주주권남용의 법리는 회사의 이익에 반하는 대표소송을 억제하는 수단으로는 한계가 있다.

(5) 不當提訴의 不法行爲性

위에서 살펴본 주주권남용의 법리는 대표소송을 문전에서 배척하는 데 이용할 수 있는 事前的인 방어수단이라고 할 수 있다. 그에 비하여 다음에 설명하는 부당제소 자체를 불법행위로 구성하는 시도는 事後的인 방어수단이라고 할 수 있다. 日本의 最高裁判所는 일반적으로 부당제소가 불법행위

40 주의할 점은 원고주주가 회사의 권리실현의 목적과 아울러 개인적인 동기도 갖고 있다고 해서 바로 권리의 남용을 인정할 것은 아니라는 것이다. 권리남용은 원고의 제소가 전적으로 부당한 개인적 이익을 획득하기 위해서 이루어진 경우에 한해서 성립한다. 東京地判 1991. 4. 18, 判例時報 1395호, 144면(片倉工業事件).

를 구성할 수 있음을 긍정하고 그 요건으로 다음과 같이 판시하고 있다.[41]

"청구가 사실적 · 법률적 근거를 결하고 그 점에 대해서 알았거나 알았어야 했음에도 감히 소를 제기하는 등 제소 등이 재판제도의 취지목적에 비추어 현저하게 상당성을 결한 경우일 것을 요한다."

이러한 법리는 東京地方裁判所가 대표소송에 대해서도 그대로 적용한 바 있다.[42] 사안의 요지는 다음과 같다. 그룹의 지시에 따라 채무초과상태에 있던 계열회사에 무담보로 대량의 대출을 행하여 회사에 손해를 발생시킨 이사를 상대로 충실의무위반을 이유로 주주가 대표소송을 제기하고 그에 앞서 이사의 보수 등을 가압류하였다. 그러나 본안에서 주주가 패소하자 피고였던 이사들이 부당제소 및 부당압류를 이유로 주주를 상대로 손해배상을 구하는 소를 제기하였다. 동경지방재판소는 불법행위의 성립을 부정하며 이사들의 청구를 기각하였다. 동경지방재판소는 먼저 앞서 인용한 최고재판소의 설시를 그대로 인용한 후 이사의 그러한 대출행위가 충실의무에 반하는 것으로 판단되더라도 반드시 부당한 법해석이라 할 수는 없기 때문에 피고 주주의 청구가 결국 채용되지는 않았더라도 그것이 "사실적 · 법률적 근거를 결한" 것으로 볼 수는 없다고 판시하였다. 이어서 동경지방재판소는 주주의 제소의 주된 목적이 본래의 목적에서 다소 벗어난 것이 아닌가 하는 의문이 있지만 소권의 남용이라고 할 수도 없다고 결론지었다. 따라서 이 판결에 의하면 불법행위는 대표소송이 "사실적 · 법률적 근거를 결한" 경우[43]뿐 아니라 소권의 남용에 해당하는 경우에도 성립될 수 있는 것처럼 보인다. 끝으로 지적할 것은 제소주주의 책임을 惡意의 경우에 한정하는 상법규정(우리 상법 405조 2항; 일본상법 268-2조 2항)의 존재이다. 문언상으로는 회사에 대

41 最3小判 1988. 1. 26, 民集 42권 1호, 1면.

42 東京地判 1990. 5. 25, 判例時報 1383호, 139면. 이 판결에 대한 평석으로는 中島弘雅, "判例研究," ジュリスト 1039호(1994), 127면.

43 보다 정확히 말하면 그러한 사실을 알았거나 알 수 있었음에도 불구하고 소를 제기한 경우이다.

한 책임에만 적용이 있는 것처럼 되어있으나 취지상으로는 피고였던 이사에 대한 불법행위책임의 경우에도 적용이 있다고 해야 하지 않을까?

5. 대표소송과 회사이익(3): 대표소송의 남용을 막는 기타의 방안

(1) 현행법상의 장치

위에서 살펴본 바와 같이 주주권남용법리나 불법행위법리는 상당히 극적인 경우가 아니면 적용되기 어렵기 때문에 대표소송의 남용—회사의 이익에 반하는 제소—을 억제하는 수단으로는 한계가 있다. 따라서 대표소송의 남용을 막는 다른 장치가 필요하다. 일본의 현행법상 회사이익과 조화되지 않는 대표소송을 억제하는 데 다소나마 기여할 수 있는 장치로는 6개월 이상의 주식보유요건(267조 1항), 담보제공명령(267조 5항) 등을 들 수 있다. 그러나 이들은 모두 단점을 지니고 있다. 먼저 前者는 그 효과가 지극히 미미하다. 이 요건은 주주가 아니었던 자가 대표소송을 제기할 목적으로 사후적으로 주식을 매수하는 행위를 억제하기 위하여 도입된 것으로 보인다. 그러나 변호사가 원고가 될 주주를 찾아 대표소송을 유도하는 경우에는 이 요건은 별로 장애가 되지 않는다. 또한 회사의 손해에 대해서 알면서 주식을 매수한 자도 그후 6개월만 지나면 소송이 가능하다. 後者는 뒤에 자세히 살펴보는 바와 같이 남소를 막는다는 관점에서는 상당히 거친 수단이라고 할 것이다. 이하에서는 일본에서 입법론으로 논의되고 있는 몇 가지 남소 억제방안에 대해서 간단히 언급한다.

(2) 회사이익에 반하는 대표소송의 배제

남소를 억제하는 가장 근본적인 방안은 남소라고 판단되는 소송 자체를 배제하는 것이다. 우리 법이나 일본법은 위에서 살펴본 주주권남용의 법리 말고는 그것을 배제할 수 있는 수단이 결여되어 있다. 그에 비하여 미국에서는 경영진 측에게 강력한 방어수단이 부여되어 있다. 미국에서도 주주가 이사에 대해서 대표소송을 제기하기 위해서는 먼저 이사회에 提訴할 것을 청구하지 않으면 아니 된다(이른바 Demand Requirement). 이사회가 제소가 회사이익에 부합하지 않는다고 판단하여 그것을 거부하기로 결정한 경우 그 결정은 어떠한 효과를 갖는가? 우리나라나 일본에서는 그러한 판단은 감사가 하도록 되어 있고 감사의 不提訴決定은 주주의 제소를 방해하지 않는다. 그러나 미국에서는 이사회의 불제소결정이 이른바 經營判斷(business judgment)의 범위에 속하는 경우에는 그러한 판단을 존중하여 주주의 제소를 막고 있다. 물론 이사회의 결정이 언제나 경영판단으로서 존중되는 것은 아니다. 경영판단으로 존중받기 위해서는 무엇보다도 "利益相反"이 없어야 한다. 예컨대 과반수의 이사가 소송의 피고가 될 경우라면 이사회로부터 중립적인 판단을 기대할 수 없을 것이므로 경영판단의 원칙을 그대로 적용할 수는 없다. 따라서 1970년 하반기부터 이사에 대한 제소를 요구받은 회사의 이사회는 이해관계가 없는 이사와 외부전문가들로 특별소송위원회(special litigation committee)를 구성하여 제소 여부의 결정을 맡기는 관행이 생겨났다. 특별소송위원회는 극소수의 예외를 제외하고는 제소가 회사이익에 합치되지 않는다는 결론을 내려 왔다. 이러한 특별소송위원회방식의 문제점에 대해서는 이곳에서 논하지 않는다.[44] 다만 여기서 지적하고자 하는 것은 제소결정이 회사이익을 기준으로 이루어져야 하는 경영판단이라고 파악하는 미국법의 태도가 나름의 합리성을 지니고 있다는 점이다. 우리 법이나 일본법에서는 회사이익의 관점에서 대표소송을 스크린할 수 있는 장치가 없다는 것

44 이 문제에 관한 문헌은 헤아릴 수 없이 많으나 대표적인 것으로는 American Law Institute, Principles of Corporate Governdnce: Analysis and Recommendations, Vol.2, 107-170 (1994).

이 문제이다. 일본에서는 대표소송의 남용을 막기 위해서 감사의 불제소결정을 법원이 존중해야 한다는 주장이 행해지고 있다.[45] 그러나 우리나라에서는 물론이고 일본에서도 과연 감사가 그 판단을 신뢰받을 수 있을 정도로 독립적인가 하는 점에는 의문이 있다. 또한 그러한 주장을 채용하기 위해서는 먼저 이사의 면책에 총주주의 동의를 요하는 우리 상법 400조의 규정을 수정할 필요가 있을 것이다.

(3) 원고주주의 자격요건

우리나라에서는 원고주주의 자격요건을 완화하자는 주장이 제기되고 있는 것에 비해서 일본에서는 거꾸로 자격을 엄격히 하자는 주장이 나오고 있다. 이러한 주장은 주로 다음 두 가지 점에 착안하고 있다. 하나는 미국법상의 同時保有要件(contemporaneous ownership requirement)을 도입하자는 것이다. 동시보유요건이란 원고적격을 이사가 문제의 행위를 저지를 당시에 주주였던 자에 한정하는 것이다. 다른 하나는 대표소송의 제소를 우리 상법에서와 같이 소수주주만이 할 수 있도록 만들자는 주장이다.[46] 이처럼 자격요건을 제한하면 대표소송의 남용도 줄어들 것은 분명하다. 그러나 그 경우 줄어드는 것은 strike suit만이 아니다. 회사이익에 부합하는 바람직한 대표소송도 감소할 수밖에 없을 것이다. 대표소송이 회사이익에 부합하는지 여부는 주식보유의 시점이나 보유주식의 수와는 반드시 관련이 있는 것은 아니기 때문이다.

45 小山敬次郎, "代表訴訟制度の改正と濫用防止への提言," 商事法務 1360호(1994), 4면.

46 座談會, "日本の會社のコーポレート・ガバナンス―現狀と將來," ジュリスト 1050호(1994), 28면(河村 貢 발언).

(4) 책임규정 자체의 수정

대표소송의 남용방지를 직접 목적으로 하는 것은 아니지만 그와 무관하지 않은 것으로서 이사의 책임규정 자체를 수정하자는 주장이 있다. 일본이나 한국이나 일단 이사의 선관주의의무위반이 인정되는 경우에는 그와 상당인과관계 있는 손해는 전부 배상하여야 한다. 따라서 이사가 사소한 과실에 대해서 과중한 책임을 부담해야 하는 경우가 생길 수 있다. 이러한 문제에 대해서는 다음과 같이 여러 가지의 개정방안을 생각해 볼 수 있다.

첫째, 이사의 의무를 미국에서와 같이 충실의무(duty of loyalty)와 주의의무(duty of care)의 두 가지로 나누어 後者에 대해서는 중과실로 인한 위반에 대해서만 책임을 인정하는 방안이다.[47] 둘째, 주주총회에서 이사의 책임을 면제하는 요건을 완화하는 방안이다. 일본에서도 우리나라에서와 마찬가지로 이사의 책임을 면책하기 위해서는 주주전원의 동의가 필요하다(266조 5항). 따라서 소규모회사를 제외하고는 이러한 면책결의를 통과시키기는 어렵다. 따라서 사전에 면책결의로 회사의 이익에 반하는 대표소송을 막기도 어렵다. 특히 주의의무의 위반인 경우에는 특별결의로 면책할 수 있도록 하는 것도 생각해 볼 수 있을 것이다.[48] 셋째, 주의의무위반에 대해서는 회사가 사전에 정관으로 이사의 책임의 한도(예컨대 연봉상당액)를 정해 둘 수 있도록 하는 방안이다. 미국에서는 델라웨어주를 비롯한 일부 주의 회사법에서 정관에 의한 책임제한이 가능하도록 근거규정을 두고 있다.

47 近藤光男, "株主代表訴訟の現状と今後の課題," インベストメント 1995년 2월호, 32면.
48 近藤, (주 47), 35-36면.

6. 소결—제소주주의 인센티브

대표소송은 소송을 제기하여 수행하는 자(주주)와 소송의 결과 이익을 보는 자(회사)가 분리된다는 점에서 통상의 소송과 차이가 있다. 물론 회사의 이익은 결국 제소주주의 이익과 같은 것이 아닌가라는 말도 할 수 없는 것은 아니다. 그러나 제소주주는 자신의 노력이나 공헌에 대한 보상을 받을 수 없는 것은 물론이고 소송수행을 위해 들인 비용을 모두 보상받을 수도 없다. 운이 좋아 마침내 대표소송에서 승소하여 손해를 배상받는 경우에도 손해액은 회사에 귀속되기 때문에 주주가 받는 이익은 극히 미미하다. 그렇다면 주주가 그럼에도 불구하고 대표소송에 나서는 이유는 무엇인가? 그 이유로는 다음과 같은 것들을 생각해 볼 수 있을 것이다.

(가) 주주가 자신의 희생을 무릅쓰고 순전히 회사이익을 위하여 제소하는 경우

(나) 주주가 기업의 법위반행위를 막기위한 사회운동차원에서 제소하는 경우

(다) 주주가 매스컴등을 통해서 자신의 명성을 높이기 위하여 제소하는 경우

(라) 주주가 후에 소취하나 화해에 응하는 대가로 사례금을 받기 위한 목적으로 제소하는 경우

이들 중 (가)는 별로 문제삼을 필요가 없을 것이다. 그러나 안타깝게도 그처럼 고매한 인격을 가진 주주는 세상에 별로 많지 않다. (라)는 일종의 범죄행위라고 할 수 있다. (나)와 (다)는 회사이익과 조화되는 경우도 있겠지만 회사이익에 반하는 경우가 많을 것이다. 요컨대 제소하는 주주의 이익이 회사의 이익과 일치되는 경우는 그리 많지 않다. 대표소송을 부정적으로 보는 시각의 밑바닥에는 이러한 인식이 깔려 있는 것이 아닌가 여겨진다. 주주가 투자자로서 갖는 이익을 위해서 대표소송을 제기할 인센티브가 거의 없기

때문에 제소하는 주주는 의심을 받는 것이다. 그러나 어쩌면 훨씬 심각한 문제는 이사가 회사에 커다란 손해를 입힌 경우에도 대표소송이 아예 제기되지 않는 것이다. 앞서 지적한 바와 같이 주주가 제소할 인센티브가 없기 때문이다. 그러므로 회사의 이익에 반하는 대표소송을 억제하는 방안을 연구하는 것도 중요하지만 그에 못지않게 회사이익을 향상시키는 대표소송을 촉진하는 방안을 마련할 필요가 있다. 최근 개정된 일본법상 원고주주가 승소시에 변호사비용 외에 조사비용까지 회사로부터 상환받을 수 있게 된 것은 이러한 점에서는 확실히 진일보한 것으로 평가할 수 있을 것이다. 그러나 이는 주주가 소송수행으로 인하여 "손해"를 보지 않도록 한다는 소극적인 배려에 지나지 않는다. 제소의 인센티브는 적극적으로 "이익"을 얻을 수 있는 경우에 비로소 가장 확실히 생겨난다. 회사이익을 증진하는 대표소송을 유도하기 위하여는 결국에는 제소하는 주주—보다 현실적으로는 소송을 실질적으로 주도하는 변호사—가 승소시에 경제적인 이익을 얻을 수 있도록 제도를 마련할 필요가 있다. 예컨대 대표소송으로 인한 회사가치의 증가분—위법행위가 억지되는 것에서 오는 이익도 포함된다—에 비례하여 변호사보수를 지급하자는 견해[49]는 이러한 관점에서 주목할 가치가 있을 것이다. 변호사보수의 문제는 대표소송의 死活에 결정적인 중요성을 갖지만 일본이나 우리나라나 모두 이에 대해서는 아직 학문적인 관심의 대상이 되고 있는 것에 불과하다.[50]

49 Kraakman et al., (주 17), 1762-1766.

50 사실은 학문적인 관심도 그리 대단한 것은 아니다. 이에 관한 최근의 논문으로는 金子宏直, 株主代表訴訟における辯護士報酬の問題(1), (2), 民商法雜誌 113권 2호, 3호(1995), 213면, 389면.

Ⅳ. 대표소송의 절차법적 문제점

1. 서설

이상에서는 주로 대표소송의 문제점을 corporate governance의 문맥에서 살펴보았다. 그러나 대표소송은 절차법상으로도 여러 가지 어려운 문제들을 제기한다. 이제까지는 대표소송 자체가 실제로 별로 이용되지 않아 이러한 문제들은 별로 부각되지 못한 채 남아 있었다. 그러나 일본에서는 최근 대표소송이 활성화됨에 따라 이들 문제가 표면 위로 떠올라 활발하게 논의되고 있다.[51] 주의할 것은 이들 절차법상의 문제에 관한 논의가 순전히 기술적인 소송법의 차원에서만 진행되고 있는 것은 아니라는 점이다. 그 논의는 경영진의 위법행위에 대한 견제수단으로서의 대표소송에 대한 평가와 밀접하게 관련을 맺고 있다. 이곳에서는 절차법적인 논점 몇 가지를 검토하기로 한다.

2. 담보제공

일본상법상 대표소송이 제기된 경우에 피고인 이사의 청구가 있으면 법원은 원고주주에게 상당한 담보를 공탁할 것을 명할 수 있다(267조 5항).[52] 이러한 청구를 하는 이사는 주주의 제소가 惡意에 기한 것임을 소명하여야 한다(267조 5항-106조 2항). 이러한 담보제공명령은 주주의 제소에 치명적인 타격을 줄 수 있으므로 어떠한 경우에 어떠한 내용으로 이러한 명령이 행해질 수 있는

51 특히 최근에는 절차법학자들이 대표소송에 많은 관심을 보이고 있다. 그 대표적인 예로는 ジュリスト 1062호(1995)의 특집(手續法からみた株主代表訴訟)을 들 수 있다.

52 우리 상법규정(403조 5항-176조 3항)의 문언에 의하면 얼핏 청구의 주체가 이사가 아니라 회사라는 해석도 가능한 것처럼 보인다. 실제로 그러한 태도를 취한 학자도 있다. 이태로 · 이철송, 회사법강의(5판, 1996) 701면. 그러나 대표소송의 구조상 청구의 주체는 피고인 이사로 보아야 할 것이다. 같은 견해 최기원, (주 19), 762면.

가는 중요한 문제이다. 이곳에서는 "惡意"의 내용에 대해서만 논하고자 한다.

담보제공명령을 정당화하는 원고주주의 "악의"의 내용에 대해서는 법원의 판결이 엇갈리고 있다. 1994년 1월 名古屋裁判所는 대체로 회사소송에서의 담보제공에 관한 종래의 재판례에 따라 주주가 피고이사의 책임이 없음을 알면서도 전적으로 이사를 해칠 의도를 가지고 제소하는 경우에 한하여 악의로 본다는 엄격한 해석태도를 취한 바 있다.[53] 그러나 그로부터 반년 후인 1994년 7월 東京地方裁判所는 보다 유연한 견해를 표시하며 원고주주에 무려 2억 6,500만 엔에 달하는 담보제공을 명하였다.[54] 東京地方裁判所는 먼저 "그 해석에 있어서는 '악의'라는 문언 외에도 株主代表訴訟과 담보제공제도의 취지, 제공될 담보의 목적, 악의인정의 절차상의 제약 등을 염두에 두면서 대표소송의 남용을 억제하고 이사 등을 부당한 제소로부터 보호한다는 담보제공제도의 취지를 살리는 것과 아울러 주주의 감독시정권의 발동으로서의 대표소송이 부당한 제한을 받음이 없이 그 기능을 발휘할 수 있도록 균형 잡힌 사고를 할 필요가 있다"고 일반론을 제시하였다. 이어서 담보제공제도는 부당제소에 기한 이사의 손해배상청구권을 보호하기 위한 것이므로 담보제공이 과실에 의한 부당제소의 경우에 제외되는 것은 부당하다고 지적한 후 "악의"의 내용을 다음과 같이 판시하고 있다.

"청구원인의 중요한 부분에 주장 자체가 타당하지 않은 점이 있고 주장을 대폭 보충 또는 변경하지 않는 한 청구가 認容될 가능성이 없는 경우, 청구원인사실의 입증의 가능성이 낮다고 예측할 현저한 사유가 있는 경우, 또는 피고의 항변이 성립하여 청구가 기각될 개연성이 높은 경우 등에 그러한 사정을 인식하면서 굳이 소를 제기하였다고 인정되는 때에는 악의에 기한 제소로서 담보제공을 명할 수 있다고 새기는 것이 상당하다."

53 名古屋地決 1994. 1. 26, 判例時報 1492호, 139면.

54 東京地決 1994. 7. 22, 判例時報 1504호, 121면.

東京地方裁判所의 이러한 해석에 대해서는 긍정적으로 평가하는 견해[55] 도 없지 않으나 다소 의문이 없지 않다. 먼저 "악의"에 관한 재판소의 해석에 의문이 있다. 재판소는 원고주주의 인식의 대상을 다른 회사소송에서의 태도와는 달리 "당해청구가 이유가 없다는 점, 즉 이사가 책임이 없다는 점"이 아니라 "승소의 가능성이 매우 낮다는 점"으로 바꿔 놓고 있다. 이는 결정문에서도 밝히고 있는 바와 같이 과실에 의한 부당제소에 대해서도 담보제공을 명할 수 있도록 하기 위한 것이다. 그러나 원고주주가 부당제소로 인한 불법행위책임을 부담하는 경우와 담보를 제공해야 하는 경우를 반드시 일치시켜 둘 필요가 있는지는 의문이다. 이러한 해석이 더욱 문제되는 이유는 담보제공에 관한 판단이 제소단계에서 행해져야만 하기 때문이다. 제소시점에서 제출된 소송자료만에 기해서 원고의 승소 가능성을 판단한다면 원고는 가지고 있는 모든 자료를 처음부터 제출해야 하므로 수시제출주의에 반한다. 뿐만 아니라 일본법이나 우리 법상 원고주주가 소송에 필요한 정보를 수집하는 수단은 제한되고 있으므로[56] 그같이 해석한다면 대표소송의 제기가 한층 어려워질 것이다.[57]

55 小林=原, (주 4), 48-49면.

56 이 점에 대해서는 小林秀之, "原告株主の資料収集手段," ジュリスト 1062호(1995) 53면 이하.

57 이 논문의 재교 중에 동경지방재판소의 새로운 결정(동경지결 1996. 6. 26, 商事法務 1430호 42면)을 받아보았다. 동경지방재판소는 東京三菱銀行의 대표소송에서 피고의 신청을 받아들여 원고에 3,000만 엔의 담보제공을 명하는 결정을 행하였다. 재판소는 주주가 자신의 주장에 "충분한 사실적 · 법률적 근거"가 없는 사정을 인식하면서도 감히 소를 제기한 경우에는 "악의"에 해당한다는 종전의 태도를 유지하면서 그에 추가하여 새로운 가능성을 제시하고 있다. 즉 대표소송을 수단으로 불법부당한 이익을 얻고자 하는 경우에도 "악의"에 해당한다고 판시하였다. 재미있는 것은 주주의 동기, 목적, 행동이 의심스럽지만 그것만으로 불법부당한 목적이 있다고 단정하기 어려운 경우에도 청구의 근거가 박약하다면 악의를 추인할 수 있다고 판시한 점이다. 傍論으로 동경지방재판소는 원고주주가 여러 가지 면에서 직업적 특수주주(이른바 총회꾼)와 같은 행태를 보였다는 점을 청구의 근거가 박약하다는 점과 아울러 "악의"의 존재를 강하게 추인시키는 요소라고 하고 있다.

3. 회사의 보조참가

(1) 서설

대표소송은 형식적으로는 회사의 권리를 행사하는 것이지만 실질적으로는 회사경영진의 결정에 대한 주주의 공격이라고 할 수 있다. 따라서 이사에 대한 제소요구를 거부한 회사로서는 한 걸음 더 나아가 피고가 된 이사의 방어행위를 돕고 싶어할 수도 있다. 이사가 전혀 잘못이 없는 경우에는 물론이고 이사가 회사이익을 위해서 법을 위반한 경우에도 회사가 회사일 때문에 어려운 처지에 빠진 이사에 도움을 주려고 할 것은 당연하다. 이러한 회사의 원조행위를 어떻게 평가할 것인가는 어려운 문제이다. 회사가 이사를 돕는 방법 중에서 가장 적극적인 것은 피고이사를 위하여 補助參加(민사소송법 65조)를 하는 것이다. 최근 일본에서는 회사의 보조참가의 可否를 놓고 열띤 논의가 진행되고 있다. 이하에서는 보조참가의 문제를 중심으로 논의를 전개하고 마지막으로 이사에 대한 회사의 일반적인 원조행위의 문제를 간단히 검토하기로 한다.

(2) 학설[58]

1) 부정설

이사를 위한 회사의 보조참가를 부정하는 견해의 근거는 다음과 같다. 대표소송의 소송물은 피고인 이사에 대한 회사의 손해배상청구권이므로 회사는 피고가 패소하면 이익을 얻게 된다. 그러므로 회사가 스스로 권리가 없다는 전제하에 피고 측에 가담하는 것은 論理矛盾이다.[59]

58 학설의 정리는 岩原, (주 6), 226-228면에 의존하였다.

59 山下友信, "取締役の責任・代表訴訟と監査役," 商事法務 1336호(1993) 15면; 新谷勝, 株主代表訴訟と取締

2) 긍정설

회사의 보조참가를 긍정하는 견해의 근거는 크게 다음의 세 가지로 나눌 수 있다. 첫째, 회사의 보조참가가 반드시 보조참가제도의 구조에 반하는 것은 아니라는 점이다. 대표소송은 회사의 권리를 대위해서 행사한다는 대위소송적 측면보다는 주주전체의 권리를 행사한다는 대표소송적인 측면이 강하기 때문에 반드시 회사가 자기에게 속하는 권리를 행사하는 소송의 기각을 요구하는 것으로 보아 모순이라고 할 것은 아니다.[60] 또한 당사자개념을 형식적으로 파악한다면 회사도 제3자에 지나지 않기 때문에 보조참가의 이익만 있다면 보조참가가 가능하다.[61] 둘째, 회사는 보조참가를 통해서 경영진의 위축과 이미지훼손을 막을 수 있으므로 이해관계가 있다. 또한 회사의 의사결정의 적법성이라는 회사 자신의 법적 지위가 소송의 쟁점으로서 판단을 받는 것이므로 보조참가의 이익이 있다.[62] 셋째, 회사가 소송자료 내지 증거자료를 제출함으로써 충실한 심리가 이루어질 수 있다.

(3) 판례

과거에는 이론상 논의되는 데 불과했던 이 문제에 관한 재판이 최근 연이어 나오고 있다. 그러나 결론은 일치되지 못한 상태이다.[63] 1995년 11월 東京地方裁判所는 東京商銀信用組合의 조합원대표소송에서 조합의 보조참가를

役の責任(1994) 217면.

60 吉野正三郎, "株主代表訴訟における會社の訴訟參加(下)," 商事法務 1358호(1994), 28면.

61 伊藤眞, "コーポレート・ガバナンスと民事訴訟－株主代表訴訟をめぐる諸問題," 商事法務 1364호(1994), 20면.

62 伊藤, (주 61), 21면.

63 사실 이미 1990년에 회사가 피고 측에 보조참가하여 피고 측이 승소한 사례가 있었다. 大阪地判 1990. 2. 28, 判例時報 1365호, 130면. 그러나 원고 측이 다투지 않았기 때문에 先例로서의 가치에는 의문이 있다. 우리나라에서는 보조참가인이 참가요건을 구비하였는지 여부는 법원의 직권조사사항으로 보고 있다. 宋相現, 民事訴訟法(재전정판 1995) 197면 주 1).

허가하는 결정을 내렸다.[64] 원고는 동경상은신용조합의 조합원으로서 조합의 융자가 위법이고 그것이 피고가 직무상의 의무를 위반한 것이라는 이유로 소를 제기하였다. 裁判所가 조합의 보조참가를 허용하는 결정의 이유를 요약하면 대체로 다음과 같다.

"補助參加人은 訴訟의 결과에 대해서 法律上의 이해관계를 가져야 한다. 보조참가제도의 취지목적은 보조참가인이 피참가인을 보조해서 소송활동을 행함으로써 被參加人의 승소를 돕고 참가인 자신의 이익을 지키기 위한 것이다. 보조참가는 불이익한 판결의 旣判力이 자기에 미치는 것을 피하기 위해서가 아니라 보조참가인의 법적 지위 또는 법적 이익에 事實上의 불이익한 영향이 미치는 것을 방지하기 위하여 인정되는 것이다. 소송의 결과에 '法律上의' 이해관계를 요하는 것은 보조참가인의 이익이 사실상, 경제상의 이익인 것만으로는 불충분하고 법률상의 이익이 아니면 아니 된다는 취지이다. 중요한 것은 참가인이 판결로 인하여 법률상의 이익이 침해된다는 점이지 그 침해가 判決主文 중의 訴訟物에 관한 판단인가 아니면 判決理由 중의 쟁점에 관한 판단인가는 중요치 않다. 따라서 보조참가인이 '판결이유 중의 판단에 대해서만 법률상의 이해관계를 갖는 경우에도 보조참가인이 그 법적 지위(이익)을 지키기 위하여 피참가인을 보조해서 주장입증의 기회가 부여되어야 할 경우'에는 보조참가를 인정해야 한다. 이사의 개인적인 권한남용이 아니라 회사의 정규적인 의사결정이 대표소송의 대상이 된 경우에는 회사는 그 의사결정이 정당한 것으로 인정받는 것에 대해서 독자적인 이익을 가지며 그 이익은 피고이사의 패소판결이 회사에 미치는 영향의 내용에 따라서는 법률상의 이익으로 평가될 수 있다. 事案에서 문제된 것은 조합의 법정한도융자액을 대폭 초과하였는지 여부이다. 만약 이러한 판단이 내려진다면 조합은 행정청으로부터 검사는 물론 업무정지, 해산명령 등 공법상의 감독처분을 받을 가능성이 생기며 앞으로의 융자업무의 방침과 운

64 商事法務 1412호(1996), 38면. 全文은 資料版 商事法務 143호(1996), 163면에 실려 있다.

영방법에도 영향을 받게 된다. 따라서 보조참가인은 소송의 결과에 법률상의 이해관계를 가지며 보조참가를 할 수 있다."

1996년 3월 名古屋地方裁判所는 中部電力의 株主代表訴訟에서 앞서의 東京商銀信用組合決定과는 다른 견해에 입각하여 중부전력이 신청한 보조참가신청을 각하하였다.[65] 裁判所는 民訴法 64조(우리 민소법 65조에 상응)의 "소송의 결과에 관하여 이해관계 있는"이라는 규정을 전통적인 학설에 따라 "본안판결의 주문에서 표시된 소송물인 권리 내지 법률관계의 존부 자체의 판단이 보조참가인의 법률상의 지위에 영향을 미치는 경우를 말한다"고 판시하였다. 사안에서 문제된 것은 중부전력이 한 어업협동조합에 2억 엔을 예탁한 행위가 이사의 선관의무위반에 해당하는지 여부였다. 회사의 예탁결정은 회사내부의 의사결정절차를 거친 것이었다. 회사는 의사결정의 위법성이 문제되고 있으므로 소송결과에 이해관계가 있다고 주장하였으나 裁判所는 의사결정의 위법 여부— 즉 회사의 예탁행위가 법적으로 부당위법 여부— 가 아니라 선관의무의 위반 여부가 문제라고 보았다.

東京商銀信用組合決定에서는 "대표소송에서 회사 등의 정규의 의사결정에 기하여 행해진 임원의 행위의 적부, 당부가 다투어진 경우"에는 회사가 판결의 이유 중에 당해의사결정이 위법, 부당하다고 인정되지 않는 것에 대해서 독자적인 이익을 갖는 것으로 보았다. 그러나 회사가 "정규의 의사결정절차"를 밟았는지 여부와 같은 형식적인 기준에 의해서 보조참가의 허용여부를 가르는 것에는 의문이 있다.

65 名古屋地決 1996. 3. 29, 商事法務 1420호, 40면. 이 결정은 항고심에서 그래도 유지되었다. 名古屋高決 1996. 7. 11. 商事法務 1430호, 43면.

(4) 기능적 고찰[66]

회사가 이사 측에 보조참가를 할 필요를 느끼는 경우로는 대체로 다음의 두 가지를 생각해 볼 수 있다.

(가) 원고주주의 주장이 이유가 없는 경우

(나) 이사의 책임은 인정되지만 비용(소송으로 인한 이미지훼손이나 경영진의 사기저하도 포함)을 고려할 때 소송이 회사이익에 반하는 경우

먼저 (나)의 경우부터 보자. 이미 상세히 살펴본 바와 같이 미국법에서와는 달리 우리 법이나 일본법상 이러한 유형의 대표소송을 경영진이나 감사가 저지할 수 있는 방도는 없다. 즉 우리 법이나 일본법은 이사에 대한 소송과 관련해서는 이들이 중립적인 판단을 하기가 어려운 것으로 판단하고 소송저지권은 인정하지 않은 것이다. 이처럼 회사 측에 불리한 소송을 배제하는 권한은 인정하지 않으면서 피고 측에 보조참가함으로써 피고를 돕는 것을 인정하는 것은 모순이라고 할 수 있다. (가)의 경우에도 마찬가지의 논리를 적용할 수 있다. 또한 (가)의 경우 원고주주의 주장이 이유가 있는지 여부는 법원의 판결에서 확정되기 전에는 반드시 명확치 않다. 그럼에도 불구하고 소송의 진행단계에서 회사 측의 보조참가를 인정하는 것에는 문제가 있다.

(5) 被告理事에 대한 각종 지원행위

회사의 피고이사에 대한 지원행위는 반드시 정식으로 보조참가를 통해서만 이루어질 수 있는 것은 아니다. 회사는 자신의 비용으로 피고이사를 변호하거나 회사의 고문변호사에게 변호를 시킬 수도 있고 피고이사에게 필요한 자료를 제공할 수도 있을 것이다. 회사가 이러한 행위를 모두 행하는 경

66 이하의 서술은 岩原, (주 6), 230-237면에서 시사를 받았다.

우에는 사실상 보조참가를 한 것과 유사한 효과를 거둘 수 있다. 그러므로 보조참가를 허용하는 경우의 문제점은 바로 이들 각종의 지원행위가 제한 없이 허용되는 경우의 문제점과 마찬가지라고 할 수 있다. 이들 지원행위의 허용 여부는 일괄적으로는 논할 수 없고 그 행위유형별로 나누어 고찰할 필요가 있다.[67] 먼저 변호사비용과 관련해서 이사는 대표소송에서 승소하는 경우에도 변호사비용은 회사에 구상할 수 없다는 것이 일본의 통설이다.[68] 그러한 관점에서 보면 회사가 나서서 그것을 부담하면 증여에 해당하고, 피고이사가 현직이사인 경우에는 이사와의 자기거래에 해당할 것이다. 또한 이사의 보수로서도 파악해 볼 수도 있다. 그러나 위와 같은 통설보다는 이사가 회사업무와 관련하여 제소된 경우에는 受任人의 비용상환청구권(우리 민법 688조)에 기하여 會社에 대해서 변호사비용을 청구할 수 있다고 보는 소수설이 타당한 것이 아닌가 여겨진다. 소수설에 의하는 경우에는 이사가 패소한 경우에만 위와 같은 문제가 생길 것이다.[69] 다음에는 회사의 고문변호사가 피고이사를 변호할 수 있는가 하는 문제가 있으나 이에 대해서는 부정설이 유력하다는 점만을 지적하고 넘어가기로 한다. 끝으로 회사가 피고이사에 유리한 소송자료, 증거자료만을 제공할 수 있는가의 문제가 있다. 원칙적으로 회사는 원고나 피고 어느 한쪽에 유리한 정보만을 제공하는 것은 허용되지 않고 자료제공의 면에서는 공평을 유지해야 할 것이다.

67 보다 상세한 것은 岩原, (주 6), 239-243면 참조.

68 岩原, (주 6), 243면 (주 38)의 인용문헌.

69 岩原 교수는 補助參加와 변호사비용부담은 실질적인 차이가 없기 때문에 회사의 보조참가가 허용된다고 보는 경우에도 증여와 마찬가지의 절차를 밟아야 한다고 주장하고 있다. 岩原, (주 6), 241면. 그러나 회사가 보조참가인으로서 행하는 방어활동은 자신의 이익을 위한 행위이기 때문에 그로 인하여 反射的利益을 입을 뿐인 피고이사에게 증여가 이루어졌다고 보는 견해에는 의문이 있다.

4. 대표소송과 화해[70]

(1) 서설

대표소송의 母國이라고 할 수 있는 미국에서는 대표소송은 集團訴訟(class action)의 일종으로 취급되어 법원의 허가를 얻으면 和解가 가능한 것으로 되어 있다. 실제로 미국에서 대표소송은 화해로 종결되는 것이 대부분이다. 그에 따라 주주이익에 반하는 내용의 和解가 성립할 가능성을 제한하는 것이 중요한 과제로 인식되고 있는 실정이다. 그러나 우리나라나 일본의 상법은 화해에 관하여 아무런 규정도 두고 있지 않다. 우리 통설은 주주는 회사의 권리를 대위하여 행사하는 것이므로 和解가 허용되지 않는다고 보고 있다.[71] 그러나 일단 제소된 경우에는 아무리 부담이 되더라도 판결까지 갈 것을 강제하는 것은 부당하다. 미국에서 그처럼 화해가 많이 일어나는 것도 실무상 그 필요가 인정되기 때문일 것이다. 일본에서도 최근에 이르기까지는 대표소송이 별로 없었기 때문인지 이 문제에 관해서는 별반 논의가 없었다. 그러나 대표소송의 증가에 따라 이 문제에 대한 관심도 높아졌다.[72] 이하에서는 일본의 학설의 현황과 실제로 화해가 행해진 선라이즈사건을 간단히 소개하고 문제점을 지적하고자 한다.

(2) 학설

일본에서도 과거에는 화해를 부정하는 부정설이 학설상 다수설이었던 것

70 소의 취하나 청구의 포기에 대해서도 사정은 마찬가지이나 이곳에서는 화해를 중심으로 논하기로 한다.

71 최기원, (주 19), 763면; 이태로=이철송, (주 52), 701면.

72 대표적인 문헌으로 前田雅弘, "株主代表訴訟と和解", 法學論叢 134권 5 · 6호(1994) 247면; 高橋宏志, "株主代表訴訟と訴訟上の和解," 商事法務 1368호(1994) 74면.

으로 보인다.[73] 그 논거는 화해를 허용하면 주주가 회사의 권리의 일부를 처분하는 결과가 된다는 점이었다. 그러나 일단 제소가 되면 판결확정시까지 무조건 소송을 수행해야만 한다는 해석은 현실적인 타당성을 너무나도 결하고 있기 때문에 받아들이기 어렵다.[74] 또한 소송수행권을 갖는 데 불과한 자라고 해서 반드시 화해를 할 수 없다고 해석할 것도 아니다. 예컨대 대표소송과 마찬가지로 법정소송담당에 속하는 파산관재인에 의한 소송에서도 파산관재인은 감사위원의 동의를 얻어서 화해를 할 수 있다(우리 파산법 187조11호).

물론 화해를 허용하다 보면 주주이익에 반하는 화해가 행해지는 경우도 있을 것이다. 그러나 그렇다고 해서 화해 자체를 금지하는 것은 무리이다. 화해에 관한 해석론과 입법론은 결국 화해를 허용하되 그 폐해를 어떠한 방법으로 최소화할 것인가에 집중된다고 볼 수 있다.

(3) 화해의 실제사례: 일본 선라이즈사건

일본에서 아직 화해에 관한 학설의 태도가 일치되고 있지 않은 상황하에서 1994년 최초로 대표소송에서 화해가 성립되어 관심을 모았다. 통상 日本선라이즈(サンライズ)事件이라고 불리는 이 사건은 원래 재테크에 실패한 회사의 대표이사와 그것을 제지하지 못한 이사들의 책임을 묻는 대표소송이었다. 一審에서는 원고주주의 청구를 전부 인용하였다. 그후 이사들은 재판외에서 화해를 하여 항소를 취하하였으며 대표이사와는 항소심에서 소송상의 화해가 성립하였다. 이 사건의 내용은 복잡하나 이곳에서는 화해내용 중 특기할 만한 것만을 소개한다.[75]

73 부정설을 취한 문헌으로는 前田, (주 72), 259면 주 26)에 인용된 글 참조.

74 前田, (주 72), 255면.

75 이 사건에 대해서 보다 자세한 것은 遠藤直哉 외, "日本サンライズ株主代表訴訟事件の一審判決と和解," 商事法務 1363호(1994) 51면 이하 참조. 이곳의 서술은 高橋, (주 72), 77면에 의존하였다.

첫째, 피고대표이사의 배상의무는 회사에 대해서 존재하는 것임이 확인되었으나 회사는 화해의 당사자로 참여하지 않았다.

둘째, 회사에 채무를 이행하는 방법으로 원고소송대리인 변호사의 예금구좌에 송금하는 방식을 택하였다. 그에 따라 변호사는 보수와 실비를 확실히 수령할 수 있게 되었다.

셋째, 대표이사와의 화해액(1억 3,000만 엔)은 1심에서 인용된 금액(2억 9,500만 엔)의 절반에도 못 미치게 정해졌다.

넷째, 화해조항에는 변호사나 주주가 과도한 이익을 얻지 못하도록 하는 감시장치가 전혀 마련되어 있지 않았다.

다섯째, 재판소가 실질적으로 관여하기는 하였으나 구체적으로 어떻게 관여하였으며 주주의 이익을 위해서 어떠한 감시를 행하였는지는 분명치 않다.

여섯째, 화해의 성질상 다른 주주나 회사에 화해의 효력이 미쳐야 하겠으나 화해조항상으로는 그 취지가 분명치 않다.

이러한 화해의 사례는 이론적으로는 물론이고 실질적인 면에서도 주주이익보호의 측면에서 여러 가지 흥미 있는 문제를 제기한다. 이하에서는 화해를 허용하는 긍정설을 취하는 경우에 고려해야 할 몇 가지 문제점들을—위의 화해사례에서 드러난 문제점들과 관련하여—간단히 살펴보기로 한다.

(4) 화해를 허용하는 경우의 문제점

1) 주주의 화해권한

원고 주주에게 과연 화해를 할 수 있는 권한까지도 있다고 볼 수 있는가 하는 문제는 현실적으로 회사를 화해의 당사자로 참여시킴으로써 회피할 수 있다.[76] 회사는 소송이 조기에 원만하게 해결되는 것을 바랄 것이므로 기

76 그것이 과연 이사의 채무면제에 총주주의 동의를 요하는 상법 400조에 비추어 허용될 수 있는지는

꺼이 화해에 참여할 것으로 여겨진다. 그러나 회사가 끝내 참여를 거부하는 경우에는 문제를 피할 수 없다. 그 경우 최선의 방책은 회사에 통지하여 화해에 관여할 기회를 부여함으로써 후에 무작정 화해의 효력을 부인하는 회사에 대해서 그것이 신의칙위반임을 주장할 여지를 남기는 것일 것이다.[77]

2) 이사책임의 면제와의 관계

화해에는 원고주주가 회사의 권리를 일부 양보하는 내용이 포함되는 것이 보통이다. 이처럼 일부의 주주가 이사의 책임을 일부 면제하는 것과 같은 효과를 가져올 수 있는가에 대해서는 의문이 있을 수 있다. 상법 400조가 이사의 면책에 총주주의 동의를 요하고 있기 때문이다. 400조의 장애를 넘기 위해서는 두 가지 방법이 고려되고 있다. 하나는 주주들에게 화해에 대해서 통지를 하는 방법이다. 400조의 주주의 동의는 반드시 주총의 결의로서 행해져야 하는 것은 아니므로[78] 만약 통지라는 사실로부터 주주의 동의를 의제해 낼 수 있다면 이 방법도 가능할 것이다. 그러나 주주가 통지를 받고 아무런 조치도 취하지 않았다 하더라도 법률상 아무런 근거도 없는 상황에서 그러한 동의를 의제하기는 어려울 것이다. 또한 주주수가 많은 대기업의 경우에는 일일이 통지를 하는 것도 수월치 않으려니와 통지받은 주주가 이의를 제기하는 경우에는 더욱 곤란한 문제가 생겨난다. 그러므로 통지와 관계없이 화해의 효력을 인정하는 방법이 필요하게 된다. 한 가지 방법은 400조의 면책의 의미를 유연하게 해석하는 것이다. 주주가 주장하는 회사의 손해액은 반드시 회사의 "실질적인" 손해액이라고 할 수는 없다. 따라서 만약 기준을 후자로 잡는다면 원고주주가 청구액보다 낮은 금액에 화해를 하는 경우에도 "면제"가 행해졌다고 보지 않을 수도 있다. 또한 선라이즈사건에서

별개의 문제이다. 이 문제에 대해서는 따로 살펴본다.

77 高橋, (주 72), 78면.

78 최기원, (주 19), 747면.

와 같이 법원의 판결에서 인용한 금액보다 낮은 금액으로 화해하는 경우에도 만약에 그것이 피고로부터 승소금액을 사실상 회수하는 것이 극히 어렵다는 점을 감안하여 내린 결정이라면 400조의 "면제"가 아니라고 볼 수도 있다. 그러나 이같이 해석한다면 400조의 구속은 피할 수 있는 길이 열리겠지만 400조 적용 여부는 예측하기가 극히 어려워질 것이다. 왜냐하면 그 결정의 기준이 되는 실질적으로 회복 가능한 회사의 손해액이라는 개념은 극히 불명확하기 때문이다.[79]

400조의 취지는 결국 주주의 이익보호라고 할 수 있다. 그러나 400조는 회사가 이사의 책임을 면제하는 행위를 한 명의 주주만 반대해도 허용하지 않는 아주 극단적인 방법을 취하고 있다. 이러한 보호방식은 적용이 용이하다는 장점은 있지만 실제로 주주이익에 도움이 되는 화해도 봉쇄하는 결함을 지닌다. 그러나 이상에서 본 바와 같이 해석론에 의하여 400조의 제약을 피하는 것은 여러 가지로 어렵다. 따라서 결국 해석만으로는 불가능하고 법개정에 의하여 해결할 수밖에 없다. 입법론의 출발점은 먼저 400조를 삭제 내지 완화하는 것이 될 것이다. 그렇다면 주주의 이익은 어떻게 보호할 것인가가 문제이다. 주주에 대한 통지나 법원의 허가를 요하는 방식으로 하면 될 것이다.

V. 결어

이상과 같이 일본의 대표소송제도를 검토하고 나서 느낀 점은 대체로 다음 세 가지라고 할 수 있다. 첫째, 대표소송에 관한 일본의 논의가 지극히 실

79 이러한 해석이 종래의 일반적인 법해석의 경향과 어긋나는 면이 있다는 점에 관해서는 高橋, (주 72), 78면.

질적 · 기능적이라는 것이다. 이러한 경향이 과연 다른 법분야에서도 공통적으로 찾아볼 수 있는 것인지에 대해서는 확신이 없다. 그러나 적어도 회사법학에서는 과거의 개념법학적 · 형식적 논의에서 벗어나 실질적인 효과나 기능을 중시하는 경향이 빠른 속도로 확산되고 있는 것 같다.

둘째, 일본 회사법 및 회사법학의 비약적인 발전을 지적할 수 있다. 물론 대표소송의 활성화만이 그러한 발전의 원동력이라고 하는 것은 옳지 않다. 그러나 대표소송이 그러한 발전에 한몫을 하고 있다는 점은 부인할 수 없을 것이다. 대표소송으로 말미암아 과거에는 전혀 생각이 미치지 못했던 복잡미묘한 문제들이 속속 제기되고 있다. 일본의 학자와 실무가들은 과거의 학문적 전통이나 성과에 의존하는 것만으로는 도저히 이러한 새로운 도전에 제대로 대처할 수 없다. 앞서 지적한 최근의 실질 내지 기능 중시경향은 바로 이러한 사정이 반영된 것으로도 볼 수 있을 것이다.

끝으로 주목할 것은 앞서도 잠시 언급했지만 대표소송이 단지 주주이익의 보호수단에 그치는 것이 아니라 일본사회가 운영되는 모습에도 커다란 영향을 미치고 있다는 사실이다. 대표소송이 활성화됨에 따라 정부가 주주이익에 불리한 영향을 미칠 수 있는 결정을 기업에 강요하는 것이 한결 더 어려워졌다. 또한 과거에는 법원의 법적 평가를 받지 않고 그대로 파묻혔던 중요한 문제들이 이제는 대표소송으로 인하여 공개된 분쟁해결의 場인 법원에서 객관적인 법원칙에 의하여 결정되고 있다. 이러한 변화는 조금 과장한다면 "관료의 지배에서 법의 지배에로"라고 요약할 수 있을지도 모른다. "관료의 지배"는 그때그때의 상황에 맞는 융통성 있는 문제해결을 가능케 하는 반면에 자의에 흐르기 쉽다. 사실 위와 같은 변화의 배경에는 관료엘리트에 대한 시민의 불신이 짙게 깔려 있다고 할 수 있다. 한편 "법의 지배"는 융통성은 떨어지나 투명성, 객관성에서는 크게 앞선다. 법률가로서는 아무래도 법의 지배를 선호하게 되겠지만 어느 시대, 어느 사회에서도 반드시 법의 지배의 원리가 실현가능한 것은 아니라고 생각된다. 과연 이제 일본사회는 사회의 운영원리를 법의 지배로 전환하지 않으면 아니 될 단계에 이르렀는가? "법의 지배"라는 원리를 따르면서도 과연 과거와 같은 경제번영을 계속할 수 있을까? 앞으로 흥미를 가지고 지켜봐야 할 점이다.

『서울대학교 법학』 제37권 2호(1996. 9), 164-194면.

* 추기: 2010년 7월 현재까지 약 50여 건의 주주대표소송이 제기된 바 있다. 상법상 원고의 주식보유요건은 5%에서 1%로 완화되었다. 150면의 이사의 책임감면과 관련하여 2001년의 상법개정으로 주주총회의 특별결의, 이사회 결의, 책임한정계약 등 다양한 방법으로 이사의 책임을 제한할 수 있는 제도가 도입되었다. 157면의 회사의 보조참가와 관련하여 2001년 일본 최고재판소는 회사의 이사측 보조참가를 허용하였다(최고재판소 2001. 1. 30. 결정, 判例時報 1740호(2001), 2면). 그 후 제정된 회사법은 그러한 취지를 명시적으로 규정하고 있다(849조 1항). 192면 화해와 관련하여 그것을 명시적으로 허용하는 규정이 상법에 신설되었다(403조 6항).

04

The Demand on Directors Requirement and the Business Judgment Rule in the Shareholder Derivative Suit: An Alternative Framework

I. Introduction

The shareholder derivative action is generally regarded as a useful and necessary device by which shareholders of corporations may deter and remedy abuses of corporate power.[1] Nevertheless, the derivative action has been viewed by many with suspicion. This suspicion has manifested itself in a number of restrictions which hinder the ability of shareholders to bring derivative actions.[2] Among the restrictions are the demand rule and the business judgment rule. The demand rule requires shareholders to seek

1 *See* Dykstra, *the Revival of the Derivative Suit*, 116 U. Pa. L. Rev. 74, 77-82 (1967).

2 Examples of restrictions that have been placed on the derivative suit include: the security for expenses requirement, *e.g.*, N.Y. Bus. Corp. Law 627 (McKinney Supp. 1980), the contemporaneous ownership requirement, e.g., FED. R. CIV. P. 23.1, and the demand rule. *Id*.

redress or action from the board of directors prior to commencing a derivative action. The business Judgment rule adds a degree of finality to the decision of the board of directors on whether to commence legal action against alleged corporate wrongdoers by blocking derivative suits absent allegations that the board of directors failed or were unable to exercise sound business judgements.[3] The finality of the director's decision has been strengthened by recent decisions[4] which enable a "special litigation committee" to exercise the veto power otherwise vested in the board of directors.[5] The litigation committee may consist of even a minority of the total board[6] and may consist of outside consultants.[7] The primary substantive restraint on the committee is that it be able to act in a detached and disinterested manner.[8]

3 *See, e.g.*, Ash v. IBM, 353 F. 2d 491, 493 (3d Cir. 1965), cert, denied, 384 U. S. 927 (1966). What constitutes a failure to exercise sound business judgment or an inability to do so is unclear. *Id*. But it would seem reasonably certain that allegations that the individual directors were personally involved in the wrongdoing or that they demonstrated bad faith would defeat the protection of the business judgment rule. Id.

4 The first of the decision was Burks V. Lasker, 441 U. S. 471(1979), which held that state law should determine whether a group of disinterested directors may block a shareholder derivative action. Id. at 486. The effect of the Burks decision was that a special litigation committee, which was used by the defendants in the case, *Id.* at 474–75, would be permitted if not prohibited by state law. This effect was given further substance by the decisions of Abbey v. Control Data Corp., 603 F. 2d 724 (8th Cir. 1979), cert. denied, 444 U. S. 1017 (1980), and special litigation committee to discontinue a derivative suit under Delaware law. 603 F. 2d at 730; 485 F. Supp. at 279–80.

5 *See, e.g.*, 485 F. Supp. at 279.

6 The necessary make-up of the litigation committee has not been clearly addressed in the decisions. The district court in the Burks decision held that a minority of the board could still block a derivative action. Lasker v. Burks, 404 F. Supp. 1172, 1178–80 (S.D.N.Y. 1975). Nevertheless, implicit in the court's option is the requirement that the litigation committee, at a minimum, constitute a statutory quorum of the entire board. *Id.* at 1175. *see also* Lasker v. Burks, 441 U.S. at 474–75.

7 *See, e.g.*, Lasker v. Burks, 404 F. Supp. 1172, 1175 (S.D.N.Y. 1975) (litigation committee retained a former Chied judge of the New York Court of Appeals).

8 *See,* Abbey v. Control Data Corp., 603 F. 2d at 729–30; Maldonado v. Flynn, 485 F. Supp. at 278–79.

First, this article will suggest that the restrictions on the shareholder derivative suit, particularly the nearly absolute power of the board of directors to block such suits, are largely unnecessary and confusing. Second, it will be demonstrated that the board of directors can easily abuse its power under current doctrines. Last, this article will suggest alternatives which may be more effective and desirable.

This article will concentrate on shareholder derivative actions in federal courts. The discussion will focus on derivative claims against corporate insiders; suits involving third parties are beyond the scope of this article. In addition, the discussion will be limited to the context of the publicly held corporation and the term "corporation," as used in this article, should be interpreted as publicly held corporation.

II. Present Practice

A. The "Demand on Directors" Requirement

1. The Rule

The "demand" rule requires shareholders who wish to bring a shareholder derivative action to first request the board of directors to take appropriate action before the shareholders commence the derivative action.[9] Although not expressly mandated, the demand rule is currently traced to the

9 See Dykstra, supra note 1, at 97.

requirement of rule 23.1 of the Federal Rules of Civil Procedure that the shareholder-plaintiff allege "with particularity the efforts... made... to obtain the action [desired] from the directors..."[10] It is reasoned that the directors of a corporation should be given an opportunity to exercise the power vested in them before permitting shareholders to bring an action on the part of the corporation.[11] The rationale for the demand rule has its limits, but the courts often disagree as to when those limites have been reached.[12] Nevertheless, courts have generally concurred that when the shareholder can demonstrate that making a demand on the directors would be futile the failure to make such a demand will be excused.[13] Futility may be shown by showing that a majority of the board of directors are controlled or dominated by the alleged wrongdoers,[14] there is a substantial and persuasive conflict of interest among

10 FED. R. CIV. P. 23.1 Many states have similar requirements. *See, e.g.*, N. Y. BUS. CORP. LAW §626(c) (Mckinney 1963); COLO. R. CIV. P. 23.1

11 Note, *The Demand and Standing Requirements in Shareholder Requirements in Shareholder Derivative Actions,* 44 U. CHI. L. REV. 168, 171(1976) and cases cited therein.

12 Requirements, such as that in FED. R. CIV. P. 23.1, generally contain no standards for determining when a failure to make a demand on a board of directors prior to commencing a derivative action should be excused. As a result, the determination has been left to the sound discretion of the court. 3B MOORE'S FEDERAL PRACTICE 23.1.19 (2d ed. 1980) (hereinafter cited as MOORE'S). Although the court can generally agree as to the proper standard to be used and the broad circumstances that satisfy that standard, see notes 13-17 infra and accompanying text, they often differ on the specific application of those principles. *Compare* Liboff v. Wolfson, 437 F. 2d 121, 122 (5th Cir. 1971) *and* Herpich v. Wallace, 430 F. 2d 792, 817-18 (5th Cir. 1970) with in re Kauffman Mut. Fund Actions, 479 F. 2d 257, 264-65 (1st Cir.) *cert. denied*, 414 U. S. 857 (1973).

13 *See, e.g.*, Nussbacher v. Continental Ill. Nat'l Bank & Trust Co., 518 F. 2d 873, 877(7th Cir. 1975), *cert. denied,* 424 U. S. 928 (1976); in re Kauffman Mut. Fund Actions, 479 F. 2d 257, 263 (1st Cir.), *cert. denied,* 414 U. S. 857 (1973) (by implication); Liboff v. Wolfson, 437 F. 2d 121, 122 (5th Cir. 1971). In addition to the word "futile" courts have often used such terms as "unless", "Unavailing", or "an idle ceremony". 7A C. WRIGHT & A. MILLER, FEDERAL PRACTICE AND PROCEDURE §1831 at 379-80 (1972) [hereinafter cited as WRIGHT & MILLER].

14 See Note supra note 11, at 173-74 and cases cited therein. The courts have differed as to the facts which must be alleged in order to demonstrate sufficient control to excuse a failure to make a demand. Compare Doctor v. Harrington, 196 U. S. 579, 588 (1905) (by implication) with In re Kauffman Mut.

the directors,[15] when a majority of the board of directors actually participated or acquiesced in the alleged wrongdoing,[16] or when the board has unequivocally expressed its opposition to the suit or the board's intention to take no action on behalf of the shareholder's complaint.[17]

2. Analysis

The Conditions which have been found to excuse a shareholder's failure to request the board to take action prior to the shareholder commencing a derivative suit present, on the surface, a theoretically sound basis on which to determine the applicability of the demand rule. Nevertheless, serious practical difficulties exist in the application of the standards articulated by the courts.

When the alleged wrongdoer owns a controlling percentage of the corporation's stock, the existence of a control relationship between the wrongdoer and the board of directors sufficient to excuse noncompliance with the demand rule is not difficult to establish.[18] But control may exist in

Fund Action, 479 F. 2d 257, 263-64 (1st Cir.), cert, denied, 414 U.S. 857(1973). The majority position appears to be that unsupported allegations of control by the wrongdoer are insufficient to excuse demand. See Note supra note 11. at 174.

15 See, e.g., Landy v. F.D.I.C., 486 F 2d 139, 148-150 (3d Cir. 1973), cert. denied, 416 U. S. 960 (1974) (implicitly adopting the conflict of interest excuse but finding so much conflict present under the tacts of the case). The Landy case illustrates the limits of the conflict of interest excuse. A shareholder relying on the conflict excuse must show a very substantial conflict of the type which precludes the exercise of independent objective business judgment. Id. at 149.

16 The inference of futility has been strongest where it has been shown that a majority of the board actually participated in the alleged wrongful conduct. The inference becomes less when the allegations are merely that majority of the board acquiesced in the conduct. Accordingly, the courts are split over whether allegations of acquiescence are sufficient to excuse demand with majority concluding in the negative. Note supra note 11, at 175-80.

17 Id. at. 180-82.

18 See, e.g., Dopp v. American Elec. Labs, Inc., 55 F R. D. 151, 153 (S.D.N.Y. 1972).

far more subtle forms as well. For Example, a wrongdoer or group of wrongdoers may be in a position to exercise control pressure over the board of directors by virtue of family or other personal ties with the board members.[19] The shareholder confronted with such a more subtle control relationship may find it extremely difficult to prove the existence of that relationship. At the same time, the courts are confronted with the equally difficult task of determining how much control must be shown to excuse noncompliance with the demand rule.[20]

Similar difficulties exist in determining when the board has adopted the necessary unequivocal opposition to taking the action requested by the shareholders. Clearly, the fact that the board had adopted such a position with regard to another suit in another jurisdiction involving the same issues could be evidence of futility.[21] However, when the board has never formally adopted a position or when a considerable amount of time has elapsed since adoption of the position it may be reasonable to conclude the board is not opposed to the action, particularly when new directors have been elected in the meantime.

19 There is empirical evidence that in large American corporations many corporate directors, who appear to be independent. are tied economically or psychologically to the other corporate officers, particularly the chief executive officer. See M. EISENBERG, THE STRUCTURE OF THE CORPORATION 146 (1976); [hereinafter cited as EISENBERG]; Note, The Business Judgment Rule in Derivative Suits Against Director, 65 CORNELL L. REV. 600, 619-22 (1980).

20 The term "control" receives a variety of definitions depending on the context in which it is used. It would appear that in the context of a shareholder derivative action the "control" alleged must be sufficiently great as to make the board incapable of doing its duty. See In re Kauffman Mut. Fund Actions, 479 F 2d 257, 263 (1st Cir.), cert. denied, 414 U.S. 857 (1973). When this level is reached, however, is the subject of a diversity of opinion. See Abbe v. Goss, 411 F. Supp. 923, 924-25 (S.D.N.Y. 1972) (44% ownership sufficient to demonstrate control): Levitan v. Sout, 97 F. Supp. 105, 114 (W.D. Ky. 1951) (concluding that 40% is not sufficient to satisfy the control exception).

21 See Nussbacher v. Continental Ill. Nat'l Bank & Trust Co., 518 F. 2d 873, 878-79 (7th Cir. 1975), cert. denied, 424 U.S. 928 (1976).

The ambiguity in application of the "futility" standards makes it very difficult for the complaining shareholders to determine when demand is required. Although the shareholders could avoid potential difficulties later in the litigation by complying with the demand rule at the outset, it is more likely that the shareholders will attempt to name a majority of the board as defendants and thereby avoid the demand rule.[22] Of course, the shareholders would have to have facts to sustain their allegations during any pretrial dismissal motions. Allegations, however, that the directors violated their fiduciary duty to the corporation by passively acquiescing in an illegal transaction should usually be sufficient to give the shareholders their day in court.[23] Regardless of the final outcome, however, it is clear that the ambiguity in "futility criteria" is likely to add to the time and expense of making the initial determination of whether demand should have been made on the directors.

22 See Philips v. Bradford, 62 F.R.D. 681 688 (S.D.N.Y. 1974). Some courts have held that a failure to make a demand will not be excused when a majority of the board has been named as defendants and there are no allegations that the directors named as defendants actually participated in the wrongful conduct or possessed a conflict of interest or bias. See Jones v. Equitable Life Assurance Soc'y, 409 F. Supp. 370, 372-74 (S.D.N.Y.) 1975). See also Dent, Shareholder Litigation: The Death of the Derivative Suit?, 75 Nw. U.L. Rev. 96 (1980); Note supra note 19, at 630 n. 147.

23 Passively acquiescing in an illegal transaction is likely to run afoul of provisions such as that in New York's corporation law which impose on the directors the duty to perform his obligations "in good faith and with that degree of care which an ordinarily prudent person in a like position would use under similar circumstances." N.Y. BUS. CORP. LAW §717 (McKinney Supp. 1980). See also Dyson, The Director's Liability for Negligence. 40 IND. L.J. 341 (1965).

B. Effect of the Board's Refusal to Sue: The Business Judgment Rule

1. General Application

Assuming that the shareholder complies with the demand rule, or has his noncompliance excused, he must then prove that the express or implied refusal of the board to sue was not a valid exercise of the director's business judgment. As stated in *Ash v. I.B.M., Inc.*,[24] a shareholder derivative suit:

> can be maintained only if the stockholder shall allege and prove that the directors of the corporation are personally involved or interested in the alleged wrongdoing in a way calculated to impair their exercise of business judgment on behalf of the corporation, or that their refusal to sue reflects bad faith or breach of trust in some other way.[25]

Under the business judgment doctrine adopted in Ash, directors would apparently be permitted to refuse to assert even meritorious claims when they can show sound business reasons for their actions.[26]

24 353 F. ed 491 (3d Cir. 1965), cert. denied, 384 U.S. 927 (1966).

25 Id. at 493. States are generally in accord with the Ash doctrine. See, 13 W. FLETCHER, CYCLOPEDIA OF THE LAW OF PRIVATE CORPORATIONS §5822, AT 144-45 (Rev. Perm. ed. 1980) [hereinafter cited as FLETCHER]. The Ash doctrine arises from the notion that corporate involvement in litigation is generally entrusted to the control of the board of directors. As stated in United Copper Sec. Co. V. Amalgamated Copper Co., 244 U.S. 261 (1917), "whether or not a corporation shall seek to enforce in the courts a cause of action for damages is, like other business questions, ordinarily a matter of internal management and is left to the discretion of directors..." Id. at 263.

26 Eg., Ashwander v. Tennessee Valley Auth., 297 U.S. 288, 343 (1935). The exercise of business judgment in deciding not to bring a claim against accused wrongdoers should not be confused with ratifying the accuseds' wrongful conduct. The court, in Gall v. Exxon, 418 F. Supp. 508 (S.D.N.Y. 1976), clearly drew the distinction when it said:

The instances when it has been found that a wrongful refusal to sue has occurred are remarkably similar to those where noncompliance with the demand rule has been excused. A shareholder derivative action can be maintained when it is shown that the directors were unable to exercise sound business judgment because of a conflict of interest or because the alleged wrongdoers exercised control over the directors.[27] In addition, courts have sustained a derivative suit when the directors have participated in an unlawful transaction.[28]

The burden of proving that the decision of the board of directors not to sue was not a legitimate exercise of business judgment is often extremely difficult to satisfy.[29] The business judgment rule, therefore, represents a

The decision not to bring suit with regard to past conduct which may have been illegal is not itself a violation of law and does not result in a continuation of the alleged violation of law. Rather, it is a decision...that pursuit of a cause of action... is not in the best interest of the corporation. Such a determination,... must be made by the corporate directors in the exercise of their sound business judgment. The conclusive effect of such a judgment cannot be affected by the allegedly illegal nature of the initial action which purportedly gives rise to the cause of action.

Id. at 518. Because the business judgment rule and ratification are distinct doctrines, the merits of a shareholder's claim are not solely determinative of whether a refusal to bring suit has been made in bad faith and most courts refuse to consider the merits of a shareholder's claim in deciding whether the board has acted in good faith. See Note supra note 11. at 195 and cases cited therein. Nevertheless, at least one court has permitted a derivative action to proceed over board objection where the claims of the shareholders were clearly meritorious. Epstein v. Schenk, 35 N.Y.S. 2d 969, 981 (Supp. Ct. 1939).

27 See. Ash v. IBM, 353 F.2d 491, 493 (3d Cir. 1965), cert. denied, 384 U.S. 927 (1966); Swanson v. Traer, 249 F. 2d 854, 858 (7th Cir. 1957). But see Issner v. Aldrich, 254 F. Supp. 696, 702 (D. Del. 1966).

28 See Swanson v. Traer, 249 F. 2d 854, 858 (7th Cir. 1957).

29 Under current practice, the plaintiff shareholder bears the burden of proving that the board's decision not to sue was in bad faith or otherwise "wrongful." Ash v. IBM, 353 F. 2d 491, 493 (3d Cir. 1965), cert. denied, 384 U.S. 927 (1966). By placing the burden of proof on the shareholder the limited immunity afforded the directors by the business judgment rule is significantly expanded. Directors reviewing alleged wrongful conduct, protected as they are by the business judgment rule, may be tempted to conduct only a cursory investigation or even deliberately overlook past wrongdoing by their colleagues, particularly when the wrongful conduct is not likely to recur. The strong economic,

significant barrier to the maintenance of a shareholder derivative suit. This barrier becomes even more significant in light of the difficult to apply standards heretofore articulated by the courts.[30]

2. Recent Variation in the Application of the Business Judgment Rule

a. The variation

Because of the difficulties in satisfying the burden of proof and because of the strong policy favoring director control of corporate activity, the business judgment rule has always been a formidable obstacle to pressing a shareholder derivative suit. The obstacle, however, was not insurmountable. In an effort to further insulate themselves and the corporation from shareholder derivative actions, corporate boards of directors are replying increasingly on the business judgment rule, not only as a defense to such suits, but as a device to block shareholder derivative suits altogether.

psychological, emotional and personal ties that can arise between directors, especially when their control and leadership are challenged, must not be underestimated. See M. EISENBERG, supra note 19, at 146; Note, supra note 19, at 619-22. These factors have caused some to argue that "complaining shareholders should be allowed to maintain a derivative action where the corporate claim is clear, the costs of litigation are relatively small in relation to the probable recovery, and a lawsuit would not overly disrupt the commercial relations of the corporation." Note, supra note 11, at 196. Although some change in the business judgment rule is necessary, the change suggested above goes too far. Determining whether a shareholder's claim is "clear" and whether the claim would "overly disrupt" corporate functions would not only pose a Herculean task for the courts but would embroil them in many intricate business judgments. See Note supra note 19, at 627. Such participation by the courts in making business judgments would eviscerate both the policy and effect of the business judgment rule. At the same time, because not all shareholder challenges to a board's decision not to sue will be grounded on the merits of the claim, there is no guarantee that the abuses giving rise to the suggested change would be eliminated.

30 See notes 18-22 supra and accompanying text.

The directors accomplish this variation in the use of the business judgment rule by appointing a "special committee" to review the request of the shareholders that legal action be taken to remedy an alleged wrongdoing.[31] Typically, the special committee will decide that it is not in the best interests of the corporation to press the claim.[32] When the shareholders either initiate an action on their own or continue an action already commenced, the board may request counsel for the corporation or defendant to move for dismissal alleging that the decision not to sue was taken as an exercise of sound business judgment which may not be circumvented by a shareholder action.[33] This device has met with a great deal of success.[34] To be successful, however, the special committee appointed by the board of directors must be comprised of: disinterested" and "impartial" board members.[35] Often the committee will hire very reputable and ostensibly objective outside consultants to add to the committee's credibility as a detached and disinterested body.[36] Of course, the committee must be able to offer some business reason to justify its

31 See notes 4-8 supra and accompanying text.

32 The board of directors is likely to believe, at the time the committee is formed, that a favorable determination will be forthcoming. This belief is not unjustified given the numerous biases that may exist in even technically disinterested directors. See notes 19, 29 supra. At the same time, it must be conceded that a truly disinterested litigation committee is not precluded from commencing suit. Moreover, it must be recognized that there may be many instances where it is legitimately in the best interests of the corporation to forego meritorious claims. Maldonado v. Flynn, 485 F. Supp. 274 (S.D.N.Y. 1980).

33 E.g., Maldonado v. Flynn, 485 F. Supp. 274, 277-78 (S.D.N.Y. 1980).

34 See, e.g., Lewis v. Anderson, 615 F. 2d 778 (9th Cir. 1979); Abbey v. Contro Data Corp., 603 F. 2d 724 (8th Cir. 1979), cert. denied, 444 U.S. 1017 (1980); Cramer v. General Tel. & Elec. Corp., 582 F. 2d 259 (3d Cir. 1978), cert. denied, 439 U.S. 1129 (1979); Rosengarten v. International Tel. & Tel. Corp., 466 F. Supp. 817 (S.D.N.Y. 1979); Siegel v. Merrick, 84 F.R.D. 106 (S.D.N.Y. 1979).

35 See Abbey v. Control Data Corp., 603 F. 2d 724, 729-30 (8th Cir. 1979), cert. denied, 44 U.S. 1017 (1980); Maldonado v. Flynn, 485 F. Supp. 274, 278-79 (S.D.N.Y. 1979).

36 See note 7 supra.

conclusion that no legal action should be taken.[37] Business justifications, however, have not been difficult to formulate.[38]

b. Analysis

The special committee approach to shareholder derivative suits has the advantage of facilitating investigation into the merits of the shareholders' claim.[39] This advantage is negated, however, by the potential for abuse that is inherent in the scheme.

Because the special committee so often includes outside consultants and, by requirement, directors not named as defendants in the proposed action, it is likely to be all but impossible for the shareholders to prove that the directors were less than detached and disinterested investigators. It is particularly difficult to prove bias in light of the fact that the board minutes or committee reports are not likely to contain evidence of bias or bad faith even if it does exist. As a corollary, it is likely that the committee will spend as much time carefully drafting its finding so as to appear to be rational and objective as it does actually investigating the claim. Together the difficulty of proof and the carefully drawn reports make it extremely unlikely that a special committee's determination not to sue will be overturned even when that determination intentionally favors the defendants.

Perhaps a more fundamental weakness in the special committee scheme

37 See, e.g., Maldonado v. Flynn, 485 F. Supp. 274, 284-85 (S.D.N.Y. 1979).

38 Id. at 284 n.35. See also Rosengarten v. International Tel. & Tel. Corp., 466 F. Supp. 817, 821-22 (S.D.N.Y. 1979).

39 By appointing a rather small, specialized committee the costs and time involved in investigating the allegations can be lessened over what they would be if the entire board participated. Moreover, by comprising the committee of outside consultants and disinterested or uninvolved directors a more objective and comlplete investigation may be possible. Bee see notes 19, 29 supra.

is the questionable validity of the premise that there can ever be a "detached and disinterested" committee comprised of directors whose friends, colleagues and business associates are to be investigated. This concern was succinctly stated by the lower court ruling in Burks v. Lasker.[40]

> It is asking too much of human nature to expect that the disinterested directors will view with the necessary objectivity the actions of their colleagues in a situation where an adverse decision would be likely to result in considerable expense and liability for the individuals concerned.[41]

III. An Alternative Framework

Present practice in the area of shareholder derivative suits has resulted in substantial confusion over the power of a board of directors to terminate a shareholder derivative suit. Moreover, present practise creates significant potential for abuse of the business judgment rule by a board of directors, Accordingly, an alternative framework for shareholder derivative actions is required.

A. Strict Enforcement of the Demand Rule

Much of the confusion as to the applicability of the demand rule could be

40 567 F. 2d 1208 (2d Cir. 1978), rev'd, 441 U.S. 471 (1979).

41 Id. at 1212. See also Maher v. Zapata Corp., 490 F. Supp. 348. 354 (S.D. Tex. 1980).

eliminated by adopting a stricter enforcement of the rule. Under the stricter enforcement, a shareholder would be required in nearly every case to make a demand on the board of directors before instituting a shareholder derivative action. The mere unlikelihood that the directors will refuse to take the requested action would not be sufficient to constitute futility. Rather, demand would be required unless there was no resonable basis for believing that the board could objectively assess the shareholder's claim. An example of the is when that entire board is alleged to be involved in the wrongdoing and the facts make such allegations reasonable.[42]

The strict enforcement of the demand rule is supported by policy and reason. It has long been the policy of state corporation statues to vest ultimate managerial decisionmaking on the board of directors.[43] This decisionmaking responsibility necessarily includes the decision of whether to embroil the corporation in a controversy which may be costly, time consuming and adverse to the corporation's public image. Accordingly, it is appropriate that prior to commencement of a derivative action by the shareholders, the board is given an opportunity to review the merits of the underlying allegations and discuss the appropriate action to take. This review and discussion process may promote judicial economy by encouraging

42 See Note supra note 11, at 181–82. This suggestion necessarily means that when it is possible to form a special litigation committee the demand requirement must be satisfied.

43 See, e.g., N.Y. BUS. CORP. Law §701 (McKinney Supp. 1980); ILL. REV. STAT. ch. 32, §157. 33 (1977). The notion that the power of managing the corporation should be vested in the board of directors has been criticized on the ground that it does not reflect corporate realities. In large publicly held corporations, the corporate officers, not the directors, actually manage the affairs of the corporation. Eisenberg suggests that the corporation statutes should be amended to confer on the board a monitoring, rather than management, function. EISENBERG, supra note 19, at 164–68. Even under the Eisenberg proposal, however, the prosecution of claims against corporate insiders would likely be within the monitoring duties of the board.

informal and expedited resolution of the dispute.[44] Finally, shareholders often lack the resources and competence to press the claim adequately in a protracted law suit. Moreover, even when the shareholders are in a position to press their claim aggressively, the demand requirement does not pose a significant obstacle to the shareholder action.[45] Therefore, a strict enforcement of the demand rule is justified.

B. Limiting the Business Judgment Rule

The desirability of strict enforcement of the demand rule notwithstanding, the shareholder derivative suit represents a necessary and effective devise for policing corporate activity. Under present practice, however, the board of directors are in a position to eliminate the shareholder derivative suit as a check on the exercise of corporate power. The power of the board to block a shareholders derivative action is neither necessary nor desirable as a means of protecting the legitimate oversight of corporate action by the board of directors. Accordingly, the decision, even of a disinterested litigation committee, not to pursue a shareholder's claim upon demand should not be binding on the shareholder.[46]

44 See, e.g., Lerman v. ITB Management Corp., 58 F.R.D. 153. 157-58 (d. Mass. 1973); Barr v. Wackman, 36 N.Y. 2d 371. 378-79, 368 N.Y.S.2d 497. 505 (1975).

45 See Note supra note 11. at 172.

46 One commentator has suggested a middle-ground approach to the effect that a decision not to sue would not be binding if a majority of the board are implicated in the alleged wrongdoing. See Dent, supra note 22, at 110. A distinction based on the number of directors implicated in the wrongdoing, however would be undesirable for two reasons. First, such a rule would inevitably encourage sham pleading as shareholders attempt to avoid the binding effect of a board decision by implicating a majority of the board. See Note supra note 19, at 630 n. 147. Second, there is no reason to believe any "structural bias" that may be diminished as the number of directors implicated decreased. Id. at 629.

1. The demand Rule and the Business Judgment Rule

At first glance, making the decision of a disinterested litigation committee nonbinding on the shareholders would appear to be inconsistent with the more strict enforcement of the demand rule advocated above. Closer examination of the relationship between the demand rule and the business judgment rule, however, reveals that no inconsistency exists.

The primary purpose of the demand rule is to afford the board of directors of a corporation an opportunity to review the merits of a shareholder's claim before the derivative action is commenced. The question then arises whether it is necessary, in order to protect the director's ability to manage the corporation, for the decision of the board not to press the claim to be binding on the shareholders.

The rationale for permitting the decision of a disinterested special litigation committee to be binding on the shareholders is twofold. First, it is argued that the board of directors, by virtue of their expertise and continuing oversight of the affairs of the corporation, are in a better position to evaluate the merits of the shareholders' claims in the light of the best long range interests of the corporation.[47] Second, it is argued that permitting the board to block a shareholder derivative action is both necessary and desirable to prevent vexatious "strike suit."[48] Neither of these arguments is persuasive.

47 A shareholder derivative action will generally be sought by a minority of the corporate shareholders. This minority is likely to have fairly narrow interests. The board, on the other hand, is answerable primarily to the majority shareholders and is thus more likely to analyze all factors weighing on the wisdom of commencing a derivative action. See note supra note 11, at 171-72. These factors will likely include relatively long-term factors such as corporate image and morale, See text accompanying notes 52-53 infra.

48 Strike suits are those suits which have as their principles aim the recovery of large attorney's fees,

a. The "Best interests" argument

The decision of a special litigation committee not to bring an action against corporate personnel accused by the shareholders of wrongdoing will generally arise from a consideration of some combination of the following five factors:

- the unfavorable prospects for the success of litigation regardless of the actual merits;[49]

- the costs of conducting the litigation;[50]

- the potential for disruption of corporate management and business;[51]

- the potential for undermining managerial and employee morale;[52] or

- the potential for negative impacts on the public's perception of the corporation.[53]

In order for the "best interests" argument to be persuasive it must be shown that the board of directors is in the best position to assess the factors mentioned above. Moreover, and perhaps more important, it must be shown that the best interests of the corporation will be protected only if the board's evaluation of the five factors is binding on the shareholders.

rather than the furtherance of corporate well-being. See note 86 infra and accompanying text. Although the prevention of strike is related to protecting the best interests of the corporation, the goal presents its own problems and is worthy of separate consideration.

49 See Maldonado v. Flynn, 485 F. Supp. 274, 284 n. 35 (S.D.N.Y. 1980); Gall v. Exxon Corp., F. Supp. 508, 514 n. 13 (S.D.N.Y. 1976).

50 Id.

51 Id.

52 Id. Also within this category would be the risk that the corporation would be unable to attract or retain competent directors.

53 See Maldonado v. Flynn 485 F. Supp. 274, 284 n. 35 ((S.D.N.Y. 1980).

(1) Likelihood of success and the cost of litigation

The likelihood that potential litigation will be successful and the cost involved in vigorously pressing a claim are legitimate factors to be considered by a board of directors when it considers whether the corporation should commence an action. Nevertheless, it is not appropriate for the board to be able to block a shareholders suit on the basis of the success and cost factors.[54]

The great majority of the costs involved in a shareholder derivative action will be borne by the shareholders whether they be minority or majority shareholders. It is to be expected, therefore, that the board will carefully evaluate the likely costs and potential for success before commencing a derivative action. Moreover, because most counsel undertake shareholder derivative actions on a contingent fee basis,[55] the attorneys for the shareholders are likely to be convinced that the action will succeed before they initiate a costly and time consuming derivative action.[56] Therefore, the board of directors is not the only body that is in a position to adequately and objectively evaluate the

54 See Dent, supra note 22, at 129 (suggesting that factors relevant to determining whether the corporation ought to bring a suit may not be equally relevant in determining whether shareholders ought to be barred from bringing a derivative suit).

55 It is unusual for derivative actions to be initiated by counsel in anticipation of recovery of substantial fees. See R. POSNER. ECONOMIC ANALYSIS OF LAW 450 (2d ed. 1977); N. LATTIN, THE LAW OF CORPORATIONS §114, at 448 (2d ed. 1971). Regardless of the overall merits of the contingent fee, the fact remains that frequently the stakes for individual shareholders are too small to motivate them to bring suit.

56 Derivative actions tend to be complex, time consuming and expensive. Counsel, who is not likely to be paid unless the case is won or settled favorably, is likely to balance carefully the prospects for success in the litigation, the costs involved and the anticipated return should the case succeed. See Developments in the Law, Class Actions, 89 HARV. L. REV. 1318, 1622 n. 180 (1976). See also S. Wallace, Facts and Fallacies of Directors' and Officers' Liability, in Protecting the Corporate Officer and Director from Liability, 25 CORP. LAW & PRAC. COURSE HANDBOOK SER. 121, 126 (W. Carroll ed. 1969).

costs that will be involved with a shareholder derivative action or the chances that such an action will succeed.

Although the corporation is usually a passive participant in a shareholder derivative action,[57] there are certain costs that may be incurred by the corporation as a result of a shareholder derivative action.[58] By virtue of the equitable relief that may be requested, the corporation may be required to file an appearance and answer on behalf of the corporation.[59]

In addition, when the interests of the corporation are threatened by a derivative action, the board may be inclined to employ counsel to represent the interests of the corporation.[60] In many cases legal fees for the corporation will not be substantial.[61] Moreover, the impact of the legal fees and other expenses to the corporation in derivative suits[62] are more likely to be the greatest in unsuccessful litigation.[63] Since, as has been argued

57 The corporation is made a party to the suit so that the court may draft the decree in a manner that will provide the corporation with a recovery. See 13 FLETCHER, supra note 25, §5997, at 507.

58 Id. at 508.

59 See Garlen v. Green Mansions, Inc., 9 A.D. 2d 760, 193 N.Y.S.2d 116, 117 (1959). Under the Garlen decision the appearance must be by independent counsel. Id., 193 N.Y.S.2d at 117.

50 See 13 FLETCHER, supra note 25, §5997, at 507.

61 Id.

62 In addition to legal fees, the corporation may be required to indemnify the defendant directors should they prevail in the litigation. See, e.g., N.Y. BUS. CORP. LAW §724 (McKinney 1963); CAL. CORP. CODE §317(d) (Deering Supp. 1980); DEL. CODE ANN. tit. 8, §145 (1974). The burden imposed by the indemnification requirement may significantly lessened by obtaining insurance. See, e.g., N.Y. BUS. CORP. LAW §727(a) (West Supp. 1980). One might be tempted to argue that the risk of indemnification expenses should be a factor favoring the board's power to block a derivative suit. This argument is undermined, however, in the light of the fact that a corporation may insure against the risk. Moreover, insofar as the indemnification statutes do not distinguish between direct actions against directors and derivative actions, there is little reason to enable the board to avoid the risk of indemnifying its directors in derivative suit when it would be unable to in direct actions. See generally Note, Distinguishing Between Director and Derivative Shareholder Suit, 110 U. PA. L. REV. 1147 (1962).

63 In other words, if the derivative action is unsuccessful and the directors prevail not only will be the corporation be faced with paying attorney's fees for both sides, but it may also have to absorb the indemnification expense if it is not insured.

shareholders are not prone to commence law suits with little chance of success,[64] the costs to the corporation derived from a derivative action are no sufficient to justify adopting a rule that would permit a board effectively to eliminate outside policing by the shareholders.

(2) The Remaining Factors

The remaining factors often cited to justify a board of directors' decision to drop or refuse to press a shareholder claim – disruption of corporate affairs, the destruction of employee morale and adverse publicity – are equally unpersuasive.

At the threshold is the fact that the potential for disruption of corporate affairs, the destruction of corporate morale, and the public's reaction are difficult to measure. The very terms "disruption." "moral," and "public reaction" are vague and easily abused.[65] By contrast, the benefits of a successful shareholder derivative suit are substantial and concrete.[66] Moreover although the potential for abuse exists,[67] the shareholders are

64 See notes 55–56 supra and accompanying text.

65 See Developments, supra note 56, at 1494–95.

66 Although somewhat dated, Judge Rifkind's analysis in Brendle V. Smith, 46 F. Supp. 522 (S.D.N.Y. 1942), continues to reflect the advantages of the derivative action. He said:

Despite the numerous abuses which have developed in conjunction with [derivative] suits they have accomplished much in policing the corporate system especially in protecting corporate ownership as against corporate management. They have educated corporate directors in the principles of fiduciary responsibility... discouraged membership on boards by persons not truly interested in the corporation... [T]he minority effect of such actions has...prevented diversion of large amounts [of money] from stockholders to managements and outsiders... [and has provided] an arsenal of authorities to support...cautioning [directors] who may be disposed to risk evasion of the high standard the courts have imposed [on them].

Id. at 525–26. See also Dykstra, supra note 1, at 77–78.

67 46 F. Supp. at 525. The "strike suit" may be one such abuse. See note 86 infra and accompanying text.

likely to have a lesser motive to abuse the derivative suit than a board of directors is likely to have to block even valid claims.[68]

Even if the factors discussed above could be isolated, measured, and evaluated, it remains true that Congress has expressly approved the derivative action as a means of curbing corporate abuses in securities markets.[69] It would seem appropriate, therefore, to adopt rules which encourage shareholder policing of the corporation's activities rather than discourage it.

(3) An Alternative to the Power of a Board of Directors to Block a Shareholder Derivative Suit.

Given the great potential for abuse of the power of a special litigation committee to block a shareholder derivative suit, an alternative policing mechanism for the derivative actions is necessary; that mechanism could be the courts, The courts could prevent shareholder derivative suits that are clearly contrary to the best interests of a corporation by utilizing the "adequacy of representation" requirement of rule 23.1 of the Federal Rules of Civil Procedure[70] and exercising the broad discretion given to the courts to award attorney's fees in derivative actions.[71]

Rule 23.1 of the Federal Rules of Civil Procedure provides that "[t]he derivative action may not be maintained if it appears that the plaintiff does

68 See generally notes 19, 29 supra and accompanying text.

69 See Securities Exchange Act of 1934, §16(b), 15 U.S.C. §78p(b) (1976), which authorized derivative suits to recover short-swing profits earned by corporate "insiders" notwithstanding the decision of a board of directors not to sue.

70 FED. R. CIV. P. 23.1.

71 See 7A WRIGHT & MILLER §1841 (1972).

not fairly and adequately represent the interest of the shareholders or members similarly situated in enforcing the right of the corporation or association."[72] Like the parallel requirement in the class action, the adequate representation requirement is designed to prevent a conflict of interest among the plaintiff-shareholders purportedly being represented in the action.[73] Clearly, the adequate representation requirement was not intended to be nor must it be interpreted in a manner that would permit the objection of a minority of shareholders to amount to inadequate representation.[74] Nevertheless, rule 23.1 requires that the plaintiff–shareholder represent the interests of shareholders other than himself.[75] A derivative action which is clearly shown to be contrary to the best interests of a corporation must also be contrary to the interests of the shareholders of the corporation, particularly when significant negative pressures on corporate profits can be expected. The shareholder, who commences the action may have an interest in the outcome of the derivative calim based on principles.[76] Accordingly, a court would be justified in dismissing such a derivative action under rule 23.1.[77]

72 FED. R. CIV. P. 23.1.

73 See 7A WRIGHT MILLER §1833, at 393.

74 Arguably, whenever there is a disagreement among the shareholders over whether a derivative action should be commenced a conflict of interest exists. Such a conflict, however, cannot be sufficient to demonstrate inadequacy of representation. Id. at 39. Otherwise, virtually all derivative actions would have to be dismissed. A more cogent reading of 23.1 is that the plaintiff is required only to be an adequate representative for those similarly situated, namely minority shareholders. Id.

75 See Kuzmickey v. Dunmore Corp., 420 F. Supp. 226, 231 (D.C. Pa. 1976).

76 The shareholder's attorney, of course, will be expecting a significant fee. Although arguably ethical management is in the best interests of the corporation over the long–term, neither the shareholder's interest in principles nor his attorney's interest in fees are likely to be deemed consistent with the interests of the remaining shareholders or the corporation.

77 That argument receives considerable support from an analogous situation in the context of class action suits. Many of the factor used in determining whether a plaintiff adequately represent the other members of the class in a class action under Federal Rule of Civil Procedure 23 would also appear to

The court may also control the number of derivative suits brought contrary to the best interests of the corporation by the careful exercise of its discretion to award attorney's fees to a successful plaintiff-shareholder.[78] The courts have always considered the benefits obtained by the corporation as a result of the derivative suit as one of the factors relevant in determining the amount, if any, of attorney's fees that should be awarded.[79] When the derivative action has been shown to be clearly contrary to the best interests of the corporation the court would be justified in denying attorney's fees even to a successful plaintiff. Denying attorney's fees to plaintiffs in a derivative suit that is harmful to the best interests of the corporation would be a potent deterrent to such suits, particularly since the prospect of large attorney's fees is often a major incentive for bringing such actions.[80]

Court policing of the derivative action necessarily will require the court to engage in making at least a limited business judgment on the desirability of permitting the derivative action to continue. The traditional model of

be applicable in derivative under rule 23.1. See 7A WRIGHT & MILLER §1833, at 393 (1972). There may be instances where the very process of litigation could adversely affect the overall interests of the other class members. See generally Development supra note 56, at 1493-95. For example, if the class members are joined in an ongoing business relationship, the costs of litigation, the risk of classwide liability, and adverse publicity may seriously undermine that relationship. Id. at 1494. there is a strong responsibility that a significant conflict of interest can arise in such an instance. It is the responsibility of the court to determine whether the class action should be permitted to continue. Id. at 1495. The court has a similar task in the derivative suit and throught proper execution of that responsibility it may protect the corporation will be adversely affected. Insofar as it is unusual for a derivative action to be contrary to the long-term best interests of the corporation, the burden of proving the undersirability of the litigation should be with the corporation.

78 See 7A WRIGHT & MILLER §1841 (1972).

79 See e.g., Newmark v. RKO General, Inc., 332 F. Supp. 161, 163-64 (S.D.N.Y. 1971). Among the these factors considered by the courts are: (1) the amount of the recovery, (2) the novelty and simplexity of the legal issues, (3) the skill with which the services were performed, number of hours reasonably spent by the attorney in preparing the case. Id.

80 See note 55 supra and text accompanying note 87 infra.78 See 7A WRIGHT & MILLER §1841 (1972).

litigation,[81] however, calls for the judge to act as a somewhat passive umpire settling disputes between two adverse parties.[82] Thus, there will be those who will argue that it is inappropriate for a judge to intrude into matters concerning corporate management. These arguments, however, are not persuasive.

The traditional model of litigation has been significantly altered with the advent of so called public law litigation.[83] Judges have been increasingly thrust into matters requiring the analysis of business policy in order to reach resolution of a conflict. The california General Corporation Law,[84] for example, indicated that the judge may be required to consider whether a derivative suit is consistent with the best interests of the corporation when determining whether the plaintiff-shareholder should be required to furnish security.[85] Indeed, the debate seems to have already shifted from whether to assume the role of business analyst to how to perform the role successfully.

Courts are not necessarily ill-equipped to deal with matters requiring

81 See note 55 supra and text accompanying note 87 infra.ces were performed, number of hours reasonably spent by the attorney in preparing the case. Id.

82 Id. at 1286.

83 Id. at 1284.

84 CAL. CORP. CODE §§1-2319 (Deering Supp/. 1980).

85 Id. at §800(c)(1). Section 800(d) indicates that the court, in ruling on a motion under §800(c)(1), must "consider such evidence... as may be material... to the ground or grounds upon which the motion is based." Id. at §800(d). Such a consideration must necessarily entail some evaluation of the business factors offered by both sides, Cf. Findley v. Garrett, 109 Cal. App. 2d, 166, 177, 240 P.2d 421, 427-28 (1952) (although business judgment of directors will be on the factors alleged, whether the best interests of the corporation would be clearly compromised by a refusal to prosecute a claim). See also Cramer v. General Tel. & Elec. Corp.., 582 F. 2d 259, 275 (3d Cir. 1978); Note supra, note 11, at 196. The position advocated in this article advocates no greater involvement by the court than was evident in Findley. However, this article does advocate altering the analysis from whether the refusal to prosecute the derivative action is so clearly contrary to the interests of the corporation to whether prosecution would be contrary to the best interests of the corporation.

analysis of business policy. Hearings, off-the-bench research, special masters, expert witnesses and consultants are all available to insure that the court is well informed when making its decision. Accordingly, the court should assume a more aggressive posture in policing the shareholder derivative action.

b. Preventing "Strike Suits"

It has often been argued that a board of directors must be able to terminate shareholder derivative suits in order to prevent "strike suits." Much of the persuasiveness of this argument turns of the definition of strike suits that is employed.

One law dictionary defines a strike suit as a "shareholder derivative action begun with hope of winning large attorney fees or private settlements, and no intention of benefiting the corporation on behalf of which suit is theoretically brought".[86] This definition is overly broad and raises the spectre of evils that may not exist.

Although to some it may appear undesirable to permit derivative suits that are motivated largely out of a desire to attain large attorney's fees, the motive of the suit is not always indicative of the merits of the claim or of the desirability of letting the claim to forward. The prospects of large individual recoveries in a shareholder derivative suit are not often bright. Accordingly, the prospect of lucrative fees may serve as a major and legitimate incentive for attorneys to represent shareholders in derivative actions.[87] At the same

86 BLACK'S LAW DICTIONARY 1276 (5th ed. 1979).

87 See note 19 supra.

time, the motive of the attorney is not necessarily indicative of the motive of the shareholders. To the extent that a meritorious derivative action helps correct and deter corporate wrongdoing, the longterm interests of the corporation and society must be furthered. Therefore, insofar as the derivative suit is a socially beneficial private enforcement mechanism, the motives and incentives on the part of either the shareholders or their attorneys for bringing a meritorious claim should be irrelevant.

When a group of shareholders attempt to obtain some personal gain at the expense of the judicial system and their corporation, the derivative suit ceases to be a useful and desirable private enforcement mechanism. A more appropriate definition of a strike suit, therefore, would be a suit commenced for the purpose of obtaining a private settlement or to annoy or embarrass the defendants. Whether or not a derivative action is a strike suit is likely often to be determined with reference to the merits of the claim. The element of shareholder intent, however, is never totally eliminated. It would be patently inappropriate to permit a special litigation committee to make the subjective determination that a derivative claim should be dismissed because it was intended to "embarrass or annoy" the defendants, particularly in light of the fact that all litigation is likely to annoy and embarrass the defendants to some extent.

(1) Alternative means of preventing strike suits

There are alternative measures for preventing strike suits that would not have the potential for abuse or the adverse effect on the derivative action that permitting a board of directors to block a derivative action would have.

Discouraging private settlements, which profit the shareholders but do little to benefit the corporation in the way of correcting the alleged wrongful practice, is essential if the strike suit is to be eliminated. Theoretically, such s settlement is precluded by operation of Federal Rule of Civil Procedure 23.1.[88] Rule 23.1, however, is not always as effective ac it could be. For example, the proposed dismissal or compromise might not reveal the private payment.[89] Moreover, the settlement may become public because the plaintiff did not go through customary dismissal procedures to end the suit.[90] The lack of standards for the approval or rejection of a proposed dismissal or compromise might also impede application of rule 23.1.[91]

Illicit private settlements might be more effectively deterred by establishing a rule which makes the shareholders a constructive trustee on behalf of the corporation of any funds received as a result of a private settlement in a derivative suit.[92] There funds could then be recovered at the suit of the corporation.[93] Moreover, recovery of the funds would not be conditioned upon the corporation showing that it had been injured or suffered loss,[94] nor would it be necessary that the plaintiff actually have commenced, as opposed to merely threatening to commence, a derivative action.[95] The

88 Rule 23.1 provides that "[t]he action shall not be dismissed or compromised without the approval of the court, and notice of the proposed dismissal or compromise shall be given to shareholders or members in such manner as the court directs." FED. R. CIV. P. 23.1. It has been suggested that the adverse effects arising from private settlement of derivative suits was one of the major catalysts for adopting rule 23.1. Haudek, The Settlement and Dismissal of Stockholders' Actions-Part II: The Settlement, 23 SW. L. J. 765, 816 (1969) [hereinafter cited as Haudek Part II].

89 See Haudek Part II, supra note 88, at 816.

90 See Haudek, The Settlement and Dismissal of Stockholders' Actions-Part I, 22 SW. L. J. 767, 776-79 (1968).

91 See generally Haudek, supra note 90, at 770, 783.

92 See Haudek Part II, supra note 88, at 816-17.

93 Id.

94 Id. at 817.

95 Id. at 818.

effective implementation of the constructive trust approach would require the cooperation and participation of the other shareholders. Cooperation could be enhanced by developing some form of reward for shareholders who discover and disclose illicit private settlements.

Strike suits could be further discouraged by enacting and vigorously enforcing statutes that enable victorious defendants to recover their litigation expenses. Under current law the prevailing party in an action may not recover attorney's fees unless expressly permitted by statute.[96] This practice provides the plaintiff in a derivative action a great advantage by enabling him to seek a substantial private settlement without the risk of incurring double litigation expenses.[97] Conversely, the defendant in derivative action is likely to be encouraged to settle privately in order to avoid the risk of substantial litigation costs.[98] By enabling a successful defendant to recoup litigation expenses from the plaintiff, commencing strike suits would become far more risky.[99] Accordingly, strike suits would likely decrease in number.[100]

96 See generally 6 MOORE 54.70[1]. An exception is made when a party has acted in bad faith, vexatiously, wantonly or for an oppressive reason. Id. at 54.77[2] and n.17, at 1709.

97 The fact that attorneys generally undertake derivative suits on a contingency fee basis should have some deterrent impact on frivolous suits. See notes 5-56 supra and accompanying text. Nevertheless, plaintiffs are likely to have fewer costs involved in litigating the claim. See Berlack, Stockholders' Suits: A Possible Substitute, 35 MICH. L. REV. 597, 603 (1937). By enabling a defendant to recover its attorney's fees, the risks to the plaintiff are increased and it becomes less likely that a frivolous or nonmeritorious derivative action will be commenced. See POSNER, supra note 55, at 452-53.

98 Because of the indemnification expense involved, see note 62 supra, the corporation will also be encouraged to settle even when the individual director would prefer to put on a defense.

99 See note 97 supra.

100 Id. It has suggested that a shareholder or corporation may have a tort action against a strike suitor based on malicious use of process or abuse of process. See M. SCHAFFTLER. THE LIABILITIES OF OFFICE: INDEMNIFICATION AND INSURANCE OF CORPORATE OFFICERS AND DIRECTORS

Finally, strike suits may be discouraged by requiring security deposits from derivative suit plaintiffs[101] and by requiring such plaintiffs to be shareholders of record at commencement of the action and throughout the proceedings.[102] Although it is a relatively simple task to avoid security statutes[103] and the contemporaneous holdings requirement,[104] these two devices have prevented strike suits.[105]

IV. Conclusion

Permitting an even ostensibly "disinterested" litigation committee, acting under the authorization of a board of directors, to block a shareholder derivative actions is unnecessary either as a means of adequately protection the board of directors' chief managing body of the corporation or as a means

18(1976). Although such an action theoretically provides some deterrence to strike suits, in practice it may be undermined by the difficult burden of establishing "malice." "willfulness," or the "absence of probable cause." Id. at 18-19.

101 See Dykstra, supra note 1, at 88-94.

102 Id. at 94. Both the security requirement and the contemporaneous holdings requirement have been attacked as being unsupportable, See N. LATTIN, LAW OF CORPORATIONS §106, at 422-23 (2d ed. 1971) (discussing the contemporary holdings requirement); Hornstein, New Aspects of Stockholders' Derivative Suits, 47 COLUM. L. REV. 1, 4 (1947) (discussing security requirements).

103 A security statute could be avoided by simple filing the action in a state which lacks security statute or by bringing the action under federal law. See A. FREY, J. CHOPER, N. LEECH C MORRIS, CASES AND MATERIALS ON CORPORATIONS 706 (2d ed. 1977).

104 The extent to which the contemporaneous holding requirement can be avoided may turn in large measure on the construction given to the requirement by the courts. See Dykstra supra note 1, at 94-97.

105 It should be apparent to the reader that the security and contemporaneous holdings requirement should not be used as the primary deterrent to derivative actions. Rather, they are useful only as supplements to the award of attorney's fee and those devices intended to curb private settlement.

of protecting against undesirable strike suits. At the same time, the litigation committee approach is difficult to police and easily abused.

By removing from the board of directors or its offspring-the litigation committee-the power to block derivative suits, much of the potential for the abuse of the business judgment rule would be eliminated. Moreover, directors, knowing that they can no longer block shareholder derivative shits, may be more inclined to examine a shareholder's complaint carefully and arrive objectively at a proper course of conduct, Finally, strict enforcement of the demand rule could lead to more efficient judical handling of shareholder derivative claims.

Of course the alternatives that this article proposes would not eliminate all of the problems now associated with the shareholder derivative suit. For example, corporate control of a derivative action may give rise to abuses heretofore less common.[106] Moreover, strike suits may be somewhat more prone to arise under the alternative deterrent devices proposed by this article, particularly if the active commitment of the court and nonplaintiff shareholders is not forthcoming.

New abuses will require new safeguards to curb those abuses.[107] Until the

106 Directors, their power to block derivative suits removed, still possess ways of protecting their colleagues when the directors assume control of the litigation. For example directors can ordinarily settle or dismiss an action without court approval. See Haudek, supra note 90, at 772 and cases cited therein. Although a settlement approved by a board controlled by the defendants is subject to judicial scrutiny, see Wolf v. Barkes, 348 F. 2d 994, 996 (2d Cir.) cert. denied, 382 U.S. 941 (1965), the protection afforded is illusory since control is easily avoided by use of the litigation committee and difficult to prove even in the absence of a litigation committee.

107 For example, the ability of directors to protect their colleagues through settle the claim or having it dismissed may be lessened by permitting shareholders to bring suit against such directors for breach of fiduciary duty. See note, supra note 11, at 176 n.60. In light of the broad discretion given to

necessary safeguards arise, however, the social and commercial benefits that can be realized form an effective shareholder derivative suit process would seem to far outweigh the potential for abuse that exists in a system where a board can effectively obstruct shareholder attempts to eliminate corporate wrongdoing.

The Journal of Corporation Law(Spring, 1981), pp.511-529.

* 추기: 이 글이 발표된 1981년 이후 이 문제에 관해서는 수많은 논문이 발표되었다. 179면에서 소개한 특별소송위원회(Special Litigation Committee)의 결정에 대해서 델라웨어주법원은 법원의 내용심사를 허용하고 있지만 다른 주에서는 대체로 위원회의 결정을 경영판단으로 존중하고 있다. William T. Allen 외, Commentaries and Cases on the Law of Business Organizations (2d ed. 2007) 396면. 특별위원회는 늘 주주대표소송이 회사이익에 반한다는 결론을 내림으로써 주주대표소송을 봉쇄하는 수단으로 이용된다고 일반적으로 인식되어 왔다. 그러나 최근의 한 연구에 의하면 실제로 훨씬 더 긍정적인 역할을 수행한다고 한다. Minor Myers, The Decisions of the Corporate Special Litigations Committees: An Empirical Investigation, 84 Indiana Law Journal 1309 (2009).

directors with respect to litigation, however, see Maldonado v. Flynn, 485 F. Supp. 274, 280-81, 284-85 (S.D.N.Y. 1980), the chances for success in such an action are minimal, A more effective approach would be to encourage shareholder intervention in the action under rule 24(a)(2) of the Federal Rules of Civil Procedure. FED. R. CIV. P. 24(a)(2). Rule 24 permits intervention whenever there is a substantial possibility that the representation may prove inadequate. 7A WRIGHT & MILLER §1909, at 520-21 (1972). Although representation in corporate litigation by directors is generally presumed to be adequate vis-a-vis the shareholders, Id at 525-27, this presumption is easily rebutted, One commentatory has opined that "intervention will be allowed, if there is even a hint of collusion between the purported representative and those to whom he is formally opposed in the litigation, or if for any other reason is appears that the representative is not making a diligent effort to protect those whom he represents." Id. at 529-30. Shareholder intervention would limit the board's power to dismiss or settle the claim, see Haudek supra note 90, at 773, and would more adequately assure full and adequate representation.

제3편

주주간의 이익조정

01 소수주주의 보호와 지배주주의 성실의무: 독일법을 중심으로

I. 서설

1. 문제의 제기

1988년 2월 1일 독일의 연방대법원(BGH)은 주식회사의 다수주주는 다른 주주들에 대하여 이른바 성실의무(Treupflicht)[1]를 부담한다는 점을 처음으로

1 Treu(e)pflicht는 일본에서는 주로 성실의무로 번역되고 있다. 예컨대, 神田秀樹, 資本多數決と株主間の利害調整(3), 法學協會雜誌 98권 10호(1981), 1307면. 그러나 우리나라에서는 충실의무란 용어가 사용되고 있다. 예컨대 최기원, 신회사법론(제6증보판, 1991), 395면. 독일에서 이 개념은 때로는 Rücksichtpflicht나 Loyalitätpflicht라는 명칭으로 표현하기도 한다. 예컨대, Lutter, Die Treupflicht des Aktionärs, ZHR 1989, 453과 Wiedemann, JZ 1989, 488. 물론 중요한 것은 그 내용이지 명칭이 아닐 것이다. 충실의무라고 하면 영미법상의 이사의 fiduciary duty의 두 종류, 즉 duty of loyalty와 duty of care 중 전자를 가리키는 것으로 보고 있다. 北澤正啓, 會社法(제3판, 1991), 385면 이하. 일본학자들이 성실의무란 용어를 선택한 것은 이러한 이사의 충실의무와 구별하기 위해서인 것이 아닌가 한다. 우리 상법에는 이사의 충실의무규정이 없지만 Treupflicht와 fiduciary duty를 구별할 필요는 존재하므로 여기서는 일본에서와 같이 성실의무란 용어를 사용하기로 한다.

인정한 판결을 내렸다.[2] 널리 Linotype판결이라고 불리는 이 판결은 BGH가 합명회사나 합자회사와 같은 인적회사의 경우에는 물론이고 물적회사인 유한회사의 경우에도 사원들 사이의 성실의무를 긍정하면서도 주주들 사이의 성실의무만은 부정하였던 종래의 태도를 180도로 전환하였다는 점에서 일단 획기적인 판결로 평가할 수 있다.[3] 특히 실정법에서 명시적인 근거를 찾을 수 없는 포괄적인 법개념을 과감하게 도입하였다는 점에서 최근 판결에 의한 법 창조에 적극성을 보이고 있는 BGH가 내놓은 또 하나의 작품으로 볼 수 있다.[4]

다수주주 내지는 지배주주가 회사의 다른 주주에 대해서 실정법규에 명시되지 않은 포괄적인 의무를 부담한다는 법리는 전혀 획기적인 것이 아니다. 널리 알려진 바와 같이 미국에서는 이미 100여 년 전에 지배주주에게도 이른바 fiduciary duty가 있다는 법리가 판례법상 수용되어 이제는 회사법에서 확고한 자리를 차지하고 있다.[5] 또한 독일법상으로도 그러한 법리는 그리 낯선 것만은 아니다. 뒤에 보다 상세히 살펴보는 바와 같이 독일에서 주주의 성실의무와 같은 개념을 도입하려는 시도는 이미 1937년 주식법 제정 이전부터 존재하였다.[6]

그러나 주주의 성실의무라는 개념은 법률상 명시적 근거도 없고 주주유한책임원칙이나 회사의 사단성에 어긋난다는 다분히 형식적인 이유로 널리

2 BGHZ 103, 184=WM 1988, 325.

3 이 판결에 대한 해설로서 가장 상세한 것은 Lutter, (주 1), 446 이하 참조.

4 회사법분야에서의 법원에 의한 법창조에 대해서는 Ulmer, Richterliche Entwicklungen in Gesellschaftsrecht (1986), 1979~1985 참조.

5 H. Henn &J. Alexander, Laws of Corporations 625 (3rd ed. 1986). 그러나 미국에서도 주주의 Fiduciary duty에 대한 논의가 완전히 정리된 상태라고는 할 수 없다. 다수주주와 소수주주 사이에 엇갈리는 이익을 조정하는 기준으로서의 fiduciary duty의 내용을 어떻게 설정할 것인가 하는 기본적인 문제에 대해서 아직도 논의가 계속되고 있다. 이에 대해서는 Hetherington, Defining the Scope of Controlling Shareholders' Fiduciary Responsibilities, 22 Wake Forest L. Res. 9 (1987) 참조.

6 아래 III. 1 참조.

수용되지는 못하였고 법원도 그것을 부정하였다. 물론 주주의 성실의무가 부정되었다고 해서 그간 독일법상 지배주주의 횡포가 그대로 방치되었던 것은 아니다. 판례와 학설은 민법이나 주식법상의 일반규정을 이용하여 다수주주의 권한남용을 어느 정도 막을 수 있었다. 또한 수차에 걸친 주식회사법의 개정시에 다수주주가 소수주주의 이익을 부당하게 침해할 가능성이 있는 구체적인 상황에 대하여 개별적인 규정이 상당수 마련되었다. 그러나 이들 일반규정과 개별규정은 모두 적용범위나 실효성의 면에서 한계를 지니고 있었으므로 그 규정들의 상위에서 그 규정들이 커버하지 못하는 부분까지도 포괄하는 개념으로서 성실의무와 같은 일반개념의 필요성이 강조되었던 것이다. 따라서 성실의무를 긍정한 위의 BGH판결은 한편으로는 정교하게 발달한 주식법의 규정도 지배주주의 행동을 규율하는 데 한계가 있음을 입증하는 것으로 볼 수 있다.

독일 주식법과 마찬가지로 우리 회사법에도 주주의 성실의무에 대한 명시적 근거는 없다. 그러나 우리 회사법은 다수주주의 자의로부터 소수주주를 보호하기 위하여 이용할 수 있는 개별적인 규정들이 독일 주식법에서보다 훨씬 불충분하다. 특히 우리 회사법의 규율대상은 이사나 감사 등 직무수행자에 한정되어 있기 때문에 그러한 법률상의 직책을 맡지 않으면서 현실적인 영향력만을 행사하는 대주주[7]의 행동을 실효성 있게 규제하기 어렵다.[8] 그러한 어려움은 대주주가 개인이 아니라 기업인 경우, 즉 회사가 특정한 기업그룹에 속하여 애당초 경제적으로 독립성이 없는 경우에 특히 두드러진다. 따라서 우리나라에서도 주주의 성실의무와 같은 일반개념의 도입을

7 실제로 그러한 대주주가 얼마나 많은지는 알 수 없다. 최근의 한 통계에 의하면 상장회사의 대표이사 중 43% 가량이 순수전문경영인이라 한다. 물론 그러한 회사들 중 대주주가 이사직도 맡지 않는 경우가 얼마나 되는지는 알 수 없으나 상당수에 이르리라 짐작된다. 한국경제신문 1991년 10월 29일 8면.

8 일본에서의 논의이기는 하나 현행법규정의 테두리 내에서 대주주의 자의를 억제할 수 있는 방안에 대한 학설에 대해서는 南保勝美, 株式會社における少數者保護(1), 法律論叢 58권 2호(1985) 91-92면 참조.

검토할 필요가 절실하다. 아직 우리나라에서는 이에 대한 논의는 그다지 활발하다고 할 수 없다. 일부 학자들이 조심스럽게 그러한 개념을 인정할 것을 주장하고 있을 뿐이다.[9] 그러나 법의 해석에 있어 비교적 보수적인 우리 법원의 태도에 비추어 법원이 상법에 명시적인 규정이 없음에도 불구하고 주주의 성실의무와 같은 일반적인 의무를 선뜻 인정하리라 기대하기는 어렵다. 따라서 보다 확실한 해결책은 상법을 개정하여 그러한 일반개념을 도입하는 것이라고 할 수 있다. 이러한 관점에서도 최근 주주의 성실의무와 관련된 독일법의 동향을 정확히 이해할 필요가 있다. 이 글의 목적은 바로 그러한 문제의식을 가지고 독일법의 동향을 소개하는 것이다.

2. 논의의 대상 및 순서

성실의무법리는 주식회사만이 아니고 모든 종류의 회사에 대해서 적용할 수 있는 이론으로 실제로 독일에서는 유한회사와 관련해서도 많이 논의되고 있다.[10] 그러나 유한회사가 현실적으로 거의 외면되고 있는 우리나라의 실정을 고려해서 이곳에서는 우선 논의의 대상을 주식회사에 한정하고자 한다.

주주의 성실의무는 회사에 대한 의무와 다른 주주에 대한 의무의 두 가지로 나누어 볼 수 있으나 이곳에서는 후자에 초점을 맞추기로 한다. 한편 의무의 주체로는 지배주주 내지 다수주주가 상정되는 경우가 보통이나 소수주주의 성실의무도 생각할 수 없는 것은 아니다. 실제로 최근 독일에서는 소수주주의 남용적인 소권행사에 대처하는 방안과 관련하여 일반주주의 회사에 대한 성실의무라는 개념이 활용되고 있다.[11] 주주 내지는 회사이익을 보

9 최기원, (주 1), 398면.

10 최근의 대표적인 예로 Winter, Mitgliedschaftliche Treubindungen im GmbH-Recht (1988) 참조.

11 그 최근의 예로 Timm, Treupflichten im Aktienrecht, WM 1991, 481.

다 충실히 보호하기 위해서 주주의 소권을 확대할 것을 주장하는 견해[12]에 상응하여 앞으로 일반주주의 성실의무도 더욱 부각될 것으로 예상되지만 이곳에서는 지배주주[13]의 성실의무만을 다룬다.

이처럼 논의의 대상을 한정하여도 성실의무법리는 회사법의 전반에 걸치는 광범위하고도 근본적인 테마라고 할 수 있다. 성실의무는 회사법의 개별규정의 밑바닥에 깔려 있으면서도 그 개별규정의 적용범위를 넘는 포괄적인 개념이다. 종래 이 개념은 주로 소수주주보호의 문맥에서 논의되었고 앞으로도 주로 그 측면에서 유용성을 발휘할 것임에는 의문이 없다. 그러나 근본적으로 회사법의 목적은 소수주주의 이익을 무작정 도모하는 것이라기보다는 다수주주와 소수주주의 상충하는 이해관계를 합리적으로 조정하는 것이라고 할 것이다. 따라서 성실의무도 단순히 소수주주를 보호하기 위한 수단으로서가 아니라 다수주주와 소수주주 사이의 이해관계를 구체적으로 조정하는 데 필요한 수단으로 파악하여야 할 것이다.

주주 사이의 관계, 특히 지배주주의 자의적인 권한행사를 통제하는 수단에 대해서는 어느 나라의 회사법도 다소간 규정을 두고 있다. 독일 주식법은 그에 대해서 어느 나라 법보다도 자세한 규정을 두고 있다. 특히 지배주주가 개인이 아니라 "기업"[14]인 경우에 대해서는 따로 상세한 콘체른규정을 마련하고 있다. 이들 규정은 어느 한 시점에 한꺼번에 도입된 것이 아니라 주주 사이의 이해대립에 대한 이해가 성숙됨에 따라 시차를 두고 법전에 수용된 것이다. 독일법상 주주의 성실의무가 갖는 의의를 제대로 평가하기 위해서

12 최근의 논의에 대해서는 Brondiecs, Die Aktionärsklage (1988) 참조.

13 지배주주나 다수주주는 모두 그 의미가 객관적으로 명확한 개념은 아니나 이곳에서는 회사의 의사결정을 지배할 수 있는 수의 주식을 보유하는 일인 또는 수인의 주주라고 일응 loose하게 정의된 개념으로 사용하기로 한다.

14 주식법은 기업을 정의하고 있지 않아 많은 논의가 있다. 일반적인 견해에 의하면 지배주주는 법적형태에 관계없이 다른 사업에 대하여 회사이익에 불리한 영향을 줄 수 있을 정도로 강력한 이해관계를 가지고 있는 경우에는 기업에 해당한다. 자세한 것은 Emmerich/Sonnenschein, Konzernrecht (3. Aufl. 1989), S. 44ff. 참조.

는 이들 개별규정을 아울러 살펴볼 필요가 있다. 또한 민법 및 주식법의 일반규정 중에서 성실의무법리와 유사한 목적으로 활용되어 온 규정들도 아울러 검토할 필요가 있다. 다만 콘체른법은 그 중요성에도 불구하고 지면의 제약상 이 글에서 함께 다루지 못하고 별도의 글로 미루기로 한다.[15]

이 글에서는 먼저 성실의무와 관련된 일반규정과 개별규정들을 일별하고 (II), Linotype판결에 이르기까지의 성실의무법리의 발전과정과 Linotype판결의 내용에 대해서 서술하는 (III) 순서로 논의를 진행하기로 한다.

II. 소수주주보호를 위한 일반규정과 개별규정

1. 총설

독일 주식법에서는 소수주주보호를 위한 규정이 여기저기에 산재하고 있다. 이들 규정은 앞서 언급한 바와 같이 어느 한 시점에 일거에 제정된 것이 아니라 회사법에 대한 학설과 판례의 발전에 상응하여 점진적으로 도입되었다. 따라서 이들 규정은 어떤 단일한 지도이념에 따라 일관된 체계를 이루고 있는 것은 아니다. 이들 규정 중 가장 뒤늦게 주식법에 정착한 것은 이른바 콘체른규정이다. 주식법은 지배주주가 개인(Privataktionär)이 아니라 기업(Unternehmen)인 경우에는 지배기업의 영향력행사로부터 종속회사의 소수주주를 보호하기 위하여 상세한 규정을 두고 있다(291조 이하). 입법자는 지배주주가 기업인 경우에는 개인인 경우와 달리 자신의 기업이익을 위해서 종속회사의 이익을 희생시킬 가능성이 높다고 보았다. 따라서 지배주주가 기업인 경우 지배주주와 소수주주 사이의 이익충돌에 대해서는 주식법상의

15 이에 대한 글은 이태로 선생 화갑기념논문집(1992년 3월 발간예정)에 게재할 예정이다.

다른 규정과 아울러 이들 콘체른규정을 적용한다.

이들 콘체른규정 외에도 주식법의 규정은 정도의 차이는 있을지언정 모두 궁극적으로 소수주주보호를 위한 것으로 볼 수 있을 것이다. 그중 특히 소수주주보호를 위한 것으로서 거론되는 것으로는 다음과 같은 것들이 있다: 출자반환의 금지(57조 이하), 부당한 영향력행사로 인한 손해배상(117조), 다수결남용으로 인한 결의의 취소(243조 2항), 특별이해관계 있는 주주의 의결권배제(136조). 이들 구체적 개별규정 이외에도 민법 내지 주식법상의 일반규정 내지 법리 중에서 전부터 지배주주의 자의적인 권한행사에 대한 통제수단으로 동원되어 온 것들이 있다. 주식법의 개별규정의 상당수는 바로 이러한 일반법리가 회사법상 구체화한 것이다. 주주의 성실의무도 바로 그러한 일반법리에 속한다고 볼 수 있지만 그에 대해서는 따로 III에서 다루기로 한다.

2. 지배주주의 통제에 활용된 민법 및 주식법상의 일반규정 내지 법리

(1) 양속규정

독일민법 138조는 선량한 풍속(die guten Sitten)에 위반한 법률행위를 무효로 규정하고 있다. 또한 826조는 고의로 선량한 풍속을 위반하여 타인에게 손해를 입힌 경우에는 배상책임이 있음을 규정하고 있다. 이들 양속규정은 인적회사의 경우에는 다수결의 권한남용을 막는 데 거의 아무런 기능을 하지 못했다.[16] 그러나 주식회사의 경우에는 사정이 달랐다. 제2차 세계대전

16 인적회사에서는 양속규정 대신 일찍이 확립된 사원의 성실의무법리가 주로 원용되었다. Wiedemann, Gesellschaftsrecht Bd. I (1980), S.425.

이전 독일의 최고법원이었던 제국법원(RG)은 많은 판결에서 이들 양속규정을 근거로 다수주주의 의결권남용을 통제하였다. RG의 양속이론은 1937년 주식법에 명문의 규정(동법 197조 2항)으로 도입되었으며 현행 주식법에도 남아 있다(243조 2항).

독일에서 다수주주보호의 문제가 처음 본격적으로 논의된 것은 1884년 주식회사법의 개정시였다.[17] 영국법을 참고하여 주주의 권리를 강화하자는 일부의 주장에 대하여 당시의 입법자는 회사의 이익은 다수결에 의하여 가장 잘 추구될 수 있다는 태도를 견지하였다. 이러한 입법자의 의도에 따라 판례와 학설은 1897년 상법의 제정 후에도 여전히 다수결원칙의 제한을 인정하지 않았다. 이러한 입장을 따른 RG의 판결 중 대표적인 것은 1907년의 Hibernia판결이다(RGZ 68, 235). 제3자가 주식을 사들여 경영권을 장악하려는 데 대항하여 다수주주가 증자결의를 행한 사안에서 RG는 다수결에 의한 결의는 소수주주에게 불리한 경우에도 유효함을 명시하였다.

입법자는 다수결원칙을 고수하면서 주식의 분산소유로 인하여 모든 주주가 회사의 발전에 대해서 공통의 이해관계를 가지게 될 것으로 기대하였다. 그러나 시간이 흐름에 따라 그러한 입법자의 기대와는 달리 대주주가 자기의 이익만을 위하여 회사의 이익을 해치는 방향으로 회사를 운영하는 사례가 빈발하게 되었다. RG는 한동안 이러한 현실을 방관하였으나 마침내 1916년의 한 판결에서부터 양속이론을 채택하여 다수의 횡포를 견제하고자 하였다. RG의 양속이론에 의하면 주주는 의결권행사시 자기의 이익을 추구하여도 무방하지만 자기의 이익과 회사이익이 충돌하는 경우에는 회사이익을 따라야 한다는 것이었다. Wiedemann은 양속이론을 다음과 같이 요약하였다.

17 이하에서 달리 인용의 표시가 없는 부분은 주로 神田秀樹, 資本多數決と株主間の利害調整(2), 法學協會雜誌98권 8호(1981), 1097면 이하에 의존한 것이다.

"주주총회의 결의가 그 내용이 양속에 반하는 경우에는 그 자체로 무효이다. 그러나 그러한 경우는 예외적이다. 결의의 성립에 관해서 양속위반이 있거나 결의의 목적이나 동기가 양속에 반하는 경우에는 취소소송에 의해서 취소될 수 있다. 불법적인 의결권행사나 경영진에 대한 불법적인 영향력행사로 인한 손해배상청구권은 민법 826조에 의해서만 발생될 수 있다."[18]

구체적으로 어떠한 경우에 양속위반으로 판단되었는가에 대해서 여기서 자세히 논할 여유는 없다.[19] 다만 가장 빈번하게 문제가 되었던 것은 경영권의 유지, 강화를 위하여 주주의 신주인수권을 배제하고 자기파에 신주를 배정하여 증자를 결의하는 경우였다. 이때 발행되는 신주는 복수의결권주(Mehrstimmrechtsaktien)인 경우가 많았다. 이러한 신주발행은 제1차 세계대전후 독일이 심한 인플레이션에 시달리던 시기에 외국자본으로부터 독일기업의 경영권을 보호한다는 명분하에 자주 행하여졌다. 이러한 신주발행이 양속위반이라고 선언한 판결들은 회사가 자본을 더 필요로 하지 않음에도 전적으로 다수주주의 경영권유지, 증대를 위해서 신주발행이 행해졌다거나 경영권유지의 필요가 인정되는 경우라도 소수주주의 이익을 보다 덜 해치는 다른 방법에 의하여야 했다는 점을 이유로 들었다.

이러한 RG의 판례이론은 1937년 주식법에 광범위하게 반영되었다. 먼저 명문으로 다수결남용결의의 취소가 인정되었다(197조 2항). 또한 판례에서 양속위반이 문제되었던 구체적인 상황에 대하여 직접 규정을 둠으로써 양속위반이 거론될 여지를 입법적으로 제거하였다. 즉, 복수의결권주식을 원칙적으로 금지하고(12조 2항) 신주인수권배제의 요건을 엄격하게 한 것(153조 3항, 4항) 등이 그 예라고 할 수 있다.

그후 1937년 주식법 197조 2항에 대해서는 양속이론과 관계가 없는 것이라

18 Wiedemann, (주 16), S.426.

19 이에 대해서는 Wiedemann, (주 16), S.426의 주 3)에 인용된 판결들과 龍田節, "資本多數決の濫用とドイジ法," 法學論叢 68권 1호, 69면 이하; 2호, 44면 이하; 69권 1호, 1면 이하(1960, 1961) 참조.

는 견해도 없지 않았지만 다수설과 판례는 그 규정이 양속이론을 회사법적으로 가공한 것이라고 보았다. 그 규정은 현행주식법 243조 2항의 전신이다.

그에 대해서는 뒤에서 설명하기로 한다. 이곳에서는 다수주주와 소수주주 사이의 이익충돌을 양속이론으로 조정하는 것에 대한 Wiedemann의 비판을 소개하는 정도로 그친다. Wiedemann의 비판은 대체로 다음과 같다. 먼저 양속위반의 판단은 극적인 경우에만 내려질 것이다. 양속규정은 원래 사회윤리상의 최소한도를 규정한 것이므로 법원은 일반적으로 자명한 것으로 인정되는 행위기준에 대한 중대한 위반의 경우 이외에는 양속위반이라는 판단을 내리는 것을 주저할 것이다. 사실관계의 치밀한 분석과 포괄적인 이해교량을 요하는 어려운 사안에서는 양속규정은 다수주주의 권한남용을 막기에 불충분하다. 또한 양속이라는 기준은 원래 밀접한 법적 관계가 없는 자들 사이의 행위를 규율하는 것으로서 현재의 일반적인 견해에 의하면 단체의 내부관계에는 보다 엄격한 기준이 요구된다. 양속규정은 다수주주의 이익을 어떠한 조건하에 인정할 것인지의 문제에 대해서는 아무런 실질적인 기준을 제공해 주지 못한다.[20]

(2) 주주평등원칙

주식법 53a조는 "주주는 동일한 조건하에서는 동일하게 취급되어야 한다"고 하여 주주평등원칙을 규정하고 있다. 이 규정은 EC의 제2지침을 국내법에 실현하기 위하여 1978년에 비로소 도입되었다. 그러나 그 이전에도 그 원칙의 존재는 일반적으로 인정되고 있었고 이 규정에 의해서 당시까지 타당하던 법원칙의 내용이 수정된 것은 아니었다.[21]

20 Wiedemann, (주 16), S.426.

21 Wiedemann, (주 16), S.427. 사원평등의 원칙에 대한 명문의 규정은 주식법에만 있고 유한회사법이나 상법(HGB)에는 없다.

주주평등원칙의 요건과 효과는 대체로 다음과 같이 요약할 수 있다.[22]

1) 불평등한 취급을 받음으로써 불이익을 입는 주주가 동의하는 경우에는 주주평등원칙의 위반이 아니다.

2) 평등원칙위반의 주총결의는 취소할 수 있다(주식법 243조 1항). 취소소송을 제기할 수 있는 주주가 불리한 차별을 받는 주주에 한하는가에 대해서는 견해가 대립하고 있다.

3) 평등원칙위반의 존부는 객관적으로 판정한다. 예컨대 20주를 한도로 하는 최고제한의결권제도(Höchststimmrecht. 주식법 134조 1항 2문)를 도입하는 경우에 기존주주의 보유주식이 20주를 상회하기도 하고 하회하기도 한다면 평등원칙위반이다. 그러나 신주발행결의시에 주주개인의 재정사정의 차이는 문제되지 않는다.

4) 평등원칙위반은 불평등한 취급이 자의적인(Willkürlich) 경우에만 인정된다. 불평등한 취급이 회사의 이익과 같은 구체적인 사정에 의해서 정당화되는 경우에는 평등원칙위반이 아니다.

5) 평등원칙은 주주가 주주의 자격으로 관여하는 법률관계에만 적용된다. 주주가 제3자의 자격으로 회사와 상대하는 경우(예컨대 원료를 회사에 공급하는 경우)에는 평등원칙은 원칙적으로 적용이 없다.

6) 콘체른 내에서는 모든 콘체른구성기업을 평등하게 취급해야 한다는 의미의 평등원칙은 존재하지 않는다. 그러나 콘체른의 구성원인 주식회사의 내부에서는 원칙적으로 평등원칙의 적용이 있다.[23]

7) 평등원칙을 지켜야 할 의무의 주체는 기업경영진과 사원총회이다.[24]

주주평등원칙이 다수의 권한의 한계를 이룬다는 점은 널리 인정되고 있다.[25]

22 이 부분은 달리 표시가 없는 한 神田秀樹, (주 1), 1299-1300면(Zöllner의 견해를 요약한 부분)에 의존하였다.

23 Zöllner, Kölner Kommentar zum Aktiengesetz, 1976, Para. 243 Anm. 162.

24 Schmidit, Gesellschaftsrecht (1986), S. 609.

25 Schmidit, (주 24), S. 346.

그러나 실제로 독일에서는 다수결남용을 방지하는 기능을 별로 수행하지 못한 것으로 평가되고 있다.[26] 판결에서 주주평등원칙이 문제된 예는 주로 신주를 일부 주주에게 배정하기 위하여 증자시 다른 주주의 신주인수권을 배제하는 경우, 가장된 이익반환의 경우, 주주가 추가출자에 응할 수밖에 없도록 추가출자에 특별한 이익을 결부시키는 경우 등 세 가지라고 할 수 있다.[27] 그 밖의 경우에는 평등원칙은 양속이론에 덧붙여 언급되었을 뿐인 경우가 대부분이고 실제로 사안해결의 중심논거가 된 예는 거의 없다.[28]

Wiedemann은 주주평등원칙의 한계를 다음과 같이 지적하고 있다.[29] 첫째, 법률 자체가 평등원칙의 침해를 인정하는 경우가 있다. 즉, 다수주주가 이사와 감사직을 독점하고 지배계약[30]을 체결하는 등의 구조적인 변화를 초래하는 것은 그러한 결정이 전적으로 다수주주의 이익만을 위한 경우에도 허용된다. 둘째, 형식적으로는 평등하지만 실질적으로는 일반주주의 이익이 침해되는 경우가 있다. 예컨대 10주를 1주로 병합하는 방법에 의한 감자결의와 같은 경우에는 10주 미만의 주주는 주주의 지위를 상실하지만 평등원칙으로는 구제할 수 없다고 한다. 셋째, 평등원칙의 위반은 불평등취급이 자의적인 경우에만 인정되는데 그 판단은 쉽지 않다. 부당한, 즉 회사 외적인 동기(gesellschaftremden Motiven)에서 행하는 불평등취급은 금지된다. 부당성 여부의 평가시 회사의 이익이나 콘체른이익을 앞세울 때에는 그와 상충되는 이익을 지닌 주주는 보호받지 못한다. 끝으로, 다수주주가 자신의 손해가 결과적으로 소수주주의 손해보다 덜하기 때문에, 또는 회사 외에서 달리 보상을 얻기 때문에 주주로서의 손해를 감수하기로 하는 경우에는 평등

26 神田, (주 1), 1298면.
27 Wiedemann, (주 16), S.427-428.
28 神田, (주 1), 1298면.
29 Wiedemann, (주 16), S.429ff.
30 지배계약(Beherrschungsvertrag)이란 콘체른법상의 기업계약의 하나로 주식회사가 그 회사의 지휘를 다른 기업에 종속시키는 계약을 말한다(291조 1항).

원칙으로는 소수주주를 보호할 수 없다.

이러한 한계에도 불구하고 Wiedemann은 다음과 같은 장점을 들어 주주평등원칙의 존재의의를 인정한다.[31] 첫째, 평등원칙위반을 주장하는 자는 입증책임의 면에서 유리한 지위에 선다. 즉, 그는 취급의 불평등만을 입증하면 되고 그후에는 다수주주가 불평등한 취급을 정당화할 수 있는 사유를 입증하여야 한다. 둘째, 평등원칙은 객관적인 평등취급만을 요하기 때문에 평등한 상태는 반드시 특별한 이익을 반환시키는 방법으로만이 아니라 회사로 하여금 불이익을 받은 주주에 추가지급을 시키는 방법으로도 달성할 수 있다.[32]

(3) 주총결의의 내용통제(Sachkontrolle)[33]

1) 서설—다수결의 내용적 한계

주식회사나 유한회사와 같은 물적회사에서의 의사결정은 투자금액에 비례한 의결권을 갖는 사원들의 다수결, 바꾸어 말하면 자본다수결에 의하는 것이 원칙이다. 따라서 물적회사에서의 의사결정은 결국 다수주주의 의사에 의해서 좌우된다. 다수결원칙은 다수의 의사가 반드시 올바른 것이라서라기보다는 단체의 의사결정이 원활하게 이루어지도록 하기 위해서 수용

31 Wiedemann, (주 16), S.430. 평균원칙에 대한 비판적인 견해로는 Fallkenhausen, Verfassungsrechtliche Grenzen der Mehrheitsherrschaft(1967), S.30: Wiethölter, Interessen und Organisation der Akiengesellschaft (1961), S.103ff.

32 Wiedemann은 두 번째 장점이 부각된 예로 BGH의 한 판결(BGH, WM 1972, 931)을 들고 있다. 그 판결에서 BGH는 유한회사의 사원인 원고를 제외한 다른 사원들이 회사의 사옥에 시가보다 훨씬 저렴한 가격으로 세를 들고 있는 것은 주주평등원칙에 위반하는 이익배당에 해당하는 것으로 보고 원고에게 회사에 대한 일정한 보상청구권을 인정하였다. Wiedemann은 사원에게 일단 제공된 이익을 다시 반환받는 것은 불합리하거나 법적으로 불가능하기 때문에 이 판결의 결론 이외의 현실적인 해결책은 없다고 하였다. Wiedemann, (주 16), S.430-431.

33 이 테마에 대한 가장 본격적인 연구로는 Zöllner, Die Schranken mitgliedschaftlicher Stimmrechtsmacht bei den privatrechtlichen Personenverbänden (1963)을 들 수 있다. 그리고 최근의 논문으로는 Timm, Zur Sachkontrolle von Mehrheitsentscheidungen im Kapitalgesellschaftsrecht, ZGR 1987, 403 참조.

된 것이다. 따라서 다수의 의사가 소수에게 불리하게 작용하지 않는다는 보장은 없다.[34]

앞서 언급한 바와 같이 독일의 판례는 처음에는 다수결원칙을 무제한 존중하였다. 그러나 이미 1910년대부터 양속이론을 적용하여 다수의 결정을 뒤엎는 판결들이 등장하였다. 주목할 것은 1930년대 초의 RG판결인 Victoria판결(RGZ 132, 163)이다. 이 판결에서 RG는 결의시 다수는 전체이익의 테두리 내에서 소수의 이익도 아울러 고려하여야 하고 그것을 보상 없이 침해하여서는 아니 된다는, 당시로서는 상당히 진보적인 견해를 천명하였다.[35] Victoria판결은 다수의 권한은 특별이해관계인의 의결권배제(유한회사법 47조 4항; 주식법 136조 1항)와 같은 이른바 고정적 규정(starre Regelungen)의 제한뿐 아니라 소수이익의 고려의무(Rüksichtspflicht)라는 동적 규정(bewegliche Regelungen)의 제한에도 구속되는 것으로 보았다.[36] 그러나 다수결에도 내용적인 한계가 존재함을 명언한 것은 1978년 BGH의 이른바 Kali & Salz판결(BGHZ 71, 41)[37]이다. 이 판결을 계기로 한동안 잠잠했던 논의가 재연하였다.

Timm에 의해 다수결의 내용통제(Sachkontrolle von Mehrheitsentscheidungen)라는 이름으로 불리고 있는[38] 이 개념은 주주의 성실의무이론의 한 갈래로 포섭시킬 수도 있겠지만 성실의무가 BGH에 의해 인정되기 전부터 별도로 논의되어 온 것이므로 이곳에서는 따로 설명하기로 한다.

34 실제로 다수결이 남용되는 경우가 흔하다는 점에 대해서는 Timm, (주 33), S.405 Fn.9 참조.

35 Timm, (주 33), S.404-405.

36 이러한 고정적 규정과 동적 규정이라는 개념은 원래 Zöllner, (주 33), S.97 ff.에서 유래한 것인바 그 번역은 神田秀樹, 資本多數決と株主間の利害調整(1), 法學協會雜誌 98권 6호(1981)에 따랐다. 양 규정의 차이는 법원이 그 규정을 적용할 때에 개개의 구체적 사정을 고려할 필요가 있는지 여부에 있다.

37 이 판결에 대한 평석으로는 Lutter, Materielle und förmliche Erfordernisse eines Bezugsrechtsausschlusses, ZGR 1979, 401 참조.

38 Timm, (주 33).

2) Kali & Salz판결

이 판결의 사실관계는 다음과 같다.[39]

甲회사와 그 자회사인 乙회사는 丙주식회사의 주식 43.4%를 보유하였다. 또한 甲, 乙, 丙은 丁주식회사의 주식을 각각 43%, 7%, 50%씩 보유하였다. 1972년 丙회사의 주주총회는 다른 주주의 신주인수권은 배제하고 신주를 甲에게만 배정하는 내용의 증자결의를 통과시켰다. 그 결의에 의하면 甲은 신주인수대가로 현금 대신 자신이 보유하고 있는 丁회사주식을 현물출자하였다. 그 결과 丙은 丁회사주식의 93%를 보유하게 되었고 이어서 丁회사는 조직변경법(Umwandlungsgesetz) 15조에 따라 전 재산을 丙에게 양도하고 해산하였다. 한편 乙은 丁의 재산양도시 조직변경법 15조에 따라 발생한 소수주주의 보상청구권을 현물출자하여 丙회사의 신주를 취득하였다. 그러한 조치 후 丙회사의 자본은 2배로 증가하였고 甲과 乙은 丙주식의 71.7%를 소유하기에 이르렀다. 실질적으로는 丙회사가 丁회사를 흡수합병한 것과 같은 결과가 되었다. 丙회사의 소수주주인 원고는 이러한 결의는 첫째, 주식법 186조와 그 배후에 있는 주주평등의 원칙에 위반한다는 이유로 주식법 243조 1항에 기한 취소를 구하고, 둘째, 신주발행시 丁회사와 丙회사의 기업평가가 부당하였다는 이유로 주식법 243조 2항 1문에 기한 취소를 구하였다. 이에 대하여 丙회사는 증자결의는 악화된 재무상태를 회복시키기 위하여 필요한 조치이고 기업평가도 상당한 것이었다고 항변하였다.

제1심과 제2심은 물론 BGH도 원고의 청구를 배척하였다. 그러나 중요한 것은 소송의 결과가 아니라 BGH가 전개한 일반론이었다. 즉 BGH는 신주인수권을 배제하여 행하는 신주발행결의가 유효하기 위해서는 구체적 상황하에서 당해 신주발행이 회사이익을 위하여 필요(erforderlich)할 뿐 아니라 수단으로서도 상당한(verhältnismäßig) 것이어야 한다고 판시함으로써 그간 학

39 이하의 사실관계는 주로 神田, (주 1), 1319-1320면에 의존한 것임.

설상 주장되어 온 필요원칙과 비례원칙의 적용을 긍정하였다.[40] 주식법 186조 3항은 출석주주의 의결권이 4분의 3 이상의 동의를 요한다는 것만을 규정하고 있을 뿐이므로 과거의 학설과 판례는 다수주주는 양속규정이나 주주평등원칙에 반하지 않는 범위 내에서 재량을 갖는다고 보았다.[41] BGH는 Zöllner를 비롯한 일부 학자들의 주장을 수용하여 양속규정이나 주주평등원칙과는 별도의 내용적 한계를 인정한 것이다.

3) 내용적 한계의 근거

이러한 결의의 내용적 한계의 근거는 주주의 성실의무에서 찾는 것이 일반적이다.[42] 반면 Flume와 같이 주주의 성실의무를 부정하는 학자는 자본회사의 이익(Interessen der Kapitalgesellschaft)에 의한 다수의 구속에서 그 근거를 찾고 있다.[43] 그러나 이제는 BGH도 성실의무를 긍정하고 있으므로 내용적 한계의 근거는 성실의무에서 찾는 것이 자연스러울 것이다. 그렇다면 이제 문제는 주주의 성실의무의 근거가 무엇인가 하는 것이다. 이에 대해서는 뒤에 성실의무를 설명할 때 살펴보기로 한다.

4) 내용통제의 적용범위

위의 Kali & Salz판결은 주식법 186조의 신주인수권을 배제하는 결의를 대상으로 한 것이다. 이 판결에서 인정된 다수결의 내용적 한계가 신주인수권배제 결의뿐 아니라 그 밖의 모든 결의에도 적용될 수 있는가에 대해서 견해가 나뉘고 있다.[44] Wiedemann은 이를 긍정한다.[45] 그러나 다수설은 모든

40 그러한 학설의 대표적인 예는 Zöllner, (주 33), S.352f.
41 Lutter, (주 37), S.402.
42 Timm, (주 33), S.408.
43 Flume, Die juristische Person (1983), S.211f.
44 이하의 서술은 주로 Timm, (주 33), S.410-415에 의존하였다.
45 Wiedemann, (주 16), S.435.

결의가 그러한 내용통제의 대상이 되는 것은 아니라고 본다. 어떠한 결의가 그처럼 내용적 한계의 적용을 받지 않는지에 대해서는 다수설 내에서도 의견이 갈리고 있다. 예컨대 Lutter는 원칙적으로 소수주주의 주주권을 침해하는 결의는 모두 내용통제의 대상이 되지만 법률상 이미 소수주주의 이익을 위한 배려가 포함된 경우에는 그렇지 않은 것으로 본다.[46] 그에 의하면 회사의 근본적인 변경(grundlegende Umorganisation)을 초래하는 결의를 제외한 통상의 결의만이 내용통제의 대상이 된다.

한편 Zöllner는 이와는 다른 기준을 제시하고 있다. 즉, 그에 의하면 내용통제의 대상이 되는 것은 사원권의 박탈(Entziehung von Mitgliedschaftsrechten)을 초래하는 결의에 한한다. 그러한 결의의 예로는 신주인수권의 배제, 주식병합, 합병, 이익이전(Gewinnabführung)의 의무부담, 편입(Eingliederung),[47] 조직변경법에 의한 각종의 조직변경을 위한 결의 등이다.

BGH는 내용통제의 대상이 되는 것은 주총결의 중 일부에 불과한다는 견해를 취하고 있다. 그러나 어떠한 결의가 그 대상이 되는가에 대해서 뚜렷한 기준을 제시하고 있는 것은 아니다. BGH가 내용통제의 대상이 된다고 판단한 결의의 예로는 다음과 같은 것들을 들 수 있다: 주주의 신주인수권을 배제하는 증자결의(186조 3항. BGHZ 71, 40), 인허자본(genehmigte Kapital)[48]의 범위 내에서의 신주인수권배제(203조 2항. BGHZ 83, 319), 유한회사사원을 경업금지계약상의 의무로부터 면제함으로써 결과적으로 회사를 콘체른의 구성기업으로 만드는 결의(BGHZ 80, 69), 인적회사를 자본회사로 조직변경시킴으로써 기존의 회사구조에 변경을 초래하는 결의(BGHZ 85, 350).

반면 내용통제의 대상이 되지 않는 것으로 판시한 예로는 다음과 같은 것

46 Lutter, Zur inhaltlichen Begründung von Mehrheitsentscheidungen, ZGR 1981, S.171ff.

47 편입은 지배회사가 종속회사를 법적인 독립성을 유지시키면서 경제적으로는 완전히 하나의 영업부문으로 흡수하는 조치로서 주식법 319조 이하에서 규정되고 있다.

48 정관에 의하여 일정한 범위 내에서 주주총회 대신 이사가 발행을 결정할 수 있는 자본(주식법202조).

들이 있다. 최고의결권주주의 도입(134조 1항 2문)을 위한 결의(BGHZ 70, 117), 유한회사의 해산결의(BGHZ 76, 352), 그리고 가장 최근의 것으로 주식회사의 해산결의(BGHZ 103, 184).

5) 내용통제의 기준

내용통제의 근거나 적용범위에 대해서는 의견이 갈리고 있으나 내용통제의 기준에 대해서는 상당히 의견이 접근하고 있다.[49] 위에서 언급한 바와 같이 학설이나 판례는 모두 이른바 필요원칙과 비례원칙을 인정하고 있다. 즉, 다수의 권한이 한계를 넘는 것으로 인정되기 위해서는 먼저 소수주주의 주주권을 침해하는 결의가 회사이익을 위하여 필요한 것일 뿐 아니라(필요원칙) 그 회사이익이 침해되는 소수주주의 이익에 비하여 상당한 것이어야 한다(비례원칙). 뒤에서 보는 바와 같이 이 필요원칙과 비례원칙은 성실의무의 내용을 구성하는 기준개념으로 받아들여지고 있다.

6) 내용통제이론의 효용

BGH가 주주의 성실의무를 부정하였던 상황하에서 내용통제이론은 성실의무이론의 대용물로서 소수주주의 이익을 보호하는 기능을 수행하였다. 그러나 내용통제법리는 성실의무법리에 비해서 그 적용범위가 제한적이다. 즉 내용통제법리는 주주총회의 결의를 적용대상으로 하는 것이므로 지배주주가 회사기회(corporate opportunity)를 가로채는 경우와 같이 소수주주이익의 침해가 주총결의를 수반하지 않고 이루어지는 경우에는 무력할 수밖에 없다. 한편 내용통제법리는 성실의무로는 해결할 수 없는 독자적인 영역을 가지고 있는 것도 아니다. 따라서 BGH가 이제 성실의무를 정식으로 인정한 이상 통제법리는 성실의무의 한 갈래로서 그 내용을 구체화하는 의미만을

49 Timm, (주 33), S.409-410.

갖게 될 것이다.

3. 소수주주보호를 위한 주식법상의 개별규정

(1) 서설

회사법의 목적이 주주와 회사채권자의 보호에 있는 것이라면 주식법규정은 대부분 정도의 차는 있더라도 소수주주의 이익을 위한 것으로 볼 수 있다. 예컨대 주주에게 부수적인 급부의무를 부과하는 경우에 해당주주 전원의 동의를 요하는 규정(주식법 180조 1항. 동의원칙)도 소수주주의 보호에 기여한다고 볼 수 있다. 그러나 동의원칙은 극히 예외적인 경우에만 제한적으로 적용되고 있으므로[50] 소수주주를 보호하는 기능은 미미하다. 이곳에서는 주식법규정 중에서 소수주주보호에 기여하는 것으로 통상 논의되는 것들만을 다루기로 한다.

(2) 결의요건의 가중

. 주주법은 의결정족수에 대해서 아무런 규정도 두고 있지 않다. 결의요건은 법이나 정관에 다른 규정이 없는 한 투표의 과반수(der Mehrheit der abgegebenen Stimmen)이다(133조 1항).[51] 다른 입법례에서와 마찬가지로 독일 주식법도 일부 중요한 사항에 대해서는 결의요건을 가중하고 있다. 주식법상 결의요건의 가중은 다음 세 가지 방법으로 이루어지고 있다.

50 주식법상 명시적으로 해당주주 전원의 동의를 요하는 경우는 위의 부수적 의무를 부과하는 경우 이외에 주식양도를 제한하는 경우(180조 2항)와 주식회사를 유한회사로 조직변경하는 경우(369조 2항, 3항)밖에 없다. 자세한 것은 神田, (주 17), 1059-1064면 참조.

51 이러한 단순과반수원칙이 적용되는 대표적인 예로는 감사의 선임(101조 1항), 회계감사인의 선임(163조 1항), 이익처분(174조) 등을 들 수 있다.

1) 투표의 4분의 3 이상의 찬성을 요하는 경우[52]

2) 결의에 참여한 주주가 점하는 자본액의 4분의 3 이상에 해당하는 과반수의 찬성을 요하는 경우[53]

3) 결의에 참여한 주주가 점하는 자본액의 10분의 9 이상에 해당하는 과반수의 찬성을 요하는 경우[54]

우리 상법이 특별결의사항의 경우에 과반수주주의 출석과 출석주주의 의결권의 3분의 2를 요구하는 것(상법 434조, 374조)에 비하여 주식법의 결의요건은 한층 더 엄격하다. 따라서 주식법하에서 다수주주가 자기의 이익만을 위하여 회사구조를 근본적으로 변경하는 것은 우리 상법하에서보다 쉽지 않고, 그 한도 내에서 소수주주의 이익이 보호된다고 볼 수도 있다. 그러나 소수주주의 이익보호를 위해서 결의요건을 가중하는 방안은 그다지 바람직하다고 할 수 없다. 먼저 주식법상 주주총회의 결의사항은 한정되어 있다(119조 1항).[55] 다수주주가 소수주주의 이익을 침해하는 것은 반드시 주주총회의 결의를 거치지 않고도 얼마든지 가능하다. 예컨대 종속회사가 직접 활용할 수 있는 사업계획을 지배회사에 양보하는 데는 주총결의가 필요치 않다. 보다 근본적인 문제는 결의요건을 가중하면 다수결 원래의 장점인 원활한 의사결정이 저해된다는 점이다.

52 감사의 해임(103조 1항 2문)이 주된 예이다.

53 법문상으로는 분명치 않으나 이 경우 과반수는 동시에 투표의 과반수라는 보통결의요건도 충족하여야 한다는 것이 통설이다. 이처럼 보통결의요건에 덧붙여 자본의 다수까지 요구하는 이유는 복수의결권주식이나 최고제한의결권주식이 존재하는 경우에는 의결권의 면에서 불리한 주주들을 보호할 필요가 있기 때문이다. Zöllner, Kölner Kommentar zum Aktiengesetz (1985), Para. 197, Anm.32. 이 경우는 특별결의사항의 대부분을 차지하고 있다. 그 대표적인 예로는 기업계약(Unternehmensvertrag)의 체결(293조 1항), 주식회사 간의 합병(340c조 2항, 353조 1항) 등을 들 수 있다.

54 주주수 50인 미만인 주식회사의 유한회사로의 조직변경(369조 3항)이 유일한 예이다. 1965년의 주식법개정시 신주인수권의 배제, 합병, 이익이전계약, 주식회사의 유한회사로의 조직변경의 경우에도 마찬가지의 결의요건을 부과하자는 개정안이 있었으나 통과되지 못하였다. 神田, (주 17), 1058면.

55 주식법 119조 1항에 의하면 이사회가 요구하는 경우에는 업무집행에 관한 사항에 대해서는 주주총회가 결의하는 것이 가능하다. BGH는 1982년 유명한 Holzmüller판결(BGHZ 83, 122)에서 일정한 경우에는 이사회가 주주총회의 결의를 요구할 의무가 있는 것으로 판시하였다.

(3) 출자반환의 금지

주식법 57조 1항은 주주에게 출자(Einlage)를 반환하는 것을 원칙적으로 금지하고 있다. 따라서 주주가 회사에 출자한 현금이나 현물, 즉 회사의 재산은 회사가 해산하기 전에는 대차대조표이익(Bilanzgewinn)의 분배(58조), 자본감소(225조 2항), 제한된 경우의 자기주식취득(71조) 등 명문의 규정에 의하여 허용된 경우를 제외하고는 주주에게 넘겨줄 수 없다. 원래 이 원칙은 회사재산을 충실히 유지함으로써 회사채권자를 보호하는 데 목적이 있다. 그러나 다른 한편으로는 다수주주가 그 지위를 이용하여 회사로부터 부당한 이익을 얻는 것을 막는 기능도 수행한다.[56]

주식법 57조상의 출자반환은 회사가 재산적 이익을 상당한 대가 없이 주주에게 이전하는 경우에 성립한다.[57] 여기서 재산적 이익이란 물건이나 서비스제공을 포함하는 넓은 개념으로 반드시 대차대조표상의 대변에 기재될 수 있는 것에 한정되는 것은 아니다. 대가가 상당한 것인지 여부를 판단할 때에는 회사가 동일한 상황에서 제3자와 동일한 거래를 했을 것인지가 기준이 된다. 바꾸어 말하면 거래가 시장가격으로 이루어졌는지가 기준이 된다. 재산적 이익은 반드시 주주에게 직접 제공되어야 하는 것은 아니고 주주와 특별한 관계가 있는 자에게 제공되어도 무방하다. 이 경우의 특별관계자에는 주주의 배우자, 근친, 자회사 등이 포함된다. 유한회사법(30조 1항)은 출자반환으로 인하여 회사재산이 자본에 미달하게 되는 경우만을 금지하고 있으나 주식법은 그러한 제한을 두고 있지 않다.

출자반환으로 인정되는 경우 주주는 회사로부터 받은 급부(Leistungen)를 반환하여야 한다. 급부가 이익배당으로서 제공된 때에는 주주의 고의나 과

56 Kübler/Schmidt, Gesellschaftsrecht und Konzentration (1988), S.76.
57 이하는 Wiedemann, (주 16), S.440 ff.를 주로 참조하였다.

실이 있는 경우에만 반환의무가 있다(62조 1항). 또한 회사채권자도 회사로부터 변제를 받을 수 없는 경우에는 회사의 반환청구권을 대신 행사할 수 있다(62조 2항). 조문상으로는 주주가 반환해야 할 것은 받은 급부 자체인 것처럼 보이지만 자본유지라는 조문의 취지에 비추어 보면 급부의 재산적 가치의 반환으로 족할 것이다.[58]

출자반환금지원칙은 회사와 주주간의 거래를 무조건 금하는 것이 아니다. 다만 주주라는 이유로 제3자와의 거래에서보다 주주에게 유리한 조건으로 주주와 거래하는 것만을 금한다. 그러나 이 원칙은 회사재산의 유출이 지능적으로 이루어지는 경우에는 실효성을 갖기 어렵다. 예컨대 지배회사와 종속회사 간의 거래에서는 급부가 독특하여 그 시장가격을 찾기 어려운 경우가 많다. 또한 거래가 장기에 걸쳐서 이루어지는 경우에는 대가의 등가성의 평가가 어려울 것이다.

(4) 회사에 대한 영향력의 남용에 대한 책임

주식법은 회사에 대한 영향력을 이용하여 회사나 주주에 손해를 입힌 자의 손해배상책임을 규정하고 있다. 즉 "고의로 회사에 대한 자기의 영향력을 이용하여 이사, 감사, 지배인 또는 대리인(Handlungsbevollmächtigte)으로 하여금 회사 또는 주주에게 손해를 주는 행위를 하게 한 자는 그로 인한 손해를 배상할 의무를 진다. 주주가 회사의 손해에 의하여 간접적으로 입은 손해와는 별도로 손해를 입은 경우 행위자는 주주에게 입힌 손해도 주주에게

58 Schmidt, (주 24), S.673. 다수설은 출자반환금지원칙에 반하는 거래는 민법 134조에 의해서 원인행위나 심지어는 이행행위까지 모두 무효이거나 적어도 민법 306조에 의해서 원인행위가 무효라고 본다. 또한 다수설은 회사의 반환청구는 부당이득반환규정인 민법 812조에 의하여 발생하는 것으로 보며 이행행위까지 무효라고 보는 경우에는 민법 985조, 951조에 의해서도 발생한다고 본다. 그러나 Schmidt는 그러한 해석이 주식법 62조의 존재의의를 무시하는 것이라는 이유로 다수설에 반대하고 주식법 62조만을 적용할 것을 주장한다. Schmidt, (주 24), 674면.

배상할 의무를 진다"(117조 1항). 이 규정은 다수주주가 자신의 이익만을 위하여 소수주주에게 불리한 조치를 회사가 취하도록 하는 경우에 적용될 수 있다. 다수주주가 콘체른법상의 "기업"에 해당하는 경우에는 이 규정 이외에 317조가 적용된다.

이 규정상의 책임의 성질은 일반적으로 불법행위책임으로 보고 있다.[59] 독일민법 826조는 고의로 선량한 풍속을 위반하여 타인에게 손해를 입힌 자에게 배상책임을 부과하고 있다. 주식법 117조는 양속위반을 요건으로 하지 않는다는 점에서 민법 826조보다 적용이 용이한 면이 있다. 이 규정이 고의를 요건으로 하고 있기 때문에 입증이 곤란하지 않을까 하는 의문이 있을 수 있다. 그러나 실무상으로는 고의의 입증을 그렇게 엄격히 요구하고 있지 않다고 한다.[60]

주식법 117조는 다수주주의 권한남용을 억제함에 있어 다음과 같은 한계를 지닌다. 첫째, 영향력의 행사는 입증이 어려운 경우가 많다. 둘째, 주식법은 영향력 행사가 주주총회에서의 의결권행사의 형태로 나타나는 경우에는 그 적용을 명시적으로 배제하고 있다(117조 7항 1호). 따라서 다수주주가 의결권 행사를 통하여 회사에 손해를 입힐 행위를 야기한 경우에는 뒤에서 설명할 다수결남용결의의 취소(243조 2항)나 위의 민법 826조에 의존할 수밖에 없다. 셋째, 주식법 317조의 경우와는 달리 회사의 손해배상청구권을 주주가 단독으로 행사할 수 없다.[61] 다만 주주가 자본의 10분의 1에 해당하는 주식을 점하는 경우에 한해서 이사에 대하여 회사가 배상청구권을 행사할 것을 촉구할 수 있을 뿐이다(147조 1항). 특히 이 점은 117조의 결정적인 약점으로 지적되고 있다. 따라서 117조의 경우에도 주주 각자에게 소권을 인정하

59 이하는 주로 南保, (주 8), 90면 이하 참조.

60 뮌헨대학의 세미나에서 한 변호사가 말한 것이다.

61 회사채권자는 회사로부터 변제를 받을 수 없는 경우에는 회사의 청구권을 대신 행사할 수 있다(117조 5항 1문).

는 콘체른규정을 준용하자는 주장이 나오고 있다.[62] 이상의 단점 때문인지 117조가 적용된 사례는 아주 드물다.[63]

(5) 다수결남용결의의 취소

1) 서설

주식법 243조 1항은 법률이나 정관에 위반한 주총결의는 소에 의하여 취소할 수 있다고 규정하고 있다. Zöllner는 성실의무에 위반한 결의는 이 조항에 의하여 취소할 수 있는 것으로 보고 있다.[64] 주식법은 주총결의의 취소를 구할 수 있는 또 하나의 길을 열어 주고 있다. 즉 주식법 243조 2항은 주주가 의결권의 행사에 의하여 자기 또는 제3자를 위하여 회사나 다른 주주의 손해로 특별이익을 얻고자 그러한 목적에 부합하는 결의를 통과시킨 경우 그 결의는 취소할 수 있으며(1문) 다만 당해결의에서 주주의 손해에 대하여 상당한 보상(einen angemessenen Ausgleich)을 제공한 경우에는 예외라고(2문) 규정하고 있다. 1문은 앞서 살펴본 바와 같이 RG의 양속이론을 법문화한 1937년 주식법 197조 2항 1문을 수정 · 승계한 것이다. 2문은 1965년에야 비로소 신설된 규정이다.[65]

2) 취소요건—243조 2항 1문

243조 2항은 주주가 결의에 의하여 특별이익(Sondervorteil)을 얻으려 하는

62 예컨대 Mertens, Kölner Kommentar, Para. 117 Anm. 39.

63 주주가 승소한 드문 예로 BGH AG 1985, 217 판결을 들 수 있다.

64 Zöllner, Kölner Kommentar, zum Aktiengesetz Para. 243. Anm. 189ff. 위에서 설명한 다수결의 내용통제이론에 의한 취소도 법적인 근거는 결국 이 조항에서 찾아야 할 것이다.

65 1973년법의 입법 당시 주식법개정위원회의 초안에는 다수결의 남용에 대하여 결의취소뿐 아니라 손해배상책임까지 인정하는 조항이 들어 있었으나 채택되지 못하였다. 입법과정에 대해서 보다 상세한 것은 神田, (주 17), 1102면 이하 참조.

경우에 적용된다. 여기서 특별이익이란 보통 회사에 대하여 동등한 입장에 있는 자들 중 일부에만 주어지는 이익으로 이해되고 있다.[66] 그러나 동등한 입장에 있는 자들 모두에게 이익이 미치는 경우에도 특별이익에 해당할 수 있다. 예컨대 회사와 경쟁관계에 있는 기업을 경영하는 주주가 그 회사가 경쟁제품의 생산을 중지할 것을 결의하는 경우에는 그 결의로 인한 이익은 그 주주뿐만이 아니라 다른 경쟁기업에도 미친다. 그러나 그러한 경우에도 규정의 취지상 특별이익에 해당한다고 보아야 한다. 한편 동등한 입장에 있는 자가 없는 경우에는 항상 특별이익이 된다. 그러한 예로는 Frankfurt 고등법원의 1973년 2월 28일 판결(AG 1973, 136)을 들 수 있다. 회사가 그 다수주주와 경영임대차계약(Betriebspachtvertrag)을 체결한 사안에서 법원은 그러한 계약은 계약조건의 내용과 관계없이 그 자체로 특별이익에 해당하며 계약조건의 내용은 회사나 다른 주주의 손해를 판단할 때 고려할 요소라고 하였다.

특별이익은 경제적으로 정당화될 수 없는 이익을 말한다. 그러한 이익에는 재산적 이익뿐 아니라 주주의 의결권지분의 증가와 같은 회사법상의 지위향상도 포함된다. 또한 특별이익은 회사나 다른 주주에게 손해를 주는 것이어야 한다. 손해발생의 단순한 가능성만으로는 충분하지 않다.

1937년 법에는 "고의로"(vorsätzlich)라는 문언이 들어 있었으나 1965년법에서는 그것이 빠져 있다. 그러나 회사 또는 다른 주주에 손해를 입히는 것에 대한 고의는 불필요하지만 특별이익을 얻으려는 것에 대한 고의는 필요하다는 것이 일반적인 견해이다.

3) 상당한 보상의 예외—243조 2항 2문

주식법은 이상의 취소요건에 해당하는 결의라 하더라도 그 결의에서 주주의 손해에 대한 상당한 보상을 정한 경우에는 취소할 수 없다고 하고 있

66 이하 자세한 것은 Zöllner, (주 23), Para. 243 Anm. 208 ff. 참조.

다. 이 예외규정의 의미는 여러 가지로 불확실하다.[67] 우선 이 예외규정의 적용범위가 불분명하다. 주식법에서 따로 보상의무를 규정한 경우, 예컨대 지배계약이나 이익이전계약을 체결하는 경우(340조)에는 이 예외규정이 적용될 여지가 없다. 한편 이른바 사실상의 콘체른의 경우 지배기업의 부당한 영향력행사를 금지하는 311조 이하의 규정은 243조 2항의 적용을 배제하지 않고 동시에 적용된다.[68]

보상의 상당성은 보상이 실제로 대등한 가치를 지니는 경우에만 인정된다. 따라서 보상이 규정되어 있더라도 그것이 불충분한 경우에는 취소를 구할 수 있다.[69] 상당한 보상이 행해진 경우에는 주주뿐만 아니라 이사나 감사도 취소소송을 제기할 수 없다.

보상의 주체는 특별이익을 받는 주주 또는 제3자라는 것이 일반적인 견해다. 회사는 출자반환금지원칙 때문에 이익배당결의의 경우를 제외하고는 보상의 주체가 될 수 없다.

4) 다른 취소사유와의 관계[70]

주주평등원칙에 위반한 결의에 대해서는 243조의 1항과 2항이 동시에 적용될 수 있다는 것이 지배적인 견해이다. Zöllner는 주주의 성실의무에 위반한 결의에 대해서도 1항과 2항을 동시에 적용할 수 있다고 본다. 1항과 2항의 구별의 실익은 1항의 취소는 보상에 의하여 배제할 수 없다는 것이다.

5) 유상증자결의의 취소

일부 또는 모든 주주의 신주인수권을 배제하고 행해진 증자결의시 주식

67 Zöllner, (주 23), Anm. 236 ff.

68 Id. Anm. 255 ff.

69 주식회사의 유한회사로의 변경시 대가가 부당한 경우와 같이 법이 특정한 규정(375조 2항)을 두고 있는 경우에는 243조 2항의 적용이 배제된다.

70 자세한 것은 Zöllner, (주 23), Anm. 230 ff.

의 발행가격이 부당히 낮은 경우에는 그 결의를 취소할 수 있다(255조 2항).

(6) 특별이해관계 있는 주주의 의결권배제[71]

1) 서설

단체의 이익과 충돌하는 이익을 가진 구성원들의 의결권을 배제하는 법리는 오래전부터 인정되어 왔다. 1861년 구상법(ADHGB)은 처음으로 이 법리에 입각한 규정을 받아들였으며 1884년 제2주식회사개정법은 새로이 다음과 같은 규정을 채택하였다.

"당해 결의에 의하여 면책되거나 채무를 면제받게 될 자는 그 결의에서 의결권을 갖지 아니하며 제3자의 계산으로 의결권을 행사할 수도 없다. 자기와의 계약의 체결(Eingehung eines Rechtsgeschäfts)에 관한 결의에 대해서도 마찬가지이다(190조 3항)."

이 규정은 1889년 협동조합법(Genossenschaftsgesetz), 1892년 유한회사법, 1896년 민법, 1897년 상법에 계수되었다. 1897년 상법의 해당규정은 사원에 대한 소송의 개시, 종료의 결의에 관하여도 의결권을 배제함으로써 의결권 배제의 범위를 1884년법에서보다 확대하였다. 그후 1931년의 상법개정시 검사인선임결의에서 당해검사가 이사, 감사의 면책 또는 그들과 회사 간의 소송의 개시에 관한 것일 때에는 당해 이사나 감사는 보유주식의 의결권을 행사할 수 없다는 규정이 도입되었다. 1937년의 주식법에서는 모집설립(Stufengründung)시 회사의 설립을 위한 결의에서 특별이익이나 설립비용을 받는 자, 현물출자를 하는 자, 또는 재산인수의 상대방의 의결권을 배제하는 규정이 신설되었으나 1965년 주식법에서는 모집설립의 제도가 폐지됨에 따라 그 규정도 삭제되었다. 주목할 것은 1937년 주식법에서 주주와 회사 사이의

71 이하의 서술은 특별히 따로 표시한 부분을 제하고 神田, (주 17), 1067면 이하에 의존하였다.

계약체결시에 주주의 의결권을 배제하는 조항이 삭제되었다는 점이다. 현행 주식법에서는 면책이나 채무면제의 결의시의 의결권배제만을 규정하고 있다(136조 1항). 1973년 유한회사법 개정 정부초안에서도 주주와 회사 사이의 거래시의 의결권배제규정의 삭제가 제안된 바 있으나 실현되지 못하였다.

이상에서 언급한 여러 가지의 의결권배제규정 중에서 다수주주와 소수주주의 관계에 비추어 중요한 것은 주주와 회사 사이의 거래시의 의결권배제조항이라고 할 수 있다. 이하에서는 그 경우를 중심으로 논의를 진행하기로 한다.

2) 주주와 회사 사이의 거래시의 의결권배제

① 의결권배제규정의 삭제 경위

1897년 상법(252조 3항 2문), 1892년 유한회사법(47조 4항 2문)에 규정된 계약체결시의 의결권배제제도는 학설, 판례에 의하여 차츰 적용범위를 잠식당하였다. 그리하여 마침내 1937년 주식법은 그 제도를 폐지하기에 이르렀다. 의결권배제제도의 후퇴는 i) 물적 적용범위와 ii) 계약행위의 체결방법의 두 가지 방향에서 진행되었다.

i) 물적 적용범위

애초에 문제되었던 것은 이사나 감사의 선임의 경우에 후보자인 주주가 의결권을 행사할 수 있는가 하는 것이었다. 1902년의 한 하급심판결은 유한회사의 업무집행자의 선임은 회사와 업무집행자간의 계약의 문제라는 이유로 의결권배제를 인정했다.

그러나 그것은 회사와 제3자 사이의 계약이 아니라 회사적 행위(Akt des gesellschaftlichen Lebens)라는 이유로 학설의 비판을 받았다. RG는 이 같은 학설에 따라 감사선임결의, 유한회사에서의 업무집행자 선임결의 등의 경우에는 그것이 회사의 내부질서에 관한 행위 내지는 회사적 행위라는 이유로 의결권배제를 부정하였다. Fischer는 의결권배제규정은 개인법적 행위

(individualrechtliche Geschäfte)에만 적용되고 회사법적 행위(sozialrechtliche Geschäfte)에는 적용되지 않는다는 이론으로 판례를 뒷받침했다. 이처럼 의결권배제제도의 적용대상인 계약의 물적 범위는 계속 축소되어 합병이나 신주인수권배제에 의한 신주발행 등 약간의 사항에 한정되었다.

ii) 계약의 체결방법

RG는 다음과 같은 방식으로 계약이 체결되는 경우에는 당사자의 의결권을 배제하지 않았다. 첫째 이사에 의하여 계약의 내용이 임의적으로 확정되어 주총결의는 단지 사후적 승인에 불과한 경우, 둘째 주총이 이사에 대해서 계약을 체결한 권한을 수여한 경우.

이러한 추세에 따라 1920년대 후반 이후의 법개정논의에서는 계약체결시의 의결권배제규정의 삭제를 주장하는 견해가 우세하게 되었다. 그 근거로는 ⓐ 판례에 의하여 위 규정의 적용범위가 거의 사라지게 되었다는 것과 ⓑ 합병결의에서 상대방 회사가 보유하는 주식의 의결권을 배제하는 것은 정책적으로 타당하지 않다는 것을 들었다. 삭제론은 다수결의 남용은 일반조항으로 대처할 것을 주장하였다. 이러한 삭제론은 드디어 1937년 주식법에서 채택되기에 이르렀다.

② 의결권배제제도의 타당성[72]

의결권배제제도에 대한 비판은 대체로 다음과 같이 간추려 볼 수 있다.

첫째, 독일법상의 의결권배제규정은 이익충돌의 가능성 있는 경우를 망라할 수 있도록 일반적으로 규정된 것이 아니라 구체적으로 이익충돌의 위험이 있다고 인정된 경우마다 따로 마련되었다. 따라서 실질적으로 비슷하게 이익충돌의 위험이 있는 경우에도 처리가 서로 달라질 수 있다.

둘째, 의결권배제규정은 회피가 용이하다. 실제로 예컨대 주주가 스스로 계약의 당사자가 되는 것이 아니라 제3자를 당사자로 하거나(인적 회피방법),

72 이하의 서술은 달리 인용이 없는 한 神田, (주 17), 1081면 이하(Zöllner 견해의 소개부분)에 의존하였다.

계약체결권한을 이사에 수여하는 방법(물적 회피방법)을 이용하여 규정의 적용을 회피하는 경우가 많다.

셋째, 의결권배제규정으로 말미암아 소수주주의 권한이 과대해진다. 회사가 주주와 계약을 체결할 것인가 여부의 결정권을 소수주주가 행사하기 때문이다.

넷째, 의결권배제제도는 그 규제가 지나칠 가능성이 크다. 주주와의 거래라고 해서 반드시 회사에 손해가 되는 것은 아니고 오히려 현실적으로 거래상대방이 될 수 있는 자가 주주밖에 없는 경우도 없지 않다. 또한 주주간에 파벌대립이 있는 경우에는 회사에 유리한 거래가 불가능하게 될 우려가 있다.

이상의 비판은 일리가 없는 것은 아니나, 그렇다고 하여 의결권배제제도의 의의를 모두 앗아 가는 것은 아니다. 의결권배제제도는 위의 비판에도 불구하고 성실의무와 같은 이른바 다수의 권한의 동적 제한보다는 훨씬 그 적용이 간편하다는 장점이 있다. 물론 주주 사이의 이해조정을 의결권배제제도만으로 달성하려 한다면 위의 비판이 타당할 것이다. 그러나 의결권배제제도는 다수의 권한남용을 억제하는 하나의 수단에 불과하다. 의결권배제제도가 결코 제도로서 정교한 것이 아닌 만큼 궁극적으로는 동적 제한법리를 보다 발전시키는 것이 이상적이겠으나 현재의 상황하에서는 아직 의결권배제제도가 의의가 없지 않을 것이다.[73]

(7) 기타

이상에서 살펴본 주식법상의 개별규정 이외에도 소수주주의 이익보호에 기여할 수 있는 것들은 많다. 예컨대 자기주식취득을 제한하는 규정(56조, 71조)도 다수주주의 행동범위를 제약한다는 점에서는 소수주주를 보호하는 기능

73 Schmidt는 자기거래시의 의결권배제규정을 주식법에 다시 도입할 것을 주장하고 있다. Schmidt, (주 24), S.649.

을 한다고 할 수 있으나 위의 규정들과는 달리 한정된 행동만을 대상으로 한다는 점에서 이 글에서는 다루지 않기로 한다.

III. 주주의 성실의무

1. Linotype판결에 이르기까지의 경과[74]

1907년 Hachenburg는 유한회사법의 의결권배제규정(47조 4항)을 보충하기 위하여 계약해석시 신의성실(Treu und Glauben)을 고려할 것을 규정한 민법 157조를 의결권행사시에 적용할 것을 주장하였다.[75] 이를 계기로 157조와 채무이행시의 신의성실을 규정한 민법 242조를 회사법분야에도 적용하는 문제가 논의되기 시작했다. 그후 인적회사와 유한회사의 경우에는 사원간의 관계에서도 성실의무를 긍정하는 것이 통설, 판례가 되었다. 그러나 주식회사의 경우에는 Linotype판결이 나오기까지 오랜 기간이 걸렸다.

성실의무이론은 처음에는 당시에 유행하던 "기업 자체의 사상"과 결합하여 의결권행사시 주주가 기업의 이익에 반하여 자기의 이익을 추구해서는 안 된다는 식으로 논의되었다. 나치스시대에 이르러서는 기업 자체의 사상이 배척되고 오히려 회사나 주주의 본질로부터 성실의무의 근거를 찾으려는 작업이 행해졌다.[76] 1934년과 1935년 RG는 주주의 회사에 대한 성실의무를 긍정하는 2개의 판결을 내놓았다.[77] 다른 주주에 대한 주주의 성실의무에

74 이 부분은 주로 神田, (주 1), 1307면 이하에 의존하였다. 이하에서 재인용으로 표시한 문헌은 모두 이 논문에서 재인용한 것이다.

75 Hachenburg, Der Ausschluß des Stimmrechts bei der Gesellschaft mit beschränkter Haftung, LZ 1907, 460(재인용).

76 大隅健一郎, 株式會社法變遷論(1953), 298면(재인용).

77 RGZ 140, 71, 76; RGZ 149, 385, 395(재인용).

대해서는 학설상 찬반이 엇갈렸다.[78] 1938년 RG는 주주간에는 성실의무의 존재를 인정할 수 없다는 태도를 명백히 하였다.[79]

이러한 성실의무이론에 대한 저항의 주된 논거는 주식회사의 사단성에 비추어 주주 상호 간에는 아무런 법률관계도 존재할 수 없다는 것이었다.[80] 그러나 이러한 견해는 너무도 관념법학적인 사고에 치우친 감이 있다. 성실의무이론의 목적이 다수주주의 권한남용을 통제하는 것이라면 보다 중요한 것은 의결권행사를 비롯한 다수주주의 권한행사시에 회사나 다른 주주의 이익을 고려할 것을 강제할 필요가 있는가, 그러한 필요가 있다면 어떠한 기준에 따라 어느 범위에서 그것을 강제할 것인가 하는 문제일 것이다.

장벽에 부딪힌 성실의무이론에 새로운 가능성을 열어 준 것은 1942년의 Fechner의 연구라고 할 수 있다.[81] Fechner는 법률상 주주가 회사나 다른 주주에게 영향력을 행사할 가능성(Einwirkungsmöglichkeit)이라는 회사적 사실에서 주주의 성실의무의 근거를 찾았다. Zöllner는 Fechner의 견해를 한층 발전시켰다. 그는 의결권행사시 주주가 갖는 의무에 초점을 맞추었다. 그는 주주가 의결권행사시 회사이익을 어느 정도까지 고려할 것인가 하는 문제를 구별하였다. 회사이익의 판정과 관련하여 그는 회사의 목적(Zweck. 통상은 이익획득)이라는 개념을 도입하였다. 그에 의하면 업무집행사항에 관해서는 주주는 회사의 목적에 완전히 구속되며 항상 회사이익을 고려하여야 한다. 반면 목적추구와 전혀 관계없는 회사해산의 경우에는 회사이익은 고려할 필요가 없다. 다른 사항은 이러한 양 극단의 사이에 존재한다. 그리하여 목적추구에 가까운 사항일수록 회사이익의 고려가 강하게 요구된다.

Zöllner는 다른 주주의 이익의 침해는 회사이익에 부합하는 경우에만 허

78 Fechner, Die Treubindungen des Aktionärs(1942), S. 37 Fn. 1(재인용).
79 RGZ 158, 248, 254(재인용).
80 Fechner, (주 78), S.36 참조.
81 Fechner, (주 78) 참조.

용된다고 보았다. 다른 주주의 이익의 침해가 허용되는 경우에도 (1) 그 침해는 당해 침해행위의 목적에 비추어 상당한 것이어야 하며(비례원칙 Grundsatz der Verhältnismäßigkeit), (2) 당해 침해행위가 목적달성, 즉 회사이익의 촉진에 가장 적합한 조치여야 한다(필요원칙 Grundsatz der Erforderlichkeit). 따라서 예컨대 자본이 더 필요하지 않음에도 불구하고 기존주주의 신주인수권을 배제하여 증자하는 것은 허용되지 않는다. 이러한 학자들의 견해에도 불구하고 법원은 1976년의 판결(BGH JZ 1976, 56)에서도 주주의 성실의무를 부정하였다. Audi/NSU판결이라고 불리는 이 판결의 사안은 다음과 같다.

1971년 Volkswagen주식회사는 Audi주식회사의 지배주식을 취득하고 Audi와 지배계약을 체결하였다. 당시 Audi의 주가가 Volkswagen의 주가보다 높았음에도 불구하고 그 계약에서 Volkswagen은 Audi의 소수주주에 대해서 2.5주당 Volkswagen 주식 1주를 교환해 주기로 하였다. 그러자 Audi주식을 보유하고 있던 Israel-British-Bank(IBB)가 지배계약을 승인하는 주총결의의 취소를 구하는 소를 제기하였다. Volkswagen은 IBB를 비롯한 주주들로부터 보유주식을 주당 226마르크에 매입하였다. 이 가격은 계약에서 정한 가격의 4배에 달하는 것이었다. 원고는 Volkswagen에 의한 주식매입이 있기 며칠 전 보유주식을 시가인 145마르크에 매도한 주주였다. 원고는 Volkswagen을 상대로 차액상당의 손해를 배상할 것을 청구하였다. 원고는 Volkswagen이 IBB와 매입협상을 벌이면서 다른 주주들에게 성급한 거래를 경고하고 증권거래의 정지를 요청했어야 했는데 그러한 조치를 취하지 않은 것은 성실의무위반에 해당한다고 주장하였다.

원심은 주주 상호 간에는 성실의무가 없다는 이유로 원고의 청구를 기각하였다. BGH는 그러한 원심의 판결을 지지하였다. Audi/NSU판결은 학자들의 강한 비판을 받았으며[82] 마침내 1988년 Linotype판결에 의해 폐기되었다.

82 그 대표적인 것으로서 Lutter, JZ 1976, 562 f. 참조.

2. Linotype판결의 개요[83]

(1) 사실관계

Linotype회사(당시에는 유한회사였으나 현재는 주주회사임)는 Stempel AG라는 주식회사(이하 자회사라고 함)의 주식 96%를 보유하였다. 자회사의 나머지 주식은 증권거래소에 상장되어 50여 명의 군소주주가 보유하고 있었다. Linotype회사는 영업상태가 양호한 자회사의 영업을 흡수하고자 하였다. 자회사를 합병하기 위해서는 법률상 주주 전원의 동의를 요하였으므로(증자법 33조 3항; 주식법 369조 2항) 합병의 방법은 이용할 수 없었다. Linotype회사는 영업양도 후에 해산을 하는 방법 대신 먼저 해산을 하고 청산절차에서 자회사의 영업을 매수하는 방식을 취했다. 자회사의 소수주주인 원고는 해산결의의 무효확인 또는 취소를 구하는 소를 제기하였다. 원고는 다수주주에 의한 의결권남용과 합병규정의 부당한 회피 등을 주장하였다. 원고는 특히 Linitype회사와 자회사 사이에 이미 해산 전부터 자회사영업의 양도에 관한 교섭이 있었으며 보다 유리한 조건으로 매각하려는 노력이 없었음을 주장하였다.

(2) 판결

1) 파기환송

Frankfurt 지방법원과 Fankfurt 고등법원은 모두 원고의 청구를 기각하였다. BGH는 심리미진을 이유로 파기환송하며 특히 영업양도에 관한 사전교섭이 있었는지 여부에 대해서 더 심리할 것을 명하였다. 그 과정에서 다음 세 가

83 이하의 내용은 주로 Lutter, (주 1), S.447 ff.에 의존하였다.

지를 분명히 하였다.

① 해산결의에 대해서는 내용통제이론의 적용이 없다는 종래의 판결(BGHZ 76, 352)을 재확인하였다.

② 주주 사이에도 법률상 배려와 충성의 의무(Pflicht zu Rücksicht und Loyalität)가 존재한다.

③ 법위반의 사실에 대해서 주장할 책임은 항상 원고에게만 있는 것은 아니다.

이하에서는 위 (1)과 (2)에 대해서만 소개한다.

2) 해산결의의 내용통제

1978년 BGH는 Kali & Salz판결(BGHZ 71, 40)에서 소수사원의 사원권을 침해하는 결의는 그 자체로서 정당성을 인정받을 수는 없고 회사이익에 비추어 필요하고도 정당한(sachlich notwending und gerechtfertigt) 것이어야 한다. 이 판결은 대체로 긍정적인 평가를 받았으나 이미 언급한 바와 같이 내용통제의 적용범위에 대해서는 견해가 대립하고 있다.[84] 일부 견해는 모든 결의가 이와 같은 내용통제의 대상이 될 수 있다고 보는 데 대하여 다른 견해는 예외를 인정하고 있다. 예외의 범위에 대해서도 의견의 일치가 있는 것은 아니다. 특별히 가중된 결의요건이 적용되는 결의의 경우에는 따로 내용통제는 필요 없다는 견해가 유력한데 BGH는 바로 그 견해를 따르고 있다.

3) 의결권의 남용

주주가 회사 외의 목적(gesellschaftsfremde Zwecke)을 위하여 의결권을 행사하는 것은 권리남용에 해당하며 그로 인한 결의는 취소할 수 있다는 것은 RG시대에 정착된 원칙이다.

84 위 (주 44) 이하에 대한 본문 참조.

Linotype판결의 사실관계를 보면 자회사의 해산은 그 영업을 중단하고 제3자에게 처분하는 것이 아니라 영업의 전부를 그대로 모회사인 Linotype회사에 양도함으로써 실질적으로 자회사의 소수주주를 배제하기 위한 수단으로 선택된 것이었다. BGH는 원고의 그러한 주장을 배척하고 진정한 의미의 해산이 있었던 것으로 보았다. 그 근거로는 소수주주의 배제의 경우에는 소수주주가 금전을 받는 데 그치는 것에 비하여 이 사안에서는 청산절차에 참여하여 영업을 양수받을 가능성이 있었다는 점을 들었다. 그러나 Lutter가 적절히 지적하는 바와 같이 영업의 양수시 소수주주가 다수주주와 대등한 지위에 선다고 볼 수는 없다. 우선 거액에 달하는 인수자금을 마련하는 것도 문제려니와 일단 소수주주에게 영업이 넘어갈 가능성이 있다고 판단될 때는 다수주주는 언제라도 청산절차를 중단하고 회사를 계속할 수 있기 때문이다(274조).

4) 주주의 성실의무

BGH는 의결권남용을 부정하면서도 주주의 성실의무가 위반되었을 가능성이 있음을 인정하고 있다. BGH는 이미 1975년의 판결(이른바 ITT판결. BGHZ 65, 15)에서 유한회사의 경우 사원과 회사 사이에는 물론 사원 간에도 성실의무가 존재함을 인정한 바 있다. 그 근거로는 ① 유한회사도 조직하기에 따라서는 인적회사에 접근할 수 있고, ② 다수파 사원은 회사경영진에 영향력을 행사하여 다른 사원의 회사관련이익을 침해할 가능성이 있다는 점을 들었다. BGH는 그 다음 해의 Audi/NSU판결에서 주식회사의 경우 주주 사이의 성실의무를 부정하였으나 그것은 주식회사의 법인성을 과대평가했던 결과였다고 과거의 잘못을 시인하였다. BGH는 나아가 주식회사에서도 유한회사에서와 같이 다수주주가 회사경영진에 영향력을 행사하여 다른 주주의 회사관련이익을 침해할 가능성이 있으므로 그러한 이익을 고려할 회사법적인 의무를 인정할 필요가 있다고 하였다. 또한 BGH는 회사가 그 구조와 조직을 유지한 상태로 조직변경을 하는 것이 가능한 점에 비추어 주주의 성실의무는 부정하고 인적회사로 조직변경한 후에는 사원의 성실의무를 인정하는 것은 불합리함을 지적하였다.

3. 성실의무이론의 개요

이미 서술한 바와 같이 독일에서도 성실의무이론은 오랜 역사를 가지고 있고 그 추종자들도 상당수에 이르고 있다. 최근 10여 년간 성실의무이론을 발전시키고 전파하는 작업을 가장 적극적으로 수행한 학자는 역시 Bonn대학의 Lutter라고 할 것이다. 이곳에서는 Lutter의 성실의무이론을 간단히 소개하기로 한다.[85]

(1) 회사에 대한 성실의무

주주와 회사 사이에 사원관계가 존재한다는 것에는 이론이 없다. 그 법률관계의 내용을 이루는 구체적인 권리의무에 대해서는 주식법이 규정하고 있다. 그 법률관계에도 민법 242조의 신의성실의 원칙(Geboten aus Treu und Glauben)이 적용된다. 주주의 성실의무는 주주가 이러한 법규정의 범위를 넘어서 어떠한 포괄적인 의무를 부담하는가 하는 문제이다. 주주는 회사에 대해서 그러한 성실의무를 부담한다고 본다.[86]

성실의무는 적극적인 의미의 지원의무(Förderpflichten)와 소극적인 의미의 충실의무(Loyalitätspflichten)의 두 가지로 이루어진다고 볼 수 있다. 성실의무

85 성실의무에 관한 Lutter의 논문은 많다. 특히 중요한 것으로 Zur Treupflicht des Großaktionärs, JZ 1976, 225; AcP 180 (1980), 84; (주 1)의 논문을 들 수 있다. 이 글에서는 가장 최근에 발표된 마지막 논문을 주로 참조하였다.

86 그 법적 근거에 대해서는 (주 85)의 AcP 논문 S.102 ff.가 상세하다.

의 강도와 구체적인 내용은 당해 주주의 회사 내에서의 지위에 따라 정해진다. 통상적인 투자자주주는 별다른 의무를 부담하지 않으나 회사에 대한 영향력이 증대함에 따라 의무도 증대한다.

그러나 회사에 대한 관계에서 주주의 성실의무가 원용될 수 있는 경우는 독일법상 그리 많지 않다. 그것은 미국의 주회사법에 비하여 주식법이 훨씬 자세하고 학설이 잘 발달되어 있기 때문이다. 과거에는 법원이 독창적으로 해결방안을 모색해야만 했지만 오늘날은 주식법에 구체적인 규정을 둠으로써 입법적으로 해결한 경우가 많다.[87]

(2) 주주상호 간의 성실의무

1) 이론적 근거

성실의무에 대한 부정론의 주된 논거는 주주 사이에 계약관계가 없고 법률에 규정이 없다는 것이다. 그러나 법률에 그 근거가 될 만한 규정이 전혀 없는 것은 아니다. 주식법 243조는 그 대표적인 예라고 할 수 있다. 또한 조합원의 공동목적 추구의무를 규정한 민법 705조는 주식회사를 비롯한 모든 회사에 적용되는 기본규정이므로 주주들도 공동목적을 추구하는 조합원으로 볼 수 있을 것이다.[88] 설사 법률에 규정이 없다 하더라도 그것이 학설이나 판례의 성실의무이론을 가로막는 장애물이 될 수는 없다. 어떤 법리가 현실적으로 유용한 기능을 수행하는 한 명시적인 법률상의 근거가 없이도 수용될 수 있음을 보여 주는 대표적인 예로서 계약체결상의 과실(culpa in contrahendo) 이론을 들 수 있다.

현실적으로 다수주주는 회사경영에 대한 영향력을 통해서 소수주주의 이익을 해칠 가능성이 있다. 다수주주의 이러한 영향력은 일종의 배려의무

87 예컨대 주식법 53a조, 56조, 142조 1항 2문, 186조 3항, 4항, 241조, 243조, 250조 등.

88 우리나라에서의 조합과 회사는 독법상으로는 모두 Gesellschaft에 해당하는 점을 유의하여야 한다.

(Rücksichtspflicht)에 의하여 견제할 필요가 있다. 성실의무의 이론적 근거는 주주간의 신뢰관계에서 찾기보다는 법률과 정관, 그리고 다른 주주에게 직접 · 간접으로 영향을 미칠 수 있는 권한과 가능성(Einwirkungsbefugnisse und Einwirkungsmöglichkeiten)을 규율할 필요에서 찾아야 할 것이다.

2) 회사에 대한 성실의무와의 구별

다른 주주에 대한 성실의무와 회사에 대한 성실의무 사이의 경계를 확정하는 것은 쉽지 않다. 그 구분에 있어 기준이 되는 개념은 회사이익(Gesellschafts-interesse)이라고 할 수 있다. 주주의 행위가 회사이익에 관련되는 경우, 즉 법률과 정관의 범위 내에서의 회사의 목적을 추구하는 행위인 경우에는 주주는 회사에 대한 성실의무에 구속된다. 반면 주주의 행위가 회사이익과 관련이 없는 경우, 즉 정관변경, 해산, 이익처분, 회사기관 이외의 자의 행위인 경우에는 다른 주주에 대한 성실의무의 구속을 받는다. 물론 주주의 행위가 동시에 이 두 가지 범주에 걸치는 경우도 있다. 이 구별의 실익은 성실의무위반을 근거로 한 손해배상청구소송시 누가 당사자가 될 것인지를 정하는 데 있다. 주총결의가 성실의무에 위반하여 통과되었는지 여부가 문제된 경우에는 주식법이 주주가 회사를 상대로 취소소송을 제기할 수 있음을 분명히 하고 있으므로(246조 2항 1문, 243조 2항 1문) 문제는 없다.

3) 의무위반의 효과

주주가 성실의무를 위반하여 다른 주주에 영향을 미치는 태양은 회사 내적인 활동을 통하는 경우와 회사 외적인 활동을 통하는 경우의 두 가지가 있다. Linotype판결에서는 전자인 주총에서의 의결권행사가 대상이었고 Audi/NSU판결에서는 후자인 지배회사에 의한 종속회사주식의 매입이 대상이었다. 성실의무위반의 효과는 전자의 경우에는 주로 해당결의의 취소, 후자의 경우에는 주로 손해배상청구라는 형태로 나타난다.

4) 성실의무에 근거한 주식법상의 개별규정

먼저 주식법 117조의 영향력의 남용적 행사에 대한 규정은 주주가 회사나 다른 주주에 대한 성실의무를 위반한 경우에 대한 것이라고 할 수 있다. 다만 의결권을 통한 영향력행사는 적용대상에서 배제하고 있다(동조 7항). 이는 이제는 극복된 과거의 법적 사고의 잔재라고 할 수 있다. 그렇다고 해서 의결권남용이 무제한 허용되는 것은 아니고 243조 2항과 311조 이하의 규정이 적용된다.

Ⅳ. 결어—주주간의 이해조정

이상에서는 다수주주와 소수주주간의 이해조정에 관한 독일법의 현상에 대해서 개관하였다. 이미 살펴본 바와 같이 이 분야의 독일법은 현재 아주 복잡다기한 규정과 법리들로 구성되어 어떠한 체계를 찾기 어렵다. 그것은 이 분야의 독일법이 아주 오랜 기간에 걸쳐서 발전을 해왔고 여러 법리는 그때그때의 문제들을 합리적으로 해결하기 위하여 등장한 것이기 때문이라고 할 수 있다. 이제 BGH는 주주의 성실의무를 정면으로 인정하였다. BGH가 주주의 성실의무를 인정한 것은 그토록 상세한 주식법규정도 주주 사이의 관계를 규율하는 데 완벽하지 않다는 점을 인정한 것이라고 볼 수 있다. 이제 주주가 다수주주의 행위로 인해서 손해를 입은 경우에는 주식법상의 여러 수단 이외에 성실의무를 원용할 수 있다. 그러나 어떠한 경우에 성실의무 위반이 인정될 것인지, 그리고 그 경우 어떠한 구제수단이 인정될 것인지는 아직 알 수 없다.[89] BGH는 성실의무의 존재를 인정하였을 뿐 그 내용에 대해서는 아직 구체적인 지침을 내놓고 있지 않다. 성실의무의 내용은 앞으로

89 Lutter는 (주 1)의 논문 S.458 ff.에 성실의무가 적용될 수 있는 구체적인 사례를 예시하고 있다.

그에 관한 소송이 증가함에 따라 차차 구체화될 것이다.

성실의무개념의 구체화작업(다른 말로 하면 주주간의 구체적인 이해조정)의 일관성을 위해서는 어떤 기준 같은 것이 필요할 것이다. 최근 미국에서는 특히 폐쇄회사의 맥락에서 지배주주의 fiduciary duty의 범위를 획정하는 기준으로서 주주의 합리적 기대(reasonable expectation) 내지는 정당한 기대(legitimate expectation)라는 개념이 주장되고 있다.[90] 주의할 것은 이 경우의 기대도 특정시점에서의 주주의 인식이라는 사실적인 개념이 아니라 "합리적" 내지는 "정당한"이라는 수식어가 붙은 당위적인 개념이라는 점이다. 그러므로 문제는 이제 주주의 기대는 어느 범위에서 "합리성"이 인정되는가 하는 것이다. 한편 캐나다에서는 "공정성"(fairness)을 다수주주와 소수주주 사이의 이해조정의 기준개념으로 삼고 있다.[91] 앞서 살핀 바와 같이 독일의 학자들은 회사이익, 비례원칙, 필요원칙 등의 개념을 기준으로 삼고 있다. 이들 각종 개념을 분석하거나 유용성을 평가하는 것은 이 글의 범위를 넘는다. 이들 개념은 각국에 공통된 문제의 해결을 위해서 고안된 것이라는 점에서 비교회사법적인 관점에서 매우 흥미로운 연구대상이라고 할 것이다.

『서울대학교 법학』 제32권 3 · 4호(1991. 12)

90 그 한 예로 Thompson, Corporate Dissolution an Shareholders' Reasonable Expectations, 66 Wash. U. L. Q. 193 (1988).

91 Anisman, Majority-Minority Relations in Corporation Law: An Overview, 12 Canadian Bus. L. J. 473 (1986~1987).

02

주주간의 이해조정에 관한 시론

I. 서론

1. 우리 기업의 특징: 주식소유의 집중과 높은 부채비율

지난 30여 년간 우리 경제의 급성장과 더불어 우리 기업 또한 괄목할 성장을 이룩하였다. 한국경제의 고도성장신화의 주인공이라고 할 수 있는 우리 기업, 특히 흔히 재벌기업이라고도 불리는 대기업에 대해서는 최근 다방면으로 연구가 행하여지고 있다.[1] 이들 연구에서 부각되고 있는 우리 대기업의 특징으로는 여러 가지가 있겠으나 회사법 학도의 관심을 끄는 것은 다음 두 가지 점이다. 첫째, 주식소유가 소수의 창업자일가에 집중되고 있다.

1 1990년대에 들어서 발표된 것 중 몇 가지만 들면 조동성, 한국재벌연구, 개정판, 매일경제신문사, 1991; 강철규 외, 재벌, 비봉출판사, 1991; 服部民夫, 일본이 본 한국의 기업경영과 재벌, 화평사, 1991(류한성/국중호 공역).

둘째, 다른 나라의 대기업에 비해서 상대적으로 부채비율이 높다.[2] 이 두 가지 특징은 학계에서뿐만 아니라 흔히 매스컴에서도 우리 대기업의 후진성 내지는 비정상성을 보여 주는 징표로 지적되고 있다. 그리하여 오늘날 우리 경제가 진정한 선진경제로 발돋움하기 위해서는 이 두 가지 지표를 모두 반대방향으로 변화시키지 않으면 안 된다는 공감대가 우리 사회에 이미 널리 형성되어 있는 것 같다. 물론 우리 대기업이 거의 모두가 하나같이 정도의 차이는 있으나 이러한 특징을 공유하고 있는 것은 문제라고 할 것이다. 그러나 그렇다고 해서 현재 정부에서 추진하는 바와 같이 위 두 가지 지표를 일률적으로 변화시키는 정책이 과연 바람직한 것인가에 대해서는 의문이 없지도 않다. 이 글은 그러한 정책의 당부를 직접 논의하는 것을 목적으로 하고 있지 않다. 이 글의 목적은 우리 법제도상의 "주주 사이의 이해 조정"이란 문제를 포괄적으로 검토하는 것이다. "주주 사이의 이해 조정"이라는 용어는 다소 생소하지만 그 개념은 지배주주의 측면에서 보면 "지배주주의 자의의 억제", 소수주주의 측면에서 보면 "소수주주의 보호"라는 보다 친근한 개념으로 바뀔 수 있을 것이다. 이 글에서는 경우에 따라 이 세 가지 표현을 모두 사용하기로 한다. 그러나 어느 표현을 사용하든 간에 이 문제—특히 이 문맥에서 적절한 표현을 고른다면 소수주주보호의 문제—는 위에서 지적한 대기업의 두 가지 특징과 전혀 관계가 없는 것은 아니다. 그렇다면 소수주주를 보호하는 것과 위와 같은 우리 대기업의 특징과는 무슨 관련이 있는가?

2 위 두 가지 명제는 일일이 열거하기 어려울 정도로 많은 문헌에서 주장되고 있다. 특히 두 번째 점에 대해서는 김응한, 한국기업재무구조 현황과 금융 및 세제개혁 필요성, 경제학연구 제34집(별집), 1986, 29면 이하 참조.

2. 주식발행을 통한 자금조달의 전제조건: 주주보호장치의 정비

앞의 물음에 답하기 위해서는 이제 선진국의 문턱에 와 있다는 우리나라의 기업들이 왜 아직까지도 그러한 특징을 지니고 있는가 하는 문제부터 생각해 볼 필요가 있다. 이제까지 이 문제에 대한 일반의 시각은 위와 같은 특징은 기업의 사주가 자신의 이익을 위해 의도적으로 초래한 결과로 보고 있는 것 같다. 물론 그러한 면도 어느 정도는 있었을 것이다. 그러나 그와 아울러 생각해 보아야 할 것은 사주가 다른 의도를 가지고 있었더라면 다른 결과가 나올 수도 있었을까 하는 문제이다. 만약 뒤에서 자세히 논하는 바와 같이 우리나라에서 소수주주의 이익을 보호하는 제도적 장치가 극히 불완전하다면 주식소유의 분산과 재무구조의 개선은 현실적으로 실현하기 어려울 것이다. 주주이익을 보호하는 제도적 장치가 미흡하다면 투자자들이 주주가 되기를 꺼릴 것은 당연하다. 단기이익을 노리고 이른바 단타 위주의 매매를 하는 것은 몰라도 이익배당을 목적으로 하는 장기적인 투자를 꺼릴 것이다. 그러한 상황에서는 기업이 진심으로 주식시장에서 자금을 조달하고 싶어도 그것을 실행하기 어려울 것이고, 결국 높은 금리를 물더라도 차입에 의존할 수밖에 없을 것이다. 또한 소수주주의 지위가 어떤 것임을 너무도 잘 알고 있을 지배주주가 분산을 통해서 스스로 소수주주의 위치로 전락하기를 원치 않을 것은 너무도 당연하다. 이처럼 계속 기업의 주식소유가 집중되고 배당비율이 높은 상태에 머물고 있는 이유는 주주이익을 효과적으로 보호할 수 있는 제도적 장치가 미흡하다는 것에서도 찾을 수 있을 것이다.

금융상품이라는 면에서 주식은 은행예금이나 회사채 등의 다른 금융상품에 비해서 훨씬 복잡한, 달리 말하면 고차원의 상품이라고 할 수 있다. 정기적으로 고정된 이자를 받는 금융 채권에 비해서 주식의 가치는 여러 가지 불확실한 요소에 의존하고 있다. 이러한 주식이라는 투자수단이 수반하는 위험(risk)은 원래 주식이 회사의 모든 채무를 변제하고 난 후에 남는 재산에 대한 권리, 즉 잔여재산청구권(residual claims)의 성격을 갖는다는 점에서 어느 정도 불가피한 것이다.[3] 그러나 여기서 특히 주의할 것은 주식의 가치는 당해기업의 경영자의 능력과 성실성에도 크게 좌우된다는 점이다. 따라서 주식투자가 활성화되기 위해서는 자금력 있는 투자자층이 폭넓게 존재해야 함은 물론이고 나아가 주식과 같은 고차원적인 상품이 존재할 수 있는 제도적 여건, 특히 경영자의 능력과 성실성을 담보할 수 있는 제도적 장치를 정비할 필요가 있다. 그러한 제도적 장치의 핵심을 이루는 것이 바로 회사법이라고 할 수 있다. 그렇다면 우리의 회사법은 그러한 경영자의 성실성을 담보하는 데 충분하다고 할 수 있는가? 만약 미흡하다면 어떠한 방향으로 개선해야 할 것인가? 이 글은 바로 이러한 문제들을 검토하는 것을 목적으로 한다.

3. 논의의 대상 및 순서

위에서 주주이익을 침해하는 주체로서 경영자라는 용어를 썼지만 경영자는 회사법상의 용어는 아니다. 회사법의 눈으로 보자면 경영자에 해당하는 것은 대표이사를 비롯한 이사라고 할 수 있다. 그러나 주주의 이익은 반드시 대표이사에 의해서만 침해되는 것은 아니다. 특히 우리나라에서는 다수주주가 소주주주의 이익을 침해하는 예가 많이 있다. 우리 상법은 주로 앞의 유형의 침해, 즉 이사에 의한 침해에 중점을 두고 있다. 물론 이 두 가지 유형은 서로 명확히 구별할 수 있는 것은 아니다. 주식소유가 널리 분산되어 고정된 지배주주가 존재하지 않는 회사에서라면 결국 경영자에 의한 침해, 즉 대표이사에 의한 침해만이 문제될 것이다. 또한 고정된 지배주주가 존재하

3 Eugene Fama & Michael Jensen, Separation of Ownership and Control, J. Law & Econ. Vol.26, 302-303 (1983).

더라도 그가 대표이사 또는 이사로서 전면에 나서고 있는 경우라면 이사에 의한 침해에 초점을 맞춘다 해도 별 문제는 없을 것이다. 문제는 지배주주가 회사에서 아무런 직을 맡지 않은 경우이다.

우리나라에서는 앞서 지적한 바와 같이 대기업의 경우에도 주식소유가 대부분 극소수의 주주에 집중되고 있다. 이들 지배주주는 대표이사직을 맡는 경우도 있지만 그렇지 않은 경우도 많다. 특히 재벌그룹에 속하는 대기업 중에는 이른바 직책을 맡지 않은 채 회장이라는 직함으로 그룹 전체 차원에서 경영을 총지휘하는 경우가 많다. 그러한 경우에는 이사에 대한 규제만으로는 지배주주의 자의로부터 소수주주를 보호하기는 어렵다. 이 글에서는 이러한 현실을 감안하여 지배주주와 소수주주 사이의 이해조정에 초점을 맞추기로 한다.

이 글에서는 먼저 현행회사법 규정이 지배주주의 권한남용을 규율하는 데 한계를 지니며 그 한계는 결국 지배주주의 자의를 억제하는 데 이용될 수 있는 일반규정을 도입함으로써 해결하는 것이 바람직하다는 점을 밝힌다 (II). 다음 III에서는 그러한 일반규정의 해석과 관련하여 지배주주의 자의로부터 보호할 소수주주의 이익은 결국 지분의 실질적 가치를 회수하는 것으로 보아야 할 것이나 그러한 입장을 관철하는 데는 현실적인 어려움이 따른다는 것을 지적한다. 이어서 IV에서는 그러한 현실적인 어려움 때문에 실제로는 여러 가지 유형의 구제수단이 혼재하고 있으며 각 유형마다 나름대로의 문제점이 있다는 점을 논한다. 아울러 그러한 보호 장치가 실효를 거두기 위하여 필요한 몇 가지 여건에 대해서 언급한다.

II. 지배주주의 권한남용과 현행회사법의 한계

1. 지배주주의 권한남용이 문제되는 구체적인 상황유형

지배주주가 다른 주주의 이익을 희생시키면서 자신의 이익만을 도모하는 경우는 각양각색이다. 그러나 지배주주와 소수주주 사이에 이익을 조정할 필요가 있는 경우는 반드시 지배주주에 귀책사유(Verschulden)가 있는 경우에 한정되는 것이 아니다. 주주간의 이해조정이란 주주 사이에 허용되는 행위의 테두리를 긋는 작업이라고 할 수 있다. 여하튼 주주 사이에 발생할 수 있는 다양한 상황을 일일이 상정하는 것은 불가능하다. 그러나 이들 상황을 몇 가지로 나누어 보는 것은 가능할 뿐 아니라 논의의 전개에 도움이 될 것이다.

(1) 회사와 지배주주 사이의 거래: 제1유형

지배주주와 다른 주주 사이의 이익충돌이 가장 극명하게 나타나는 경우는 바로 지배주주와 회사가 서로 거래하는 경우라고 할 것이다. 지배주주는 바로 그 개념정의상 회사의 의사결정을 지배하고 있는 자이므로 그 거래의 조건은 결국 지배주주의 의사에 따라 결정될 것이다.

상법은 이사와 회사 사이의 자기거래에 대해서는 규정(398조)을 두고 있으나 지배주주와 회사 사이의 거래에 대해서는 아무런 규정도 두고 있지 않다. 그러나 주주의 이익을 해칠 위험성이 있다는 점에서는 양자의 차이가 없다.

실제의 거래에서는 지배주주가 당사자가 되는 경우도 있고 예컨대 친족과 같이 지배주주와 특수관계에 있는 자가 당사자가 되는 경우도 있을 것이다. 그러나 어느 경우나 그 폐해는 마찬가지이다. 또한 회사가 지배주주의 채무에 대해서 연대보증을 하는 경우와 같이 실제 회사와 거래를 하는 당사자가 지배주주가 아니라 제3자(예컨대 은행)인 경우(이른바 간접거래)에도 이

유형에 속하는 것으로 볼 수 있을 것이다. 이 유형의 거래의 대표적인 예로는 다음과 같은 것들을 들 수 있다.

예 1. 1 친자회사간의 합병

예 1. 2 회사와 지배주주 사이의 부동산거래나 금융거래

(2) 회사의 일방적인 작위 또는 부작위: 제2유형

소수주주의 이익은 거래행위가 아닌 회사의 일방적인 작위 또는 부작위에 의해서도 침해될 수 있다. 물론 이때 회사의 행위는 지배주주의 의사에 따라 취해질 것이다.

예 2. 1 이익이 있음에도 장기간 이익배당을 하지 않음으로써 소수주주가 저가로 보유주식을 처분할 것을 유도하는 경우[4]

예 2. 2 10주를 1주로 병합함으로써 10주 미만의 소수주주를 축출하는 경우[5]

예 2. 3 현금합병(cashout merger)[6] 등의 방법으로 소수주주를 회사 밖으로 축출하는 경우(이른바 freeze-out)

(3) 지배주주의 행위: 제3유형

지배주주가 회사의 행위를 개재함이 없이 자신의 행위만으로도 소수주주

4 이러한 예는 특히 폐쇄회사의 경우에 많이 찾아볼 수 있다.

5 이 예는 H. Wiedemann, Gesellschaftsrecht Band I, 1980, 429면에 제시되어 있는 것이다. 이 예는 미국법에서는 reverse stock split로 불리고 있다. 미국법상의 취급에 대해서는 W. Cary & M. Eisenberg, Corporation 1200-01 (6th ed,1988) 참조.

6 합병시 소멸회사의 주주들에게 신설회사나 존속회사의 주식을 교부하는 것이 아니라 대신 현금을 교부함으로써 소멸회사의 주주들을 축출하는 방법으로 우리 회사법상으로 허용되지 않으나 미국 회사법상으로는 허용될 뿐 아니라 흔히 행해지는 형태이다.

의 이익을 침해하는 경우가 있다. 이 유형에서는 지배주주의 행위가 허용되는 범위에 속하는 것인지 여부가 다투어지는 경우가 많다.

예 3. 1 지배주주가 회사와 경쟁이 되는 기업을 개인기업 내지 1인회사의 형태로 경영하는 행위

예 3. 2 지배주주가 이른바 회사의 기회(corporate opportunity)를 가로채는 경우

예 3. 3 지배주주가 시가보다 높은 가격에 지배주식을 제3자에게 양도하는 경우[7]

(4) 회사와 소수주주 사이의 거래: 제4유형

소수주주의 이익이 침해되는 경우로 흔히 거론되는 것은 앞에서 언급한 세 가지이다. 그러나 회사가 직접 소수주주와 거래하는 경우에도 소수주주의 이익이 침해될 수 있다. 거래라고 해도 실제로 문제되는 것은 회사가 일반주주들로부터 주식을 매입하는 경우이다(이른바 going private). 주식매입이 임의로 이루어지는 경우에는 별 문제가 없겠지만 실제로는 소수주주가 다른 대안이 없기 때문에 어쩔 수 없이 회사에 주식을 매각하게 되는 경우가 많다. 그렇다면 앞의 예 2. 3의 freeze-out과 유사하게 된다. 이 유형은 우리나라에서는 예를 찾아보기 어렵다. 다만 최근 국내 한 상장회사가 상장폐지를 계기로 소수주주의 주식을 개별적으로 시장에서 매입하였는데 정보공시와 적정가격의 측면에서 소수주주의 이익이 침해될 우려가 있었다.[8]

7 이 유형에서 소수주주는 제3자가 회사를 경영하기에 부적절한 자이거나 회사재산을 빼돌릴 자라는 점을 들어 지배주주의 행위를 공격하는 경우가 많다.

8 서울경제신문 1991년 8월 30일자.

2. 지배주주의 권한남용을 억제하는 법적 장치

(1) 현행법규정의 한계

다른 나라의 법과 마찬가지로 우리 상법도 경영자의 권한남용을 억제하기 위한 일련의 규정을 두고 있다. 그러나 이들 규정은 모두 그 행위의 주체를 이사(또는 감사)로 하고 있다. 예컨대 경업금지를 규정한 397조, 회사와의 거래의 금지를 규정한 398조, 회사에 대한 책임을 규정한 399조, 제3자에 대한 책임을 규정한 401조, 위법행위의 유지청구를 규정한 402조 등이 모두 이사의 행위를 대상으로 하고 있다. 또한 이사와 회사와의 관계는 위임으로 보기 때문에(382조 2항) 이사에게는 선관주의의 의무(민법 681조)가 부과된다. 그러나 지배주주나 다수주주라는 개념은 상법에서 찾아볼 수가 없다. 따라서 이사직을 맡지 않은 지배주주의 행위를 상법의 규정으로 규제하는 것은 어렵다. 이 같은 상황은 입법적으로 해결할 수 있다면 가장 이상적일 것이다. 이하에서는 상법적인 해결을 논함에 앞서 현행법의 테두리 내에서 가능한 몇 가지 방안을 검토하고자 한다.

(2) 이사행위의 규제를 통한 간접규제

소수주주이익의 침해가 회사행위를 통해서 이루어지는 경우(위 제1 · 2 · 4유형)에는 대표이사의 행위를 규제함으로써 간접적으로 지배주주의 행위를 규제하는 것이 가능할 수도 있다. 이사의 권한남용억제를 위한 규정으로 위에서 열거한 것들 중 이러한 목적으로 이용할 수 있는 것은 위법행위의 유지청구에 대한 402조, 손해배상책임에 대한 399조와 401조이다. 이들을 차례로 살펴보자.

402조의 위법행위유지청구는 사전적인 구제수단이라는 점이 장점이라고 할 수 있다. 일반적인 견해에 의하면 유지의 대상이 되는 위법행위에는 대표이사의 위법행위에 한하고 자기주식취득금지와 같이 구체적인 법령, 정관의 규정에 위반하는 행위뿐만 아니라 이사의 선관주의의무를 정하는 일반규정(상법 382조 2항; 민법 681조)을 위반한 행위도 포함된다.[9] 그러나 402조의 유지청구는 다음과 같은 한계를 지니고 있다. 먼저 유지청구권은 5% 이상의 주식을 가진 주주만이 행사할 수 있다. 물론 이 5%요건은 반드시 주주 1인이 혼자서 충족시켜야만 하는 것은 아니고 다른 주주와 공동으로 충족하는 것도 가능하다. 그러나 다른 주주들을 설득하여 공동행동을 취하는 것이 현실적으로 쉽지 않은 것은 물론이다. 둘째, 위와 같은 위법행위는 그 효력 여부를 불문하고 모두 유지의 대상이 되지만 일단 이행행위까지 마친 경우에는 유지청구는 불가능하다. 실제로 많은 경우 대표이사의 위법행위는 은밀하게 순식간에 이루어질 것이므로 사전에 그것을 알아채서 유지하기는 어려울 것이다. 또한 사전에 법원으로부터 유지의 가처분이 내려졌다 하더라도 미국에서와는 달리 가처분 위반행위가 법정모욕죄를 구성하는 것도 아니기 때문에 대표이사가 위법행위를 감행하는 것까지 막을 수는 없다.[10] 끝으로 유지청구는 대표이사의 위법행위로 인해서 "회사에 회복할 수 없는 손해가 생길 염려가 있는 경우"에 한해서 인정된다. 일반적인 견해에 의하면 소수주주의 이익이 침해될 뿐인 경우에는 유지청구가 허용되지 않는다.[11]

이사의 위법행위를 사전에 저지하는 것이 어렵다면 그러한 위법행위를 감행한 이사에게 이후에라도 상법 399조상의 손해배상책임을 물으면 되지

9 北澤正啓, 會社法, 제3판, 1991, 434면.

10 일본에서는 가처분위반행위를 법정모욕죄로 처벌하자는 입법론이 유력하다. 北澤正啓, 新版注釋會社法(6), 1987, 430면.

11 호남에틸렌주식회사를 둘러싼 롯데그룹과 대림산업의 분쟁에서 롯데는 호남에틸렌과 대림산업의 합병을 막기 위해서 합병비율의 불공정 등을 주장하며 호남에틸렌의 대표이사를 상대로 합병승인을 목적으로 하는 주총개최금지 등 위법행위를 유지하는 가처분을 구하였다. 그러나 서울민사지방법원은 합병비율의 불공정은 합병무효의 사유가 됨은 별론으로 하고 호남에틸렌에 회복할 수 없는 손해를 가져오는 행위라고 할 수 없다는 이유로 신청을 기각하였다. 서울민사지법 1987. 9. 9.자 87카37879 결정.

않을까? 그러나 문제는 399조상의 손해배상청구권의 주체가 주주가 아닌 회사라는 것이다. 위법행위를 감행한 대표이사를 상대로 손해배상을 청구할 것인가 여부는 결국 회사의 경영진, 즉 이사회가 결정할 사항이다. 그런데 대주주의 지배하에 있는 이사회가 대주주에 유리하기는 하지만 회사에는 불리한 조치를 취했다는 이유로 대표이사에 대하여 손해배상을 청구할 것을 기대하기는 어렵다. 바로 그러한 사정을 고려하여 상법에 도입된 것이 주주의 대표소송제도라고 할 것이다(403조 이하). 그러나 주주가 대표소송을 제기하기 위해서는 유지청구의 경우에서와 같이 5%요건을 충족해야 한다. 또한 5%요건을 간신히 충족하여 법정에서 대표이사에 손해배상을 명하는 판결을 받아냈다 하더라도 그 대표이사가 충분한 자력이 없다면 그 승소판결은 주주에게 아무 소용이 없을 것이다.

상법 401조는 이사의 제3자에 대한 책임을 규정하고 있다. 이때 "제3자"에 주주가 포함되는가에 대해서는 학설이 나뉘고 있으나 다수설은 그것을 긍정하고 있다.[12] 긍정설에 따르면 주주는 회사의 제소 여부와 관계없이 직접 위법행위를 감행하여 손해를 입힌 대표이사에 대해서 책임을 물을 수 있을 것이다. 그러나 이 경우에도 문제는 있다. 먼저 이 경우 이사의 책임을 묻기 위해서는 이사의 "악의 또는 중대한 과실"을 입증하여야 하는바 이것이 통상의 과실입증보다 어려울 것은 물론이다. 그러나 보다 근본적인 문제는 주주의 손해가 제소를 뒷받침할 정도로 크지 않은 경우에는 주주가 권리주장을 스스로 포기할 것이라는 점이다. 예컨대 미국법상의 class action과 같이 비슷한 처지에 있는 소수주주들이 공동하여 하나의 소로써 손해배상을 청구할 수 있는 길이 현실적으로 존재하지 않는 우리나라에서는 소수주주가 상법 401조를 통해서 지배주주의 권력남용을 억제할 수 있는 가능성은 거의 없을 것이다.

12 최기원, 신회사법론, 제6판, 박영사, 1991, 660-661면.

이처럼 이사의 행위에 초점을 맞추어서는 문제를 효과적으로 해결하기 어렵다. 우리 상법이 지배주주를 규제의 대상으로 삼고 있지 않다는 점은 이미 지적한 바 있다. 그렇다면 지배주주의 행위는 현행법상 전혀 규제할 방도가 없는 것일까? 그렇지는 않다. 지배주주를 겨냥한 명시적 규정이 없는 현행법하에서도 지배주주의 권한남용을 억제하기 위한 해석론이 전혀 불가능한 것만은 아니다. 이하에서는 그러한 해석론을 간단히 살펴보기로 한다.

(3) 지배주주의 행위의 직접규제를 위한 해석론[13]

1) 제3자의 채권침해에 기한 불법행위책임

먼저 검토할 것은 지배주주가 이사로 하여금 그가 회사에 대해서 지는 선관주의의무(상법 382조2항; 민법 681조)를 위반하게 한 것이 이른바 제3자에 의한 채권침해로서 회사에 대한 불법행위책임을 발생시킨다고 보자는 견해이다.[14] 우리 민법상으로도 제3자에 의한 채권침해가 경우에 따라 불법행위를 구성한다는 점에 대해서는 이론이 없다.[15] 그러나 어떤 요건하에서 불법행위책임이 발생하는가에 대해서는 우리나라나 일본에서나 아직 정설이라고 할 만한 것이 확립되어 있지 않은 상태이다.[16] 우리나라나 일본이나 아직 지배주주에게 제3자의 채권침해를 이유로 손해배상책임을 물은 판례는 없다. 제3자의 채권침해로 인한 불법행위책임을 인정함으로써 지배주주의 행위를 통제하자는 견해에는 다음과 같은 문제점이 있다. 먼저 불법행위가 인정되기 위해서는 지배주주가 이사의 선관주의의무위반을 교사 내지 방조하

13 이에 대한 간단한 소개로는 비록 일본문헌이기는 하나 南保勝美, 株式會社における少數者保護(1), 法律論叢 제58권 2호, 1985, 91-92면 참조.

14 江頭憲治郎, 會社法人格否認の法理, 1980, 410-411면.

15 이은영, 채권총론, 박영사, 1991, 42면.

16 新美育文, 第三者による債權侵害, 民法講座(4), 1985, 492면 이하; 平井宜雄, 債權總論, 1985, 78면 이하.

는 행위, 즉 "가공행위"가 있어야 한다. 경영진에 대한 지배주주의 지시 내지 명령을 입증할 수 있다면 지배주주에게 불법행위책임을 물을 수 있겠으나 그러한 지배주주의 지시가 은밀히 이루어지거나 그러한 지시 없이도 경영진이 알아서 지배주주의 뜻에 따르는 경우에는 그러한 입증이 불가능할 것이다. 둘째, 일반적으로 이러한 유형의 불법행위가 성립하려면 지배주주가 회사의 채권을 침해하는 것에 대한 고의가 필요하다.[17] 그러나 이러한 고의의 입증 역시 쉽지 않을 것이다. 끝으로 지배주주가 회사기회를 가로채는 것과 같이 회사경영진의 행위를 통하지 않고 직접 행동에 나서는 경우(위 제3유형)에는 이 방법을 적용하기 어려울 것이다.

2) 사실상의 이사

다음으로는 지배주주가 법적으로 이사는 아니지만 실질적으로 회사의 경영에 관여하고 있는 경우에는 "사실상의 이사"로 보아 399조상의 책임을 인정하자는 견해가 있다.[18] 그러나 사실상의 이사라는 개념에 대한 논의는 일본과 독일에서 존재할 뿐 우리나라에서는 찾아보기 어렵다. 사실상의 이사라는 개념은 하자 있는 선임결의에 의하여 선임된 이사에 책임을 묻기 위해서 동원되는 것이 보통이지만[19] 실제로 회사의 업무집행에 영향력을 행사하는 배후의 인물에 책임을 지우기 위해서도 이용되고 있다. 사실상의 이사이론은 아직 생소하지만 위에서 살펴본 제3자의 채권침해이론보다는 훨씬 간명하다는 장점이 있다. 그러나 이 이론에도 문제는 있다. 먼저 지배주주가 어느 정도로 경영에 참여하여야 지배주주를 사실상의 이사로 볼 수 있는지 분명치 않다. 만약 통상의 이사와 동등한 정도로 경영에 참여할 것을 요구한

17 江頭憲治郎, (주 14), 411면.

18 江頭憲治郎, (주 14), 410면의 주 5에서 인용된 문헌참조. 일본의 판례는 이사의 제3자에 대한 책임을 규정한 266조의 3에서 이사는 "창립총회 또는 주주총회에서 선임된 이사"를 말한다고 하여 사실상의 이사라는 개념이 파고들 여지를 인정하지 않고 있다.

19 山口幸五郎, 新版注釋會社法(6), 1987, 191면 이하.

다면 지배주주를 사실상의 이사로 볼 수 있는 경우는 많지 않을 것이다. 또한 지배주주가 개인이 아니라 회사인 경우 회사를 이사로 이론구성을 하는 데 난점이 있다.[20]

3) 주주의 성실의무[21]

다음에 고려해 볼 것은 상법에 명시적인 규정은 없지만 해석상 주주도 다른 주주에 대해서 그들의 이익을 배려할 포괄적인 의무가 있다고 보자는 견해이다. 미국 법에서는 이러한 주주의 포괄적인 의무도 이사의 경우와 마찬가지로 fiduciary duty(충실의무)로 불리고 있다. 한편 독일에서는 이사의 의무와는 구별하여 통상 Treupflicht(성실의무)라는 용어로 부르고 있다. 주주의 의무는 아무래도 이사의 의무와는 구별되는 것이기 때문에 다른 용어를 사용하는 것이 바람직하다는 점에서 이 글에서는 우리 학계의 일반적인 용어 예와는 달리 충실의무 대신에 성실의무라는 용어를 사용하기로 한다.

우리나라에서는 이러한 주주의 성실의무에 대해서 그다지 논의가 활발하지 않다. 다만 일부 학자들이 조심스럽게 그러한 개념을 인정할 것을 주장하고 있을 뿐이다.[22] 물론 회사법에 명시적인 규정이 없는데도 불구하고 그러한 거창한 개념을 선뜻 인정하기는 어려울 것이다. 그러나 명시적인 법적 근거가 없다는 것이 그러한 개념을 인정하는 데 결정적인 장애가 될 수는 없다. 특히 달리 지배주주의 자의를 억제할 수 있는 실효성 있는 수단이 존재하지 않는 우리의 현실을 고려하면 그러한 포괄적인 의무를 인정할 필요는 더욱 절실하다. 지배주주의 충실의무가 일찍이 정착된 미국에서도 법에 명시적인 규정이 없음에도 불구하고 법원이 그 개념을 해석으로 인정하였다.

20 江頭憲治郎, (주 14), 410면. 법인이 회사의 이사가 될 수 있는가에 대해서는 학설이 대립하고 있다. 최기원, (주 12), 594-595면.

21 보다 자세한 것은 김건식, 소수주주의 보호와 지배주주의 성실의무, 법학 제23권 3/4호, 1992, 1면 이하.

22 최기원, (주 12), 395면 이하.

특히 관심을 끄는 것은 지난 1988년 독일의 연방대법원(BGH)도 법률에 명시적인 근거가 없음에도 불구하고 마침내 주주의 성실의무를 긍정하였다는 사실이다.[23] 특히 독일의 주식법은 우리 상법보다는 지배주주의 권한남용을 억제하는 장치가 훨씬 잘 정비되어 있음에도 불구하고 그러한 포괄적인 개념을 인정했다는 점을 주목할 필요가 있다.

3. 입법의 필요와 방향

이상에서 지적한 바와 같이 우리 상법은 지배주주의 행위를 명시적인 규제범위 밖에 두고 있다. 물론 그러한 입법의 공백을 무력하게 방관하지 않고 제3자의 채권침해이론이나 사실상의 이사이론과 같은 새로운 이론을 개발하여 대응하려는 시도는 높이 평가해야 할 것이다. 그러나 이미 살펴본 바와 같이 양이론은 모두 나름의 한계를 지니고 있다. 한편 법을 해석하는 데 비교적 보수적인 우리 법원의 태도에 비추어 상법에 명시적인 규정이 없음에도 불구하고 주주의 성실의무와 같은 포괄적 의무를 인정할 것을 기대하기는 어렵다.[24] 따라서 지배주주의 통제장치를 갖추기 위한 가장 효과적이고 근본적인 방안은 궁극적으로 상법을 개정하는 것이라고 할 수 있다. 그렇다면 상법을 어떠한 방식으로 개정할 것인가?

먼저 생각해 볼 수 있는 것은 지배주주의 권한남용이 우려되는 구체적인 상황에 대해서 개별적으로 규정을 두는 방안이다. 이는 독일 주식법이 기본적으로 취하고 있는 태도라고 할 수 있다. 예컨대 주식법 117조는 고의로 회사에 대한 자기의 영향력을 이용하여 이사 등이 회사나 주주에 손해를 주는

23 Linotype판결이라고 불리우는 이 BGH판결에 대한 간단한 설명은 김건식, 앞의 책 (주 21)의 논문 참조. 이 판결에 대한 독일 문헌은 많지만 그중에서도 M. Lutter, Die Treupflicht des Aktionärs, ZHR 1989, 453면 참조

24 물론 법원에 주장해 보지도 않고 포기하기보다 적극적으로 주장해 볼 필요는 있다.

행위를 하도록 한 자는 그로 인한 손해를 배상할 의무를 진다고 하고 있다.[25] 또한 주식법 243조 2항은 주주가 의결권의 행사에 의하여 자기 또는 제3자를 위하여 회사나 다른 주주의 손해로 특별이익을 얻고자 그러한 목적에 부합하는 결의를 통과시킨 경우 그 결의를 취소할 수 있음을 규정하고 있다. 그러나 지배주주가 소수주주의 이익을 침해하는 양태는 지배주주의 상상력에 따라 그야말로 무궁무진하다. 따라서 모든 가능한 경우를 미리 상정하여 그에 대해서 일일이 개별적인 규정을 두는 것은 현실적으로 불가능하다. 그렇다고 해서 일반규정 하나만으로 각양각색의 경우를 모조리 규율하는 것도 힘겨운 일이다. 그러므로 이상적으로는 지배주주의 권한남용을 규제하는 일반적인 규정을 둠과 아울러 필요에 따라 그것을 구체화하는 개별적인 규정을 마련하는 것이 바람직하다고 할 것이다.

Ⅲ. 지배주주의 성실의무와 주주이익의 실체

1. 성실의무개념의 구체화

이제 미국이나 독일에서처럼 지배주주의 성실의무와 같은 포괄적 개념(이하 그대로 성실의무라는 용어를 사용)을 상법의 해석상 또는 상법의 개정에 의해 도입했다고 가정하자. 이러한 성실의무란 개념은 주주 사이의 이해를 조정하는 데 필요한 수단개념이라고 할 수 있다. 즉, 성실의무는 지배주주의 관점에서는 소수주주에 대한 관계에서 어느 범위의 행위까지 허용될 수 있는가 하는 문제, 그리고 소수주주의 관점에서는 주주의 이익은 어느 범위까

25 과거에 우리 상법에도 주식법 117조와 같은 규정을 도입하자는 입법론이 주장된 바 있다. 정희철, 대주주 등의 책임, 법사상과 민사법(현승종 박사 화갑기념), 박영사, 1979, 481면 이하.

지 보호받을 수 있는가 하는 문제에 답하기 위하여 필요한 수단개념으로 볼 수 있다. 또한 성실의무는 마치 "과실"이나 "신의칙"과 같이 일반추상적 개념이다. 그러므로 그 내용은 선험적으로 확정할 수 있는 것이 아니라 결국 앞으로 법원이나 입법자가 판결이나 개별규정의 형태로 구체화해 갈 수밖에 없다. 그러한 구체화작업이 합리적으로 이루어지려면 그러한 작업을 이끌어 갈 기본원칙 같은 것이 필요할 것이다. 그렇다면 그러한 기본원칙은 어떻게 구할 수 있을까?

성실의무는 주주 사이의 이해조정이라는 주식회사법의 가장 근본적인 과제를 해결하기 위한 수단개념이다. 그러므로 성실의무의 문제는 주주의 이익을 어디까지 인정할 것이냐 하는 문제와 표리를 이룬다고 할 수 있다. 여기서 말하는 주주의 이익은 미국에서 지배주주의 충실의무의 범위를 확정하는 기준으로서 주장되는 주주의 "합리적 기대"(resonable expectations) 내지는 "정당한 기대"(legitmate expectation)에 상당하는 것이라고 할 수 있다.[26] 주의할 것은 여기서의 "기대"는 특정시점에서의 주주의 주관적 인식이라는 사실적인 개념이 아니라 "합리적" 내지는 "정당한"이라는 수식어가 붙은 당위적인 개념이라는 점이다. 요컨대 주주의 이익을 어느 범위에서 인정할 것인가 하는 문제나 주주의 기대가 어느 범위에서 합리적이라고 할 수 있는가 하는 문제는 모두 당위적인 문제이다. 이 당위적인 판단은 결국 어떻게 하면 주식회사제도의 의의를 가장 잘 살릴 수 있는가 하는 것을 기준으로 내릴 수밖에 없을 것이다.

26 예컨대 R. Thompson, Corporate Dissolution and Shareholders' Reasonable Expectations, Wash. U. L. Q. Vol.66, 193 (1988).

2. 주주이익의 실체: 지분의 실질적 가치

주지하는 바와 같이 주식회사는 상법이 규정하는 4종류의 회사형태 중 하나이다. 이들 네 가지 회사형태는 동업자라고 할 수 있는 사원이 회사의 기업 활동으로부터 발생하는 채무에 대해서 어떠한 책임을 지는가 하는 점에서 구별된다. 이들 사원이 책임을 지는 범위에 따라 사원이 회사의 기업 활동에 참여하는 범위가 정해진다. 주식회사는 이들 회사형태 중에서 사원의 책임이 가장 제한된 범위에서 인정되는 회사형태이다. 따라서 주식회사에서는 사원, 즉 주주가 기업 활동에 관여할 수 있는 범위도 가장 좁다. 이처럼 주식회사는 복잡한 회사경영에 관여할 능력이나 여유가 없는 소극적인 투자자에게 가장 적합한 회사형태로서 고안된 것이다. 그렇다면 이러한 주식회사의 특성을 살리기 위해서는 주주의 이익, 그리고 그것의 보호를 위해서 인정된 주주의 성실의무의 내용은 모두 그러한 소극적인 투자자의 참여를 촉진할 수 있는 방향으로 구성해야 할 것이다.

그러한 소극적 투자자인 주주가 궁극적으로 관심이 있는 것은 자신의 지분의 실질적 가치[27]를 유지 · 회수하는 것이다. 회사법상 주주가 가지는 각종 권한은 궁극적으로 주주의 이러한 지분의 실질적 가치를 보호하기 위한 수단으로 파악할 수 있다. 거꾸로 말하면 주주는 자신의 투자의 실질적 가치를 확보하는 데 필요한 범위의 권한을 가지면 족하고 그 밖의 권한은 가질 필요가 없다. 즉 주주의 권한의 최대한도는 자신의 지분의 실질적 가치를 회수하는 것이라고 할 수 있다. 그러한 논리에 따른다면 다수주주는 소수주주의 지분의 실질적 가치를 반환해 주는 한 언제나 그들을 회사 외로 축출할

27 Clark 교수는 비슷한 문맥에서 시장가격(market price)과 대비되는 개념으로 "진정한 투자가격"(true investment value)이라는 개념을 사용하고 있다. R. Clark, Corporate Law, 508 (1986) 이 글에서 사용하는 "지분의 실질적 가치"라는 개념은 바로 후자에 상응하는 것이다.

수 있어야 할 것이다.[28] 만약 소수주주가 언제나 자신의 지분의 실질적 가치를 회수할 수 있다면 소수주주를 위한 다른 구제수단은 필요가 없어질 것이고 주주 사이의 이해조정의 문제는 대부분 소멸할 것이다. 그러나 현실적으로 다음과 같은 사정 때문에 실질적 가치의 회수라는 이상적인 해결방법은 실행이 극히 어렵다.

3. 지분의 실질적 가치의 실현을 가로막는 현실적인 제약요인

소수주주가 자신의 지분의 실질적 가치를 회수하는 것은 현실적으로 두 가지 측면에서 어려움을 수반한다. 첫째는 자금의 부족이고, 둘째는 평가의 곤란이다.

(1) 자금의 부족

소수주주의 지분의 실질적 가치를 회수할 수 있는 곳으로서 고려할 수 있는 것은 회사, 다수주주, 시장(market)의 세 가지이다.

28 Clark 교수는 지배주주가 소수주주에게 시장가격을 초과하는 가격으로 주식을 매입함으로써 소수주주를 축출하는 경우에도 문제가 없는 것은 아니라고 주장하며 몇 가지 문제점을 지적하고 있다. Ibid. 504-509면. 그중 특히 중요한 것은 그러한 경우 지배주주는 소수주주의 주식을 언제라도 매수할 수 있는 일종의 옵션을 가지는 셈이 되는데 투자자들과 경영자들 간의 가상적인 교섭(hypothetical ideal bargaining session)에서도 투자자들이 그러한 지배주주의 옵션에 동의하지 않았을 것이라는 주장이다. 이 주장의 밑바닥에는 회사법은 투자자들과 경영자들이 거래비용(transaction cost)이 없는 이상적인 상태에서 교섭을 할 수 있었다면 합의하였을 내용으로 만들고 해석해야 한다는 법경제학적인 사고가 깔려 있다. 이러한 사고 자체에는 반대하지 않지만 과연 그러한 지배주주의 옵션이 그토록 일반주주에게 불리한 것인가는 의문이다. 이 글에서는 지배주주 쪽에서 지분의 실질적 가치를 반환하며 소수주주를 강제로 축출하는 경우보다는 소수주주가 그것을 요구하는 경우에 초점을 맞춘다.

1) 회사

주식회사가 조합이나 인적회사에 비해서 갖는 특징은 퇴사가 인정되지 않는다는 것이다. 따라서 주식회사는 주식을 발행하여 동원한 자금으로 장기적인 사업을 추진할 수 있다. 만약 주식회사가 주주의 청구에 의해서 지분의 실질적 가치를 반환해야 한다면 회사는 영위하는 사업의 일부를 중단해야 할 경우도 있을 것이다.[29] 물론 회사가 외부에서 자금을 차입하는 것이 가능하다면 사업의 일부를 중도에 처분할 필요는 없을 것이다. 그러나 이러한 외부차입이 어느 정도까지 가능할 수 있는지 의문이다. 또한 그것이 무한정 가능하다고 가정하더라도 다음에는 회사의 부채비율이 과도하게 높아진다는 문제가 있다. 이러한 문제점은 반대주주의 주식매수청구권에 대한 비판론에서도 마찬가지로 지적되고 있다.[30] 이러한 문제점 때문에도 어느 나라나 주식매수청구권은 합병 등 제한된 경우에만 인정하고 있다.

2) 다수주주

회사 대신 다수주주가 지분의 실질적 가치를 요구하는 소수주주의 주식을 매입하는 경우에는 회사사업의 중단이나 재무구조의 부실화의 문제는 발생하지 않을 것이다. 그러나 다수주주가 그러한 소수주주의 주식을 모조리 매입할 수 있을 정도로 자력이 있는 경우란 좀처럼 없다. 물론 이 경우에도 다수주주가 외부에서 자유로이 차입할 수 있다면 문제가 없을 것이다. 그러나 그러한 대규모 차입은 현실적으로 쉽지 않다.

3) 시장

주주가 회사나 다수주주가 아니라 시장에서 주식을 매각함으로써 지분의

29 이 점은 주식회사에 비할 때 조합의 단점으로 지적된다. Clark, (주 27),16-17면.

30 Clark, (주 27), 466면.

실질적 가치를 회수할 수 있다면 위에서 살펴본 구차한 문제는 전혀 발생하지 않을 것이다. 미국에서 주주가 회사경영에 불만이 있으면 팔고 나가면 된다는 이른바 Wall Street Rule이라는 것은 바로 그러한 시장의 존재를 전제로 한 것이다. 실제로 1960년대 말 미국의 모범사업회사법(MBCA)과 델라웨어를 비롯한 일부 주법은 한때 상장회사에 대해서는 반대주주의 주식매수청구권을 허용하지 않은 때가 있었다.[31] 그러한 입법은 주주가 주식을 시장에서 처분함으로써 주식매수청구권을 행사한 것과 같은 효과를 거둘 수 있다는 이론에 입각한 것이었다. 그러나 1978년 MBCA는 이러한 상장회사에 적용되는 예외를 삭제하였다.

그러나 주주가 주식을 처분할 수 있는 시장은 어느 회사에나 항상 존재하는 것은 아니다. 대부분의 폐쇄회사는 비상장회사일 것이고 그 경우에는 시장이 존재하지 않는다. 또한 시장이 존재하는 경우에도 그것을 통해서 지분의 실질적 가치를 완전히 실현할 수 있다는 보장은 없다. 시장에서 주가는 무수한 요인에 의해서 시시각각으로 변동한다. 그리고 시장에서 거래되는 회사의 주식의 양이 소량인 경우에는 주가가 조종될 가능성마저 있다. 즉 처분 당시의 시장가격이 지분의 실질적 가치와 상당한 거리를 두고 형성될 가능성이 큰 것이다. 이 문제는 다음의 문제점인 지분의 실질적 가치를 평가하는 것의 어려움과도 관계가 있다.

(2) 평가의 곤란

위에서 주주가 주식을 시장에서 매각하는 경우에는 그렇지 않겠지만 회사나 다수주주에게 매수할 것을 청구하는 경우에는 지분의 실질적 가치의 평가라는 문제가 대두된다. 그러나 지분의 실질적 가치를 평가하는 것은 아

31 Clark, (주 27), 448면.

주 어렵고도 주관적인 작업이다. 상장주식의 경우에는 앞서 지적한 문제점이 있기는 하지만 그래도 일응 출발점으로 삼을 수 있는 시장가격이 존재한다. 그러나 비상장주식의 경우에는 아예 그러한 실마리마저도 존재하지 않고 그 평가는 평가자가 누구이든 그 재량에 상당부분 의존할 수밖에 없다.[32] 주식 내지 기업의 평가방법은 각양각색이나 중요한 것으로는 시장가치법, 수익가치법, 자산가치법의 세 가지를 들 수 있다.[33]

1) 시장가치법(market value)

이 방법은 주식의 시장가치에 기하여 주식의 가치를 계산하는 방법이다. 그러므로 어떠한 이유로든 대부분의 폐쇄회사의 경우와 같이 주식이 시장에서 거래되지 않는 경우에는 이 방법을 택할 수 없다.[34] 또한 시장가격은 여러 가지 이유로 왜곡되거나 심지어는 지배주주에 의해서 조종될 가능성마저 있다.

2) 자산가치법(asset value)

이 방법은 회사의 각 자산의 시장가격에 기해서 주식의 가치를 계산하는 방법이다. 이 방법은 회사가 빠른 시일 내에 대부분의 자산을 처분하려고 하는 경우에는 적절하다고 할 수 있다. 그러나 회사는 자산을 처분하기보다는 계속 기업활동에 이용하려고 하는 것이, 즉 계속기업(going concern)인 것이

32 미국이나 일본에서는 주식의 평가에 대해서 경영학적인 관점에서 물론이고 법적인 관점에서도 많은 문헌이 발표되고 있다. 중요한 것을 몇 가지 들자면 V. Brudney & M. Chirelstein, Cases and Materials on Corporate Finance, 1-132면 (3rd ed. 1987); 關 俊彦, 株式評價論, 1983.

33 이하의 설명은 주로 Clark, (주 27), 452-453면에 의존하였다. 그 밖의 평가방법 중 중요한 것으로는 복성원가법(reproduction value)과 유사업종비준방식을 들 수 있다. 전자는 자산의 재조달가격을 기준으로 하여 상당한 감가상각을 하는 방법이고 후자는 해당회사와 유사한 업종의 상장회사의 시장가격을 적당히 수정하는 방법으로 기본적으로 시장가치법에 속한다고 할 수 있다. 江頭憲治郎, 會社の支配從屬會社少數株主の保護(8), 法學協會雜誌 제99권2호, 1982, 188면.

34 이 경우 대안으로 이용되는 방식이 위(주 33)에서 설명한 유사업종비준방식이다.

보통이다. 또한 이 방법은 회사자산의 주요부분이 현재 수익력은 낮으나 고가로 처분할 수 있는 경우에는 다음에 소개하는 수익가치법보다 적합할 것이다.

3) 수익가치법(earnings value)

이 방법은 회사의 장래의 수익을 예측하여 그것을 현재의 가치로 환가함으로써 기업과 주식의 가치를 계산하는 방법이다. 장래의 수익을 현가로 환산하기 위해서는 위험(risk)과 금리수준을 고려하여 결정한 자본환원율(capitalization)을 곱한다. 이 방법은 합리적이고 중요한 논리로 인하여 경영학계에서는 거의 정설로 받아들여지고 있으며 특히 미국에서는 법률가들 사이에서도 폭넓은 지지를 받고 있다.[35] 물론 장래의 수익을 정확히 예측할 수 있고 적절한 자본환원율을 구하는 것이 용이하다면 이 방법이 적어도 계속기업의 경우에는 가장 과학적이라고 할 것이다. 그러나 장래수익의 예측이나 자본환원율의 결정은 극히 주관적인 작업으로 평가자의 자의의 개입을 막기 어렵다.

4) 평가의 실제

이처럼 이들 방법은 부분적으로만 타당성을 인정받고 있을 뿐 아직 어느 것도 완벽한 것이라고 하기 어렵기 때문에 실제로 미국이나 일본의 법원은 모두 이들 방법을 적절히 병용하고 있다.[36]

우리나라에서 특히 비상장회사 주식평가는 상속세법 시행령(5조 5항)과 증권관리위원회의 "공모주식의 인수가액결정에 관한 규정"(5조) 등에서 규

35 최근 대법원은 회사정리법 177조에 의한 회사재산평가에 관한 판결에서 평가의 기준은 계속기업가치이고 그것을 구함에 있어서는 수익환원법이 표준적이기는 하지만, 재산의 종류와 특성에 따라 재조달원가에 의한 평가방식이나 지분가액에 의한 평가방식도 무방하다는 견해는 표명한 바 있다. 대법원 1991. 5. 28.자 90마954 결정(법원공보 900호 1728면).

36 Clark, (주 27), 453면; 江頭憲治郎, (주 33), 188면.

정하고 있는바 모두 자산가치와 수익가치를 같은 비율로 고려하여 결정하도록 하고 있다.

(3) 다른 보호 장치의 필요성

비록 주주의 수익은 지분의 실질적 가치를 보장받는 것이고 주주가 지분의 실질적 가치를 회수할 수 있다면 어떠한 주주간의 이해충돌도 해소될 수 있을 것이라는 명제를 받아들인다 하더라도 이상에서 언급한 현실적인 제약요인들 때문에 그 명제를 그대로 관철할 수는 없다. 즉, 소수주주는 아무런 이유 없이는 물론이고 회사경영에 불만이 있는 경우에도 회사나 지배주주에 주식의 매수를 요구할 수도 없다. 또한 지배주주도 투자의 실질적 가치를 지급함으로써 마음대로 소수주주를 배제할 수 없다. 따라서 주주간에 이해가 상충하는 경우 주주가 지분의 실질적 가치를 회수하도록 하는 방법 이외의 다른 방법을 강구하지 않을 수 없다. 이 문제와 관련하여 주목할 것은 미국법상 반대주주가 주식매수청구권을 갖는 경우에는 다른 구제수단이 배제되는가, 즉 주식매수청구권의 배타성에 관한 논의이다.[37]

과거에는 미국법상 주식매수청구권의 배타성(exclusivity)의 문제는 주법원의 판례에 맡겨져 있었으나 오늘날은 그에 대해 제정법에 명문의 규정을 둔 주가 많다. 현재 대부분의 주는 판례나 제정법에서 배타성의 예외를 인정하고 있다. 그러나 그 예외의 범위는 주에 따라 차이가 있다. MBCA는 주주는

37 이 부분의 설명은 Clark, (주 27), 456면 이하와 神田秀樹, 資本多數決と株主間の利害調整(5), 法學協會雜誌 제99권2호, 1982, 267면 이하에 주로 의존하였다. 神田 교수는 주식매수청구권의 배타성을 다음 다섯 가지 단계로 나누어 볼 수 있다고 한다. 첫째는 주식매수청구권이 존재한다는 자체가 다른 구제수단을 배제한다는 의미의 배타성이고, 둘째는 주주가 주식매수청구권을 현실적으로 행사하는 경우에는 동시에 다른 구제수단에 의존할 수 없다는 의미의 배타성이다. 이 두 가지 중 첫째 의미의 배타성이 보다 중요하고, 일반적으로 배타성이라고 하면 그것을 의미한다. 이 글에서도 첫째 의미의 배타성만을 다룬다.

문제된 회사의 행위가 위법하거나 주주나 회사에 대하여 사기적인(fraudulent) 경우가 아닌 한 그 행위의 효력을 다툴 수 없다(13.02(b))고 하고 있다. 여기서 "사기적"이란 말은 상당히 넓은 의미로 해석되고 있다. 예컨대 뉴욕주의 한 법원은 정당한 회사사업상의 목적 없이 이루어진 주주축출합병(freeze-out merger)은 사기적이므로 유지청구가 가능하다고 판시한 바 있다.[38] 델라웨어주 대법원은 종전에는 배타성의 예외를 이익충돌 가능성이 있는 경우에 폭넓게 인정하였으나 1983년 유명한 Weinberger v. UOP판결에서 "사기, 부실표시, 자기거래, 회사재산의 의도적 낭비, 중대하고 명백한 속임수"가 관련된 경우에 한해서 법원이 적절한 구제수단을 인정할 수 있다며 보다 제한적인 태도로 변경하였다.[39]

주식매수청구권의 배타성을 비판하는 견해는 그것이 행사하는 데 절차가 복잡하고 기간이 오래 걸리는 등 여러 가지로 불완전한 구제수단이라는 데 초점을 맞추고 있다. 한편 배타성을 주장하는 견해는 주주가 문제의 회사행위를 저지하거나 효력을 배제할 수 있다면 남소의 위험이 크다는 점을 지적하고 있다. 이러한 양쪽의 논리는 주주의 이익을 지분의 실질적 가치를 회수하는 것에 국한시키자는 명제를 검토할 때도 참고가 될 수 있을 것이다.

위에서 주주간의 이해를 조정하는 데 지분의 실질적 가치의 회수를 통한 해결방법을 고집할 수는 없다는 점을 지적하였다. 그러나 그 이유는 그러한 해결방법 자체에 결함이 있어서가 아니라 현실적인 제약요인 때문에 주주가 지분의 실질적 가치를 실현하기가 어렵기 때문이다. 그렇다면 그러한 현실적인 제약요인만 제거된다면 그 해결방법을 관철하는 것이 가능할 뿐 아니라 오히려 그쪽이 보다 바람직하다고도 할 수 있다. 당연한 일이지만 그러한 현실적인 제약요인은 시대와 장소에 따라 상이하게 존재한다. 일반론을

38 People v. Concord Fabrics, Inc. 371 N. Y. S2d 550 (Sup. Ct.) aff'd per curiam,377 N. Y. S.84 (App. Div.1975).

39 457 A.2d 714.

펴는 것이 허용된다면 그 제약요인은 점차 완화되는 과정에 있다고 말할 수 있다. 위에서 언급한 Weinberger판결은 바로 그러한 미국의 상황을 반영한 것으로도 볼 수 있을 것이다. 동 판결에서 델라웨어주 대법원은 정당한 사업목적 없이 단지 일반주주들을 배제할 목적으로 행한 친자회사 간의 합병도 원칙적으로 허용되며 그 조건이 불공정한 경우 주주의 구제수단은 원칙적으로 주식매수청구권에 한정된다고 판시하였다.[40]

이 판결은 기본적으로 주주의 이익을 지분의 실질적 가치에 한정하고 현실적으로 그것은 주주가 주식매수청구권에 의해 확보할 수 있다는 입장에 선 것이라고 볼 수 있다. 물론 이 판결의 태도는 미국에서도 아직 일반적이라고는 할 수 없고 상당히 진보적인 것으로 평가되고 있다.

결국 주주간의 이해조정을 위한 제도—이것은 곧 회사법에 다름 아니다—의 구체적인 모습은 현실적인 제약의 테두리 내에서 가급적 주주에게 지분의 실질적 가치를 보장한다는 이상형에 접근하는 방향으로 정해져야 할 것이다. 그러한 관점에서는 실제로 주주간의 이해조정제도, 즉 회사법이 나라마다 다소 차이를 보이는 것은 각국의 현실적인 제약의 정도가 다르기 때문이라고도 볼 수 있지 않을까?

IV. 지배주주의 권한남용을 억제하는 방식과 구제수단의 유형

이상에서 살펴본 바와 같이 주주가 투자의 실질적 가치를 실현하는 데 현실적인 제약 요인이 존재하기 때문에 어느 나라에서나 주주간의 이해조정을 위한 구체적인 제도는 다양한 요소들을 포함하고 있다. 이곳에서는 구체

40 이 점에 관해서는 Clark, (주 27), 525면 이하 참조.

적인 제도를 형성하는 이들 요소들을 간단히 살펴보고 그러한 요소들이 제 기능을 발휘하는 데 필요한 제도적인 여건을 몇 가지 지적하고자 한다.

1. 절차적 접근방식과 실체적 접근방식

지배주주의 자의를 방지하는 방식은 크게 절차적 접근방식과 실체적 접근방식의 두 가지로 나누어 볼 수 있다. 절차적 접근방식이란 문제된 회사의 행위의 내용과는 관계없이 그 행위의 결정에 일정한 절차를 요구함으로써 주주의 이익을 보호하려는 방식이다. 절차적 접근방식에도 여러 가지가 있으나 크게 민주적 방식과 전문가방식의 두 가지로 나눌 수 있을 것이다. 민주적 방식의 전형은 일정한 행위의 주주총회의 동의를 요구하는 것이다. 그 경우에는 그 결정에 영향을 받는 주주가 의결권을 행사함으로써 의사결정에 참여하게 된다. 이 경우 결의요건이 엄격하면 엄격할수록 소수주주의 발언권이 강해질 것이다. 결의대상에 특별한 이해관계 있는 주주의 의결권을 배제하는 경우에도 그만큼 소수주주의 발언권이 강화될 것이다. 전문가방식의 전형으로는 독일주식법상 합병계약의 조건을 검사하는 합병검사인제도(Verschmelzungsprüfung. 340b조)를 들 수 있다. 이사회의 동의나 승인을 요하는 경우는 두 가지 방식의 중간에 속하는 것으로 볼 수 있을 것이다.

실체적 접근방식은 회사 내지는 다수주주의 행위의 내용에 대한 실체적인 기준을 제시함으로써 주주이익을 보호하려는 방식이다. 그러한 실체적 기준의 예로는 주주평등의 원칙, 독일법상 주주의 성실의무, 출자반환의 금지(주식법 57조 1항), 미국법상의 충실의무, 특히 충실의무의 내용적 요소로서의 공정성(fairness) 등을 들 수 있다.[41]

41 물론 충실의무나 공정성은 신중한 결정, 필요한 정보의 개시 등 절차적인 측면을 포함하는 개념이다. 특히 1985년 델라웨어주 대법원의 Smith v. Van Gorkom판결, 488A. 2rd. 858 (Del.1985)에서 신중한

2. 기존의 구제수단의 유형

회사나 지배주주가 이러한 절차적 요건이나 실체적 요건을 위반한 행위를 감행하는 경우에 그에 대한 구제 수단은 크게 2가지 유형으로 나누어 볼 수 있다.

(1) 저지

이것은 그러한 회사나 지배주주의 행위를 사전에 저지하거나 사후에 배제하는 유형이다. 사전저지유형의 예로는 상법 402조의 위법행위유지청구, 사후배제유형의 예로는 주주총회 결의취소의 소, 합병무효의 소 등을 들 수 있다. 이 유형의 장점은 그러한 행위가 없었던 것과 마찬가지의 상태를 가져오는 것이다.[42] 그러나 바로 그 점이 이 유형의 단점이라고도 할 수 있다. 즉 다수가 원하는 결정을 소수가 가로막는 것을 허용한다는 점에서 의사결정의 기동성을 막고 때로는 소수의 권한이 남용될 수도 있다.[43] 특히 문제의 행위가 일부 소수주주에게는 불리하지만 전체적으로 보면 회사에 이익이 되는 경우에는 무작정 그것을 저지하는 것만이 능사는 아닐 것이다. 미국에서는 이러한 저지유형의 구제수단은 아주 예외적인 경우에만 허용하고 있다.[44] 그러나 달리 소수주주를 보호할 수 있는 마땅한 수단이 없는 경우에는

검토 없이 20여 분 만에 합병을 승인한 이사들이 충실의무(특히 주의의무)를 위반하였다는 결론을 내린 이래 이러한 절차적 측면이 부각되고 있다.

42 그러나 거래안전의 요청상 반드시 이 원칙을 관철할 수 있는 것은 아니다. 예컨대 주총결의가 취소되는 경우에도 그 판결의 소급효는 인정되지 않는다(상법 376조 2항, 190조).

43 현재 독일에서는 주주의 성실의무를 지배주주뿐만 아니라 소수주주에게도 인정함으로써 소수주주의 남용적인 소권행사를 억제하려는 시도가 행해지고 있다. 그 예로 W. Timm, Treupflichten im Aktienrecht, WM 1991, 481면 참조.

44 Clark, (주 27), 445면.

이 유형의 구제수단에 의존하지 않을 수 없다. 그 좋은 예가 상법상 합병무효의 소라고 할 수 있다. 합병무효의 소는 특히 기존상태를 보호해야 한다는 점에서 아주 예외적인 경우에만 인정할 필요가 있을 것이다.[45] 그러나 우리나라에서는 현재 반대주주의 주식매수청구권은 상장회사의 경우에만 존재하고(증권거래법 191조) 다수주주의 성실의무와 같은 개념도 판례상 인정된 바 없는 실정이기 때문에 합병비율이 불공정한 경우 비상장회사의 소수주주를 변호하는 것은 오로지 합병무효의 소라는 극적인 수단에 의할 수밖에 없다.

(2) 손해배상

이것은 지배주주에게 문제의 행위로 인하여 소수주주가 입은 손해를 배상하도록 하는 유형이다. 이 유형의 장점은 앞서 살펴본 저지유형과는 달리 다수의 결정을 가로막지 않는다는 것이다. 그러나 앞서도 지적한 바와 같이 현행 상법상으로는 지배주주는 명시적인 규제범위 밖에 있으므로 지배주주의 손해배상책임을 인정하기는 쉽지 않다. 지배주주의 손해배상책임은 현행법상 달리 규정을 두지 않는 한 결국 불법행위책임으로 구성할 수밖에 없는데 그 경우 지배주주의 귀책사유의 입증이 언제나 용이한 것은 아닐 뿐 아니라, 주주간의 이해의 상충은 지배주주의 귀책사유가 없는 경우에도 문제될 수 있다.[46] 또한 손해배상액의 산정에는 주식의 평가에서와 마찬가지로 어려움이 따른다.

45 합병무효의 판결이 확정된 경우 합병 후 발행된 신주를 누구에게 귀속시킬 것인가 등 실제상 어려운 문제가 많아서 합병무효의 제도는 입법론상으로 재검토의 여지가 있다는 주장이 유력하다. 江頭憲治郎, (주 33), 186면 주 18.

46 독일 주식법은 일정한 경우에 귀책사유와 관계없이 성립하는 보상(Ausgleich)의무를 규정하고 있다(예컨대 지배계약이 체결되는 경우에 관한 제304조).

3. 지분의 실질적 가치의 회수—주식매수청구권

이상에서 살펴본 바와 같이 전통적인 구제수단이라고 할 수 있는 저지유형이나 손해배상유형은 모두 일장일단이 있다. 주주가 투자의 실질적 가치를 회수할 수 있도록 하는 방법은 이들 전통적 구제수단과는 다른 새로운 유형이라고 할 수 있을 것이다. 앞에서 지적한 바와 같이 이 유형의 구제수단을 채택하기에는 현실적인 제약요인이 있다. 따라서 이 유형은 극히 한정된 범위에서만 채용되고 있다. 그 대표적인 것이 반대주주의 주식매수청구권이다. 현재 어느 나라에서고 주식매수청구권은 합병 등 회사의 근본적인 변경의 경우에만 인정되고 있다. 이와 관련하여 주목할 것은 캐나다연방회사법 241조상의 "Unfair prejudice Remedy"이다.[47]

이 규정에 의하면 지배주주의 행위에 의하여 부당한 피해(Unfair prejudice)를 입은 주주는 법원에 그 손해를 방지 또는 제거하기에 적당한 구제를 요청할 수 있다. 어느 것이 가장 적절한 구제 수단인지를 결정함에 있어 법원은 광범위한 재량을 갖는다. 가장 흔한 것은 회사나 다수주주에게 제소한 주주의 주식을 매수하도록 명하는 경우이지만 문제의 행위의 무효를 선언하거나 이사회의 권한을 정지하는 등 실로 법원의 재량은 광범위하다.[48] 법원은 주주가 부당하게 불리한 취급을 받았다고 여겨지는 다양한 경우에 "부당한 피해"를 인정하고 있다.[49]

47 C. B. C. A.241조 이 구제수단은 원래 영국의 1948년 회사법 210조에서 유래하는 것으로서 영국과 일부 주에도 존재하지만 캐나다에서 가장 활발히 이용되고 있다. 이에 대한 소개로는 B. Cheffins The Oppression Remedy in Corporate Law: The Canadian Experience, U Pa. Int'l Bus . L. Vol.10, 305면 이하 (1988).

48 Cheffins, (주 47), 329-332면.

49 Cheffins, (주 47), 320면 이하.

4. 구제수단의 실효성을 담보하는 여건

이상과 같은 구제수단이 제대로 실효성을 발휘하기 위해서는 여러 가지 여건이 충족되어야 한다. 이곳에서는 세 가지만을 간단히 언급하기로 한다.

(1) 소송제도의 개선

이상의 구제수단은 결국 소송에 의해서 실현되는 것이 보통이다. 그런데 소수주주의 제소나 소송수행이 현실적으로 어렵다면 이들 구제수단의 실효성은 크게 상실될 것이다. 소수주주에 의한 소송이 실효를 거두기 위해서는 특히 이 두 가지 점을 개선할 필요가 있을 것이다.

1) 증거수집에 관한 제도의 개선

소수주주가 회사 내지는 다수주주를 상대로 소송을 수행하는 경우 증거방법은 주로 상대방에 속하는 경우가 많다. 미국의 증거개시제도(discovery)와 같은 제도적인 장치가 없는 우리나라에서는 이들 상대방이 스스로 증거조사에 협조하지 않는 한 소수주주의 성공적인 소송수행은 극히 어렵다. 따라서 문서제출명령제도를 강화하는 등 당사자의 증거 수집을 용이하게 하는 제도의 개선이 따르지 않고서는 소수주주가 효과적으로 자신의 이익을 보호하기는 어려울 것이다.

2) 집단소송제도

다수주주가 소수주주의 이익을 부당히 침해한 사실이 명백하더라도 주주 각자의 손해가 소송비용 및 변호사비용을 감당할 만큼 크지 않은 경우에는 주주는 결국 자신의 권리 실현을 울며 겨자 먹기로 포기할 수밖에 없다. 만약 미국법상의 class action과 같이 이들 주주가 자신들의 청구를 모아서 한

꺼번에 손해배상을 청구할 수 있는 길이 있다면 손해배상청구는 비로소 실효성이 있는 구제수단이 될 수 있을 것이다. 이와 관련해서는 현재 법무부에서 추진하고 있는 집단소송에 관한 특별입법에 대해서 주목할 필요가 있을 것이다.[50]

(2) 공정하고 합리적인 기업가치제도의 확립

위에서 살펴본 구제수단 중 지분의 실질적 가치의 회수를 내용으로 하는 구제수단은 특히 기업가치의 평가가 정확하고 공정하게 이루어지는 경우에만 제대로 기능을 발휘할 수 있다. 이를 위해서는 외부감사인의 독립성 확보 등 기업회계에 관한 정보의 신빙성을 담보하는 여러 가지 제도적 여건이 갖추어져야 할 뿐 아니라 보다 합리적인 기업평가가 가능하도록 많은 연구가 축적될 필요가 있다.

(3) 기업공시제도의 개선

회사나 다수주주가 소수주주에 불리한 행위를 행한 경우 소수주주가 위에서 언급한 구제수단을 강구하기 위해서는 그러한 행위의 존부 및 내용에 대해서 신속하고도 정확하게 알 수 있어야 할 것이다. 따라서 위의 구제수단이 실효를 거두기 위해서는 회사의 정보가 적시에 충분히 공시될 수 있도록 제도적인 장치를 마련할 필요가 있다. 우리나라에서 이러한 공시는 주로 상법과 증권거래법에 의해서 이루어지고 있다. 전자는 주로 주주를 위한 것이고 후자는 한 걸음 더 나아가 일반투자자, 즉 잠재적 주주를 염두에 둔 것이다. 그러나 현재 양자가 모두 형식적으로 이루어지고 있어 그 개선이 요구된다.

50 집단소송에 관한 입법과 관련해서 법무부, 집단소송의 법리(법무자료 제149집), 1991, 참조.

V. 결어—기능주의적 회사법학의 필요성

이제까지의 회사법학은 회사법전상의 여러 개념 내지 제도를 종합적인 관점에서 이해 · 평가하기보다는 그것을 주어진 것으로 받아들이고 그것들의 합리적인 해석에 주력하는 경향이 강했다. 그 과정에서 특히 우리 회사법에 큰 영향을 준 독일과 미국의 회사법의 개별 제도에 대한 소개나 연구는 많이 있었지만 그에 대한 비판적인 검토는 별반 이루어진 바 없다. 회사법은 결국 사원 간의, 그리고 회사와 채권자 사이의 이해조정을 목적으로 한다. 그렇다면 회사법상의 모든 제도는 그것이 연혁적으로 어떠한 모습으로 출발했건 간에 결국 이러한 이해조정기능을 얼마나 잘 수행하는가의 관점에서 평가하고 또 그러한 관점에서 개선해야 할 것이다. 이러한 평가와 개선작업은 이제까지 우리 회사법학계를 지배해 온 해석법학적 접근방법만으로는 불가능하다. 그러한 작업은 해석법학의 토대 위에서 기능적인 접근방법을 취하는 경우에만 의미 있는 성과에 도달할 수 있을 것이다.[51] 그러므로 앞으로 우리의 회사법학도 기능적이고 정책적인 접근방법에 보다 관심을 기울여야 할 것이다.

한림법학 Forum 창간호(1992), 63-87면.

* 추기: 252-254면에 언급한 상법상 유지청구권과 대표소송의 발동을 위한 지주요건은 5%에서 1%로 완화되었다. 271면 (주 42)와 관련하여 1995년 상법개정으로 주총결의취소판결의 소급효가 인정되었다. 또한 과거 상장회사에만 인정되던 반대주주의 주식매수청구권이 비상장회사에도 인정되었다. 끝으로 274면과 관련하여 증권분야에 제한적으로나마 집단소송이 허용되었다.

51 그러한 기능적인 접근방법의 대표적인 예로는 이른바 법경제학적인 접근방법(economic analysis of law)을 들 수 있다.

03 미국회사법상 반대주주의 주식매수청구권

I. 서설

1. 상법개정과 주식매수청구권

1993년 6월 하순 한국상사법학회의 하계세미나에서 법무부가 추진 중인 상법개정작업 과정에서 잠정적으로 마련한 시안의 개요가 공개된 바 있다.[1] 그 시안의 내용 중 특히 주목을 끄는 것은 반대주주의 주식매수청구권이라고 할 수 있다.[2] 합병이나 영업양도 등 회사의 중요한 의사결정에 반대하는 주주가 회사로 하여금 자신의 주식을 매수시킬 수 있는 권리인 주식매수청

1 당시 발표자는 정동윤 교수였다. 개정작업에 대한 간단한 소개에 대해서는 손주찬, 상법(3차) 개정시안, 고시계 1993년 8월호 12-13면.

2 이러한 개정의견은 이미 1975년 한국상사법학회도 내어놓은 바 있다. 임홍근, 주주의 매수청구권, 상법개정시안 및 의견서 62면 이하.

구권은 우리에게 그리 생소한 것은 아니다. 이미 증권거래법은 상장법인의 주주에게 이러한 권리를 인정하고 있다(191조). 그러나 정작 주식의 시장성이 없기 때문에 출자회수를 위해서 주식매수청구권과 같은 제도를 필요로 하는 비상장법인의 주주에게는 그것이 인정되지 않고 있는 것이 현실이다. 만약 법무부시안에서와 같이 상법에도 반대주주의 주식매수청구제도가 도입되는 경우에는 현재와 같은 불균형은 일단 사라지게 될 것이다. 그러나 주식매수청구권이 도입된다는 사실도 중요하지만 그에 못지않게 중요한 문제는 그것이 어떠한 내용으로 도입되느냐 하는 것이다. 주식매수청구권은 지배주주 내지 경영자와 소수주주 사이의 이해조정의 문제에서 핵심적인 위치를 차지하고 있다. 따라서 그 구체적인 내용을 결정함에 있어서는 신중한 검토를 거칠 필요가 있다. 이 글은 주식매수청구권에 관한 경험이 가장 풍부하다고 할 수 있는 미국회사법을 재료로 하여 입법시에 주의해야 할 주식매수청구권의 몇 가지 문제점들을 검토해 보는 것을 목적으로 한다.

2. 논의의 방법과 순서

회사법의 규정과 법원의 판례가 주마다 각양각색인 미국의 법현실을 고려하여 이 글에서는 각 주의 입법에 커다란 영향을 미치고 있으며 주식매수청구권에 관하여 비교적 상세하고도 선진적인 내용을 담고 있는 모범사업회사법(the Model Business Corporation Act, 이하 "모범법")을 중심으로 논의를 전개한다.[3] 또한 주식매수청구권에 관한 최근의 입법론과 해석론에 관해서

3 모범사업회사법에 대해서 가장 권위 있고 상세한 문헌으로는 가제식으로 되어 있는 Model Business Corporation Act Annotated (3rd. 1993)를 들 수 있다(이 글에서는 "주석서"로 인용). 주식매수청구권에 대한 해설은 3권 1353면 이하에 실려 있다.

는 미국법률가협회(American Law Institute)가 지난 10여 년간 학계와 실무계의 주목하에 수행한 작업의 결과로서 최근에 펴낸 Principles of Corporate Governance: Analysis and Recommendations(Proposed Final Draft 1992, 이하 "Principles"로 인용)에 의존하기로 한다. 논의의 순서는 먼저 II에서는 주식매수청구권의 발생에 필요한 실체적인 요건을 논하고, 이어서 III에서는 주식매수청구권의 행사에 관한 절차적 요건을 살펴본다. IV에서는 가장 어렵고도 중요한 문제인 주식의 평가, 그리고 V에서는 주식매수청구권의 배타성에 관해서 설명한다. 이하에서는 본격적인 논의에 들어가기 앞서 주식매수청구권의 연혁과 기능에 대해서 간단히 언급한다.

3. 주식매수청구권의 연혁과 기능

과거 미국법상 회사가 합병과 같은 근본적인 변경을 하기 위하여는 주주 전원의 동의가 필요하였다. 이러한 만장일치제하에서는 사실상 모든 주주가 거부권을 가지므로 소수주주의 보호는 가장 완벽하게 이루어질 수 있다. 그러나 어느 단체든 의사결정을 만장일치로 해야 한다면 기동성 있는 의사결정은 고사하고 새로운 의사결정 자체가 불가능하게 될 공산이 크다. 사업환경의 변화에 대응하여 끊임없이 변신을 거듭해야만 하는 기업, 특히 주식회사의 경우 그러한 만장일치제의 경직성은 참을 수 없는 것이다. 따라서 합병과 같이 회사의 중요사항에 관한 결의인 경우에도 만장일치제를 포기하게 된 것은 불가피한 일이었다고 할 수 있다. 이러한 만장일치제로부터의 후퇴는 단계적으로 이루어졌다. 한동안은 3분의 2 또는 4분의 3과 같이 가중된 결의요건을 적용하였으나 마침내는 단순과반수의 찬성만을 요구하기에 이르렀다. 이처럼 만장일치제 대신 다수결을 채택하는 경우에는 필연적으로 다수결에서 패배한 소수파의 보호가 중요한 과제로 부각된다. 미국에서 주식매수청구권이 처음 등장한 것은 바로 이러한 다수결의 도입에 따른 소수주주의 우려를 막기 위한 것이었다.[4] 1858년 펜실베이니아주 대법원은 만장일치제를 후퇴시키는 대가로 반대주주들에게 주식의 가치를 현금으로 상환받을 수 있는 권리를 부여하였다.[5] 또한 오하이오주는 이미 1851년의 회사입법에서 주식매수청구권에 대한 초보적인 규정을 제정한 바 있다.[6]

현재 미국의 주법은 예외 없이 주주의 주식매수청구권을 인정하고 있다. 그러나 그 내용은 주마다 상당한 차이를 보이고 있다.[7] 이러한 주법의 다양성은 주식매수청구권의 기능 내지 역할에 대한 견해의 다양성과도 관련이 없지 않은 것으로 보인다. 현재 주식매수청구권을 인정하는 이론적인 근거로는 크게 두 가지를 들 수 있다.[8] 첫째는 회사가 근본적인 변경을 행함에 따라 당초의 기대가 허물어진 주주에게 출자를 회수할 기회를 준다는 것이다. 그러나 이처럼 주식매수청구권의 근거를 주주의 "기대"에서 구하는 견해는 받아들이기 어렵다. 회사의 근본적인 변경이 애당초 불가능했다면 몰라도 그것이 법적으로 허용될 뿐 아니라 실제로도 적잖이 발생하는 일이라면 주식투자를 하는 투자자는 마땅히 그 가능성을 고려하였어야 할 것이다. 즉 투자자가 그러한 가능성을 도외시한 주주의 일방적인 기대를 그토록 보호할 필요가 있는지는 의문이다. 보다 설득력 있는 것은 주식매수청구권을 소수주주보호를 위한 수단으로 보는 두 번째 근거라고 할 것이다. 회사의 지배주주나 경영진은 특히 합병 등과 같은 중요한 거래를 계기로 회사의 부를 일반 소수주주들로부터 자신들에게 이전할 가능성이 높다. 주식매수청구권은

4 R. Clark, Corporate Law 443-444 (1986); Weiss, The Law of Take Out Mergers: A Historical Perspective, 56 N. Y. U. L. Rev. 624, 624-628 (1981). 주식매수청구권이 헌법상의 요구에 의해서 도입된 것으로 보는 견해도 있으나 소수설에 불과하다. M. Eisenberg, The Structure of the Corporation (1976) 80-81면(이 글에서는 송상현, 김건식 두 교수가 1983년 "주식회사법리의 새로운 경향"이라는 제목으로 펴낸 번역서에 의하여 인용함).

5 Lauman v. Lebanon Valley R. R. Co., 30 Pa. 42(1858)(Principles, 951에서 재인용).

6 Eisenberg, (주 4) 81면.

7 Principles, 951.

8 이하 Clark, (주 4), 444-445 참조.

그러한 부당한 거래가 발생하는 경우에 주주가 보유주식의 공정한 가치를 회수함으로써 손해를 회피할 수 있는 수단이다. 주식매수청구권은 특정행위를 사전적으로 금지하거나 사후적으로 무효화하는 저지형 구제수단과는 달리 다수파의 의사결정을 정면으로 가로막지 않고 현실적으로 어려운 원상회복[9]을 강제하지도 않는다는 장점이 있다.

그러나 주식매수청구권에 대해서 비판이 없는 것도 아니다. 그 비판의 내용은 다양하지만 대체로 두 가지로 나누어 볼 수 있다.[10] 첫째는 주주들의 관점에서 나온 것이다. 즉 주식매수청구권은 행사가 어렵고 비용이 많이 들며 행사로 인하여 오히려 손해를 볼 위험이 있기 때문에 주주들에게 별로 도움이 되지 않는다는 것이다. 실제로 주식매수청구권이 행사되는 경우는 그리 많지 않다고 한다.[11] 둘째는 회사의 관점에서 나온 것이다. 즉, 주식매수청구권이 인정되는 경우에도 사기 등을 이유로 회사의 거래를 공격하는 것은 가능하므로 회사는 여전히 소송을 피할 수 없으며 주식매수청구권이 회사경영진으로부터 보다 많은 돈을 긁어내기 위한 일종의 공갈수단으로 남용될 가능성이 크다는 것이다.[12] 그러나 이러한 주식매수청구권에 대한 비판에도 불구하고 주식매수청구권의 존재가치 자체를 전면적으로 부정하는 견해는 Manning을 제외하고는 거의 찾아보기 어렵다. 실제로 주식매수청구권의 행

9 예컨대 합병의 무효가 선언되는 경우의 복잡한 법률관계를 생각해 보라.

10 주석서. 1354; Eisenberg, (주 4), 75면 이하(Manning의 비판에 대한 소개와 반론). 그 밖에 기존의 주식매수청구권의 문제점을 다룬 문헌의 간단한 소개로는 Principles, 952 참조.

11 Principles, 951. 예컨대 1972년부터 1981년까지 합병에 관련된 미국기업의 수는, 16,479개에 달했음에도 불구하고 그 기간 동안에 주식매수청구권이 행사되어 주식평가가 문제된 주법원 판결의 수는 겨우 20여 개에 불과하다. Seligman, Reappraising the Appraisal Remedy, 52 Geo. Wash. L. Rev. 829 (1984).

12 이와 관련하여 Manning은 주식매수청구권의 행사로 인한 자금부담 때문에 회사가 합병 등의 거래 자체를 포기할 가능성이 있다는 점을 지적하고 있다. Eisenberg, (주 4), 76면 이하. 그러나 Clark는 주식매수청구권행사에 따른 자금부담이 회사에 유익한 것이라면 소수주주를 설득할 수 있거나 필요한 자금을 외부에서 융통할 수 있을 것이라고 주장한다. 또한 자금부담이 그토록 심각한 문제라고 하더라도 주식매수청구권 자체를 부인하기보다는 부담이 덜한 대안을 모색하는 것이 바람직할 것이라고 하고 있다. 예컨대 주주로 하여금 시장에서 주식을 매각하고 회사에는 공정한 가치와의 차액만을 청구하도록 하는 식의 대안을 고려해 볼 수도 있다는 것이다. Clark, (주 4). 446-447.

사를 통해서 주주가 회사가 제시한 가격보다 훨씬 높은 가격으로 주식을 매도한 예가 적지 않은 것을 보더라도 주식매수청구권이 소수주주에게 유용한 수단임을 부정할 수는 없다.[13] 따라서 이제는 주식매수청구권의 존재를 전제로 그 단점을 최소화하기 위한 노력을 기울이는 것이 보다 바람직할 것이다.

II. 실체적 요건

1. 주식매수청구권을 발생시키는 회사거래[14]

(1) 총설

주식매수청구권이 다수결에서 패배한 소수주주를 위한 것이라면 주주총회결의를 요하는 모든 거래에 대해서 부여하는 것도 생각해 볼 수 있다. 그러나 대체로 주법은 일상적인 사항을 제외한 회사의 근본적인 변경을 가져오는 사항에 대해서만 주식매수청구권을 인정하고 있다. 그러나 구체적으로 어떠한 사항에 대해서 주식매수청구권의 행사를 인정하는가는 주법마다 다소 차이를 보이고 있다. 예컨대 제정법상의 합병(statutory mergers)의 경우에는 모든 주법이 주식매수청구권을 인정하고 있다. 그러나 실질적인 전 재산의 양도의 경우에는 46개의 주가, 그리고 정관변경에 대해서는 25개의 주만이 주식매수청구권을 인정하고 있다.

주식매수청구권은 주로 주총결의가 필요한 거래를 회사가 행함에 있어

13 Principles, 953.

14 주식매수청구권이 발생하는 경우 중 합병이나 영업양도와 같은 경우는 몰라도 정관변경과 같은 경우는 "거래"에 해당한다고 보기 어려우나 특별히 어감상 사용이 곤란한 경우를 제외하고는 편의상 "거래"라는 용어를 사용하기로 한다.

부여되는 것이 보통이다. 그러나 주식매수청구권을 소수주주의 보호수단으로 파악하는 경우에는 그것을 반드시 주총결의와 결부시킬 필요는 없다. 지배주주 내지 경영진이 소수주주의 이익을 침해하는 경우란 반드시 주총결의를 통해서만 이루어지는 것은 아니기 때문이다.

모범법은 주식매수청구권을 발생시키는 회사의 상황을 다음의 5가지로 정리하고 있다(§13.02(a)).

(가) 합병

(나) 주식교환

(다) 회사의 실질적인 전 재산의 처분

(라) 정관변경

(마) 기타 정관에서 정한 사유

한편 Principles는 각 주의 제정법과 판례법을 기초로 하여 주식매수청구권을 발생시키는 회사의 거래를 다음의 5가지로 정리하고 있다(§7.21).

(가) 회사의 합병 등 기업결합

(나) 축출합병 등 소수주주를 회사 외로 축출하는 거래

(다) 회사의 실질적인 전 재산의 처분

(라) 정관변경

(마) 기타 정관에서 정한 사유

이처럼 모범법과 Principles는 그 분류에 다소 차이가 있지만 이곳에서는 Principles의 분류에 따라 설명하기로 한다. 또한 주식매수청구권과 관련하여 주목할 것은 비상장회사의 소수주주에 인정되는 이른바 oppression remedy 또는 unfair prejudice remedy라고 부르는 보호청구권이다. 애초에는 주로 회사의 해산을 청구할 수 있는 권리로 출발했던 이 권리는 차츰 법원의 유연한 해석에 힘입어 이제는 사실상 주식매수청구권과 같은 기능을 수행하는 경우가 적지 않다. 이하에서는 위의 5가지 경우와 oppression remedy를 차례로 살펴본다.

(2) 합병 등 기업결합(business combination)

Principles는 이 유형에 흡수합병(merger)과 신설합병(consolidation)은 물론이고 기타 여러 유형의 거래를 모두 기업결합이라는 이름으로 포함시키고 있다. 이러한 기업결합에는 인수대상회사를 인수회사가 자신의 자회사와 합병시키는 이른바 삼각합병(triangular merger)도 포함된다. 또한 이른바 "사실상의 합병"(de facto merger)에 해당하는 거래도 포함된다. 사실상의 합병이란 형식적으로는 제정법상의 합병이 아니지만 실질적으로는 그와 동일한 효과를 가져오는 거래를 의미한다. 그러한 거래를 하는 이유는 바로 합병에 적용되는 엄격한 결의요건이나 주식매수청구권을 피하기 위해서이다. 사실상의 합병의 예를 들어 보자. 예컨대 A회사가 B회사의 전 자산을 인수하면서 그 대가로 현금 대신 주식을 교부하고 그 결과 B회사의 주주가 A회사의 주식의 과반수를 차지하게 되었다고 하자. 이러한 경우에는 A가 B를 인수하는 형식을 취하고 있지만 결국 B회사의 주주가 A의 경영권을 차지하게 되었으므로 실질적으로는 오히려 B가 A를 인수한 것과 마찬가지이다. 전 자산의 양도의 경우 양수회사의 주주는 주식매수청구권이 없으므로 형식적으로 양수회사에 해당하는 A의 주주는 사실상 회사가 합병당한 것과 마찬가지임에도 불구하고 주식매수청구권을 행사할 수 없게 된다. 이러한 불합리한 결과를 피하기 위해서 현재 대부분의 주는 입법이나 법원의 판결을 통해서 위와 같은 사실상의 합병도 제정법상의 합병과 동일하게 규율하고 있다. 이에 따라 Principles도 타 회사의 주식이나 재산의 상당부분을 매수하면서 대가로 자기 회사의 주식을 발행하여 주는 경우도 주식매수청구권의 행사가 허용되는 기업결합에 포함시킴으로써 사실상의 합병이라는 편법의 여지를 명시적으로 제거하고 있다.

Principles는 또한 인수대상회사의 주식을 자기 회사의 주식이나 기타의 자산과 강제로 교환하는 강제적 주식교환(mandatory share exchanges)도 기업결합의 유형에 포함시키고 있다.[15] 주식교환이 이루어지면 인수회사는 인수대상회사의 주식을 전부 취득하게 되므로 인수대상회사는 인수회사의 자회사로 변한다. 모범법에 의하면 주식교환은 인수회사와 인수대상회사 모두의 주주총회에서 승인을 받아야 한다(§11.03). 모범법은 주식매수청구권을 인수대상회사의 주주에 대해서만 부여하고 있으나(§13.02(a)(2)) Principles는 인수회사의 경우에도 인정하는 것이 원칙이다.

이상의 유형의 거래가 있다고 해서 언제나 주식매수청구권이 인정되는 것은 아니다. 모범법은 합병의 경우에는 소멸회사의 주주에게는 언제나 주식매수청구권을 인정하지만 존속회사의 주주에게는 합병으로 인한 주식증가가 20%를 넘는 경우, 즉 인수대상회사가 상당한 규모에 달하는 경우에만 그것을 인정하고 있다.[16] Principles는 이러한 규모제한을 합병을 포함한 다른 모든 유형의 결합거래에 보다 강화된 형태로 규정하고 있다. 즉 Principles는 기업결합거래를 하는 회사의 기존의 주주들이 거래 후 보유하는 존속회사의 의결권이 60%에 미달하는 경우에만 주식매수청구권을 부여하고 있다. 즉 회사가 대략 자신의 3분의 2에 미달하는 소규모회사를 합병 등의 방법으로 인수하는 경우는 회사의 근본적인 변경에 해당하지 않는다고 보아 주식매수청구권을 부정한 것이다.

(3) 소수주주의 축출

미국법상 다수주주는 비교적 용이하게 소수주주를 배제하고 회사를 개인회사화할 수 있다. 그 대표적인 예가 이른바 "축출합병"(freeze-out merger)이

15 현재 강제적 주식교환이라는 기업인수방식을 인정하고 있는 주는 26개이다. 이들 주법은 모두 그 경우에 주식매수청구권을 인정하고 있다.

16 합병시 존속회사의 주주가 의결권을 갖는 것은 바로 그처럼 20%요건을 갖춘 경우에 한하기 때문이다(§11.03(g)(3)).

다. 축출합병은 보통 다음과 같은 방법으로 이루어진다. 예컨대 A회사의 지배주주가 소수주주를 축출하고자 하는 경우 그는 별도로 B회사를 설립하여 A회사를 그에 흡수합병시킨다. 우리 회사법에서와는 달리 미국법상으로는 이 경우 A회사의 소수주주들에게 B회사의 주식을 주는 대신 현금을 지급하는 것도 가능하다. 따라서 축출합병은 현금합병(cash-out merger)으로도 불린다. 이처럼 축출합병이 이루어지는 경우에는 축출되는 소수주주의 이해관계는 근본적으로 변화하게 된다. 소수주주가 이러한 축출합병을 어떠한 경우에 저지할 수 있는가를 비롯한 축출합병의 문제점에 대해서는 아직 논의가 계속중이지만 소수주주에 주식매수청구권이 부여된다는 점에 대해서는 별로 이견이 없다. Principles는 축출합병 이외에도 주식병합 등과 같이 사실상 일부주주가 축출되는 결과를 가져오는 조치의 경우에도 주식매수청구권을 인정하고 있다.

(4) 회사의 실질적인 전 재산의 처분

모범법은 회사가 실질적인 전 재산을 매각하거나 교환하는 경우를 원칙적으로 주식매수청구권을 발생시키는 거래로 들고 있다.[17] 다만 1년 내에 대금을 주주들에게 분배할 계획으로 재산을 매각하는 경우는 포함되지 않는다(§13.02(a)(3)). Principles는 그러한 거래를 (가) 이른바 management buyout(경영자에 의한 기업인수: MBO)에 해당하는 경우(§7.21(c)(1))와 (나) 통상 말하는 실질적인 전 재산의 처분의 경우—Principles는 처분 후 "상당한 잔존영업"

17 어느 정도의 재산을 처분하는 것이 실질적인 전 재산의 양도에 해당하는가에 관해서 일반적으로 법원은 순전히 양적인 기준보다는 질적인 기준을 채택하고 있다. Principles, 974. 예컨대 전 재산의 66%에 해당하는 유동자산이 유보된 경우에도 실질적인 전 재산의 양도에 해당한다고 본 판례(Campbell v. Vose, 515 F. 2d 256 (10th Cir. 1975)가 있는가 하면 처분재산이 순재산가치의 41%에 해당하지만 수입의 15%만을 낳는 경우에는 실질적인 전 재산이 아니라고 본 판례(Gimbel v. Signal Cos. 316 A. 2d 599(Del. Ch. 1974))도 있다.

(significant continuing business)이 남지 않은 경우로 표현하고 있다—(§7.21(c)(2))의 두 가지로 나누고 있다. 먼저 (가)는 이사 등의 경영자가 회사의 실질적인 전 재산을 취득하는 경우로서 매각부분이 최근 영업년도 말 현재 수입이나 총 자산의 50%를 넘어야 한다. (가) 중에서도—다음과 같은 두 가지 요건을 갖추어 거래의 조건이 공정하게 결정되었을 가능성이 높을 경우에는 주식매수청구권은 배제된다: 즉 (a) 경쟁매매를 가능케 하는 소정의 절차(§5.15(b))를 밟았을 것; 또한 (b) 주식이 거래소나 NASDAQ에 상장된 회사일 것. (a)요건이 충족되는 경우에는 이익상충의 가능성이 크게 감소되어 소수주주의 이익을 보호할 필요도 줄어들 것이다. 추가로 (b)요건이 요구되는 이유는 상장회사가 아니면 아무래도 투자자들의 관심이 덜할 것이므로 경쟁매매절차에 의하더라도 가격결정의 공정성을 기대하기 어렵기 때문이다.

(나)는 바로 통상 말하는 실질적인 전 재산의 처분의 경우이다. Principles는 "상당한 잔존영업"이라는 기준을 채택하고 있다. 이 기준에 의하면 일단 회사재산을 처분하고 난 후에도 그 자금으로 새로운 사업을 개시하는 경우에는 잔존영업이 있는 것으로 되어 주식매수청구권은 발생하지 않는다.[18]

(5) 정관변경

모범법이나 Principles는 정관변경의 경우에 관해서는 대체로 비슷한 규정을 두고 있다. Principles는 정관변경이 다음과 같은 효과를 발생시키는 경우에만 주식매수청구권을 인정하고 있다. (가) 주주의 우선권, 신주인수권, 전환청구권, 상환청구권 등이 침해되는 경우, (나) 주주(극히 미미한 양의 주식을 소유하는 주주는 제외)의 주식을 1주 미만의 단주로 감소시키는 경우, (다) 주주의 주식을 소각할 수 있는 권리를 창설하는 경우, (라) 주주의 의결권을 배

18 Principles, 964.

제하거나 제한하는 경우(신주발행이나 누적투표권의 배제로 인한 경우는 제외).

모범법은 다른 경우와는 달리 정관변경의 경우에 대해서는 주주가 의결권을 가지는지 여부와 관계없이 주식매수청구권을 인정하고 있다. 위의 경우에 해당하는 경우에도 모든 주주가 주식매수청구권을 갖는 것은 아니고 정관변경으로 인해서 권리를 침해당한 주주만이 주식매수청구권을 갖는다.

(6) 정관의 규정

모범법이나 Principles 모두 정관에 주식매수청구권이 발생할 수 있는 경우를 추가로 규정하는 것을 허용하고 있다. 모범법은 나아가 이사회의 결의로 반대주주의 주식매수청구권을 부여하는 것도 허용하고 있다.

(7) 지배주식의 취득

미시시피주, 메인주, 펜실베이니아주 등 일부 주회사법은 회사의 지배주식을 취득하는 자에게 나머지 주주의 주식도 매입할 의무를 부과하고 있다.[19] 지배주식은 대체로 20~25%의 주식으로 정의되고 있다. 이들 주법은 나머지 주식의 매수의무가 면제되는 예외를 인정하고 있다. 예컨대 지배주식의 매수가 회사이사회의 사전승인을 얻어서 이루어지는 경우에는 그러한 매수의무가 면제된다. 이 경우 주주의 권리는 엄밀한 의미의 주식매수청구권은 아니지만 회사의 경영권이 넘어가는 중대한 변화를 계기로 퇴사할 수 있다는 점에서 주식매수청구권과 같은 기능을 한다고 볼 수 있다.[20]

19 주석서, 1373.

20 Principles의 초안작성자(Repoter)들이 당초 작성한 초안은 과반수주주가 변경되거나 주식의 시장성이 위협받는 경우에도 주식매수청구권이 발생하도록 되어 있었으나 평의회(Council)의 승인을 받지 못해 최종안에서는 제외되었다. Principles, 972-973.

(8) 다수주주에 의한 억압(oppression)

이상의 경우는 대체로 회사의 근본적인 변경을 가져오는 거래에 반대하는 주주에 대해서 보유주식의 공정한 가치를 회수할 수 있는 길을 열어 주는 것이라고 할 수 있다. 그러나 최근 폐쇄회사의 경우에는 반드시 회사의 근본적인 변경이 없는 경우에도 경영진의 일방적인 회사운영에 불만을 품은 주주가 출자를 회수할 수 있는 가능성이 증가하고 있다. 현재 다수의 주법은 시장에서 주식을 양도하는 방법으로 출자를 회수하는 것이 불가능한 폐쇄회사의 소수주주를 보호하기 위해서 다수주주의 횡포로 인해서 소수주주의 "합리적인 기대"(reasonable expectations)가 무너진 경우에는 이른바 억압으로부터의 구제를 청구할 수 있는 권리를 제정법으로 인정하고 있다.[21] 그러한 경우에 통상 인정되는 구제수단은 회사의 해산이다. 그러나 일부 주법은 회사나 다수주주가 해산을 피하기 위해서 소수주주의 주식을 법원이 정한 가격으로 매입할 수 있음을 규정하고 있다(뉴욕사업회사법 1118조). 이처럼 해산 대신 소수주주의 주식을 매입하는 길을 택하는 경우에는 실제로 주식매수청구권을 행사한 것과 유사한 결과에 이를 것이다.

2. 시장성 있는 주식의 예외

현재 24개의 주법은 주식이 거래소에 상장되어 있는 회사의 경우에는 주식매수청구권을 부정하고 있다.[22] 또한 일부 주법은 한 걸음 더 나아가 주식

21 이 문제에 대한 최근의 논문으로는 Thompson, The Shareholder's Cause of Action for Oppression, 48 Bus Law. 699 (1993) 참조.

22 주석서. 1372. 시장성의 예외를 규정한 주의 수는 50%에 미달하지만 실제로 그러한 주법의 적용을 받는 회사의 비율은 그보다 높다. 1982년 현재 뉴욕증권거래소에 상장된 회사 중 외국회사를 제외한 1,480사 중에서 당시 시장성 예외를 규정하고 있던 25개의 주법에 의해서 설립된 회사는 1,083사,

수가 일정한도를 넘는 경우에도 그것을 부정하고 있다. 이러한 예외를 인정하는 이유로는 다음 두 가지를 들 수 있다.[23] 첫째, 이처럼 주식이 시장성이 있는 경우에는 폐쇄회사에서와는 달리 주주는 주식매수청구권이 없더라도 주식을 시장에서 매각함으로써 출자를 회수할 수 있다. 둘째, 주식의 가치는 법원이나 행정기관이 평가하는 것보다 시장에서의 평가가 더 정확하다. 위와 같은 이유에서 모범법도 1969년의 개정에서 시장성 있는 주식에 대해서는 주식매수청구권을 배제한 바 있다. 그러나 1978년의 개정에서는 그러한 시장성(markeability)의 예외를 폐지하였다. 그 근거로는 다음과 같은 것들을 들었다.[24]: (1) 시장이 침체되어 거래가 거의 없거나 주가가 현저하게 낮게 형성되어 있는 경우에는 시장에서 매각하는 것은 반대주주에게 합리적인 대안이 될 수 없다.; (2) 주주가 증권법상의 이유로 시장에서 매각하는 것이 불가능한 경우도 있다.; (3) 보유주식의 규모가 큰 경우에는 시장에서 그것을 처분하는 것이 어렵다.; (4) 시장가격이 반대주주가 반대한 회사의 변화를 이미 반영하여 낮게 형성되었을 가능성이 있다.

Principles도 모범법과 마찬가지로 시장성의 예외를 인정하는 것에 반대하고 있다. 그러나 Principles가 제시하는 근거는 그간의 회사법이론의 발전에 힘입어 다소 변화를 보이고 있다.[25] 첫 번째 근거는 위의 (4)와 대체로 유사하다. 즉 시장의 평가는 장차 소수주주가 입을 불이익을 반영하여 낮게 형성될 수도 있다는 것이다. 예컨대 A회사가 B회사의 주식 51%를 매수하기 위해서 주주들에 대해서 공개매수의 청약을 한 경우를 보자. 현재 B주식의 시장가격은 50달러인데 A는 60달러에 매입하고 나머지 49%의 주주는 주당

즉 73%에 달하였다고 하다. Seligman, (주 11), 835 n.21.

23 Principles, 967-968.

24 주석서, 1968. 시장가격이 기준으로서 부적절한 경우에 대한 논문으로는 Brudney, Efficient Markets and Fair Values in Parent Subsidiary Mergers, 4 J. Corp. L. 63 (1978).

25 Principles, 968-969.

40달러에 B회사를 현금합병함으로써 축출할 생각이다. 만약 공개매수가 성공적으로 끝나는 경우에는 장차의 불리한 현금합병을 예상하여 B주식의 시장가격은 크게 하락할 것이다. 이 경우 합병에 반대하는 B의 소수주주는 시장에서 주식을 매각하는 것만으로는 자신의 이익을 충분히 보호할 수 없을 것이다. 두 번째 근거는 경영진과 주주 사이에 존재하는 정보의 불균형(informational asymmetry)으로 인하여 주주가 불이익을 입을 수 있다는 것이다. 회사의 가치에 대해서 가장 잘 알고 있는 것은 아무래도 경영진이다. 경영진은 시장에서 회사주식이 과소평가되고 있다고 판단하는 경우 자신이 직접 낮은 가격에 회사를 인수하거나 친회사에 합병시키려 할 가능성이 있다. 세 번째 근거는 주식매수청구권은 다른 구제수단보다는 그래도 비용이 덜 드는 수단이라는 것이다. 주식매수청구권이 없다면 회사의 조치에 불만이 있는 주주는 잠자코 있기보다 자신의 이익을 보호하기 위해서 다른 수단을 강구할 가능성이 높다. 즉, 반대주주는 문제의 조치를 금지하거나 무효화하기 위해서 또는 그로 인한 손해를 배상받기 위해서 법원에 제소할 수도 있다. 이러한 소송에는 시간과 비용이 적지 않게 소요된다. 또한 금지나 취소의 판결이 내려지게 되면 회사가 변화를 통해서 효율을 추구하는 길이 막혀 버리게 된다.

3. 주식매수청구권을 갖는 주주

모범법은 대부분의 경우 주주의 의결권을 주식매수청구권의 발생을 위한 전제조건으로 규정하고 있다. 예외적으로 주주의 의결권과 관계없이 주식매수청구권이 주어지는 경우는 모회사와 합병하는 자회사의 주주의 경우(§13.02(a)(1)(ii)), 정관변경의 경우, 정관규정에 의한 경우밖에 없다. 또한 모범법은 실질상의 주주(beneficial shareholder)도 명의상의 주주의 동의를 얻으면 주식매수청구권을 행사할 수 있는 것으로 규정하고 있다(§13.03(b)).

Principles는 주식매수청구권을 행사할 수 있는 주주를 아예 적격주주(eligible holder)라는 새로운 용어로 표시하고 그에 대한 정의를 내리고 있다(§1.17). 적격주주는 보통주나 우선주를 보유하는 주주로서 다음의 어느 한 경우에 해당하는 자를 말한다. ① 의결권이 있는 경우, ② 의결권이 없더라도 회사의 잔존이익을 분배받을 수 있는 경우. 예컨대 무의결권우선주 중에서 참가적 우선주인 경우가 이에 해당할 것이다. ③ 의결권도 없고 회사의 잔존이익에 참가할 수 없는 경우에도 정관변경으로 인해서 §7.21에서와 같이[26] 권리가 침해된 자. ②를 포함한 것은 의결권이 없더라도 회사의 잔존이익을 청구할 수 있는 자는 회사의 의사결정에 이해관계를 갖기 때문에 주식매수청구권을 부여한 것이다. ③의 경우 주주의 권리는 계약에 의해서 명확히 내용이 정해진 것으로서 회사의 영업성적에 의해서 변경되는 것은 아니므로 정관변경에 의해서 그처럼 권리가 침해되는 경우에만 주식매수청구권을 인정한 것이다.

4. 주식매수청구의 상대방

주식매수청구권의 행사에 따라 주식을 매수해야 하는 주체는 원칙적으로 그 주주가 속하는 회사이다. 그 회사가 다른 회사에 흡수합병되어 소멸하는 경우에는 존속회사가 의무를 부담하는 것은 물론이다. Principles는 회사의 재산을 매수하는 회사도 매도회사가 의무를 부담할 수 없는 경우에는 예외적으로 의무를 부담하는 것으로 보고 있다(§1.12(b)). 따라서 예컨대 회사가 재산을 부당하게 저가로 처분한 경우에는 주주는 매수회사에 대해서도 주식매수청구권을 행사할 수 있는 것이다.[27]

26 자세한 것은 위의 정관변경에 관한 설명부분 참조.
27 Principles, 980.

III. 절차적 요건

1. 총설: 절차의 복잡성과 비용부담

주주가 주법상 주식매수를 청구하는 절차는 대부분 상당히 번거롭게 되어 있다. 많은 경우 주주는 적어도 5단계를 밟지 않으면 아니 된다.[28]

(1) 투표 전에 공정한 가치(fair value)의 지급을 청구할 의사를 통지할 것

(2) 찬성투표를 하지 않을 것

(3) 투표 후 주식의 공정한 가치의 지급을 청구할 것

(4) 경영진과 공정한 가치의 산정에 관하여 교섭을 시도할 것

(5) 회사의 주권을 예탁할 것

이러한 요건 이외에도 주주가 실질상의 주주라면 명의상의 주주의 서면동의를 얻어야 한다(모범법 §13.03(b)). 보통 그 경우에는 투자자인 실질상의 주주가 증권회사에 의뢰해서 명의상의 주주로 되어 있는 예탁기관의 동의를 얻도록 할 것이다. 만약 이러한 절차가 신속히 이루어지지 않는다면 주주가 주식매수청구권을 상실할 가능성이 높다. 실제로 공정한 가치가 시장가치보다 높은 수준에서 결정될 가능성이 높음에도 불구하고 미국에서 주식매수청구권의 행사가 별로 이루어지지 않고 있는 데에는 이러한 절차의 복잡성이 한몫을 하고 있다.[29] 따라서 현재의 번거로운 절차는 그 원래의 목적을 크게 해치지 않는 범위 내에서 가급적 단순화할 필요가 있을 것이다. 또한 주식매수청구권의 실효성과 관련해서는 절차에 소요되는 비용을 누구에게 얼마나 부담시킬 것인가 하는 문제가 절차의 복잡성을 개선하는 것에 못지않게 중요하다. 이하에서는 절차상 주요한 문제점들을 차례로 살펴보기로 한다.

28 Principles, 1005-1006: Seligmen, (주 11), 857.

29 Seligman, (주 11), 857.

2. 회사의 통지

모범법에 의하면 회사는 주식매수청구권을 발생시킬 가능성이 있는 조치에 관해서 주주총회를 소집하는 경우에는 그 통지서에 주식매수청구권의 발생 가능성을 명시하여야 한다(§13.20). 주총결의의 필요가 없어 소집통지서를 송부하지 않는 경우에도 주식매수청구권의 통지를 해야 한다. 회사의 통지에 관해서는 Principles 쪽이 보다 상세하다. Principles에 의하면 주식매수청구권을 발생시킬 수 있는 조치를 취하려는 회사는 다음과 같은 조치를 취하지 않으면 아니 된다(§7.23(a)).

① 주총일(주총결의가 불필요한 경우에는 회사의 행위일)로부터 상당기간 전에 기준일 현재의 장부상의 주주에게 주식매수청구권을 통지하여야 한다. 실질적인 주주에게도 통지하도록 선의의 노력을 기울여야 한다.

② 주식매수청구권의 행사방법을 설명하여야 한다.

③ 문제의 조치에 관하여 중요한 사항을 공개하고 회사의 재무제표의 사본을 교부하여야 한다.

④ 주주가 용이하게 반대의사를 표명할 수 있는 상당한 수단을 제공하여야 한다.

모범법은 위 ②와 ④에 관해서는 주총결의 후에 회사가 주주에게 다시 반대주주 통지서(dissenters' notice)를 발송하도록 하고 있다.

3. 주주의 조치: 반대의사의 통지

주식매수청구권과 관련하여 주주가 취하여야 할 조치로는 다음 세 가지를 생각해 볼 수 있다. ① 먼저 주총결의 일까지 반대의사를 표시하고, ② 결의에 반대하거나 기권하며, ③ 주총결의 후에 매수대금의 지급을 청구하는 것이다. 모범법은 위 세 가지를 모두 요구하고 있으나 이에 대해서는 불필요한 중복이라는 비판이 있다.[30] 반대의사의 통지는 회사가 사전에 매수해야 할 주식의 규모를 파악함으로써 문제의 거래에 대해서 재고할 기회를 준다는 점에서 의미가 없지 않다. 그러나 주주로 하여금 그러한 통지를 두 번씩이나 하도록 할 필요는 없다. 이러한 비판에 따라 Principles는 ①과 ②만을 요구함으로써 주주가 한 번만 행사의사를 표명하면 되도록 하고 있다.

주주의 반대의사통지에 대해서 모범법보다 상세한 규정을 두고 있는 Principles(§7.23(b))에 의하면 적격주주는 주총일(주총결의가 불필요한 경우에는 회사의 행위일)까지 회사가 정한 방법이나 또한 반대의사를 표시한 문서를 전달하는 방법으로 그 반대의사를 회사에 통지하여야 한다. 이 같은 사전통지를 요구하고 있지 않은 주는 1991년 11월 현재 오하이오와 아이오와 2개주밖에 없다.[31] 이러한 주에서는 주주가 주총에서 무조건 기권함으로써 우선 주식매수청구권이란 옵션을 얻고 후에 주가의 변동추이를 보아 그 행사 여부를 결정하려 할 가능성이 크다. 그러한 주주의 기회주의적 행동을 막기 위해서도 주주에게 사전통지를 요구할 필요성은 인정할 수 있다. 다만 주주의 사전결정을 요구하는 경우에도 주주에게 그 결정에 필요한 상당한 시간을 제공할 필요가 있다. 현재 델라웨어주를 비롯한 다수의 주는 주주총회에 관해서 10일 전의 사전통지(합병의 경우에는 20일)를 규정하고 있다. Principles는 반대의사를 결정할 수 있도록 "상당한 기간"(reasonable period)을 제공하여야 한다고 하고 있을 뿐 그 기간을 구체적으로 정하고 있지 않다.

주주가 반대의사의 통지를 쉽게 할 수 있도록 하기 위한 가장 간편한 방법으로는 공개회사는 어차피 위임장규칙에 의해서 주주에 위임장서류를 송부하도록 되어 있는 경우가 보통이므로 위임장서류에 주주의 의사를 표시할 수 있는 서면을 포함시키는 것이다. 주주는 이 서면만을 다시 회사에 송

30 Seligman, (주 11), 858.

31 주석서. 1394. 주주가 찬성표를 던지는 것을 허용하는 주는 하나도 없다.

부함으로써 통지요건을 충족시킬 수 있다. 델라웨어주도 이와 유사하게 1회의 투표 전 통지만을 요구하고 있다(Del. Corp. Code §262). 주주의 이러한 사전 결정은 총회결의 전까지는 철회가 가능하고 결의시에 찬성함으로써 실효시킬 수 있다. 따라서 통지를 한 후에도 회사와 주주 사이에는 타협이 가능하다.

모범법에서는 주총결의 후에 회사가 반대주주에 대해서 다시 반대주주통지서(dissenters' notice)라는 통지서를 보내도록 하고 있다(§13.22).[32] 반대주주통지서에서는 주권제출방법 등 구체적인 권리행사에 관한 정보를 제시함은 물론이고 대금지급청구를 위한 서식도 포함하게 되어 있다. 반대주주통지서를 받은 주주는 그곳에 제시된 내용에 따라 대금지급을 청구하여야 한다(§13.23). 그러한 청구를 하지 않은 주주는 권리를 상실한다.

4. 주권의 예탁 · 제시 및 강제교섭

모범법에 의하면 주식매수청구권을 행사하는 주주는 회사의 지시에 따라 주권을 예탁하여야 한다(§13.23). 1991년 11월 현재 26개의 주가 모범법과 유사한 규정을 두고 있으며 14개의 주법은 주권에 표시(notation)를 할 수 있도록 회사에 제시할 것을 요구하고 있다.[33] 이들 요건은 주주가 회사의 동의 없이 권리행사를 철회하는 것을 막기 위한 것이다. 권리행사의 철회가 허용되는 경우에는 주주가 우선 반대의사를 표시하고 주가의 동향을 보아 주가가 오르는 경우에는 그 의사를 철회하는 기회주의적 행동을 취할 가능성이 있다.[34] 델라웨어, 캘리포니아, 뉴욕을 비롯한 다수의 주는 문제의 거래 후

32 회사의 조치가 주총결의를 요하지 않는 경우에는 주식매수청구권을 행사할 수 있는 모든 주주에 반대주주통지서를 송부해야 한다.

33 주석서, 1404. 그 밖의 주에서는 회사로부터 대금을 지급받을 때에 주권을 교부하면 될 것이다.

34 만약 모든 주주가 이러한 기회주의적인 행동을 취한다면 주주총회에서 의안의 통과 자체가 불가능할 것이다.

60일 내에는 철회가 가능함을 규정하고 있다.[35] 그러나 철회를 금지하는 경우에도 이처럼 주권 자체의 예탁이나 제시를 요구할 것이 아니라 주주에 불편을 주지 않는 다른 방법을 취하여야 한다는 견해가 있다.[36] 특히 주권의 예탁을 요구하는 경우에는 주주가 주식매수청구권을 행사하여 얻은 공정한 가치를 받을 권리를 타인에게 양도하는 것이 불가능하게 된다. 주주가 주식매수청구권행사 후 자신의 권리를 타인에게 양도하는 것이 불가능하다면 단시일 내에 자금을 회수할 필요가 있는 주주는 주식매수청구권의 행사를 꺼리게 될 것이다. Principles의 보고자들이 원래 작성한 안에는 그러한 행사 후 양도절차가 필요하다는 취지가 규정되어 있었으나 그러한 규정은 어느 주법에도 없다는 이유로 논의과정에서 결국 삭제되었다.[37] 그러나 주식매수청구권의 행사 후에 주주가 자신의 권리를 제3자에게 양도하는 것은 허용하는 것이 바람직하다. 권리행사에 필요한 시간과 비용을 감당할 수 없는 영세주주는 그것을 감당할 능력이 있는 주주에게 권리를 몰아 줌으로써 권리행사의 합리화가 달성될 것이다. 권리의 양도가 가능하다면 주주가 권리의 행사 여부를 결정함에 있어 주로 고려할 것은 과연 문제의 조치로 인해서 자신의 이익이 부당히 침해되는가의 여부이고 자신이 과연 주식매수청구권행사에 필요한 시간, 비용을 부담할 여유가 있는가 하는 것은 부차적인 문제가 될 것이다. 후에 설명하는 바와 같이 특히 반대주주에 대해서 선지급이 이루어진 경우에는 선의의 취득자를 보호하기 위해서 주권에 주식매수청구권의 행사와 선지급의 취지를 표시할 필요가 있다. 이러한 표시의 절차에 대해서는 생략한다.

거의 대부분의 주법이 공정한 가치의 산정에 관해서 회사와 반대주주가

35 Principles, 1018.
36 Seligman, (주 11), 859-860.
37 Principles, 1014.

일정기간 동안 교섭할 것을 법으로 강제하고 있다.[38] 이들 주법이 규정하는 강제교섭기간은 대체로 1~2개월로 비교적 짧지만 그 효용에 대해서는 의문이 제기되고 있다.[39] 어차피 당사자들은 서로 이익이라고 생각하면 자발적으로 교섭을 시작할 것이다. 오히려 그러한 법정 교섭기간 없이 바로 법원의 절차를 개시시키는 편이 당사자들의 진지한 교섭을 촉진할 수도 있을 것이다. 따라서 강제교섭기간에 대한 의문은 정당한 것으로 보인다. 이러한 강제교섭을 규정하는 주법 중에는 교섭기간 중에 주주가 자신이 생각하는 공정한 가치를 제시할 것을 요구하는 예가 많다. 그러나 정보가 부족한 주주에게 이처럼 단기간 내에 가치평가를 요구하는 것은 문제가 있다.[40] 모범법과 Principles는 모두 이러한 강제교섭에 관한 규정을 두고 있지 않다.

5. 회사의 대금지급

(1) 회사의 선지급의무

주식매수청구권은 주식의 공정한 가치의 지급을 요구하는 것이므로 주식매수청구권이 행사되면 필연적으로 주식의 평가문제가 발생하게 된다. 주식의 평가에는 특별한 다툼이 없는 경우에도 적지 않은 시간이 소요된다. 주주가 현금을 취득하기까지 장기간을 기다려야 한다면 주식매수청구권의 행사를 꺼리게 될 것이다. 이러한 주주의 불편을 막기 위해서 1978년 개정된 모범법에서는 문제의 조치를 취하는 즉시 또는 대금지급의 청구를 받은 즉시

38 Seligman, (주 11), 857 n.118. 이들 주법은 가급적 시간과 비용이 많이 드는 법원의 절차보다는 사적인 교섭에 의해서 문제가 해결되도록 유도하고 있다. 모범법이 주식매수청구권(appraisal rights) 대신에 반대자의 권리(dissenters' rights)라는 표현을 사용하는 것도 그러한 고려에 따른 것이다.

39 Principles, 1009; Seligman, (주 11), 859.

40 Principles, 1009.

회사로 하여금 자신의 평가에 따른 공정한 가치를 즉시 반대주주에게 지급하도록 하고 있다(§13.25). 1991년 11월 현재 약 반수의 주가 모범법의 태도를 따르고 있으나 델라웨어, 캘리포니아, 뉴욕 등 중요한 주는 그러한 규정을 두고 있지 않다.[41] Principles도 모범법과 비슷한 규정을 두고 있다(§7.23(c)). 회사의 조치가 완료된 후 반대주주가 주권을 제시하는 경우에는 회사의 주식의 공정한 가치라고 합리적으로 판단하는 금액(이자포함)을 즉시 주주에 현금으로 지급하여야 한다. 주주가 그 금액을 수령한다고 해서 그 금액의 정확성을 인정한 것으로 간주할 수는 없다. 회사는 주주에 따라 상이한 금액을 지급해서는 아니 된다.[42] 회사가 지급을 거부하거나 너무 적은 금액을 지급하는 경우에는 반대주주의 비용을 부담할 가능성이 있다(모범법 §13.31; Principles §7.23(d)).

(2) 주주의 재청구

모범법에 의하면 회사가 대금지급청구일로부터 60일 이내에 선지급의무를 이행하지 않거나 지급금액이 공정한 가치에 미달하는 경우에는 주주는 자신이 판단하는 공정한 가치를 제시하고 그 금액을 청구할 수 있다(§13.28(a)). Principles는 주주의 재청구에 대해서는 따로 규정하지 않고 있다.

41 주석서, 1412.
42 Principles, 1012.

6. 법원에서의 절차

(1) 절차의 병합

법원에서의 평가절차에는 시간과 비용이 많이 든다. 그러므로 반대주주 각자에 대해서 별도의 절차를 진행하기보다는 이들의 청구를 병합하여 하나의 절차로 처리하는 것이 합리적이다. 모범법에 의하면 주주의 재청구를 받은 회사는 60일 이내에 법원에 대하여 공정한 가치의 결정을 신청하여야 한다(§13.30(a)).[43] 회사는 재청구를 한 주주 전원에 대해서 하나의 절차를 개시해야 한다. 이러한 절차의 병합에 대해서는 Principles가 보다 자세한 규정을 두고 있다(§7.23(f)). Principles에 의하면 법원은 개시절차(discovery)나 심리의 총괄을 위해서 대표변호인이나 운영위원회를 선임할 수 있다. 법원이 선임한 변호인은 따로 변호인을 선임하지 않은 반대주주를 대리한다. 법원은 회사가 알고 있는 반대주주들의 명단과 주소를 제출할 것을 요구하고 있다. 회사가 이러한 절차를 개시한 경우 법원은 회사로 하여금 모든 반대주주에게 권리행사의 방법을 통지하도록 하여야 한다.[44] 주주는 법원에 변호인을 선임하고 보수를 지급할 수 있는 권한을 위임할 수도 있다. 이러한 절차의 병합을 통해서 주주와 법원은 모두 비용과 시간을 절약할 수 있다. 이러한 병합절차는 델라웨어주에서도 시행되고 있다.[45]

(2) 비용의 부담

법원의 절차에 소요되는 비용을 반대주주가 어떠한 경우에 어느 만큼 부

43 그 기간 내에 신청하지 않는 경우에는 주주의 재청구금액을 그대로 지급하여야 한다.
44 델라웨어주에서는 Stockholder Information Form이라는 명칭의 서식이 이용되고 있다. Principles, 1010.
45 Principles, 1010.

담하여야 하는가에 따라 주식매수청구권의 실효성은 크게 좌우된다. 반대주주의 비용부담의 가능성이 커질수록 주주는 주식매수청구권의 행사를 주저하게 될 것이기 때문이다. 비용의 부담에 관한 주법의 내용은 각양각색이다. 예컨대 뉴욕과 델라웨어를 비롯한 일부 주법은 법원의 절차에 소요된 비용(costs of proceeding)의 분담을 법원의 재량에 맡기고 있다.[46] 이들 주법에서 "절차의 비용"은 대체로 법원과 감정인(appraiser)의 비용만을 포함하고 변호사비용이나 전문가비용 등을 포함하지 않는 좁은 의미로 정의되고 있다.[47] 그 경우 변호사비용이나 전문가비용은 각 당사자가 부담하는 것이 원칙이다.[48] 한편 모범법을 포함한 일부 주법은 가능한 한 주주의 권리행사비용을 경감하는 동시에 주주가 주식매수청구권을 남용하지 못하도록 세심한 배려를 하고 있다(§13.31). 모범법은 비용을 법원의 비용(감정인비용 포함)과 변호사비용(전문가비용 포함)으로 나누어 달리 규율하고 있다. 먼저 법원의 비용은 원칙적으로 회사가 부담하지만 예외적으로 법원이 주주의 행위가 자의적이거나 괴롭히기 위한 것이거나 선의가 아니라고(arbitrarily, vexatiously, or not in good faith) 판단하는 경우에는 그 정도에 따라 일부 또는 전부의 반대주주에 부담시킬 수 있다. 한편 변호사비용은 각 당사자가 부담하는 것이 원칙이지만 회사가 선지급의무 등과 같은 절차적 요건을 불이행한 경우에는 회사에 부담시킬 수 있다. 또한 법원이 회사나 반대주주의 행위가 자의적이거나 괴롭히기 위한 것이거나 선의가 아니라고 판단하는 경우에는 상대방의 변호사 및 감정인비용도 그에게 부담시킬 수 있다. 모범법은 이른바 무임승차(free-rider)를 방지하기 위한 배려도 하고 있다. 즉, 특정한 반대주주의 변호인의 활동으로 인하여 비슷한 처지에 있는 다른 반대주주가 상당한 이익을 얻었다고 법원이 판단하였으나 변호인비용을 회사에 부담시킬 수 없는

46 Principles, 1012. Seligman에 의하면 이러한 태도를 취하는 주가 9개 있다. Seligman, (주 11), 861.

47 Seligman, (주 11), 861-862.

48 Seligman, (주 11), 862.

경우 법원은 이익을 얻은 반대주주가 받을 금액으로부터 상당한 보수를 그 변호인에게 지급할 수 있다(§13.31(c)).

Principles는 모범법과는 다소 다른 내용을 규정하고 있다. 그에 의하면 회사가 문제의 회사거래를 행한 날과 주주가 주권을 제시한 날 중 늦은 날로부터 30일 내에 선지급의무를 이행하지 않거나 지급한 금액이 법원이 공정한 가치로 확정한 금액에 현저히 미달하는 경우에는 주식매수청구절차에 소요되는 비용(반대주주의 변호사비용, 전문가비용 포함)은 회사가 부담하여야 한다(§7.23(d)). 그렇지 않은 경우에는 비용은 법원이 재량에 따라 분담시킬 수 있다.[49] 다만 회사의 변호사비용을 주주에게 분담시킬 수 있는 경우는 주주의 행위가 "자의적이거나 괴롭히기 위한 것이거나 선의가 아닌" 경우에 한한다.

이처럼 주식매수청구권을 행사하는 주주는 선의인 경우에도 법원의 비용을 부담할 가능성이 있으며 특히 변호사비용은 대부분 자신이 부담하게 될 것이다. 따라서 주주는 그러한 비용부담을 고려해서 회사가 선지급하는 가액이 명백히 부당하더라도 주식매수청구권의 행사를 포기할 가능성이 있다. 이러한 비용의 문제는 위에서 설명한 절차의 병합에 의해서 대폭 완화할 수 있을 것이다. 또한 위에서 언급한 모범법상의 무임승차 방지규정도 비용의 문제의 완화에 다소 기여할 수 있을 것이다.

(3) 이자

법원에서의 절차에 해당하는 것은 아니지만 법원에서의 절차가 오래 계속되는 경우 중요한 문제는 이자의 지급이라고 할 수 있다. 법원이 주주에게 지급해야 한다고 최종적으로 판단하는 "공정한 가치"에 이자를 지급해야 하

49 이 점은 델라웨어주회사법(§262(j))이나 뉴욕주사업회사법(§623(h)(7))에서도 마찬가지이다.

는지 여부, 기산일, 이자율 등의 문제가 어떻게 결정되는가에 따라 주주의 권리행사결정은 영향을 받을 것이다. 만약 이자가 지급되는 경우에도 그 이율이 시장금리보다 낮은 경우에는 주주는 권리를 행사하기보다는 시장에서 주식을 매각하여 즉시 출자를 회수하는 쪽을 택할 가능성이 커질 것이다. 대부분의 주법은 이자의 지급에 대한 규정을 두고 있다. 모범법은 이자의 기산일은 문제의 회사거래의 발효일로 하고 있으며 이자율은 회사가 현재 주거래은행에서 차입하는 이율의 평균으로, 만약 그러한 차입이 없는 경우에는 그 상황하에서 공정하고 형평에 맞는(fair and equitable) 이율이라고 규정하고 있다(§13.01(4)). Principles는 기산일은 회사거래의 완료일, 이자율은 적당한 시장금리(appropriate market rate for the corporation)라고 규정하고 있다. 이처럼 모범법과 Principles가 원칙적으로 시장금리를 채택한 것은 주주의 권리행사를 억제하지 않는다는 점에서 바람직하고 최근의 판례의 경향과도 일치하는 것이다.[50]

IV. 주식의 평가

모범법이나 Principles는 모두 반대주주가 주식의 대가로 회사에 청구할 수 있는 금액은 "공정한 가치"(fair value)라고 하고 있다. 이와 관련하여 문제되는 것은 다음 두 가지라고 할 수 있다. ① 공정한 가치의 의미, ② 공정한 가치의 산정방법. 이하 두 가지 문제에 대해서 차례로 살펴본다.

50 Seligman, (주 11), 1984.

1. 공정한 가치의 의미

(1) 규범적 가치

모범법은 공정한 가치를 "반대주주가 반대하는 회사조치를 실행하기 직전의 주식의 가치로서 그 회사거래를 예상한 주가의 상승이나 하락은 배제하는 것이 불공평하지 않는 한 배제한다"고 하고 있다(§13.01(3)). 한편 Principles는 공정한 가치를 회사에 대한 주주의 비율적 이익(proportionate interest in the corporation)의 가치로서 소수파지위에 따른 할인이나—예외적인 경우를 제외하고는—시장성의 흠결로 인한 할인은 인정되지 않는다고 하고 있다(§7.22(a)). 이러한 정의에서 보는 바와 같이 모범법이나 Principles가 말하는 공정한 가치란 주식을 실제로 시장에서 처분하여 얻을 수 있는 가액, 즉, "사실적인" 교환가치가 아니라 회사를 전체로서 처분하여 얻을 수 있는 가액을 주식수로 나눈 금액이라는 "규범적인" 가치라고 할 수 있다.[51] 모범법에서는 당해 회사거래를 예상한 가격변동은 배제한다고 하고 있고 Principles에서는 소수파지위에 따른 할인 등을 막고 있지만 시장에서 현실적으로 주식의 가격이 결정될 때에는 그러한 요소가 영향을 미치는 것은 물론이다.

(2) 주식의 가치인가 회사의 가치인가

모범법은 "주식"의 가치라는 표현을 사용하고 있는 데 비해서, Principles에서는 "주주가 회사에 대해서 갖는 비율적 이익"이라는 표현을 사용하고

51 이 점을 주장하고 있는 논문으로는 宍戸善一, "紛争解決局面における非公開株式の評價," 現代企業法の展開(竹内昭夫還暦記念 1990) 397면 이하.

있다. Principles는 그 의미를 구체적인 주식 자체의 가치를 평가하는 것이 아니라 회사 전체의 가치를 먼저 평가하여 그것에 주주의 지분율을 곱한 것으로 해석하고 있다.[52] 그렇다면 모든 주식의 가치는 당연히 동일하고 소수파지위나 시장성의 흠결로 인한 할인은 인정되지 않을 것이다. Principles는 그러한 할인이 허용되지 않는다는 점을 명시하고 있다.

2. 공정한 가치의 산정방법

Principles는 회사의 가치를 구할 것을 전제하고 있지만 그 가치평가에 관해서는 특정의 기준을 제시하는 대신 구체적인 상황에 따라 상이한 기준을 적용할 수 있도록 융통성 있는 규정을 두고 있다. 모범법은 그 가치평가방법에 대해서는 아무런 규정을 두고 있지 않다. 종래 기업평가에 있어서 주법원은 거의 예외 없이 자산가치(asset value), 수익가치(earnings value), 시장가치(market value)의 가중평균치를 구하는 델라웨어공식(이른바 Delaware block method)[53]을 이용하였다.[54] 델라웨어공식에 대해서는 다음과 같이 다양한 비판이 가해진 바 있다.[55] 첫째, 위의 세 가지 가치에 대한 가중치를 법원이 얼마로 정하는가에 따라 평가가 좌우되기 때문에 너무 주관적인 평가방법이다. 둘째, 델라웨어주는 실제로 가장 신뢰도가 높은 시장가치를 상대적으로 경시하는 경향이 있었다.[56] 셋째, 경제학적으로 자산은 가장 고가의 용도를 기준으로 평가되어야 한다는 점에 비추어 보면 세 가지 가치를 혼합한다는 발상 자체가 그릇된 것이다.

52 Principles, 984. 이러한 태도는 델라웨어와 뉴욕에서의 판례의 태도와 일치한다.
53 그 공식의 원조가 델라웨어주법원인 것에서 유래한 명칭이다.
54 Seligman, (주 11), 841.
55 Principles, 996.
56 그러나 주식의 시장가치는 시장성 없는 주식의 경우에는 구할 수 없을 뿐 아니라 왜곡될 가능성이 크므로 이러한 비판에 전적으로 동의하기 어렵다.

위의 세 가지 가치 중에서 적어도 계속기업(going concern)의 경우에 가장 중요한 것은 수익가치라고 할 것이다. 수익가치는 회사의 장래의 수익을 예측하여 그것을 현재의 가치로 환가하는 방법으로 구한다. 장래의 수익을 현가로 환산하기 위해서는 위험과 금리수준을 고려하여 결정한 자본환원율(capitalization rates)을 곱한다. 그러나 장래수익의 예측이나 자본환원율의 결정은 극히 어렵고도 주관적인 작업이라고 할 수 있다. 따라서 종래 델라웨어 법원은 편법으로서 장래의 수익 대신에 주로 최근 5년간의 수익을 이용하고 자본환원율로는 유사업종기업의 평균주가수익율(average price-earnings multiple)을 채택하는 것이 관행이었다.[57] 그러나 기존의 회사수익에 중대한 영향을 줄 변신을 꾀하는 회사의 가치를 평가함에 있어 이처럼 과거의 수치에 얽매이고 동일업종의 다른 회사들과의 차이를 무시하는 것은 바람직하지 않을 것이다.[58] 마침내 이러한 델라웨어주의 평가방식은 1983년 Weinberger 판결[59]을 계기로 그 발생지인 델라웨어주에서 포기되기에 이르렀다. Weinberger판결에서 델라웨어주 대법원은 평가에 있어서는 델라웨어공식 외에 합리적이고 통용되는 다른 평가방식도 이용할 수 있으며 장래의 수익 전망을 참조할 수 있다고 판시하였다. 뉴욕주법도 델라웨어주에 이어 델라웨어공식 대신에 일반적으로 금융계에서 통용되는 평가방법을 사용하도록 하고 있다(N. Y. Bus. Corp. Law §623(h)(4)). 그러나 이러한 델라웨어주와 뉴욕주의 새로운 시도는 아직 다른 주에서 널리 수용되고 있지 않다.[60]

공정한 가치의 평가방법에 관하여 모범법은 아무런 규정을 두고 있지 않다. 반면에 Principles는 비교적 상세한 규정을 두고 있다(§7.22). Principles의 규정은 일반적인 원칙과 구체적인 원칙으로 나눌 수 있다. 공정한 가치의 결

57 Clark, (주 4). 454.

58 실증적인 분석에 의하면 수익가치는 자산가치나 시장가치보다 훨씬 낮게 평가되는 것이 보통이라고 한다. Clark, (주 4). 455.

59 Weinberger v. UOP Inc., 457 A. 2d 701 (Del.1983).

60 Principles, 997.

정에 관한 일반적인 원칙은 금융시장에서 유사한 기업을 평가하는 경우에 일반적으로 통용되는 평가의 개념이나 기법에 의해서 결정한다는 것이다. Principles는 이러한 평가에 있어서는 문제된 회사거래의 내용도 고려하여야 한다고 하고 있다. 즉 예컨대 정관변경과 같이 회사가 처분되는 것도 아닌 경우에는 제3자가 제시한 가격을 굳이 존중할 필요도 없다. Principles가 제시하는 구체적인 원칙은 기업결합에 지배주주나 경영진이 이해관계가 있는지 여부, 즉 이익상충의 가능성이 있는지 여부에 따라 상이한 내용으로 되어 있다. 먼저 그러한 이익상충의 가능성이 없는 경우에는 이사회가 동의한 가격이 회사나 영업의 공정한 가치에 해당하는 것으로 추정한다. 주주가 그 추정을 뒤엎기 위해서는 명백하고도 확신을 주는 증거(clear and convincing evidence)를 제시해야 한다. 반면에 그러한 이익상충의 가능성이 있는 경우에는 이사회가 동의한 가격은 고려되지 않는다. 그 경우 법원은 능력과 정보를 겸비한 매수인(a willing, able, and fully informed buyer)이 회사를 매수할 현실적인 최고가(the highest realistic price)를 주로 참작하여야 한다.

Principles는 이익상충이 없는 경우에는 통상 법원보다는 이사회가 기업가치의 평가라는 복잡한 과제를 보다 더 잘 수행할 수 있다고 보아 이사회의 판단을 존중하기로 한 것이다. 반대주주가 이사회의 평가를 뒤엎을 수 있는 경우는 별로 많지 않을 것이다.

예컨대 시장에서 주식의 거래가 별로 이루어지지 않아 시장가격이 신빙성이 없는데도 그것을 주로 참고하여 회사가치를 결정하는 경우, 회사자산의 장부가격이 실제 시장가격보다 훨씬 미달하는데 그것을 채택한 경우 등에는 이사회의 평가를 부인할 수 있을 것이다. 이익상충이 있는 경우에는 이사회의 판단을 믿을 수 없으므로 제3자가 제시하였거나 제시할 가격에 가장 큰 비중을 둔다. 이러한 제3자가 제시한 가격은 주식의 시장가격보다 훨씬 높은 경우가 많다. 제3자가 공개매수 등에서 제시한 가격을 비정상적이거나 일시적인 것으로 보아 고려하지 않은 판례도 없지 않으나 공개매수에서 높

은 프리미엄이 붙는 것이 상식화된 오늘날, 주식의 시장가격에 집착하는 것은 부당하다.[61]

3. 구체적 문제

(1) 소수파지위나 시장성결여에 따른 할인

모범법은 아무런 규정을 두고 있지 않지만 Principles는 소수파지위에 따른 할인을 명시적으로 금하고 있고 시장성결여에 따른 할인도 예외적인 경우를 제외하고는 허용하고 있지 않다. 일부 판결은 이러한 할인을 지지한 바 있으나 최근 델라웨어주나 메인주의 판례는 이러한 할인을 금지하고 있다.[62] Principles는 시장성 결여에 따른 할인을 허용하는 예외적인 경우의 예로 경제적 곤경에 빠진 회사가 기관투자가들로부터 자금을 조달하기 위해서 주주들의 신주인수권을 제한하는 정관변경을 시도하는 것에 주주가 반대하는 경우를 들고 있다. 주식매수청구권과 관련하여 "공정한 가치"란 사실적인 개념이 아니라 규범적인 개념이라는 점을 고려하면 주주의 구체적인 지위에 따른 할인은 바람직하지 않을 것이다.

(2) 평가의 기준시점

모범법은 일부 주법과 마찬가지로 공정한 가치를 평가하는 기준시점을

61 Principles, 986-987.

62 Principles, 988. 예컨대 1989년의 판결에서 델라웨어주 대법원은 다음과 같이 판시하였다. "소수파주주에게 비례적 가치의 전부를 인정하지 않는 것은 지배권이 없는 것에 대해서 벌금을 부과하는 것과 마찬가지이고 주식매수청구절차를 통해서 반대주주를 현금으로 주고 축출함으로써 횡재를 하는 다수주주에게 부당이득을 주는 것으로서 명백히 바람직하지 않은 결과이다." Cavalier Oil Corp. v. Harnett, 564 A. 2d 1137, 1141 (Del. 1989).

주식매수청구권을 발생시키는 회사거래의 직전으로 규정하고 있다(§13.01(3)). 따라서 회사의 거래로 인한 회사가치의 변화는 고려하지 않는 것이 원칙이다. 이와 관련해서는 예컨대 지배주주가 회사와의 거래를 통해서 부당한 이익을 취함으로써 회사의 재산이 감소한 경우에도 법원은 바로 그 기준시점의 회사가치만을 파악할 수밖에 없는 것이 아닌가 하는 의문이 들 수 있다. 그러나 회사는 그와 같은 지배주주의 불법거래에 대해서 손해배상청구권을 갖는다고 볼 수 있으므로 그러한 사정은 평가시에 법원이 당연히 고려할 수 있을 것이다.[63]

(3) "시너지 이익"의 배분

위 (2)의 평가의 기준시점과 관련해서는 장차 기업결합으로 인해서 발생할 것으로 예상되는 이른바 "시너지 이익"(synergy gains)을 평가에 고려할 수 있는가 하는 문제가 있다. 회사의 거래에 반대한 주주가 자신이 반대한 거래에 의해서 회사의 가치가 증대될 것이므로 돈을 더 내놓으라고 주장하는 것은 모순으로 비칠 수도 있다. 그러나 예컨대 합병의 경우에 합병 자체에 대해서는 찬성하지만 그 합병의 조건에 대해서는 반대하는 주주도 합병결의에서 반대표를 던질 수밖에 없을 것이므로 시너지이익을 무조건 배제하는 것은 옳지 않다. 모범법은 시너지이익에 대해서는 "배제하는 것이 불공평하지 않는 한" 배제된다고 규정하고 있다(§13.01(3)). 그에 비해서 Principles는 그것을 고려하는 것이 부당한 결과를 초래하는 특별한 사정이 없는 한 법원이 시너지 이익을 비례적으로 평가에 포함시킬 수 있다고 하고 있다(§7.22(c)). 주의할 것은 법원이 어느 경우에나 시너지이익의 일부를 반드시 반대주주에 배당할 의무가 있는 것은 아니라는 점이다. 충분한 정보를 갖춘 제3자라면

63 Principles, 990-991.

가격결정시에 시너지이익을 감안할 것이므로 최고가격에 다시 시너지이익의 일부를 추가할 필요는 없을 것이다. 시너지이익의 고려 여부는 법원의 재량에 맡겨져 있다. 문제의 거래로 인해서 발생하는 세법상의 이익도 시너지이익의 일종으로 보아 원칙적으로 반대주주에도 배당해야 할 것이다.

V. 주식매수청구권의 배타성

1. 모범법

종래 반대주주가 주식매수청구권을 갖는 경우 다른 구제수단이 배제되는가. 즉 주식매수청구권이 배타성(exclusivity)을 갖는가의 문제[64]는 주법원의 판례에 맡겨져 있었다. 그러나 오늘날은 상당수의 주가 제정법에서 명문으로 배타성을 인정하고 있다.[65] 현재 대부분의 주는 주식매수청구권의 배타성을 인정하면서도 판례나 제정법에서 다른 구제수단이 허용되는 예외를 인정하고 있다. 그러한 예외가 인정되는 범위는 주에 따라 차이가 있다. 모범법은 주식매수청구권을 행사할 수 있는 주주는 문제된 회사의 행위가 "위법하거나 자신이나 회사에 대해서 사기적인"(fraudulent) 경우가 아닌 한 그 행위의 효력을 다툴 수 없다고 하고 있다(§13.02(b)). 이처럼 "위법"과 "사기"의 경우에 배타성의 예외를 인정하는 모범법의 태도는 대체로 뉴욕주법에

64 주식매수청구권의 배타성은 다음 두 가지 단계로 나누어 볼 수 있다. "神田秀樹, 資本多數決と株主間の利害調整(5)", 法學協會雜誌 99권 2호(1982) 267면. 첫째는 주식매수청구권이 존재한다는 것 자체가 다른 구제수단을 배제한다는 의미의 배타성이고, 둘째는 주주가 주식매수청구권을 현실적으로 행사하는 경우에는 동시에 다른 구제수단에 의존할 수 없다는 의미의 배타성이다. 이 두 가지 중 첫 번째 의미의 배타성이 보다 중요하고 일반적으로도 배타성이라고 하면 그것을 의미한다. 이 글에서도 첫 번째 의미의 배타성만을 대상으로 한다.

65 예컨대 매사추세츠주, 뉴욕주, 미시건주 등 Principles, 1020.

따른 것이다.[66] 그러나 어떠한 경우가 이러한 예외의 경우에 해당하는가는 아직 불명확한 상태에 있다. 예컨대 뉴욕주 법원은 정당한 사업상의 목적이 없이 이루어진 주주축출합병은 "사기적"이므로 유지청구가 가능하다고 판시한 바 있다.[67] 반면 델라웨어주법원은 1983년에 선고한 Weinberger v. UOP 판결[68]에서 그러한 주주축출합병도 그 자체가 "사기적인" 것은 아니라는 전제하에 원칙적으로 허용하고 그 조건이 불공정한 경우의 구제수단을 원칙적으로 주식매수청구권에 한정하였다.

2. Principles

(1) 서설

앞서 살핀 바와 같이 모범법을 비롯한 다수의 주가 배타성의 예외를 인정함에 있어 채택하고 있는 "위법" 또는 "사기"의 기준은 그 내용이 반드시 명확하다고만은 할 수 없다. Principles는 이들 추상적인 기준을 보다 구체적인 형태로 발전시켜 규정하고 있다. Principles는 먼저 주식매수청구권의 배타성이 인정되는 회사거래를 경영권변동이 발생하는 회사결합의 경우에 한정하는 한편, 이사나 지배주주 등이 이해관계가 없는 경우(§7.24)와 지배주주가 이해관계를 갖는 경우(§7.25)의 두 가지 경우에 약간 다른 내용으로 규정하고 있다.

66 주석서, 1366.

67 People v. Concord Fabrics, Inc., 371 N.Y.S 2d 550(Sup. Ct) aff'd per curiam, 377 N. Y. S.84 (App. Div. 1975).

68 457 A. 2d 714.

(2) 이사 등이 이해관계 없는 경우

이사나 지배주주 등이 이해관계가 없는 경우에는 주식매수청구권의 배타성은 다음의 요건을 모두 갖추는 경우에 한하여 인정된다.

① 공시

② 법령 및 정관에 따른 결의

③ 적격주주가 적절한 주식매수청구권을 가질 것

이처럼 Principles는 "사기"나 "위법"과 같은 추상적인 개념 대신 주주들의 승인결의시에 중대한 사실의 충분한 공시가 이루어졌는지 여부나 결의가 "관계법령 및 정관"에 따라 이루어졌는지 여부와 같은 보다 구체적인 기준을 채택하고 있는 것이다. 회사의 거래가 이상의 요건을 갖추지 못했다는 점에 대한 입증책임은 그것을 주장하는 주주가 부담한다(§7.24(b)). 위 ①과 ②를 충족하였으나 ③을 충족하지 못하는 경우에는 회사거래가 회사재산의 낭비(waste)[69]에 해당하는 것을 이유로 공격할 수 있다(§.24(c)). 주주가 주식매수청구권을 가지는 경우에는 이사 등의 주의의무위반을 이유로 책임을 물을 수는 없지만 공정거래의무(Duty of Fair Dealing)[70] 위반에 대한 책임을 묻는 것은 가능하다(§7.24(d)).

(3) 일방당사자가 지배주주인 경우

지배주주가 일방당사자인 경우에는 배타성이 다음과 같이 보다 제한된 경우에만 인정된다.

69 회사재산의 낭비는 회사재산을 대가 없이 또는 합리적인 사업상의 목적 없이 사용하거나 대가를 받은 경우에도 그것이 통상의 건전한 사업상의 판단력을 가진 사람이라면 누구도 회사의 비용에 미치지 않는다고 볼 정도로 부족한 경우라고 정의하고 있다(§1.42).

70 대체로 전통적으로 duty of loyalty에 해당하는 것 중에서 행위자가 금전적인 이해관계를 갖는 경우만을 의미한다. Principles, 264.

① 소수주주들에 제공된 대가가 그들 보유주식의 공정한 가치에 상응한다는 종속회사 이사들의 판단이 상당한 근거(adequate basis)를 가진 것일 것

② 소수주주에 대해서 거래와 이익상충에 관한 공시를 할 것

③ 법령 및 정관에 따른 승인 결의

④ 찬성하지 않은 주주가 주식매수청구권을 가질 것

입증책임을 어느 쪽에서 부담하는가는 내부적인 승인절차를 거쳤는지 여부에 좌우된다. 당해거래가 이해관계 없는 이사에 의해서 사전에 승인되거나 이해관계 없는 주주에 의해서 사전에 승인받거나 사후에 추인받는 경우에는 당해거래를 공격하는 당사자가 위 ① 내지 ④의 위반을 입증할 책임을 부담한다(§7.25(b)). 그 밖의 경우에는 지배주주 쪽에서 위 ① 내지 ④의 요건을 충족하였음을 입증하여야 한다.

위에서 ① 내지 ③은 충족되었으나 ④가 충족되지 않은 경우 입증책임은 다시 두 가지 경우로 나누어 부담한다(§7.25(c)). 먼저 당해거래가 이해관계 없는 주주의 사전승인을 받은 것인 경우에는 그것이 공정하지 않다는 이유로서만 다툴 수 있으며 그 입증책임은 다투는 자가 부담한다. 반면 그러한 승인이 없는 경우에는 지배주주 쪽에서 그 거래가 나머지 주주들에 대해서 공정하였다는 점을 입증할 책임이 있다.

지배주주가 일방당사자인 경우에 관한 §7.25는 폐쇄회사에는 적용이 없다(§7.25(d)).

VI. 우리 법에 대한 시사: 결어에 갈음하여

반대주주의 주식매수청구권도 다른 어느 제도와 마찬가지로 긍정적 측면과 부정적 측면을 아울러 가지고 있다. 반대주주의 관점에서는 경영진의 자의적인 결정으로부터 자신의 이익을 보호할 수 있는 손쉬운 수단이 될 수

있는 반면에 경영진의 관점에서는 변화하는 사업환경에 따르기 위한 기업의 변신을 방해하는 장애물이 될 수도 있다. 주식매수청구권의 도입과 관련하여 중요한 것은 그 긍정적 측면을 살리면서도 부정적 측면이 최소화되도록 제도를 설계하는 문제이다. 만약 그 제도의 부작용이 효용을 압도할 것이라면 그 도입 자체를 보류하여야 할 것이다. 여기서 주식매수청구권의 도입에 관한 찬반론을 검토할 여유는 없다. 결론만 밝히자면 소수주주의 보호장치가 미비한 현재 우리나라의 회사법현실을 고려할 때 주식매수청구권과 같은 제도는 상장법인이 아닌 일반주식회사에도 도입할 필요가 있는 것이 아닌가 생각된다. 주식매수청구권을 도입하기로 하는 경우에도 어떠한 내용으로 도입할 것인가의 문제를 다루기 위해서는 아마도 별도의 논문이 필요할 것이다. 이 글에서는 앞서 살펴본 미국회사법상의 규정을 참고로 하여 몇 가지 문제점만을 간단히 지적하고자 한다.[71]

첫째, 주주가 권리행사 여부를 제대로 결정할 수 있도록 시간과 정보가 충분히 주어질 필요가 있다. 현재 증권거래법은 주주총회의 소집통지, 공고시에 주식매수청구권의 내용 및 행사방법을 명시하여야 한다고 규정하고 있을 뿐(191조 5항) 제공할 정보에 대해서는 아무런 규정도 없다. 또한 회사는 통지를 회일 2주 전에 발송하기만 하면 되고(상법 363조 1항) 주주는 반대의사를 총회 전까지 서면으로 통지하여야 하기 때문에(증권거래법 191조 1항) 정작 주주가 권리행사 여부를 결정할 수 있는 시간은 그리 많지 않다.

둘째, 주식매수청구권의 행사와 관련하여 우리도 반대주주들 전원에 대해서 하나의 절차를 진행함으로써 주주들 사이의 공평도 기하고 비용의 절감도 도모할 필요가 있다. 증권거래법은 매수가격은 주주와 당해법인의 협

71 주의할 것은 이미 증권거래법이 주식매수청구권에 관한 규정(191조)을 두고 있기 때문에 상법에 도입하는 경우에 양 규정 사이의 관계를 명확히 해 둘 필요가 있다는 점이다. 이 점에 대해서도 결론만을 밝히자면 상법에 주식매수청구권을 도입하는 경우에는 증권거래법 191조는 삭제하는 것이 바람직할 것이다. 또한 191조를 존치하는 경우에도 상법의 규정이 그것을 따라서는 아니 되며 오히려 191조를 새로 도입하는 상법규정에 맞추어 개정하여야 할 것이다.

의에 결정한다고 하고 있어(191조 3항) 협의는 개별적으로 진행하여야 하는 것으로 해석되고 있다.[72] 그러나 특히 정보나 능력면에서 처지는 소액주주의 보호를 위해서는 법원에 대한 청구의 단계에서는 물론이고 협의의 단계에서부터 하나의 절차로 병합시키고 비용도 공동으로 부담시키는 방법을 강구하여야 할 것이다.

셋째, 주식매수청구권을 발생시키는 거래를 규정함에 있어 그 거래의 형식뿐 아니라 규모를 고려할 필요가 있다. 예컨대 합병을 하는 경우에도 소규모 회사를 흡수합병하는 존속회사의 주주에게는 주식매수청구권을 부여하지 않는 방안도 생각해 볼 수 있을 것이다.

넷째, 매수가격의 결정에 관해서 보다 상세한 규정을 둘 필요가 있다. 이 점에 관한 한 증권거래법 191조는 특히 문제가 있다. 우선 매수가격의 기준이 무엇인가를 분명히 해둘 필요가 있다. 학설은 191조도 미국법과 같이 "공정한 가치"라는 기준을 채택한 것으로 보고 있으나[73] 그 점을 명시하고 Principles에서와 같이 주식의 가치는 회사의 가치를 주식수로 나누는 방법으로 구한다는 점을 밝혀 둘 필요가 있을 것이다. 또한 191조는 협의가 이루어지지 않는 경우에는 시장가격에 의존하도록 하고 있지만 시장가격이 존재하지 않는 경우는 물론이고 시장가격이 존재하는 상장법인의 경우에도 아직은 그것을 공정한 가치와 동일시하기는 어려운 측면이 있으므로 학계나 업계에서 통용되는 일반적인 기업평가방법에 의존하는 편이 나을 것이다. 끝으로 191조는 증권관리위원회의 매수가격 조정 가능성을 규정하고 있는데 그처럼 전문성 있는 기관의 참여를 인정하는 경우에도[74] 그러한 기관의 판단에 대한 사법심사 가능성 등 보다 상세한 규정을 마련할 필요가 있을 것이다.

72 이태로 · 이철송, 회사법강의(제2전정판, 1991) 461면.

73 이태로 · 이철송, (주 72), 461면.

74 Seligman도 SEC가 평가에 참여할 것을 제안하고 있다. Seligman, (주 11). 780-871.

다섯째, 주식매수청구권의 행사에 필요한 비용의 부담에 관해서도 위에서 살펴본 것처럼 정당한 권리행사는 용이하게 하고 남용적인 권리행사는 억제하는 방식으로 규정을 마련할 필요가 있다.

끝으로 매수대금의 지급에 관해서도 주주가 장기간을 기다려야 하는 불편을 막기 위하여 회사의 선지급의무를 인정할 필요가 있다.

사실 주식매수청구권은 기업평가의 기법이 발달하고 회사의 주식매수대금조달이 비교적 용이하게 이루어질 수 있는 등 여러 가지 주변여건을 갖춘 경우에야 비로소 무리 없이 활용될 수 있는 제도라고 할 수 있다.[75] 우리 사회의 발전이 아직 그러한 점에서 여러모로 미흡한 것은 사실이다. 그러나 현재 비상장법인의 소수주주의 지위가 너무도 취약한 점을 고려한다면 다소 어려움이 따르더라도 주식매수청구권을 도입할 필요성이 크다고 본다. 기왕 도입하기로 하는 바에야 기존의 대표소송과 같이 장식적인 제도에 머무르지 않고 실효성을 가질 수 있도록 세심한 주의를 기울여야 할 것이다. 위에서 설명한 미국의 제도가 우리의 그러한 작업에 다소나마 참고가 될 수 있기를 바란다.

『서울대학교 법학』 제34권 3 · 4호(통권 93호)(1993. 12), 102-129면.

* 추기: 1995년 상법개정으로 비상장회사의 경우에도 반대주주에게 주식매수청구권이 인정되었다. 구증권거래법상 주식매수청구권에 관한 규정은 자본시장과 금융투자업에 관한 법률(165조의5)로 이관되었으며 금융위원회의 가격조정권은 폐지되었다.

75 이 점에 관해서는 김건식, "주주간의 이해조정에 관한 시론," 한림법학 제1권(1992년) 76-81면 참조.

제4편

기업집단과 주주보호

01 콘체른에서의 소수주주보호: 독일법을 중심으로

I. 서설

1. 문제의 제기

지난 30여 년에 걸친 우리 경제의 급속한 성장으로 말미암아 우리 사회는 근본적인 변화를 겪었다. 이러한 변화는 사회 전 분야에 걸쳐서 진행되었지만 역시 가장 괄목할 것은 경제 분야에서의 변화라고 할 것이다. 그중에서도 특히 두드러지는 현상은 이른바 재벌그룹의 수적 · 양적 팽창, 보다 학술적으로 표현하자면, '기업결합'의 급속한 진전이라고 할 수 있다.[1] 우리 정부의

1 경제기획원이 국회에 제출한 국정감사자료에 의하면 1991년 4월 1일 현재 총자산이 4천억 원 이상은 대규모기업집단은 61개, 그리고 그에 속하는 계열사의 수는 915개에 이른다. 동아일보 1991년 9월 17일 3면.

성장일변도의 경제정책에 힘입어 팽창일로를 걸어온 이들 기업집단[2]이 갖는 영향력은 이미 경제계에 국한되는 것이 아니라 정치 · 문화를 비롯한 우리 사회의 각 분야에 미치고 있고 그 비중은 날로 증대되고 있다. 당연한 일이지만 그와 함께 이들 재벌그룹에 대한 국민적 관심 또한 크게 높아진 것이 사실이다.[3] 그러나 여지껏 이들에 대한 감정적인 비판이나 도덕적인 요구는 무성하였지만 이들의 조직이나 행위를 합리적으로 규율할 수 있는 체계적인 법규범을 발전시키려는 노력은 미흡하였다. 그 중요한 예외가 독점규제 및 공정거래에 관한 법률이라고 할 수 있다. 그러나 그 법은 기업결합의 제한(제7조), 지주회사의 설립금지(제8조), 대규모 기업집단의 상호출자금지(제9조) 및 출자총액제도(제10조) 등과 같이 주로 경쟁질서의 유지와 과도한 경쟁력 집중의 방지를 목적으로 한 것이다. 따라서 주주, 채권자, 노동자와 같은 기업집단 내부의 이해관계자 사이의 이해를 조정하는 것은 다른 법률에 의할 수밖에 없다.

현재 우리나라에서 특히 중요하고도 시급한 과제는 기업집단을 구성하는 회(會), 그중에서도 종속회사의 소수주주의 이익을 적절히 보호하는 것이라고 할 수 있다. 지난 수년간의 기업공개 붐에 편승하여 재벌그룹에 속하는 계열회사가 상당수 공개되었고 그에 따라 이들 회사의 소수주주의 수도 급격히 증가하였다. 원래 소수주주의 보호는 상법, 그중에서도 회사법의 기본적인 과제라고 할 수 있다. 그러나 우리 상법상 소수주주의 이익을 보호하는 장치는 여러 가지로 불완전하다.[4] 특히 중요한 결점으로 지적할 것은 상법이

2 재벌이라는 용어는 널리 사용되고 있기는 하지만 법적으로 정의된 용어는 아니다. 법적으로 재벌이라는 용어 대신에 "계열기업군"(금융기관여신운용규정 5조)이나 "대규모기업집단"(독점규제 및 공정거래에 관한 법률 7조의3)이라는 명칭이 사용되고 있고 그 정의도 차이가 있다. 재벌개념의 정의에 대해서는 조동성, 한국재벌연구(개정1판, 1991), pp.28-37 참조.

3 최근 재벌에 대한 연구서가 다수 등장하고 있는 것은 그러한 관심의 한 증거라고 할 것이다. 예컨대, 강철규 외, 재벌; 조동성, (주 2); R. Steers, Y. K. Shin and G. Ungson, The Chaebol(1989).

4 이에 대해서는 김건식, "주주간의 이해조정에 관한 시론," 한림법학 Forum 창간호(1992) 참조.

규율대상인 경영자로서 이사나 감사만을 상정하고 지배주주 내지는 다수주주를 제외하고 있는 점이다. 따라서 지배주주가 회사법상의 직책, 특히 이사직을 맡지 않고 배후에 머무는 한 그의 행동을 규제하는 데는 한계가 있다.[5] 특히 재벌그룹에 속하는 회사에서는 실질적인 그룹 총수가 계열회사의 이사직을 맡지 않는 경우가 많으므로 이들의 행동에 대한 규제는 현행 상법의 틀 안에서는 쉽지 않다.

또한 우리 상법은 약간의 사소한 예외(제342조의 2, 제369조 3항)를 빼고는 날로 확산되어만 가는 기업결합의 현실을 철저히 외면하고 있다. 상법은 그 규율대상인 회사가 법적으로 독립된 법인격을 가지는 것을 규정할 뿐 경제적인 독립 여부에 대해서는 무관심하다.[6] 그러나 회사가 기업집단[7]에 속하는 경우 그 회사는 그 회사 자체의 이익이 아닌 기업집단 전체(또는 심지어 기업집단의 총수 개인)의 이익을 위해서 운영될 가능성이 크다. 그러나 우리 상법은 그러한 가능성에 대해서 아무런 대책도 마련하고 있지 않다. 결국 법상으로는 재벌그룹의 계열회사의 소수주주도 아무런 계열관계가 없는 독립된 회사의 소수주주와 동등하게 다루어진다. 즉 지배주주와 소수주주 사이의 이해가 충돌할 가능성은 독립된 회사에서보다 기업집단에 속하는 회사에서

5 현행 법규정의 테두리 내에서 대주주의 자의를 억제할 수 있는 방안에 대한 논의에 대해서는 김건식, (주 4) 참조.

6 이 점은 사실 우리 상법에만 해당하는 것이 아니고 독일을 제외한 대부분의 나라에 공통된 것이다. 그 주된 원인으로는 캐나다의 한 학자도 지적하고 있는 바와 같이(Sargent, Beyond the Legal Entity Doctrine: Parent-Subsidiary Relations Under the West German Konzernrecht, 10 CANADIAN BUS. L. J. 327(1985)) 각국 회사법의 기초가 주로 기업결합현상이 미처 일반화되기 전인 19세기에 형성되었던 점을 들 수 있을 것이다.

7 여기서 기업집단이라는 용어는 독점규제법 제2조 제2항의 기업집단과 같은 의미로 사용한다. 동 규정은 기업집단을 다음과 같이 정의한다.
① 동일인이 회사인 경우, 그 동일인이 지배하는 하나 이상의 회사의 집단.
② 동일인이 회사가 아닌 경우 그 동일인이 지배하는 2이상의 회사 집단. 여기서 지배가 인정되기 위해서는 동일인(친족, 종속회사, 사용인 등 특수 관계인 포함)이 발행주식의 30%를 소유하거나 '기타 임원의 임면 등으로 당해 회사의 경영에 대하여 영향력을 행사'하여야 한다(동법 시행령 3조). 이러한 기업집단의 개념은 후에 설명하는 독일 주식법상의 콘체른과 상당히 유사하다.

훨씬 높을 것임에도[8] 불구하고 현행 상법하에서 재벌그룹에 속하는 계열회사의 소수주주들은 그룹 총수의 자의 앞에 거의 무방비상태에 있는 것과 다름없다. 따라서 날로 확산되고 있는 기업결합의 현상에 직면하여 기업집단 내의 소수주주를 적절히 보호하기 위해서는 어떤 형태로든 현행 상법을 개정해야 할 것이다.

그러한 상법 개정시에 참고할 것으로 가장 먼저 손꼽히는 것은 독일의 콘체른법이다. 기업결합의 현실을 외면하는 대부분의 다른 나라들과는 달리 독일 주식법은 그에 대한 상세한 규정으로 그것을 정면으로 다루고 있다. 그러나 모든 비교법연구에 다 타당한 말이기는 하겠으나 독일의 콘체른법도 그 사회의 특수한 현실을 반영하고 있으므로 그것을 우리나라에 도입하는 데는 주의를 요한다. 게다가 독일법도 기업집단에 속하는 회사의 소수주주나 채권자의 보호라는 면에서 반드시 완벽하다고는 볼 수 없으므로 비판적인 검토가 더욱 요구된다고 할 수 있다. 이 글은 주로 소수주주[9]의 보호라는 관점에서 독일 콘체른법의 현상을 개관하고 그 문제점을 검토하는 것을 목적으로 한다.

2. 논의의 대상 및 순서

독일의 콘체른법은 주식법에 들어 있는 50여 조항(제15~22조, 제291~337조)과 점차 그 비중이 높아 가고 있는 판례법으로 이루어진다. 콘체른법에 대한 포괄적 · 체계적 검토는 이미 이러한 소논문의 범위를 넘는다.[10] 이 글에서

8 뒤에 보는 바와 같이 독일의 콘체른법이 바로 그러한 가정을 전제로 하고 있다.

9 독일에서는 소수주주라는 용어 대신에 외부주주(außenstehende Aktionäre)라는 용어가 사용되기도 한다. 예컨대, Wiedemann, Die Unternehmensgruppe im Privatrecht(1988). S.69.

10 콘체른법에 대한 비교적 최근의 자세한 문헌으로는 Emmerich/Sonnenschein, Konzernrecht(3. Aufl. 1989); Koppensteiner, in Kölner Kommentar zum Aktiengesetz(2. Aufl. 1986 und 1987). 우리나라에서 발표된 논문으로는 권기범, "Konzern에 있어서 외부주주의 보호." 「기업법의 행방」(1991), pp.360-382; 신현윤, "콘체른의 개념적 고찰," 「경제법 · 상사법논집」(손주찬 교수 정년기념, 1989), p.69 이하.

는 콘체른법 중 우리 상법상 소수주주보호제도의 개선이라는 요청에 비추어 참고가 될 수 있는 부분에 초점을 맞추기로 한다. 그러므로 콘체른법의 양대 지주의 하나인 계약상의 콘체른은 독일의 특유한 실행에 근거한 것이기 때문에 전체의 이해를 돕는 데 필요한 한도 내에서는 간략히 다루고자 한다. 또한 콘체른법은 원래 종속회사가 주식회사(주식합자회사도 포함)인 경우를 적용대상으로 하고 있지만 종속회사가 유한회사나 심지어는 인적회사인 콘체른도 존재한다. 최근 법원은 특히 이른바 유한회사콘체른(GmbH-Konzern)에 대해서도 상당수의 판결을 내림으로써 유한회사콘체른법의 형성을 선도하고 있다.[11] 이들 판례는 독일 콘체른법의 이해를 위해서는 필수적인 것이지만 유한회사제도가 거의 외면되고 있는 우리 현실[12]을 고려하여 이 글에서는 주로 주식회사콘체른에 초점을 맞추기로 한다.

독일주식법의 콘체른규정은 주로 이미 성립된 콘체른의 운영(Konzern-führung)에 관한 것이다. 그러나 이들 규정이 소수주주의 이익을 보호하는 데 한계가 있다는 인식이 확산됨에 따라 최근에는 학자들은 물론 법원도 콘체른의 형성단계에서 소수주주의 이익을 보호하기 위한 노력을 기울이고 있다. 이 글에서도 이러한 콘체른 형성시의 규제에 대하여 간략하게나마 살펴보기로 한다.

이 글의 순서는 다음과 같다. 먼저 콘체른법의 설명에 들어가기에 앞서 주식법상의 소수주주보호장치에 대해서 간단히 언급한다(I. 3). II에서는 콘체른 법의 총론으로서 콘체른법의 과제와 기본개념에 대해서 설명한다. 다음에는 계약상의 콘체른(III)과 사실상의 콘체른(IV)을 차례로 살펴본 후에

11 지난 1969년부터 유한회사콘체른법의 성문법화를 위한 시도가 있었으나 1980년의 유한회사법 개정시에는 이루어지지 못하였다. Emmerich/Sonnenschein, (주 10), S.363. 법원은 뒤에서 보는 바와 같이 유한회사콘체른에 대해서도 주식법의 콘체른 규정을 유추 적용함으로써 입법의 불비를 메워 나가고 있다.

12 최근의 통계에 의하면 우리나라의 총회사수 6만 4천여 개 중 유한회사의 수는 6백여 개에 불과하다고 한다.

콘체른 형성시의 규제(V)에 대하여 설명하기로 한다.

3. 콘체른법 이외의 소수주주보호장치

(1) 서설

이 글에서는 콘체른 내의 소수주주의 이익을 보호하는 콘체른법상의 여러 가지 장치에 대해서 논할 예정이지만 소수주주보호에 원용될 수단은 반드시 콘체른법에서만 존재하는 것은 아니다. 주식법은 일반적으로 소수주주의 보호를 위한 규정을 다수 마련하고 있다. 종속회사도 주식법상 회사라는 점에서 차이가 없으므로 이들 일반보호조항은 원칙적으로 종속회사의 소수주주도 원용할 수 있다.[13] 또한 법원은 민법상의 공서양속규정(제138조)과 같은 일반규정을 근거로 지배주주의 자의(恣意)를 견제할 수 있는 이론을 발전시킨 바 있고,[14] 최근에는 지배주주의 성실의무(Treupflicht)를 인정하는 판결[15]을 내놓은 바 있다. 따라서 독일법상 종속회사의 소수주주를 보호하는 법구조의 전체상을 정확하게 파악하기 위해서는 콘체른규정은 물론이고 주식법상의 일반보호규정과 나아가서는 법원에 의해 발전된 일반법리를 결코 빼놓을 수 없다. 그러한 관계규정이나 법리에 대해서 이 글에서 자세히 논할 이유는 없으므로 간단히 열거하는 정도로 그치기로 한다.[16]

13 뒤에 보는 바와 같이 일반보호규정과 콘체른규정의 경합 적용 여부가 다투어지는 경우도 없지 않다. 예컨대 주식법 117조와 317조의 관계에 대해서 뒤 (주 39)와 그에 대한 본문 참조.

14 법원의 이른바 양속이론에 대해서는 Wiedemann. Gesellschaftsrecht Bd. I(1980), S.425ff.

15 BGHZ 103, 184. 이 판결에 대한 해설로서 가장 상세한 것은 Lutter, Die Treupflicht des Aktionärs, ZHR 1989, 453. 우리나라에서는 Treupflicht의 역어로 주로 충실의무라는 용어를 사용하고 있으나 일본에서는 충실의무 대신에 성실의무라는 용어를 사용하고 있다. 그 예는 많으나 최근의 문헌으로는 別府三郎, "物的會社の多數者と少數者の法律關係," 商法學こおける論爭と省察(1990) p.813 이하.

16 이 문제에 대해서는 김건식, "소수주주의 보호와 지배주주의 성실의무," 법학 32권 3 · 4호(1991), p.98 이하 참조.

(2) 민법 및 주식법상의 일반규정 내지 법리

먼저 지배주주의 자의를 억제하는 데 활용되어 온 민법이나 주식법상의 일반규정 내지 법리로는 다음과 같은 것들을 들 수 있다.

① 민법상의 공서양속규정에 기한 양속이론

② 주식법상의 주주평등원칙(제53a조)

③ 다수결의 내용통제이론(Sachkontrolle von Mehrheitsenscheidungen)[17]

④ 지배주주의 성실의무법리

(3) 주식법상의 개별규정

회사법의 주된 목적이 주주와 회사채권자의 보호에 있는 것이라면 주식법규정은 정도의 차는 있더라도 대부분 소수주주의 보호를 위한 것으로 볼 수 있을 것이다. 예컨대 주주에게 부수적인 급부의무를 부과하는 경우에 해당주주 전원의 동의를 요하는 것(제180조 1항, 동의원칙)도 소수주주의 보호에 기여한다고 볼 수 있다. 그러나 동의원칙은 극히 예외적인 경우에만 제한적으로 적용되고 있으므로[18] 소수주주보호기능은 미미하다. 이곳에서는 주식법규정 중에서 소수주주보호에 기여하는 것으로 통상 논의되는 것들만 열거하면 다음과 같다.

17 이 테마에 대한 최초의 본격적인 연구로는 Zöllner, Die Schranken mitgliedschaftlicher Stimmrechtsmacht bei den privatrechtlichen Personenverbänden(1963), 그리고 최근의 논문으로는 Timm, Zur Sachkontrolle von Mehreheitsentscheidungen im Kapitalgesellschaftsrecht, ZGR 1987, 403 참조.

18 주식법상 명시적으로 당해주주 전원의 동의를 요하는 경우는 위의 부수적 의무를 부과하는 경우 이외에 주식양도를 제한하는 경우(제180조 2항)와 주식회사를 유한회사로 조직 변경하는 경우(제369조 2항, 3항)밖에 없다.

① 결의요건의 가중[19]

② 출자반환의 금지(제57조 1항)

③ 회사에 대한 영향력의 남용적 행사에 대한 책임(제117조)

④ 다수결남용결의의 취소(제243조 2항)

⑤ 특별이해관계 있는 주주의 의결권배제(제136조 1항)

II. 콘체른 총론

1. 콘체른법의 과제

주식회사의 의사결정은 원칙적으로 다수결에 의해서 행해진다(주식법 제133조). 주주들의 이해가 동질적이고 다수가 사안의 당부에 따라 형성되는 한 다수결원칙은 정당화할 수 있을 것이다. 그러나 회사의 의사결정을 좌우할 수 있는 다수의 주식이 특정주주(이하 '지배주주' 라고 함)의 지배하에 있는 경우에는 다수결에 의한 회사의 의사결정이 일반적인 주주(또는 회사)의 이익보다 지배주주 자신의 이익을 위해서 이루어질 가능성이 크다. 특히 그 지배주주가 주식을 보유하는 동시에 다른 사업에 적극적으로 참여하는 경우, 즉 콘체른법상의 '기업'에 해당하는 경우에는 그러한 가능성은 더욱 높을 것이다. 따라서 지배주주가 '기업'인 회사의 경우, 즉 다른 기업에 종속하는 회사의 경우에는 회사의 의사결정이 회사 자체의 이익이 아닌 외부이익(Fremdinteresse)에 의해서 영향을 받지 않도록 안전장치를 마련할 필요가 있다. 어느 나라의 회사법도 다소의 차이는 있으나 지배주주의 권한남용을 억제하기 위한 규정을 두고 있다 그러나 독일주식법은 지배주주가 '기업'인

19 예컨대 감사의 해임(제103조 1항 2문), 정관변경(제179조 2항), 증자(제182조 1항, 제207조 2항)등.

경우, 즉 회사가 경제적 독립성을 잃고 기업집단에 속하는 경우와 그렇지 않은 경우 사이에는 질적인 차이가 있다고 보아 일반적인 소수주주보호규정과는 별도로 상세한 규정을 두고 있는 것이다.

주식법상 콘체른규정은 바로 그러한 종속회사의 소수주주와 채권자를 보호하기 위한 제도적 장치로서 이해할 수 있다. 과거에는 이처럼 콘체른법을 주로 보호법(Schutzrecht)[20]으로 파악하는 견해가 지배적이었다. 그러나 현재에는 단순한 보호법에 그치지 않고 다수기업의 법적 구성체인 콘체른의 조직법(Organisationsrecht)[21]이라고 보는 견해가 유력하다. 후자의 견해에 의하면 지배회사의 경영진은 그 회사뿐 아니라 하나의 조직으로서의 콘체른 전체를 운영할 의무(Konzernleitungspflicht)를 부담하고 콘체른법의 과제는 콘체른의 운영원리를 밝혀내는 것이다. 후자의 견해의 설득력을 부인하는 것은 아니지만 이 글에서는 주로 전자의 견해에 입각하여 콘체른법을 개관한다.

2. 콘체른법의 기본개념

(1) 기업

주식법상의 콘체른 규정은 지배종속관계를 규율하면서 종속당사자는 주식회사와 주식합자회사에 한정하는 반면에 지배당사자는 단지 '기업'(unternehmen)일 것만을 요구하고 있다. 이 '기업'의 의미에 대해서는 주식법은 아무런 규정도 두고 있지 않다. 따라서 어떤 경우에 기업이라고 할 수 있는가를 밝히는 작업은 판례와 학설에 맡겨져 있다. 지배주주가 '기업'으로 인정되기 위해서는 회사 외의 다른 사업에 대한 이해관계가 회사의 이익에

20 K. Scmidt, Gesellschaftsrechts(1986). S.369. 이 책의 2판(1991)은 교정단계에서 받아보았으므로 이 글에 반영할 수 없었다.

21 Id. S.370.

불리한 영향을 줄 수 있을 정도로 강력해야 한다.[22] 따라서 중요한 것은 그러한 이익충돌의 가능성이 있는가이지 지배주주가 어떠한 법적 형태를 지니고 있는가가 아니다.[23] 또한 지배주주는 직접 다른 영업에 종사하고 있는 경우는 물론 다른 회사의 지분을 소유하는 경우에도 기업으로 인정될 수 있다. 후자의 경우 지배주주가 실제로 그 다른 회사를 경영해야 하는가 아니면 단지 결정적인 영향력을 행사할 수 있는 지분을 소유하는 것으로 충분한가에 대해서는 견해가 나뉘고 있다.[24] 주식회사의 지배주주가 위와 같은 의미의 '기업'에 해당하지 않는 경우는 사실상 그다지 많지 않을 것이므로 이들 콘체른 규정은 소수주주의 보호를 위해서 중요한 의미를 갖는다.

(2) 결합기업

1) 종류

주식법은 결합기업(verbundene Unternehmen)이라는 개념하에 기업결합의 종류를 다음과 같이 분류하고 있다(제15조). 즉 "결합기업은 법적으로 독립적인 기업으로서, 다른 기업의 지분의 과반수를 보유하거나 지분의 과반수를 보유당하는 기업(제16조), 종속기업과 지배기업(제17조), 콘체른기업(제18조), 상호주식보유기업(제19조), 기업계약의 당사자기업(제291조, 제292조)을 말한다."

기업결합관계가 어느 종류에 속하는가에 따라 그 법적 취급은 상이하다.[25] 예컨대 모든 결합기업에 대해서는 이사의 보고의무(Berchtspflicht, 제90조),

22 Id. S.711.

23 Emmerich/Sonnenschein, (주 10), S.46 · 47. 개인상인, 물적회사, 인적회사, 사단, 재단, 민법상의 조합, 협동조합(Genossenschaft)인 지배주주는 모두 콘체른법상의 기업으로 인정할 수 있다.

24 Id. S.47.

25 보다 자세한 것은 Schmit. (주 20), S.712-713 참조.

주주의 정보청구권(Auskunftsrecht, 제131조 1항 2호) 등의 조항이 적용되고, 과반수지분보유관계에 서는 기업에 대해서는 통지의무(Mitteilungspficht, 제20조 이하), 자기주식취득 제한(제56조, 제71d조, 제71e조) 등의 조항이 적용되는 데 비하여 지배종속관계에 서는 기업에 대해서는 통지의무(제20조 이하)나 자기주식취득(제71a조, 제71d조)에 대한 규제가 한층 강화된다.

2) 요건

이하에서는 각종 결합기업의 요건을 간단히 설명한다.

가. 과반수기업지분보유관계

이 경우에 해당하는 기업은 다른 기업의 과반수지분(의결권의 과반수를 포함. 이하 같다)을 보유하거나 다른 기업에 의하여 과반수지분을 보유당하는 기업이다(제16조 1항). 지정기업이 보유하는 지분에는 그 기업의 종속기업이 보유하는 지분, 다른 기업이 그 기업이나 그 기업의 종속기업의 계산으로 보유하는 지분도 포함된다(제16조 4항).

나. 지배종속관계

지배종속관계인 한 기업이 다른 기업에 대해서 직접 또는 간접으로 지배적 영향력(beherrschende Einfluß)을 행사할 수 있는 경우에 성립된다(제17조 1항). 지배적인 영향력은 법적인 것뿐 아니라 사실적인 것도 포함하지만 그것이 단순히 시장 지배력(Marktmacht)이나 교환적인 계약(Austauschverträge)에 기한 경우에는 부정된다.[26] 과반수지분보유관계가 있으면 지배종속관계가 존재하는 것으로 추정된다(제17조 2항).

다. 콘체른기업

콘체른기업, 즉 콘체른을 구성하는 개별기업도 결합기업에 속한다. 주식법은 콘체른을 수직적인 것과 수평적인 것 두 가지로 나누고 있다(제18조).

26 Id. S.714.

① 수직적 콘체른(Unterordnungskonzern)

하나의 지배기업과 하나 이상의 종속기업이 지배기업의 단일한 지휘(einheitliche Leitung)하에 결합된 경우에 인정되는 콘체른이다(제18조 1항 1문). 기업 간에 지배계약(제291조)이 존재하거나 편입(Eingliederung, 제319조)[27]이 있는 경우에는 단일한 지휘하의 결합이 존재하는 것으로 간주한다(제18조 1항 2문). 지배기업과 종속기업은 콘체른을 구성하는 것으로 추정한다(제18조 1항 3문). 수직적 콘체른의 모회사, 자회사, 손자회사라는 식으로 3층 이상으로 구성될 수도 있다.[28]

② 수평적 콘체른(Gleichordnungskonzern)

법적으로 독립한 복수의 기업이 지배종속 관계없이 단일한 지휘하에 결합된 경우에 인정되는 콘체른이다(제18조 2항). 이들 기업은 서로 지배종속관계에 서는 것은 아니지만 단일한 지휘하에 결합될 것을 요한다. 단일한 지휘는 경영진의 인적 공동이나 공동경영위원회 같은 것의 구성, 채권법상의 계약 체결 등 다양한 형태로 존재할 수 있다.[29] 수평적 콘체른은 실제로 예가 그리 많지 않으므로 이 글에서는 주로 수직적 콘체른을 중심으로 설명한다.

27 편입은 지배회사가 종속회사를 법적인 독립성을 유지시키면서 경제적으로는 완전히 하나의 영업부문으로서 흡수하는 조치로서 주식법 제319조 이하에서 규정하고 있다. 편입은 지배회사가 종속회사의 주식을 95% 이상 보유하는 경우에만 가능하다. 지배회사가 종속회사의 주식을 100% 보유하는 경우(제319조)에는 종속회사 주주총회의 결의와 지배회사 주주총회의 특별결의(출석주주의 의결권의 4분의 3 이상의 찬성)가 필요하지만 100%에 미달하는 경우(제320조)에는 지배회사 주주총회의 결의는 단순결의로 충분하다. 후자의 경우 종속회사의 소수주주가 보유하는 주식은 지배회사에 귀속하고 소수주주는 상당한 대상(angemessene Abfindung)을 청구할 수 있을 뿐이다(제320조 4항, 5항). 대상은 지배회사의 주식으로 지급되는 것이 원칙이나 지배회사가 다른 회사에 종속하는 경우에는 소수주주의 선택에 따라 금전으로 지급될 수도 있다(동조 제5항 2문, 3항). 편입에 의해서 지배회사는 종속회사에 대해서 완전한 경영지배권을 행사할 수 있다(제323조). 편입은 지배회사와 종속회사의 주총결의가 모두 필요하다는 점에서 계약상의 콘체른의 일종으로 설명되기도 하지만(vgl. Kübler, Gesellschaftsrecht(3. Aufl. 1990), S.369 ff.), 이 글에서는 따로 설명하지 않는다.

28 Schmidt. (주 20), 717.

29 Ibid.

라. 상호보유(wechselseitige Beteiligung)

상호보유관계는 자본회사(Kapitalgesellschaft)〔또는 광업조합(bergrechtliche Gewerkschaft)〕 형태의 두 기업이 서로 보유하는 지분이 25%를 초과하는 경우에 인정된다(제19조 1항). 상호보유관계에서는 회사는 상대방회사에서 원칙적으로 25%의 한도 내에서만 회원권을 행사할 수 있다(제328조 1항). 상호보유관계의 기업의 경우에도 한 회사의 보유지분이 과반수에 달하거나 상대방기업에 지배적인 영향력을 행사할 수 있다면 지배종속관계가 성립할 수 있다(제19조 2항).

마. 기업계약의 당사자관계

기업계약의 당사자기업도 결합기업에 속한다. 기업계약에 대해서는 계약상 콘체른이란 제목하에 따로 설명한다.

Ⅲ. 계약상의 콘체른: 기업계약

1. 기업계약의 의의, 종류

제291조와 제292조는 기업계약(Unternehmensveträge)으로 다음과 같은 것을 들고 있다.

① 지배계약(Beherrschungsvertrag, 제291조)

② 이익이전계약(Gewinnabführungsvertrag, 제291조)

③ 이익공동계약(Gewinngemeinschaft, 제292조 1항 1호)

④ 일부이익이전계약(Teilgewinnabführungsvertrag, 제292조 1항 2호)

⑤ 경영임대차계약(Betriebspachtvertrag) 또는 경영위임계약(Betriebsüberlassungsvertrag, 제292조 1항 3호)

이들 기업계약은 독일의 특별한 관행에서 유래하는 것이다. 과거에 경제발전의 면에서 후발주자였던 독일은 미국과는 달리 기업집중을 적대시하기 보다 오히려 권장하는 정책을 취했다.[30] 그리하여 기업 간에 계약을 통해서 협력체제를 갖추는 것을 환영하였다. 그러한 정책이 가장 잘 드러나는 예가 이익이전계약에 대한 세법상의 우대조치이다. 법인세법은 친자회사 간에 이익이전계약을 체결하는 등 일정한 요건을 갖추어 자회사가 친회사의 기관(Organ)으로 인정되는 경우에는 양 회사를 단일한 기업으로 취급하여 중복과세를 하지 않는다.[31] 이러한 세법상의 우대조치는 주식법의 입법 이전에도 존재하였으며 그에 따라 기업계약은 실제로 널리 이용되었다. 주식법의 계약상의 콘체른규정은 이미 존재하던 이들 기업계약을 그대로 수용한 것에 불과하다. 이들 기업계약은 독일의 콘체른법의 전모를 이해하는 데는 극히 중요하지만 우리 상법에 도입한다는 관점에서는 그다지 중요치 않다.[32] 따라서 이 글에서는 기업계약에 대한 설명은 전체적인 이해에 필요한 범위에 한정하기로 한다.

주식법은 제291조의 기업계약과 제292조의 기업계약을 달리 규율하고 있다. 양자는 체결 · 변경 · 종료의 면에서는 동일하게 다루어지고 있으나(제293~299조), 회사와 채권자의 보호(제300~303조), 소수주주의 보호(제304~307조)에 대한 규정은 전자에 대해서만 적용된다. 나아가 주식법은 전자 중에서도 특히 지배계약에 대해서는 따로 상세한 규정(제308~310조)을 두고 있다. 이 글의 목적상 중요한 것은 전자, 즉 지배계약과 이익이전계약이다. 이 두 가지 계약은 개념상 구별되지만 이익이전계약은 지배계약과 함께 체결되는 경우가 대부분이므로 이곳에서는 지배계약을 중심으로 설명한다.

30 Sargent, (주 6), 355.

31 Kübler. (주 27). S.282-283.

32 또한 독일에서는 이른바 공동결정제도가 채택되어 이사선임권을 갖는 감사회에 근로자 측의 대표자가 많으면 반수까지 참여한다. 따라서 의결권의 과반수를 지배하는 주주라고 해서 반드시 이사회를 완전히 장악할 수 있는 것이 아니기 때문에 친자회사 간에도 지배계약 같은 기업계약을 체결할 실익이 있다는 점을 유의해야 한다.

2. 지배계약

지배계약이란 주식회사(또는 주식합자회사)가 그 회사의 지휘를 다른 기업에 종속시키는 계약을 말한다(제291조 1항). 지배계약이 체결된 경우 지배기업은 종속회사의 이사에 지시(Weisungen)할 수 있고 그 이사는 그 지시에 따를 의무가 있다(제308조 1항 1문, 2항 1문). 지배계약상 달리 규정이 없으면 지배기업의 지시는 지배기업의 이익이나 콘체른의 이익에 부합하는 한 종속회사의 이익에 반하더라도 허용된다(제308조 1항 2문). 또한 종속회사의 이사는 지시가 지배기업이나 콘체른의 이익에 부합하지 않는다고 판단하는 경우에도 그 점이 명백하지 않은 한 그 지시의 수행을 거부할 수 없다(제308조 2항 2문). 이처럼 일단 지배계약이 체결된 경우에는 종속회사의 소수주주나 채권자는 아주 불리한 입장에 놓이게 되므로 주식법은 몇 가지 보호 장치를 마련하고 있다.

먼저 지배계약은 다른 기업계약과 마찬가지로 그 체결을 위해서는 주주총회의 동의를 요한다. 그 주총결의는 통상의 결의와 같이 단순과반수(제133조 1항)가 아니라 출석주주 의결권 4분의 3 이상의 동의를 얻어야 한다(제293조 1항). 이 결의요건은 정관에서 가중할 수도 있다. 그러나 지배계약의 상대방이 다수주주인 경우에도 그 주주는 주주총회에서 의결권을 행사할 수 있다.[33] 그 경우 다수주주에게 의결권 행사를 인정하는 이유는 회사의 의사결정이 소수주주의 이사에 의해서 좌우되거나 다수주주가 소수주주의 부당한 요구에 시달릴 가능성을 막기 위한 것이었다. 따라서 이러한 가중된 결의요건도 소수주주의 보호에는 그다지 실효성 있는 것이라고 하기 어렵다. 보다 직접적으로 소수주주보호를 목적으로 하는 것은 제304조의 보상규정과 제

33 Sonnenschein, Der Schutz von Minderheitsgesellschaftern und Gläubigern der abhängigen Gesellschaft im deutschen Recht, in: Mestmäcker/Behrens. Das Gesellschaftsrecht der Konzerne im internationalen Vergleich(1991), S.61.

305조의 대상규정이라고 할 수 있다.

3. 보상(Ausgleich)

지배계약이 체결되면 종속회사의 이익배상은 전적으로 지배기업의 의사에 좌우된다. 이익이전계약이 체결되면 한 걸음 더 나아가 아예 배당이익이 존재할 수 없게 된다. 따라서 그러한 계약으로 침해되는 종속회사의 소수주주의 이익을 보상해 줄 필요가 있다. 이익이전계약을 체결하는 경우에는 소수주주에 대해서 주식액면가의 몇 %라는 식으로 고정된 상당한 보상을 매번 금전으로 지급할 것을 규정해야 한다(제304조 1항 1문). 이익이전계약 없이 지배계약만을 체결하는 경우에는 보상에 상당하는 금액의 이익배당을 보장해야 한다(제304조 1항 2문). 또한 지배기업이 주식회사인 경우에는 보상액을 지배회사 이익배당에 연계시킬 수 있다(제304조 2항 2문). 보상액은 당시까지의 수익상태와 장래의 수익전망을 참작하여 결정한다(제304조 2항 1문).

4. 대상(Abfindung, 代償)

주식법은 위와 같이 보상을 규정하는 동시에 소수주주가 퇴사할 수 있는 길도 열어 놓고 있다. 지배계약이나 이익이전계약이 체결된 경우 지배기업은 소수주주의 요구가 있으면 계약에 정해진 상당한 대상(angemessene Abfindung)을 대가로 소수주주의 주식을 취득할 의무가 있다(제305조 1항). 지배기업이 독일 내에 주소를 둔 주식회사인 경우에는 자신의 주식으로 대상을 지급할 수 있고 그렇지 않은 경우에는 금전으로 지급해야 한다(동조 제2항).

5. 채권자보호장치

지배계약이나 이익이전계약이 체결된 경우에는 당사자 기업들은 서로 일종의 이익공동체를 이루게 된다. 따라서 계약기간 중 상대방기업의 결원을 전보할 의무(제302조)와 계약종료시 상대방기업의 채권자에 대해서 담보를 제공할 의무(제303조)를 부담한다. 이처럼 계약당사자가 서로 상대방기업의 기관인 것과 마찬가지의 효과를 가져오므로 이들 계약은 기관계약(Organschaftsvertrag)으로 불리기도 한다.

6. 지배기업의 법정대표기관의 책임

지배계약이 체결된 경우 지배기업의 법정대표기관(die gesetzlichen Vertreter)(개인기업의 경우에는 영업자)은 종속회사에 대한 지시와 관련하여 통상의 성실한 경영자의 주의(die Sorgfalt eines ordentlichen und gewissenhaften Geschäftsleiters)를 기울일 의무가 있으며, 그 의무위반시에는 종속회사에 대해서 손해배상의무를 부담한다(제309조 1항, 2항). 종속회사의 배상청구권은 그 회사의 주주가 각자 행사할 수 있다(제309조 4항). 지배기업의 법정대표기관이 의무를 위반한 경우에 지배기업이 책임을 지는가에 대해서는 주식법상 명문의 규정은 없지만 그것을 긍정하는 것이 일반적인 견해이다.[34]

34 Emmerich/Sonnenschein, (주 10). 314.

Ⅳ. 사실상의 콘체른(faktische Konzerne)

1. 서설

주식법은 기업계약이 체결되거나 편입[35]이 행해진 경우, 즉 계약상의 콘체른의 경우를 중심으로 규정하고 있다.[36] 그러나 지배계약이나 편입이란 제도가 존재하지 않는 우리의 현실에 비추어 우리에게는 그러한 계약상의 권한이 아닌 순전한 사실상의 지배력에 기하여 성립하는 콘체른, 즉 이른바 사실상의 콘체른이 보다 흥미로운 대상이라고 할 수 있다. 사실상의 콘체른에 관한 주식법규정(제311조 이하)은 다음의 세 가지로 분류할 수 있다.

① 종속회사에 불리한 영향력 행사의 금지와 불이익의 보상(제311조)

② 지배기업 등의 손해배상 책임(제317조, 제318조)

③ 종속보고서(제312조 내지 316조)

이하에서는 이 세 가지를 차례로 살펴보기로 한다.

2. 종속회사에 불리한 조치의 금지와 불이익의 보상

지배기업과 종속회사 사이에 지배계약이 체결되지 않은 경우에도 지배기업이 사실상의 영향력을 이용하여 종속회사로 하여금 지배기업에는 유리하지만 종속회사에는 불리한 조치를 취하게 할 가능성이 크다. 따라서 주식법은 지배계약이 없는 경우에는 지배기업이 그 영향력을 이용하여 종속회사로 하여금 불리한 법률행위나 조치를 취하도록 만드는 것을 금지하고 있다(제311조 1항). 즉, 지배종속관계에서는 회사들도 지배계약을 체결하지 않고

35 편입의 의의에 대해서는 (주 27)의 설명 참조.

36 Kübler, (주 27). S.378.

서는 경제적으로 단일한 기업인 것처럼 운영하는 것은 원칙적으로 허용되지 않는다.

그러나 이러한 원칙에는 중대한 예외가 존재한다. 예외적으로 종속회사에 불이익을 보상하는 경우에는 그러한 영향력 행사도 허용된다(동조 동항 단서). 그러한 보상은 즉시 행해져야만 하는 것은 아니고 불이익이 가해진 영업연도 말까지 종속회사에 그 불이익을 상쇄하는 이익(Vorteile)을 약속하는 것으로 족하다(제311조 2항).

1959년 정부가 제출한 원안에는 불이익보상의 예외규정은 들어 있지 않았다. 그러나 종속회사에 불리한 영향력 행사를 전면적으로 금지하는 원안은 당시의 콘체른 실무관행에 정면으로 배치되는 것이었기 때문에 입법과정에서 거센 반대론에 부딪혀 현행 규정과 같이 수정되고 말았다.[37] 현재 이 예외규정은 여러 가지로 비판의 표적이 되고 있다. 먼저 어떠한 경우에 '불이익'이 있다고 할 수 있는가가 분명치 않다. 뒤에 보는 바와 같이 주식법 제317조 제2항은 '독립된 회사의 통상의 성실한 경영자'(ein ordentlicher und gewissenhafter Geschäftsleiter einer unabhängigen Gesellschaft)라도 종속회사의 이사와 마찬가지로 행동했을 것인 경우에는 보상을 이행하지 않은 지배회사는 손해배상책임을 지지 않는다고 규정한다. 통설은 그러한 경우에는 아예 불이익이 발생하지 않은 것으로 본다.[38] 그러나 당해 법률행위 내지 조치가 계열기업 간의 복잡한 거래와 관련한 것이라면 대부분의 경우 기준이 될 정상적인 시장가격이 존재하지 않고 따라서 불이익의 존재 여부나 크기를 판정하기 어려울 것이다. 불이익을 상쇄하는 이익의 평가도 마찬가지로 쉽지 않다.

37 Id. S. 379.
38 Id. S. 380.

3. 지배기업 등의 손해배상책임

지배기업이 제311조의 보상의무를 이행하지 않는 경우에는 그로 인하여 종속회사가 입은 손해를 배상해야 한다(제317조 1항 1문). 종속회사의 주주가 회사의 손해와는 별도로 직접 손해를 입은 경우에는 그 손해도 배상할 책임이 있다(동조 동항 2문). 그러나 '독립된 회사의 통상의 성실한 경영자'라도 그러한 법률행위나 조치를 취했을 것으로 인정되는 경우에는 그러한 손해배상책임은 발생하지 않는다(제317조 2항).

지배기업의 법정대표기관도 지배기업과 연대해서 손해배상책임을 진다(제317조 3항). 종속회사의 주주는 지배기업 및 그 법정대표기관에 대해서 자신이 입은 손해는 물론 종속회사가 입은 손해도 배상할 것을 청구할 수 있다(제317조 1항 2문 · 4항, 제309조 4항 1문). 한편 종속회사의 이사나 감사도 종속보고서의 작성이나 감사와 관련하여 의무를 위반한 경우에는 손해배상책임을 진다(318조).

지배기업 등의 손해배상책임을 규정한 주식법 제317조는 부당한 영향력 행사로 인한 책임을 규정한 것이라는 점에서 제117조와 공통점을 지닌다.[39] 제117조의 손해배상책임의 경우에는 자본금의 10% 이상의 주식을 보유하는 주주만이 이사에 대해서 배상청구권의 행사를 요구할 수 있을 뿐이다(제147조 1항). 그에 비하여 제317조의 경우에는 주주가 회사의 배상청구권을 단독으로 행사할 수 있다는 점에서 진일보한 규정이라고 할 수 있을 것이다. 그러나 위에서 지적한 바와 같이 불이익의 입증은 실제로 어려울 뿐 아니라 지배기업의 영향력 행사 자체도 입증이 쉽지 않은 경우가 많을 것이기 때문에 그 실효성은 의문시되고 있다.[40]

39 두 조항의 비교에 대해서 자세한 것은 Brüggemeier, Die Einflußnahme auf die Verwaltung einer Aktiengesellschaft, AG 1988, S.93ff.

40 예컨대 Sargent, (주 6), 348 이하.

4. 종속보고서(Abhängigkeitsbericht)

보상규정의 실효성을 확보하기 위해서 주식법은 종속회사 이사로 하여금 매 사업연도 개시 후 3개월 내에 결합기업과의 관련사항을 밝히는 종속보고서를 작성하도록 하고 있다. 종속보고서에는 직전 사업연도에 지배회사 등 결합기업과 행한 법률행위, 그러한 기업의 영향력 행사에 따라 또는 그 이익을 위해서 행한 법률행위나 조치, 그러한 법률행위의 내용, 그러한 조치의 근거 및 장단점, 불이익보상 등에 대해서 기재하여야 한다(제312조 2항). 또한 이사는 보고서 말미에 그러한 법률행위나 조치로 인하여 회사가 불이익을 입었는지에 대해서 밝혀야 하고 불이익을 입었다면 보상이 있었는지에 대해서도 밝혀야 한다(동조 3항).

종속보고서는 회사의 결산감사인(Aschlußprüfer)에 의한 감사를 받아야 한다(제313조). 결산감사인의 감사를 받은 종속보고서는 다시 감사회의 감사를 받아야 하며(제314조 1항) 그 감사 결과는 다시 주주총회에 보고해야 한다(동조 2항). 주주는 일정한 경우 법원에 특별감사인(Sonderprüfer)을 선임할 것을 신청할 수 있다(제315조).

종속보고서제도는 그 작성 및 감사에 관하여는 주체—이사, 결산감사인, 감사회—가 모두 지배기업의 영향력하에 있는 것이 보통이라는 점, 소수주주가 종속보고서의 내용을 알 수 있는 길이 없다는 점 등을 근거로 그 실효성이 의문시된다는 비판을 받고 있다.[41]

41 Kübler, (주 27), S.381.

5. 가중된 사실상의 콘체른(qualifizierte faktische Konzern)

(1) 서설

제311조 이하는 지배기업의 영향력 행사와 그에 따른 불이익의 특정이 가능한 경우를 전제로 만들어진 규정이다. 따라서 종속회사에 대한 지배기업의 간섭이 어떤 두드러진 계기를 찾을 수 없이 포괄적이고 계속적으로 이루어지는 경우, 즉 지배기업이 종속회사를 마치 하나의 영업부문과 같이 운영하는 경우에는 지배기업의 지배가 제311조가 예상한 일회적인 영향력 행사보다 강력한 것임에도 불구하고 제311조 이하의 규정은 적용할 수 없다. 그러한 공백을 메우기 위하여 발전시킨 것이 이른바 '가중된 사실상의 콘체른'이론이라고 할 수 있다. 이 복잡한 이름을 가진 새로운 이론은 1985년 BGH가 유한회사콘체른에 대해서 채택한 바 있다. 그 판결이 바로 다음에 소개하는 Autokran판결(BGHZ 95, 930)이다.

(2) Autokran판결[42]

1) 사실

원고는 7개의 유한회사와 리스계약을 체결하고 자동차 크레인을 인도하였다. 그러나 이들 회사가 리스료를 체불하는 등 문제가 있어 계약을 해제하고 이들에 대해서 미납리스요금의 지급을 구하는 소를 제기하여 승소판결을 얻었다. 그러나 이들 회사에 대한 강제집행이 별로 성과를 거두지 못하자 원고는 이들 회사의 지분을 단독으로 소유하는 피고를 상대로 이른바 Durchgriffshaftung(법인격 부인에 의한 책임)을 구하는 소를 제기하였다. 원고

42 이 판결의 소개는 Schmidt, (주 20), S.913ff.에 기한 것임.

는 피고가 이들 유한회사를 마치 하나의 기업과 마찬가지로 운영해 왔으며 이들 회사의 재산과 개인재산을 구분하지도 않았다고 주장하였다. 원심은 시효소멸을 이유로 원고의 청구를 기각하였다.

2) 판결

연방대법원(BGH)은 원심의 판결을 파기하고 환송하였다. 먼저 BGH는 회사가 시효소멸의 항변을 주장할 수 없는 경우에는 그 회사의 사원인 피고도 그것을 주장할 수 없다고 하여 피고의 시효항변을 배척하였다.[43] 그러나 원심이 원고의 청구를 재산혼동에 기한 Durchgriffshaftung으로 다루었는 데 반하여 BGH는 콘체른법의 문제로 파악하였다. BGH는 피고와 유한회사 사이에 사실상의 콘체른 관계가 성립한다고 보았다. 피고는 자연인이지만 당해회사에서만이 아니라 다른 회사에서도 자신의 경제적 이익을 추구할 가능성이 있는 경우에는 기업에 해당한다는 것이다. BGH는 피고의 지배가 가중된 사실상의 콘체른의 성립요건을 충족한다고 보았다. 피고는 자신이 지배하는 회사들에 대한 지휘권을 아무런 제한 없이 완전하게 행사하였고 그 콘체른화의 정도가 계약상의 콘체른에서나 가능할 정도로 높았다는 것이 그 근거였다. 그 같은 사안에서라면 BGH는 지배기업이 종속회사에 대해서 결손전보의무(제302조)가 있고 종속회사나 경우에 따라서는 그 채권자가 그 의무이행을 청구할 수 있다는 식의 이론구성을 취할 수도 있었을 것이다. 그러나 그 대신 BGH는 주식법 제303조, 제322조 제2항 및 제3항의 유추적용에 기해서 피고가 직접 회사채권자에 대해서 책임을 진다는 논리를 전개하였다. 그러한 직접책임은 지배기업이 종속회사의 업무를 계속적이고 포괄적으로 직접 수행하였고 독립적인 유한회사에서 임무를 충실히 수행하는 업

43 BGH는 회사재산과 개인재산을 혼동함으로써 상법 105조, 128조의 유추적용에 의해서 인적 책임을 부담하는 사원은 상법 129조 1항의 유추적용에 의해서 회사가 주장할 수 없는 항변은 회사채권자에게 주장할 수 없다고 판시하였다.

무집행사원이 그와 마찬가지로 업무를 수행했을 것이라는 점을 입증할 수 없는 경우에만 성립한다.

3) 평가

Autokran판결에서는 주식회사가 아니라 유한회사가 문제가 되었으며 이 판결은 이른바 유한회사콘체른법의 핵심을 이룬다. 그러나 이 판결은 주식회사콘체른법의 발전 방향에도 시사를 주고 있다. 이 판결에서 지배기업은 직접 종속회사의 채권자에 대해서 책임을 지게 되었다. 그러나 모든 채권자를 동등하게 보호한다는 측면에서는 채권자가 아니라 회사에 대해서 책임을 지우는 이론구성이 나았을 것이라는 견해도 있다.[44] 그러한 이론구성에 의하면 지배기업이 종속회사를 마치 하나의 영업부문과 같이 운영하는 경우에는 주식법 제302조의 유추적용에 의해서 지배기업이 종속회사의 결손을 전보할 의무를 부담한다. 이 결손전보의무는 지배기업의 귀책사유(Verschulden)가 아니라 가중된 종속상태라는 사실에 기하여 인정된 것이다.[45]

(3) 학설

앞서 지적한 바와 같이 주식법 제311조 이하는 지배기업의 종속회사 지배가 특정이 가능한 개별적인 영향력 행사에 의해서 이루어지는 것을 전제하고 있다. 이러한 규정을 근거로 사실상의 콘체른에서는 지배기업이 원칙적으로 종속회사의 이사에 회사의 경영을 맡기고 예외적으로 개별적인 지시를 내리는 형태의 지배, 즉 제311조 이하에 의한 규율이 가능한 지배만이 허용된다는 견해가 지배적이다.[46] 그렇다면 가중된 사실상의 콘체른에서와 같

44 Schmidt, (주 20), S.914.
45 Id. S.914-915.
46 이하의 설명은 주로 Emmerich/Sonnenschein. (주 10). S.342 ff. 참조.

은 지배방식은 전혀 허용되지 않는 것인가? 그러한 것은 아니고 그러한 지배방식은 마치 지배계약이 체결된 경우의 지배방식과 유사하므로 기업계약의 체결시와 마찬가지로 주주총회의 특별결의(제293조)가 있으면 허용된다고 보자는 견해가 유력하다.

가중된 사실상의 콘체른이 지배형태의 면에서 계약상의 콘체른과 유사하다는 점에서 사실상의 콘체른에 대하여 계약상의 콘체른에 관한 과정을 '조심스럽게'(in vorsichtiger Weise) 유추 적용하자는 견해가 위의 Autokran판결에서 주장된 바 있다. 그러나 계약상의 콘체른에 관한 규정을 어느 범위까지 적용할 것인지에 대해서는 견해가 반드시 일치하고 있지 않다. 결손전보책임규정(제302조), 담보제공규정(제303조), 대상규정(제305조)에 대해서는 대체로 적용긍정설이 지배적이나 보상규정(제304조)에 대해서는 적용부정설도 만만치 않다.

6. 비판

사실상의 콘체른에 대한 주식법규정(제311~318조)에 대해서는 이미 지적한 바와 같이 여러 가지의 비판이 가해지고 있다.[47] 이들 규정은 지배기업이 종속회사로 하여금 불리한 법률행위나 조치를 취하도록 영향력을 행사하는 것에 초점을 맞추고 있다. 지배기업의 영향력 행사가 특정이 불가능하게 계속적이고 포괄적으로 이루어지는 가중된 사실상의 콘체른의 경우에 이들 규정은 무력하다는 점은 이미 언급한 바 있다. 그러나 지배기업의 영향력 행사가 없이도 종속회사의 소수주주는 불이익을 입을 수 있다. 예컨대 종속회사의 경영진이 이미 지배기업이 파견한 인물들이라면 지배기업의 지시가 없더라도 지배기업의 이익을 위해서 스스로 회사에 불리한 조치를 취할 수

47 대표적인 예로는 Wiedemann, (주 9). S.45 ff. 참조.

있다. 또한 지배기업이 종속회사의 이익을 침해하는 것은 종속회사의 조치를 통하지 않고도 얼마든지 가능하다. 지배기업이 종속회사와 경쟁관계에 설 기업을 설립하는 경우가 그 예이다.[48] 이처럼 일단 사실상의 콘체른이 성립하고 나면 그 운용을 합리적으로 규제하는 것은 현행 주식법규정으로는 어렵다는 인식이 확산됨에 따라 차츰 관심은 콘체른형성단계에 대한 규제로 옮아 가고 있다.

V. 콘체른 형성에 관한 규제

1. 서설

이상에서 본 바와 같이 주식법의 콘체른 규정은 다른 입법례에서는 유례를 찾아볼 수 없을 정도로 상세함에도 불구하고 종속회사의 주주와 채권자를 보호하는 데 부족한 점이 많다. 가중된 사실상의 콘체른은 미비점을 보여주는 단지 하나의 예에 지나지 않는다. 일단 콘체른이 성립되고 나면 지배기업의 이익과 종속회사의 이익이 충돌될 수 있는 상황은 너무나 다양하다. 그에 비하면 그러한 이익충돌의 경우를 일일이 규제하는 것은 기술적으로 어렵다. 일단 형성된 콘체른의 운영을 효과적으로 규제하는 것이 어렵다면 애당초 콘체른의 형성단계에서 규제를 가하는 것이 합리적일 것이다. 사실 회사가 독립성을 잃고 다른 기업의 종속회사가 되는 것은 주주에게는 근본적인 변화이다. 그러나 주식법은 콘체른 형성단계에 대해서는 별로 관심을 기울이고 있지 않다. 따라서 콘체른 형성시의 규제는 판례와 학설에 의존할 수밖에 없다. 최근에는 독일 회사법학계의 관심이 이 문제에 쏠리고 있다.[49] 또

48 Id. S.47.

49 그 예로서 Wiedemann, (주 9), S.399 ff: Ebenroth, Konzernbildungs-und Konzernleitungskontrolle

한 법원도 Süssen판결(BGHZ 80, 69)과 Holzmüller판결(BGHZ 83, 122)과 같이 이 문제를 의식한 판결을 내놓고 있다.[50]

2. 지배기업의 소수사원의 보호

(1) 서설

콘체른 형성시의 규제는 주로 종속회사에 초점을 맞추어 이루어지는 것이 보통이다. 그러나 경우에 따라서는 지배회사에서도 소수주주의 보호가 문제될 수 있다. 예컨대 지배회사가 영업의 주요 부분을 종속회사에 넘긴 경우에는 종속회사의 주주총회에서 의결권을 행사하는 것은 지배회사의 경영진일 것이므로 지배회사의 소수주주는 실질적으로 기업의 의사결정에서 소외될 것이다.

미국에서는 지배회사의 경영진 대신 주주가 직접 종속회사의 주주총회에서 의결권을 행사할 수 있도록 하는 방안이 시도된 바 있다.[51] BGH는 1982년의 Holzmüller판결에서 바로 그와 비슷한 접근방법을 취하고 있다. 이하에서는 이 판결을 간단히 소개하기로 한다.

(1987); Hirte, Bezugsrechtsausschluß und Konzernbildung (1986). 또한 뮌헨에서 본인이 머물렀던 연구소에도 바로 이 테마로 교수자격논문을 쓰고 있는 조교가 있었다.

50 Wiedemann, (주 9). S.43.

51 송상현 · 김건식 역, 주식회사법리의 새로운 경향(Eisenberg, The Structure of the Corporation), p.299 이하.

(2) Holzmüller판결[52]

1) 사실

피고 주식회사의 정관은 회사의 목적을, i) '목재 기타의 화물의 하역 · 보관시설의 경영 · 목재거래에 관한 중개 · 금융'과, ii) '목재업 및 동종의 상공부문의 사업에 대한 투자 · 사업인수 및 취득'으로 규정하였다. 피고는 정관변경을 통해서 ii)를 "당사는 타기업의 설립 · 취득 · 자본참가를 할 권한을 가진다. 당사는 경영의 전부 또는 일부를 이들 회사에 양도할 수 있다"는 취지로 변경하였다. 주주총회에서의 설명에 의하면 이 정관변경은 회사의 항만사업부문을 분리하여 자회사로서 새로 설립할 주식합자회사에 이전하는 것을 목적으로 하는 것이었다. 원고는 피고회사의 주주로서 이 정관 변경에 찬성하였다. 그후 피고는 완전자회사의 형태로 '갑' 유한회사를 설립하였다. 이어서 피고와 갑회사는 다른 3명의 투자자들과 함께 갑을 무한책임사원으로 하는 '을'주식합자회사를 설립하였다. 피고는 위의 정관규정에 따라 항만사업부문을 을회사에 장부가격으로 현물출자하여 유한책임사원이 되었다.

원고는 이러한 조치가 앞으로 항만사업에 대한 추가투자시에 원고를 비롯한 피고회사의 소수주주의 참여를 배제하려는 의도하에 행해진 것이라고 보았다. 그리하여 원고는 피고회사가 행한 현물출자의 무효 확인을 구하고 예비적으로 피고회사의 이사는 을회사의 증자시 피고회사 주총의 결의를 구해야 한다는 점의 확인을 구하는 소를 제기하였다. 1심과 항소심은 모두 원고의 청구를 기각하였으나 BGH는 원고의 청구를 인용하였다.

2) 판결이유

원고는 먼저 주식법 제361조 제1항에 의해 주식회사의 재산양도(Vermögens-

52 이하의 소개는 주로 Schmidt. (주 20). S.662; 木内, 日獨會社法 展開(1988). p.86-87 참조.

übertragung)에는 주총의 특별결의가 필요하다고 주장하였다. 이에 대해 BGH는 그 조항은 회사재산 전부의 양도에만 적용되는데 이 경우는 재산의 주요한 일부의 양도이기는 하지만 전 재산의 양도는 아니므로 적용이 없다고 하였다. 그러나 BGH는 다른 이유에서 원고의 청구를 받아들였다.

"영업의 가장 가치 있는 부분을 자회사에 양도하는 영업의 분리(Ausgliederung)와 같이 주주의 권리와 이익을 중대하게 침해하는 경우 이사는 주식법 제119조 제2항에 따라 주주총회의 결의를 구할 권한뿐만 아니라 의무도 있다. 또한 이사가 영업의 가장 가치 있는 부분을 바로 그 목적을 위해서 설립된 완전자회사에 이전한 경우 지배회사는 자회사의 증자시에 그러한 증자가 지배회사에서 행해진다면 주주총회의 동의를 요할 것인 경우에는 역시 주주총회의 동의를 구하여야 한다. 주주총회가 이미 영업의 분리에 동의한 경우에도 마찬가지로 볼 것인지에 대해서는 판단하지 않는다."

3) 평가

이 판결은 몇 가지 중요한 논점을 포함하고 있다. 먼저 주식법 제119조 제2항에 의하면 업무집행사항에 대해서는 주주총회는 이사회의 요구가 있는 경우에만 결의할 수 있는바 이사회가 그러한 요구를 할 의무가 있는 경우가 있는가가 다투어지고 있다. BGH는 이사회가 주주총회의 결의를 구할 의무가 있는 경우를 인정하였다. 이처럼 주주총회의 권한을 주식법에 명시되지 않은 사항에까지 확대하는 것에 대해서는 특히 경제계에서는 물론 학계에서도 반론이 적지 않다.[53] 반대론자인 Schmidt는 한 걸음 더 나아가 이 판결은 영업의 분리에 의해서 콘체른을 형성하는 것은 이사회의 권한범위를 넘는다는 점을 밝힌 것일 뿐이고 제119조 제2항에 의해 이사회가 주주총회의 결의를 구할 의무가 있음을 인정한 것은 아니라고 본다. 그러나 Schmidt도

53 Kübler, (주 27), S.202: Schmidt, S.662 f.

이사회에 주주총회의 결의를 요구할 것을 강제할 수는 없지만 이사회가 자발적으로 주주총회의 결의를 거쳤더라면 영업의 분리가 정당화될 수 있었을 것으로 보고 있다. 여하튼 일반적인 견해에 의하면 이 판결은 콘체른 형성단계의 의사결정에 지배회사의 소수주주가 참여하는 범위를 확대하였으며 종속회사의 중요한 결정에 대해서 지배회사의 주총결의가 필요한 경우가 있음을 인정하였다는 데 의의가 있다. 그러나 소수주주의 의결권 행사에는 이른바 collective action의 문제[54]가 있을 뿐 아니라 의사결정에 참여한다 하여 반드시 불리한 결정을 저지할 수 있는 것도 아니므로 지배회사의 주총결의를 거치게 하는 것만으로는 소수주주의 보호가 충분하다고 할 수 없다.

이 판결은 또한 주주의 소권을 넓게 인정했다는 점에서도 주목을 받고 있으나 그 점에 대해서는 설명을 생략한다.[55]

3. 종속회사의 소수주주의 보호

(1) 지배종속관계의 성립유형

한 기업이 다른 회사의 지배기업으로 되는 방법으로는 이론상 다음 네 가지 경우를 생각할 수 있다.[56]

54 collective action의 문제란 주로 Hirshman이나 Olson과 같은 경제학자들에 의해서 고안된 개념으로 주총결의와 관련해서는 주로 다음의 두 가지 문제를 가리킨다. 첫째, 주주가 의결권을 제대로 행사하기 위해서는 결의대상에 대해서 제대로 파악할 필요가 있는데 그것을 파악하는 데 드는 비용이 그로부터 얻을 이익보다 큰 경우가 보통이기 때문에 의결권 행사는 포기하는 것이 보다 합리적이다(이른바 합리적인 무관심(rational apathy)의 문제). 둘째, 위의 비용이 이익보다 작은 경우에도 주주는 다른 주주의 노력의 성과를 누릴 수 있기 때문에 의결권 행사에 스스로 비용을 들이지 않는 이기적 행동을 할 가능성이 크다(이른바 무임승차(free rider)의 문제). 자세한 것은 Clark, Corporate Law(1986), 390-400 참조.

55 Schmidt, (주 20), S.483. f.

56 Wiedemann, (주 9), S.41은 (1)에서 (3)까지의 세가지 형태를 제시하고 있다.

① 기존의 지배주주로부터 지배주식을 양도받는 경우

② 자신의 영업 일부를 현물 출자하여 별개의 자회사를 설립하는 경우

③ 지배주주인 개인이 다른 기업에 참여함으로써 콘체른법상 기업으로 인정받는 경우

④ 공개매수 등의 방법으로 일반주주들로부터 주식을 매수하여 새로이 지배주주가 되는 경우

콘체른 형성과정에서 종속회사의 소수주주의 이익을 보호하는 문제는 위의 각 유형에 따라 달리 나타난다. 먼저, '①'의 경우는 이미 형성된 콘체른의 지배기업이 바뀌는 것에 불과하므로 종속회사의 소수주주의 지위가 특별히 달라진다고는 볼 수 없으나 다음과 같은 문제들이 논의되고 있다. 먼저 지배주주가 기업을 약탈할 의도를 가지고 있는 자에게 그 사실을 알면서 지배주식을 양도한 경우, 즉 이른바 looting의 경우에는 지배주주가 성실의무를 위반하였다고 볼 수 있는지 여부가 다투어지고 있다.[57] 다음으로는 지배주식에 대한 프리미엄이 소수주주에게도 분배되어야 하는가 하는 문제가 있다. 그것을 긍정하는 미국의 Perlman v. Feldman판결[58]과는 반대로 독일에서는 그것을 부정하는 학설이 유력하다.[59] 끝으로 지배주주가 지배주식을 매각할 때에는 소수주주의 요청이 있으면 그들의 보유주식도 자기의 주식과 함께 매각될 수 있도록 해야 할 의무가 있는가가 문제된다. 이 문제에 대해서는 지배주주의 주식의 양도 가능성이 침해된다는 이유로 그러한 의무를 부정하는 견해가 유력하다.[60]

'②'의 경우에는 종속회사가 일부의 주식을 일반에 매출하지 않는 한 아직 소수주주가 존재하지 않으므로 문제가 없다. 이 경우 지배회사의 소수주

57 위반긍정설로는 Wiedemann, (주 14), S.450 ff. 부정설로는 Lutter, (주 15), S.461 참조.

58 219 F. 2d 173(2d cir. 1955), cert. denied, 349 U. S. 925(1955).

59 Lutter, (주 15), S.462.

60 Id. S.460.

주의 보호에 대해서는 Holzmüller판결과 관련하여 논한 바 있다.

'③'의 경우는 개인인 지배주주가 콘체른법상의 기업으로 전환되면서 콘체른이 성립하는 경우이다. 주식법은 지배주주가 다른 기업에 대해서도 중대한 경제적 이해관계를 갖는 경우에는 이익충돌의 가능성이 높아진다는 점에서 지배주주가 단순한 개인인가 기업인가를 중요한 변수로 본다는 점은 이미 지적한 바 있다. 법원도 이를 의식하여 지배주주인 개인이 기업으로 전환함으로써 콘체른이 형성되는 변화를 중시하고 있다. 그 대표적인 예가 BGH의 Süssen판결(BGHZ 80, 69)이다. 이 판결은 유한회사의 이사가 경쟁업체를 인수한 후 사원총회에서 이사의 경업금지의무를 해제하는 결의를 다수지분을 보유하는 친족의 도움을 얻어 통과시킨 사안에 대한 것이다. 그 결의의 결과로 그 이사가 '기업'으로 되고 회사와 함께 콘체른을 형성하게 된다는 점을 중시하여 그 결의는 내용상 회사의 이익에 의해 정당화되지 않으면 안 된다고, 즉 내용통제(Sachkontrolle)의 대상이 된다고 보았다.[61]

'④'의 경우에 대해서는 절을 바꾸어 설명한다.

(2) 주식의 매집을 통한 지배주식의 형성

'④'의 경우는 원래 독립성을 가지고 있던 회사의 주식을 매입하여 지배주주로 등장하는 경우이다. 이것은 두 가지 방법으로 가능하다. 첫째는 공개매수(Übernahmeangebote)를 통하여 일시에 매입하는 방법이다. 둘째는 소량씩 장기에 걸쳐서 매입하는 방법이다. 이 두 가지는 모두 주식이 충분히 분산되어 있는 경우에 비로소 가능하다. 그러나 실제로 독일에는 주식회사의 수가 많지 않고 그 몇 안 되는 주식회사도 매수가 가능한 유동주식의 양이 그리 많지 않은 것이 보통이다. 그 때문인지 독일에서는 공개매수의 예를 거

61 내용통제에 대해서 자세한 것은 Timm의 (주 17), 논문 참조.

의 찾아볼 수 없고 특히 대상회사 경영진의 의사에 반하여 이루어지는 이른바 적대적 공개매수는 전혀 존재하지 않는다.[62] 따라서 이곳에서의 논의는 아직 이론적인 의미만을 갖는다.

1) 공개매수에 의한 지배주식취득

독일에는 공개매수에 대한 입법은 아직 존재하지 않는다. 다만 1979년 연방재무부의 증권시장전문가위원회(Börsensachverständigenkommission)가 작성한 기본원칙(Leitsätze)이 있을 뿐이다. 권고적 효력을 지닐 뿐인 이 기본원칙은 주주의 평등취급, 공시할 정보, 상당한 숙고기간의 제공 등을 규정하고 있다.[63] 공개매수의 대상이 되는 회사의 주주의 보호에 대해서는 독일에서도 이미 많은 소개가 있다.[64]

2) 시장에서 주식을 매집하여 지배기업이 되는 방법

먼저 지적해 두어야 할 것은 이 방법과 공개매수의 구별이 어려운 경우가 있을 수 있다는 것이다. 이 경우를 특별히 규율하는 규정은 따로 존재하지 않는다. 다만 주식지분이 일정선을 넘는 경우에는 보고의무(Mitteilungspflicht)가 있을 뿐이다. 주식법에 의하면 기업이 보유하는 국내주식회사 주식지분이 25%나 50%를 초과하는 경우에는 그 회사에 보고하여야 한다(제20조 1항, 4항). 그 지분이 25%나 50% 미만으로 감소하는 경우에도 마찬가지의 보고의무가 있다(제20조 6항). 회사는 그 보고서를 회사가 정한 신문(Gesellschaftsblätter)에 게재하고(제20조 6항), 재무제표 부속서류(Anhang)에 기재하여

62 Kübler, (주 27), S.402.

63 이 기본원칙에 대해서 보다 자세한 것은 Baumbach/Duden/Hopt, Handelsgestzbuch(28 Aufl. 1989) S. 1481 ff. 참조.

64 최근의 자세한 소개로는 예컨대 Assmann/Bozenhardt, Übernahmeangebote als Regelungsproblem zwischen gesellscaftscaftsrechtlichen Normen und zivilrechtlich begründeten Verhaltensgeboten(ZGR Sonderheft 1989).

야 한다(제160조 1항).

회사가 독립성을 잃고 지배주주에 종속되는 경우에 소수주주가 보유하는 주식의 가치는 감소하는 것이 보통이다. 따라서 회사주식소유분포의 변화는 주주에게 아주 중요한 사항이라 할 수 있다. 그러나 주식법의 보고의무규정은 그같이 중요한 사항을 공시하는 데 충분치 않다. 첫째, 보고의무는 주식을 취득하는 자가 기업인 경우에만 적용된다. 둘째, 미국의 연방증권거래소법(Securities Exchange Act of 1934)에서 SEC에 대한 보고의무발생의 기준으로 5%를 규정하고 있는 데 비하여〔13(e)〕, 주식법상의 25%와 50%는 너무 높다. 셋째, 미국법상 보고의무는 지분이 증가할 때마다 발생하는 데 비하여 주식법에서는 25%와 50%선을 넘는 경우에만 보고의무가 발생한다.

VI. 결어

이상에서 본 바와 같이 콘체른에 대한 규제는 그 형성과정의 측면에서는 물론 형성 이후 그 운영의 측면에서도 불충분하다. 콘체른에서의 소수주주의 이익보호가 어렵다는 점에서 아예 콘체른의 성립을 금지하거나 제한하는 것이 낫지 않은가 하는 의문을 가질 수도 있다. 그러나 기업결합에서 오는 장점이 널리 인정되고 있는 오늘날 그러한 방안은 도저히 받아들여질 수 없을 것이다. 결국은 콘체른을 허용하면서 그 형성과 운영에 대한 적절한 규제를 통해서 문제점을 해결해 나갈 수밖에 없다. 독일의 주식법은 이미 살펴본 바와 같이 상세한 규정을 두고 있음에도 불구하고 콘체른 내부의 소수주주를 충분히 보호하고 있다고 보기 어렵다. 독일 콘체른법의 그러한 약점은 주로 앞서 언급한 바와 같이 독일에서는 전통적으로 기업 간의 결합을 오히려 권장하는 사고가 우세했다는 사정에서 비롯된 것으로 볼 수 있을 것이다. 이러한 점을 고려할 때 독일의 콘체른법은 우리가 반드시 참고를 해야 할 입법이기는 하지만 그 수용에는 주의를 요한다고 할 것이다. 또한 콘체른법에 대한 논의는 아직 독일에서도 종결된 것이 아니라 오히려 그 열기가 더해가고 있으므로[65] 그 추이를 주시할 필요가 있다. 한편 최근 BGH가 채택한 지배주주의 성실의무법리[66]는 콘체른의 맥락에서도 적용이 가능한 것이므로[67] 위에서 언급한 현행법의 미비를 보완하는 기능을 수행할 수 있는 새로운 수단으로서 주목해야 할 것이다.

행솔 이태로 교수 화갑기념논문집—기업법의 현대적 과제(1992), 115-143면.

* 추기: 320면의 서술과는 달리 현재는 지주회사 설립이 허용된다. 319면 재벌총수에 대한 규제와 관련하여 상법에 업무집행지시자의 책임이 도입되었다(401조의2). 351면의 서술과는 달리 이제는 독일에서도 기업인수법(Wertpapiererwerbs-und Übernahmegesetz)에 공개매수에 관한 규정을 두고 있다. 또한 증권거래법(Wertpapirehandelsgesetz)에 대량보유보고의무를 규정하고 있다.

65 특히 콘체른에 대한 비교법적 연구를 모은 논문집이 1990년에만도 두 권이나 발간된 바 있다. Mestmäcker/Behrens(Hrsg.), Das Gesellschaftsrecht der Konzerne im internationalen Vergleich(1990); Sugarman/Teubner(Eds.), Regulating Corporate Groups in Europe(1990).

66 위 (주 15) 참조.

67 실제로 미국에서는 따로 콘체른의 법률관계에 대한 상세한 규정을 두는 대신 지배회사의 충실의무를 인정함으로써 종속회사의 소수주주를 보호하는 방식을 취하고 있다. 이 점에 대해서는 Note, "Corporate Fiduciary Duty in the Context of Parent Subsidiary Relations," YALE L. J. 338(1964) 참조.

02 기업집단에서의 소수주주보호: 미국회사법을 중심으로

I. 서론

1. 문제의 제기

지난 30여 년에 걸친 우리 경제의 급속한 성장으로 말미암아 우리 사회는 근본적인 변화를 겪었다. 이러한 변화는 사회 전 분야에 걸쳐서 진행되었지만 역시 가장 괄목할 것은 경제 분야에서의 변화라고 할 것이다. 그중에서도 특히 두드러지는 현상은 이른바 재벌그룹의 수적 · 양적 팽창, 보다 학술적인 표현으로는 기업결합의 급속한 진전이라고 할 수 있다.[1] 우리 정부의 성장일변도 경제정책에 힘입어 팽창일로를 걸어온 이들 기업집단[2]이 갖는 영

1 예컨대 경제기획원이 국회에 제출한 국정감사자료에 의하면 1991년 4월 1일 현재 총자산이 4천억 원 이상인 대교모 기업집단은 61개, 그리고 그에 속하는 계열사의 수는 915개에 이른다. 동아일보 1991년 9월 17일 3면.

2 재벌이란 용어는 널리 사용되고 있기는 하지만 법적으로 정의된 용어는 아니다. 법적으로는 재벌이라

향력은 이미 경제계에 국한되는 것이 아니라 정치, 문화를 비롯한 우리 사회의 각 분야에 미치고 있고 그 비중은 날로 증대되고 있다. 당연한 일이지만 그와 함께 이들 재벌그룹에 대한 국민적 관심 또한 크게 높아진 것이 사실이다.[3] 그러나 이들에 대한 감정적인 비판이나 도덕적인 요구는 무성하지만 이들의 조직이나 행위를 합리적으로 규율할 수 있는 체계적인 법규범을 발전시키려는 노력은 미흡하였다. 그 중요한 예외가 독점규제 및 공정거래에 관한 법률이라고 할 수 있다. 그러나 그 법은 기업결합의 제한(제7조), 지주회사의 설립금지(제8조), 대규모 기업집단의 상호출자금지(제9조) 및 출자총액제한(제10조) 등과 같이 주로 경쟁질서의 유지와 과도한 경제력집중의 방지를 목적으로 한 것이다. 따라서 주주, 채권자, 근로자와 같은 기업집단 내부의 이해관계자 사이의 이해를 조정하는 것은 다른 법률에 의할 수밖에 없다. 현재 우리나라에서 특히 중요하고도 시급한 과제는 기업집단을 구성하는 회사, 그중에서도 종속회사의 소수주주의 이익을 적절히 보호하는 것이라고 할 수 있다. 지난 수년간의 기업공개 붐에 편승하여 재벌그룹에 속하는 계열회사가 상당수 공개되었고 그에 따라 이들 회사의 소수주주의 수도 급격히 증가하였다. 원래 소수주주의 보호는 상법, 그중에서도 회사법의 기본적인 과제라고 할 수 있다. 그러나 우리 상법상 소수주주의 이익을 보호하는 장치는 여러 가지로 불완전하다.[4] 특히 중요한 결점으로 지적할 것은 상법이 규율대상인 경영자로서 이사만을 상정하고 지배주주 내지는 다수주주를 제외하고 있는 점이다. 따라서 지배주주가 이사직을 맡지 않고 회사의 배수에 머무는 한 그의 행동을 규제하는 데는 한계가 있다.[5] 특히 재벌그룹에

는 용어 대신에 "계열기업군"(금융기관 여신운용 규정 5조)이나 "대규모 기업집단"(독점규제 및 공정거래에 관한 법률 7조의3)이라는 명칭이 사용되고 있고 그 정도의 차이가 있다. 재벌개념의 정의에 대해서는 조동성, 한국재벌연구(개정 1판 1991년), 28-37면 참조.

3 최근 재벌에 대한 연구서가 다수 등장하고 있는 것은 그러한 관심의 한 증거라고 할 것이다. 예컨대 강철규 외, 재벌(1991); 조동성, (주 2); R. Steers, Y. K. Shin and G Ungson, The Chabol(1989).

4 이에 대해서는 김건식, "재벌과 소수주주보호"(1994년 발표 예정).

5 비록 일본에서의 논의이기는 하지만 현행 법규정의 테두리 내에서 대주주의 자의를 억제할 수 있는

속하는 회사에서는 실질적인 그룹총수가 계열회사의 이사직을 맡지 않는 경우가 많으므로 이들의 행동에 대한 규제는 현행법상의 테두리 안에서는 어렵다.

우리 상법은 약간의 사소한 예외(제342조의 2, 제369조 3항)를 빼고는 날로 확산되어만 가는 기업결합의 현실을 철저히 외면하고 있다. 상법은 그 규율대상인 회사가 법적으로 독립된 법인격을 가지는 것을 규정할 뿐 경제적인 독립 여부에 대해서는 무관심하다.[6] 그러나 회사가 기업집단에 속하는 경우 그 회사는 그 회사 자체의 이익이 아닌 기업집단 전체(또는 심지어는 기업집단의 총수 개인)의 이익을 위해서 운영될 가능성이 크다. 그러나 우리 상법은 그러한 가능성에 대해서 아무런 대책도 마련하고 있지 않다. 결국 상법상으로는 재벌그룹 계열회사의 소수주주도 아무런 계열관계가 없는 독립된 회사의 소수주주와 동등하게 다루어진다. 즉, 지배주주와 소수주주 사이의 이해가 충돌할 가능성은 독립된 회사에서보다 기업집단에 속하는 회사에서 훨씬 높을 것임에도 불구하고 현행 상법상 재벌그룹에 속하는 계열회사의 소수주주들이 그룹총수의 자의에 대처하기 위한 법적 수단은 불충분하다. 따라서 날로 확산되고 있는 기업결합의 현상에 직면하여 기업집단 내의 소수주주를 적절히 보호하기 위해서는 현행제도를 정비할 필요가 있다. 우리 실정에 적합하고도 합리적인 제도를 갖추기 위해서는 무엇보다도 먼저 기업집단화현상이 일찍부터 진전된 여러 선진국의 법제도에 대한 심층적인 연구가 절실히 요구된다. 이 연구는 그러한 비교법적 연구의 일환으로 기업집

방안에 대한 학설에 대해서는 南保勝美, "株式會社における少數者保護(1)," 法律論叢 58권 2호(1986) 91-92면 참조.

6 이 점은 사실 우리 상법에만 해당하는 것이 아니고 독일을 제외한 대부분의 나라에 공통된 것이다. 그 주된 원인으로는 캐나다의 한 학자도 지적하고 있는 바와 같이(Sargent, Beyond Legal Entity Doctrine: Parent-Subsidiary Relations Under the West German Konzernrecht, 10 Canadian Bus. L. J. 327(1985)) 각 국 회사법의 기초가 주로 기업결합현상이 미처 나타나지 않은 19세기에 형성되었던 것을 들 수 있을 것이다.

단에서의 소수주주보호에 관해서 가장 앞섰다고 할 수 있는 미국의 기업집단에 관한 법제도를 주로 소수주주의 보호라는 관점에서 체계적 · 비판적으로 고찰하는 것을 목적으로 한다.[7]

2. 논의의 대상 및 순서

법적으로는 독립된 복수의 회사이지만 경제적으로는 하나의 기업과 같이 운영된다는 기업집단의 특성으로부터 생겨나는 문제들은 여러 법 분야에 걸쳐 존재한다. 회사법은 물론이고 경쟁법, 조세법, 노동법, 도산법 등 다양한 분야에서 기업집단이란 현상은 어려운 과제를 낳고 있다. 회사법분야만 보더라도 기업집단의 구조에서는 종속회사의 채권자를 보호하는 문제도 중요하지만 이 연구에서는 의사결정 과정에서 소외된 기업집단의 소수주주, 특히 종속회사의 소수주주의 이익을 법적으로 보호하는 문제만을 다루기로 한다.

미국법에서도 소수주주의 보호는 주로 회사법에 의해서 이루어진다.[8] 미국법상 회사법은 주법에 맡겨진 분야로 각 주의 회사법은 내용이 각양각색이고 통일상법전(the Uniform Commercial Code)과 같은 통일회사법전을 제정

7 이 연구는 구성이나 관점의 면에서 독일의 콘체른법에 고안해서 본인이 이미 발표한 다음 논문의 속편이라고 할 수 있다. 김건식, 콘체른에서의 소수주주보호, 기업법의 현대적 과제(이태로 화갑기념 1992년) 115면 이하. 또한, 이 연구의 논제에 관해서는 이미 10여 년 전에 발표된 것이기는 하지만 아직도 풍부한 시사를 주는 것으로서 江頭憲治郎 教授의 會社の支配 · 從屬關係と從屬會社の保護(1)-(8)(法學協會雜誌 96권 12호에서부터 99권 2호에 이르기까지 8번에 걸쳐서 연재)가 있다. 이 연구도 기본적인 구성을 비롯하여 여러 가지로 위의 논문의 영향을 받았음을 밝혀 둔다. 이하에서는 "江頭(1)"과 같이 줄여서 인용한다. 또한 이 연구에서 인용하는 판례 중에는 국내에서 원전을 접할 수 없는 것이 적지 않다. 따라서, 본문에서 내용을 구체적으로 소개하는 주요 판례를 제외한 판례들은 대부분 2차 문헌에서 인용한 것임을 밝혀 둔다. 이 논제에 대한 기존의 국내 문헌 중 대표적인 것으로는 강희갑, 지배 · 종속회사 간의 거래에 관한 연구(서울대 박사학위논문 1983년); 강희갑, "기업의 매수 · 합병(M&A)과 지배주식의 양도," 상사법연구 제8집(1991), 65면 이하.

8 투자자보호를 주된 목적으로 하는 연방증권규제법도 소수주주보호에 기여하는 바가 없지 않다.

하고자 하는 움직임은 아직 없다. 이들 주회사법전은 종속회사의 소수주주 문제를 특별히 따로 규정하고 있지 않다. 법원은 주로 충실의무(Fiduciary duty)에 관한 기존의 판례법상의 원칙들을 이용하여 이 문제를 해결하고 있다. 이러한 사정에 비추어 지배 · 종속회사 사이의 관계에 관한 "미국법"을 한두 마디로 요약하는 것을 사실상 불가능하다. 다행히도 1992년 미국법률가협회(American Law Institute)가 발표한 Principles of Corporate Governance: Analysis and Recommendations(proposed Final Draft 1992, 이하 'Principles'로 인용)는 이 분야의 최근 동향을 파악하는 데 극히 유용한 자료라고 할 수 있다. 1천 페이지가 넘는 이 방대한 책자는 지난 10여 년간 학계와 실무계의 주목하에 아이젠버그(M. Eisenberg)를 비롯한 일류 회사법학자들이 회사지배에 관한 주요 문제의 입법, 판례, 학설을 비판적으로 검토하여 이상적인 안으로서 제시한 것이다. 이 연구에서는 자칫 혼란을 야기할 수도 있는 주법의 소개를 가급적 줄이고 주로 Principles를 기초로 하여 논의를 전개하기로 한다.[9]

이 연구에서는 기업집단에서의 소수주주보호에 관한 각종 문제점들이 미국법상 어떻게 다루어지고 있는지를 기업집단의 핵심을 이루는 지배종속관계가 형성, 존속, 소멸하는 각 단계별로 나누어 검토한다. 먼저 제2장에서는 그러한 구체적인 검토에 앞서 기업집단에 관한 미국의 법적 규제 전반에 대한 총론적 고찰을 시도한다. 이어서 제3장에서는 지배 · 종속관계의 형성, 제4장에서는 지배 · 종속회사의 운영, 제5장에서는 지배 · 종속관계의 소멸에 관련된 각종 문제점들에 대해서 살펴보기로 한다.

9 따라서, 구체적인 주법의 내용은 반드시 Principles의 태도와 일치하지 않을 수 있음을 주의하여야 한다. Principles에 관한 상세한 논의에 대해서는 Symposium on Corporate Governance, 48 Bus. Law. 1267-1519(1993).

3. 논의의 전제

본격적인 논의에 들어가기 전에 몇 가지 분명히 해 둘 것이 있다. 기업집단이라는 용어는 여러 가지로 정의될 수 있으나[10] 이곳에서는 편의상 "법적으로는 상호 독립한 별개의 회사이지만 경제적으로는 통일적인 지배하에 하나의 기업과 같이 운영되는 복수의 회사로 이루어진 집단"이라는 의미로 사용한다. 기업집단을 구성하는 계열회사의 수는 수십, 수백에 달하는 경우도 있고 이들 사이의 관계가 반드시 지배·종속관계에 해당하는 것은 아니다. 예컨대 2개의 계열회사 사이에 지위의 우열을 가릴 수 없는 경우도 있으나 통일적인 지배주체가 한 회사에게는 유리하고 다른 회사에는 불리한 거래를 강제할 수 있다는 점에서는 지배·종속관계와 사실상 다를 것이 없다. 이 연구에서는 논의의 편의상 기업집단의 계열회사 사이의 관계를 주로 지배·종속관계에 있는 2개의 회사 사이의 관계로 단순화하여 검토하기로 한다.[11] 또한 당연한 것이지만 종속회사에는 외부주주, 즉 소수주주가 존재하는 것을 전제로 한다. 종속회사가 완전자회사인 경우에는 적어도 지배·종속회사 사이에는 이익충돌이 존재하지 않기 때문이다.[12]

10 예컨대, 독점규제 및 공정거래에 관한 법률 제2조 2항은 기업집단을 다음과 같이 정의한다.
① 동일인이 회사인 경우, 그 동일인과 그 동일인이 지배하는 하나 이상의 회사의 집단.
② 동일인이 회사가 아닌 경우, 그 동일인이 지배하는 둘 이상의 회사의 집단.
여기서, 지배가 인정되기 위해서는 동일인(친족, 종속회사, 사용인 등 특수 관계인 포함)이 발행 주식의 30%를 소유하거나 "기타 임원의 임면 등으로 당해 회사의 경영에 대하여 영향력을 행사"하여야 한다(동법 시행령3조).

11 그러나 이 연구의 결과는 일반적인 기업집단의 문맥에서도 그대로 타당할 수 있을 것이다.

12 지배회사의 소수주주보호문제는 뒤의 (주 34)에서 설명하는 약간의 문제를 제외하고는 일반적인 소수주주보호문제와 크게 다르지 않을 것이다.

II. 총론적 고찰

1. 기업집단의 역사적 발전[13]

미국에서 기업집단이 등장하기 시작한 것은 19세기로 거슬러 올라간다.[14] 그러나 기업의 집단화현상이 본격적으로 진행된 것은 20세기에 들어온 후의 일이었다. 원래 대부분의 주 회사법은 회사가 다른 회사의 주식을 보유하는 것을 원칙적으로 금하고 있었다.[15] 그러나 그러한 주식보유 금지원칙에 예외가 없었던 것은 아니었다. 주식보유가 허용된 회사의 대표적인 예는 철도회사였다. 법률이나 주정부에 의한 승인이 없이 다른 회사의 주식을 취득하는 행위는 권리능력 범위 외의 행위(ultra virus) 또는 위법한 행위로 간주되었다.[16] 이러한 금지원칙이 변경되기 시작한 것은 19세기 말부터였다. 전부터 자기 주의 회사들의 이익보호에 관심이 높았던 뉴저지주는 1888년 지주회사법을 제정함으로써 자기 주법에 따라 설립된 모든 회사에 다른 회사의 주식을 취득하는 것을 허용하였다. 그러나 1888년 법은 다른 회사의 주식을 취득하는 대가로 자사 주식을 교부하는 것을 금하였기 때문에 별로 유용하지 못했다. 이러한 문제점은 그후의 개정을 통해서 시정되었다. 그리하여 1893년의 개정 후에는 아주 명목상의 자본금으로 회사를 설립하고 이어서 다른 회사의 지배주식을 취득함으로써(대가로는 자사주식을 발행함) 지주회사

13 이 부분의 서술은 상당부분 다음의 글에 의존하였다. Ebke, Die Konzernierung im US-amerikanischen Recht, in: Das Gesellschaftsrecht der Konzernierung im US-Vergleich, Hrsg. von Mestmäcker-Behrens(1991) 281-285.

14 A. Conard, Corporations in Perspective 165(1976).

15 예컨대, De La Vergne Refrigerating Mach. Co. v. German Sav. Inst. 175 U. S. 40(1899); Louisville & N. R. R. v. Kentucky, 161 U.S.557, 598(1986). 단, 메릴랜드주만은 타 회사 주식의 보유를 허용하는 영국법의 원칙을 따르고 있었다. H. Hovenkamp, Enterprise and American Law 258(1991).

16 예컨대, De La Vergne Refrigerating Mach. Co. v. German Savings Inst. 175 U. S. 40(1899); California National Bank v. Kennedy, 167 U. S. 362(1897).

화하는 것이 가능하게 되었다.[17] 뉴욕주는 1892년 주식보유 금지원칙을 폐지하였다. 그리하여 1910년에 이르면 이들 두 주의 입장을 따르는 주가 13개에 달하였다. 이러한 주법의 변화는 기업집단의 확산을 가능케 한 요인으로서 미국의 회사발전사상 중대한 의미를 갖는다.

기업집단의 수적 증가를 가져온 또 하나의 요인은 주주 유한책임의 원칙이었다. 주주가 회사의 채무에 대하여 책임을 지지 않는다는 주주 유한책임의 원칙은 이미 19세기 중엽에 확립되었다. 그러나 당초 그 원칙은 자연인인 주주에만 적용되었고 회사주주에까지 적용되게 된 것은 1900년경의 일이다. 이제 회사는 특정부문의 사업을 자회사형태로 영위함으로써 그 사업의 위험으로부터 자신을 보호할 수 있게 되었다.

기업의 집단화가 진행됨에 따라 그에 대한 대응입법도 생겨났다. 1914년 제정된 Clayton법 7조는 경쟁을 제한하는 수평적인 기업결합을 금지하였다. 연방법무부와 공정거래위원회(The Federal Trade Commission)는 19세기의 트러스트의 후예라고 할 수 있는 지주회사의 확산을 저지하였다. 그러나 당초 Clayton법 7조가 다른 회사 주식의 취득만을 금지할 뿐 자산을 취득하는 것을 방치하였기 때문에[18] 1920년대의 기업결합 열풍을 막지 못했다.

1930년대에 이르자 주법은 과반수가 타 회사 주식의 취득을 허용하였다. 그러나 경제사정의 악화로 인하여 기업의 집단화는 더 이상 진전되지 못했다. 1940년대에는 다시 경제가 회복됨에 따라 기업의 집단화가 재개되었다. 1948년의 United States v. Columbia Steel Co.판결[19]을 계기로 Clayton법 7조가 개정이 되었지만 기업의 집단화를 막지 못했다. 그리하여 1950년대와 1960년대에는 기업집단들이 미국의 경제를 지배하게 되었고 1960년대 말에는 기업집단이 다국적 기업화하는 경향도 생겨났다. 1970년대에는 제조물책

17 Hovenkamp, (주 15) 258.

18 Thatcher Mfg. Co. v. FTC, 272 U. S. 554 (1926).

19 334 U. S. 495 (1948).

임의 위험이 증가함에 따라 그 위험 분산을 위해서 자회사를 설립하는 방법이 유행하였다.

현재 미국에서는 기업의 집단화가 고도로 진전되어 있다. 1982년 현재 미국의 1,000대 비 금융기업이 국내외에 가지고 있는 자회사의 수는 평균 48개에 달한다. 이들 자회사의 대부분은 모회사 지주비율이 95~100%인 완전자회사이다. 예컨대 Mobil Oil Corporation 같은 기업은 1982년 현재 512개의 50% 이상 자회사와 13개의 50% 미만 자회사로 구성되어 있다.[20]

2. 소수주주 있는 종속회사의 득실

경제적으로 단일한 기업을 법적으로 복수의 회사로 운영하는 이유로는 책임의 제한, 영업성적의 정확한 파악, 독립적인 조직에 의한 적극적인 경영의 유도 등 여러 가지를 들 수 있을 것이다. 그러나 이 연구에서 보다 중요한 것은 이 같은 기업의 집단화의 이유보다는 지배회사가 종속회사의 주식을 완전히 보유하지 않고 소수주주의 참여를 허용하는 이유일 것이다. 저명한 변호사인 Lipton은 그 이유를 다음과 같이 제시한 바 있다.[21]

① 친회사나 자회사가 운영자금이나 확장 등을 위한 자금이 필요하기 때문에

② 자회사 주식이 시장성을 갖게 되면 기업인수나 확장시에 유용한 수단이 될 수 있기 때문에

③ 자회사 주식이 시장성을 갖게 되면 자회사의 임직원에 옵션 등의 인센티브제도를 도입할 수 있어 인재확보에 도움이 되기 때문에

20 P. Blumberg, The Law of Corporate Groups: Procedural Problems of Parent and Subsidiary Corporations 465(1983).

21 Lipton, Motives for Creating Public Subsidiary, in: The Publicly Held Subsidiary: How to Create and Operate It 11-12(M, Lipton, ed.1973).

④ 자회사 주식이 시장에서 좋은 평가를 받으면 친회사의 이미지에도 간접적으로 도움이 되기 때문에

⑤ 자회사 주식이 시장성을 갖게 되면 후에 자회사의 분리처분이 용이하기 때문에

⑥ 친회사가 보유하는 자회사 주식과 친회사의 주식이나 회사채를 교환함으로써 주식 소각이나 부채감소를 시도하기 때문에

어떠한 이유에서든 일단 종속회사에 소수주주가 존재하게 되면 지배 · 종속회사 사이의 이해의 일치는 사라지고 이해상반의 가능성이 생겨나게 된다. 뒤에서 보는 바와 같이 이러한 이해상반은 다양한 모습으로 나타나고 그것을 합리적으로 해결하는 것은 극히 어렵다. 또한 예컨대 주주총회의 개최를 필요로 하지 않는 등 1인회사에서만 인정되는 절차상의 특전도 사라지게 될 것이다.

3. 지배주주의 충실의무

(1) 서설

미국법상 지배회사와 종속회사 사이의 이익을 조정하는 법적 수단은 이른바 지배주주의 충실의무(fiduciary duty of controlling shareholders)라고 할 수 있다. 충실의무라는 개념은 원래 판례법상 이사나 임원(officer)의 의무로서 형성된 것이나 법원은 차츰 지배주주의 경우에도 그러한 의무를 인정하기에 이르렀다. 현재 지배주주가 회사나 소수주주들에 충실의무를 부담한다는 점은 다수의 판례에서 인정하고 있다.[22]

22 Rosenblatt v. Getty Oil Company, 493 A. 2d 929 (Del. 1985); Knaebel v. Heiner, 663 P.2d 551(Alaska 1983); Levy v. Bileaud, 443 So. 2d 539(La. 1983); Jones v. H. F. Ahmanson & Co. 460 P. 2d 464(1969).

(2) 지배주주의 정의

지배 내지 지배주주라는 개념은 각종 제정법에서 여러 가지로 다양하게 정의되고 있다.[23] 지배의 요소로는 때로는 지주비율이라는 형식적 기준이, 때로는 현실적인 지배라는 실질적 기준이 채택되고 있다. 이곳에서는 Principles의 정의를 살펴본다. Principles에서는 '지배'와 '지배주주'를 별도로 정의하고 있지만 기업집단의 맥락에서 중요한 것은 후자이므로 이곳에서는 지배주주에 관한 §1.10만을 살펴본다. §1.10(a)에 의하면 주주는 형식적 기준과 실질적 기준의 두 가지 중 하나를 충족하는 경우에는 지배주주에 해당한다. 형식적 기준은 회사의 의결권 있는 주식의 50% 이상을 소유하는 경우(의결권을 행사할 수 있는 경우도 포함)이다. 실질적 기준에 의하면 지배주주는 주주로서의 지위에 기해서 회사의 경영이나 정책 또는 문제된 거래에 지배적인 영향력(controlling influence)을 행사하는 자를 말한다. 의결권 있는 주식 25%를 초과하여 소유하는 자(의결권을 행사할 수 있는 자도 포함)는 보다 많은 주식을 소유하는 자가 있는 경우를 제외하고는 그러한 지배적인 영향력을 가진 것으로 추정한다(§1.10(b)).[24] 반면에 주식 25% 이하를 소유하는 자는 그 소유사실만으로는 회사를 지배하는 것으로 추정되지 아니한다.

(3) 지배주주의 충실의무

미국법상 충실의무는 주의의무(duty of care)와 충성의무(duty of loyalty)의 두 가지로 구분하는 것이 일반적이다. 경영을 직접 담당하지 않고 회사의 배후에서 영향을 가할 뿐인 지배주주의 경우에 주로 문제되는 것은 후자이다.

23 자세한 것은 Blumberg, The Corporate Entity in an Era of Multinational Corporations, 15 Dels, 15.

24 이 경우 추정은 실제 지배적 영향력이 없다는 것을 입증하면 번복될 수 있다. Principles, 15.

Principles는 이사나 집행사원뿐 아니라 지배주주도 회사에 관한 사항에서 "이해관계 있는" 경우에는 공정거래의무(duty of fair dealing)[25]를 부담함을 명시하고 있다(§5.01). 이해관계 있는 경우란 주주나 주주의 관계자(associate)[26]가 문제 거래의 일방당사자인 경우를 말한다(§1.23(b)). 관계자에는 지배주주가 주식보유 등을 근거로 영향을 미칠 수 있는 회사도 포함되기 때문에(§1.03(a)(2)) 종속회사가 다른 종속회사와 거래하는 경우에도 지배회사가 충실의무를 부담한다. 그러나 지배주주의 충실의무를 진다고 해도 그것은 문제해결의 출발점에 지나지 않는다. 그 구체적인 내용과 범위는 결국 구체적인 사안에 따라 결정될 수밖에 없을 것이다.[27] Principles는 지배주주의 공정거래의무를 선언하는 한편 지배주주의 의무에 관해서 이사나 집행사원의 경우와는 별도로 3개의 규정을 두고 있다. 즉, 회사와의 거래에 관한 §5.10, 지배적 지위, 정보, 재산의 이용에 관한 §5.11, 회사의 기회에 관한 §5.12가 그것이다.[28] 이들 구체적인 규정에 대해서는 뒤에서 자세히 살펴보기로 한다.

(4) 지배주주의 충실의무의 근거

미국법상 충실의무는 원래 제정법에 명문의 근거가 있는 것이 아니라 판

25 대체로 전통적인 duty of loyalty에 해당하는 것 중에서 행위자가 금전적인 이해관계를 갖는 경우만을 의미한다. Principles, 264.

26 주주의 관계자에는 그 배우자(그 부모나 형제 포함), 자식, 손자, 형제, 부모(이들의 배우자 포함), 주거를 같이하는 자는 물론이고(§1.03(a)(1)) 문제의 거래에 관한 그의 판단에서 회사에 불리한 방향으로 영향을 미칠 수 있는 사업상, 금융상, 또는 그에 유사한 관계를 갖는 자가 포함된다(§1.03(a)(2)). 지배주주가 10%를 초과하는 주식을 소유한 회사는 원칙적으로 관계자로 추정된다(§1.03(b)).

27 이에 대해서는 프랑크푸르터 판사가 다음과 같이 지적한 바 있다:
"그러나 어떤 사람이 충실의무를 진다고 말하는 것은 겨우 분석의 시작에 지나지 않고 앞으로의 탐구에 방향을 줄 뿐이다. 그는 충실의무를 지는 자로서 어떠한 의무를 부담하는가? 어떠한 점에서 그는 그러한 의무를 위반하였는가? 그리고 그의 의무위반의 결과는 무엇인가?"
SEC v. Chenery Corp. 318 U. S. 80, 85-86(1943).

28 이들 규정은 거래의 당사자가 지배주주가 아니라 그의 관계자인 경우에도 마찬가지로 적용된다(§5.13).

례법상 오랜 기간에 걸쳐 발전된 것이다. 독일에서는 최근 제정법의 명시적인 규정이 없이 주주에게 충실의무와 유사한 성실의무(Treupflicht)를 인정함에 있어 그 근거에 대해서 활발한 논의를 벌인 바 있다.[29] 이와는 대조적으로 미국에서는 지배주주가 충실의무를 부담하는 근거에 대해서는 별로 논의를 찾아보기 어렵다. 결국은 독일에서와 마찬가지로 미국법상의 지배주주의 충실의무도 타인에 대한 영향력에서 찾아야 할 것이다.[30] 지배권을 갖는 경우에는 회사 자체에 대해서와 마찬가지로 소수주주에 대해서도 충실의무관계에 선다.[31]

III. 기업집단의 형성

1. 서설

뒤에서 보는 바와 같이 일단 기업집단이 형성되고 나면 지배회사와 종속회사의 이익이 충돌하는 상황은 너무도 다양하다. 그에 비해서 그러한 이익충돌의 경우를 일일이 규제하는 것은 법 기술적으로 쉽지 않다. 사실 회사가 독립성을 잃고 다른 기업의 종속회사가 되는 것은 기왕의 회사의 주주들에게는 근본적인 변화라고 할 수 있다. 따라서 기업집단의 형성단계에서부터 소수주주의 이익을 보호하는 방법을 강구할 필요가 있다. 최근 독일학계에서는 이 문제에 관한 관심이 증가하고 있으나[32] 미국에서는 그러한 체계적인 시각은 존재하지 않는 것 같다.

29 상세한 것은 김건식, 소수주주의 보호와 지배주주의 성실의무, 법학 32권 3/4호(1992)1면 이하.

30 Cohen, Fiduciary Duties of Controlling Shareholders: A Comparative View, 13. Pa. J. Int'l Bus. L. 379, 380(1991).

31 Southern Pacific Co. v. Bogert, 250 U. S. 483, 487(1919).

32 자세한 것은 김건식, (주 7), 136면 이하.

2. 지배·종속관계가 형성되는 모습의 유형

이 연구에서 대상으로 삼고 있는 소수주주가 존재하는 종속회사가 생겨나는 모습은 매우 다양하다. 그 다양한 모습은 크게 세 가지로 나누어 볼 수 있다.[33]

① 지배회사가 그 소유하는 완전자회사의 주식의 일부를 공개하는 경우, ② 한 회사가 이미 독립적으로 존재하는 다른 회사의 주식을 취득함으로써 그 회사를 종속회사화하는 경우, ③ 기존 회사의 지배주주가 자신의 주식만을 현물출자하여 지배회사를 설립함으로써 기존의 회사를 종속회사화하는 경우.[34]

①에는 다음과 같은 경우들이 포함된다. (가) 완전자회사가 공모의 방법으로 증자를 하도록 하는 경우; (나) 지배회사가 보유하는 완전자회사의 주식 일부를 일반에 매출하는 경우; (다) 지배회사가 완전자회사 주식의 일부를 일반주주들에게 이익배당으로서 분배하는 경우(이른바 partial spin-off). ②도 다음과 같이 세분할 수 있다. (라) 한 회사가 공개매수의 방법으로 다른 회사의 일반주주들로부터 주식을 매수하여 새로이 지배주주가 되는 경우;

33 江頭(7), (주 7), 1664-1665면은 본문에서 소개하는 ①과 ②의 두 가지로 나누고 있다.

34 거꾸로 기존의 회사가 영업 일부를 현물 출자하여 별개의 자회사를 설립하는 경우와 같이 자신을 지배회사화하는 경우에는 지배회사가 보유하는 종속회사 주식의 일부를 일반에 매출하지 않는 한 아직 소수주주가 존재하지 않으므로 지배·종속회사 간에 이해상반의 문제는 없다. 그러나 회사의 중요한 사업부문을 신설한 종속회사에 넘기는 경우에는 원칙적으로 지배회사의 소수주주들은 종속회사의 운영에 관여할 수 없으므로 그들이 기업의 지배로부터 격리될 것이다. 독일에서는 이러한 회사를 지배회사화하는 의사결정 자체에 주주들을 참여시킬 필요가 있다는 점이 유명한 Holzmüller판결(BGHZ 83, 122)에서 인정된 바 있으나 미국에서는 관심이 주로 지배회사화 이후의 운영에 쏠리고 있다. 예컨대, 이러한 종속회사가 그 영업을 처분하는 경우 종속회사 주식의 의결권을 지배회사의 이사회가 행사한다면 실질적으로 동일체라고 할 수 있는 두 회사의 이사회가 모든 결정을 좌우할 수 있는 셈이 된다. 이러한 결과를 막기 위해서 Eisenberg 교수는 그러한 경우 지배회사의 주주들이 직접 자회사 주식에 대한 의결권을 행사할 수 있도록 하는 이른바 의결권의 투과(pass through)를 주장하였다. 자세한 것은 Eisenberg, The Structure of the Corporation(1976) 297면 이하 참조(이곳에서는 번역서인 송상현·김건식, 주식회사법리의 새로운 경향(1983)에서 인용함).

(마) 한 회사가 시장에서 주식을 매수하는 방법을 통해서 새로이 지배주주가 되는 경우[35]; (바) 한 회사가 서로 무관한 다른 회사의 지배주주로부터 지배주식을 양도받는 경우; (사) 한 회사가 다른 회사가 새로이 발행하는 신주를 대량으로 인수함으로써 지배회사가 되는 경우(이른바 제3자배정 증자의 경우).

이처럼 지배 · 종속관계가 형성되는 모습에는 여러 가지가 있고 각 유형에 대해서 복잡한 규제가 가해지고 있지만 대부분은 특별히 종속회사의 소수주주(보다 정확히는 종속회사가 되는 회사의 소수주주)의 이익을 보호하기 위한 것이라고 볼 수 없다. 이 연구에서는 위의 유형들 중 비교적 이 연구의 목적인 종속회사의 소수주주보호와 관련이 크다고 할 수 있는 (바)와 ③만을 살펴보기로 한다.

3. 지배주식의 양수

먼저 (바)의 경우는 지배주주가 바뀌는 것에 불과하므로, 특히 양도하는 지배주주가 회사인 경우에는 종속회사의 소수주주의 지위가 특별히 달라진다고는 볼 수 없을 것이다. 지배주식의 매각과 관련해서는 몇 가지 고유한 문제가 있으나 그에 대해서는 V에서 논하기로 한다.

35 공개매수는 주식이 충분히 분산되어 있는 회사의 경우에 비로소 가능하고 또한 매수에 소요되는 막대한 자금을 조달할 수 있는 방법이 있어야 비로소 활용될 수 있다. 미국에서는 위 두 가지 조건이 그 어느 나라에서보다 고도로 충족되고 있기 때문에 공개매수가 실제로 많이 일어나고 있다. 공개매수에 관해서는 대상회사의 주주들의 이익이 침해될 우려가 있기 때문에 연방 증권거래소법(§§13(d), 14(d), (e))이 복잡한 규제를 가하고 있고 최근에는 주법에서도 주 내 기업의 경영권보호를 위하여 다양한 규제를 마련하고 있다.

4. 회사의 종속회사화

위 ③의 경우가 문제된 가장 대표적인 예는 1969년 캘리포니아주 법원 판결인 Jones v. H. F. Ahmanson & co.판결이다.[36] Ahmanson판결의 사실관계는 다음과 같다. 피고는 United Savings and Loan Association of California라는 금융기관(이하 '유나이티드'라 함)의 주식 85%를 보유한 주주였다. 당시 그러한 금융기관 주식에 대해서 투자 붐이 있었으나 유나이티드은행은 폐쇄회사였고 또 1주의 가액이 너무 높았기 때문에 일반인들이 투자하기에 적합하지 않았다. 피고는 이러한 투자 붐을 이용하기 위해서 자신의 보유주식을 출자하여 새로이 회사(지주회사)를 설립하였다. 피고는 유나이티드은행 주식 1주당 지주회사 주식 250주를 발행받아 이를 일반에 공모하여 큰 이익을 얻었다. 지주회사 주식 250주의 시장 가격은 8,800달러에 달하였음에도 불구하고 그에 상응하는 유나이티드은행 주식 1주의 가격은 2,400달러에 불과하였다. 지주회사에 참여가 봉쇄된 유나이티드은행의 소수주주들은 피고를 상대로 손해배상청구를 구하는 소를 제기하였다.

캘리포니아주 대법원장인 트레이너(Traynor) 판사는 원고의 청구를 인용하였다. 트레이너 판사는 피고가 금융기관 주식에 대한 투자 붐을 이용하기 위해서는 두 가지 방법이 있다고 전제하였다. 한 가지는 유나이티드은행 주식을 분할하거나 모든 주주를 지주회사에 참여시키는 것과 같이 소수주주도 그러한 이익을 얻을 수 있도록 하는 방법이고, 다른 한 가지는 이 사건에서 피고가 행한 것처럼 소수주주의 참여를 배제하는 방법이다. 트레이너 판사는 주주는 내부정보를 이용하거나 사기를 범하는 경우 등을 제외하고는 원칙적으로 다른 주주들에 대해서 충실의무를 부담하지 않는다는 피고의 주장을 받아들이지 않았다. 그는 다수주주는 자신의 권한을 공정하고 정당

36 460 P.2d 464(1969).

하며 공평하게 행사할 의무가 있다고 선언하며 다음과 같이 판시하였다.

"다수주주는 회사활동을 지배하는 자신의 권한을 자신의 이익만을 위해서 또는 소수주주에 손해를 입히는 방식으로 행사하여서는 아니 된다. 다수주주는 회사나 회사 지배권한을 이용함에 있어 모든 주주들을 공평하게 이롭게 해야 하며 회사사업의 적절한 수행과 저촉되어서는 아니 된다."

이 판결을 위와 같이 해석하는 것에 대해서는 반론도 없지 않다.[37] 반론은 다수주주가 그러한 지주회사를 설립한 목적은 단지 회사의 공개로 인한 이익을 추구할 회사기회를 유용하는 것이 아니라 은행업과 다른 업종의 겸업을 금지하는 규제를 피해서 은행업과 관련된 다른 업종에 진출하는 것이었다고 주장한다. 따라서 소수주주가 그러한 다수주주의 시도가 성공한 것을 확인한 후에야 뒤늦게 그 성공의 과실의 분배를 요구하는 것은 부당하다는 것이다.

Ⅳ. 지배 · 종속관계에 있는 회사의 운영

1. 서설

지배회사가 지배 · 종속관계가 유지되는 동안 지배력을 남용하여 종속회사의 희생하에 자신의 이익을 추구하는 방법 내지 양태는 너무도 다양하다. 이 연구에서는 그 유형 중 가장 대표적인 것으로 다음 세 가지만을 다루기로 한다. ① 자기거래; ② 회사기회의 유용; ③ 지배적 지위 등의 이용.

종래 지배주주의 충실의무는 이사나 간부사원(officer)의 충실의무와 뚜렷

37 대표적으로는 R. Clark, Corporate Law 491(1986); F. Easterbrook & D. Fischel, The Economic Structure of Corporate Law 132(1991).

이 구별함이 없이 논의되어 왔다. 그러나 Principles는 이사 등의 경우와는 달리 지배주주의 충실의무유형으로 위의 세 가지를 제시하고 있다. 이 연구에서는 Principles를 중심으로 이들 3유형을 차례로 살펴본다.

2. 자기거래

(1) 서설

종래 미국법에서는 회사 사이에 존재하는 지배 · 종속관계 자체를 근거로 양 회사 사이의 거래를 자기거래로서 규제하는 법리는 존재하지 않았다.[38] 다만, 지배회사와 종속회사 사이에 공동의 이사—간부사원이 있는 경우에도 마찬가지이다—가 있는 경우에는 이들 이사가 각 회사에 대해서 부담하는 충실의무 사이에 충돌이 있기 때문에 마치 이사와 회사의 자기 거래에 대해서 적용하는 것과 유사한 원칙을 적용하였다.[39] 이러한 미국법의 태도는 지배회사와 종속회사 사이의 거래도 양사의 이사를 겸임하는 이사가 존재하지 않는 한 상호 독립한 회사 사이의 거래와 같이 공정하게 이루어질 수 있다는 전제에 서 있는 것이다. 그러나 이러한 전제가 비현실적으로 낙관적임은 부인할 수 없다.[40] 따라서 차츰 지배회사와 종속회사 사이의 거래를 겸임이사의 존재 여부와 관계없이 일반적인 자기거래와 마찬가지로 규제하려는 입법이나 판례가 출현하게 된 것은 당연한 일이다.[41] 그러나 아직도 대부분의 주제정법은 지배 · 종속관계 자체에 초점을 맞추어 별도로 규정하기보

38 江頭(2), (주 7), 148면.

39 37개 주법이 겸임이사가 있는 회사 간의 거래와 회사와 이사 간의 거래를 동등하게 규제하고 있다. Model Bus. Corp. Act Ann. 1142. 42-3(1993).

40 물론 실제로는 대부분의 지배 · 종속회사 간에 겸임이사가 존재할 것이므로 큰 문제는 없을 것이다.

41 Palley v. McDonnell Co., 295 A. 2d 762(del. 1972). South Carolina Code §12-18. 16(c); Me. Rev. Stat. Ann. tit 13A §717(3).

다는 겸임이사가 존재하는 회사 사이의 거래로서 일반적인 이사와 회사 사이의 거래의 일부로 파악하고 있다.[42] 겸임이사가 있는 회사 간의 거래에 대한 규정의 내용은 주에 따라 반드시 동일하지 않다. 델라웨어주법은 일반적인 자기거래와 동일한 규제를 가하고 있는 데 반하여(§144) 캘리포니아주법은 일반적인 자기거래에 대해서보다는 규제를 완화하고 있다(§310).[43] 다음에 소개하는 Principles는 지배 · 종속회사 사이의 거래에 대해서 독자적으로 규정하고 있을 뿐 아니라 그 규제내용도 일반적인 이사와 회사 사이의 거래보다 훨씬 덜 엄격하다.

(2) Principles의 규제내용

1) 이사와 회사와의 자기거래: §5.02

지배 · 종속회사 사이의 거래에 관한 §5.10의 의미를 제대로 파악하기 위해서는 일반적인 자기거래에 관한 §5.02와 대비할 필요가 있으므로 먼저 §5.02의 개요를 간단히 언급한다. §5.02에 의하면 이사(또는 주요간부)가 회사와 거래를 함에 있어 공정거래의무를 준수하기 위해서는 두 가지 요건을 충족하여야 한다. 첫째 요건은, 이익상반과 거래에 관한 개시이다. 둘째로는, 다음의 네 가지 중 어느 하나에 해당하여야 한다. ① 거래의 공정성; ② 이해관계없는 이사들(또는 상급간부들)이 거래가 공정하다는 합리적인 판단에 기

42 제정법이 지배 · 종속회사 사이의 거래에 대해서 명시적으로 규정하지 않았다고 해도 법원이 그러한 거래에 대해서 아무런 규제를 가할 수 없는 것은 아니다.

43 캘리포니아주법상 (1) 일반적인 자기거래의 경우와 (2) 겸임이사가 있는 회사 사이의 거래의 경우의 차이는 다음과 같다: 첫째, (1)에서는 주주에 의한 승인의 경우에는 그렇지 않지만 이사에 의한 승인의 경우에는 거래의 공정성(just and reasonable)이 별도로 요구되는 것(§310(a)(2))에 비해 (2)에서는 이사에 의한 승인의 경우에도 승인만 있으면 공정성이 결여된 경우에도 거래는 유효하다(§310(b)(1)); 둘째, (1)에서는 주주나 이사의 승인이 없는 경우 거래의 유효를 주장하는 자가 거래의 공정성을 입증해야 하는 것(§310(a)(3))에 비하여 (2)에서는 이사의 승인이 없는 경우 거래의 무효를 주장하는 자가 거래의 불공정성을 입증하여야 한다.

하여 승인하였을 것; ③ 이해 관계없는 이사의 사후승인[44]; ④ 이해관계 없는 주주들이 사전 또는 사후에 승인하고 그것이 회사재산의 낭비(a waste of corporate assets)[45]에 해당하지 않을 것. 공정거래의무의 위반을 주장하는 자가 위 ②, ③, ④의 승인 중 어느 하나도 행해지지 않았음을 입증하는 경우에는 이사가 거래의 공정성을 입증할 책임을 진다(§5.02(b)).

2) 지배 · 종속회사 사이의 거래: §5.10

§5.10은 "지배주주와 회사와의 거래"라는 제목하에 다음과 같이 규정하고 있다.

(a) 일반원칙

회사와 거래하는 지배주주는 다음의 경우 그 거래에 관하여 회사에 대한 공정거래의무를 이행한 것으로 본다.

① 그 거래가 성립 시에 회사에 공정한(fair) 경우 또는

② 이해관계 없는 주주들이 이익상반과 거래에 관한 개시 후에 그 거래를 사전에 승인하거나 사후에 추인하고 그 거래가 주주 행위시에 회사재산의 낭비에 해당하지 않은 경우

(b) 입증책임

그 거래가 그러한 개시 후에 이해관계 없는 이사들에 의해서 사전에 승인되거나 이해관계 없는 주주들에 의해서 승인 또는 추인된 경우에는 그 거래를 공격하는 당사자가 입증책임을 진다. 그 거래가 이해관계 없는 이사들에 의해서 추인되었고 사전승인을 얻지 못한 것이 회사에 중대한 손해를 끼치

44 상세한 내용은 (2)보다 엄격하다.

45 '회사재산의 낭비'에 해당하는 거래란 아무런 대가를 받지 않고, 그리고 아무런 합리적인 사업목적 없이 회사자금을 지출하거나 회사재산을 처분하는 경우 또는 대가를 받았으나 통상의 건전한 사업판단을 가진 자라면 누구도 그것이 회사의 급부에 상당하는 가치를 가진 것으로 여기지 않을 정도로 그 가치가 불충분한 경우를 말한다(§1.42).

지 않은 경우에도 그 거래를 공격하는 자가 입증책임을 진다. 그 거래가 그처럼 승인 또는 추인되지 못한 경우에는 (c)항이 달리 규정하는 경우를 제외하고는 지배주주가 입증책임을 진다.

(c) 정상적인 영업상의 거래

회사의 정상적인 영업상 회사가 지배주주와 체결한 거래의 경우에는 이해관계 없는 이사들이나 주주들이 그 거래를 승인 또는 추인하였는지 여부와 관계없이 그 거래를 공격하는 당사자가 그 거래의 불공정성에 대한 증거를 제출할 책임을 진다.

3) §5.02와 §5.10의 비교

§5.02와 §5.10은 다음과 같은 차이를 보인다. 첫째, 이사의 승인 효과가 다르다. §5.02에서는 이사에 의한 승인이나 추인이 있는 경우에는 입증책임도 의무위반을 주장하는 자에게 전환될 뿐 아니라 판단기준도 '거래의 공정성'에서 '거래의 공정성에 대한 판단의 합리성'으로 완화되고 있다. 따라서 거래가 실제로 불공정하다는 것뿐 아니라 이사의 판단도 불합리하였다는 점을 입증하여야만 공정거래의무의 위반을 인정할 수 있다. 그러나 §5.10에서는 이사의 승인은 입증책임을 전환시킬 뿐이다. 종속회사의 경우에 이처럼 이사의 승인이 갖는 의미를 중시하지 않는 이유는 지배주주가 존재하는 경우에는 이사들이 지배주주로부터 독립적인 판단을 하는 것이 어렵기 때문일 것이다. 둘째, §5.02에서와는 달리 §5.10에서는 정상적인 영업상의 거래의 경우에는 특별히 지배주주를 보호하는 규정을 두고 있다 즉 지배 · 종속회사 간의 정상적인 영업상의 거래의 경우에는 이사 등의 승인 여부에도 불구하고 의무위반을 주장하는 자에게 증거제출책임을 부담시키고 있다. 이사와 회사 간의 거래의 경우와는 달리 지배 · 종속회사 사이에서는 거래가 우연적 · 1회적으로가 아니라 일상적 · 반복적으로 일어나는 경우가 많다. 이러한 경우에도 개별적인 거래마다 일일이 승인을 요하거나 지배주주에 공정

성의 입증에 필요한 증거제출을 요구하는 것은 무리일 것이다. 셋째, 개시의무의 면에서 사소한 차이가 있다. 즉, §5.02에서는 개시의무가 무조건 부과되어 거래가 공정한 경우에도 개시요건이 충족되지 않으면 공정거래의무의 위반으로 보고 있는 데 반하여 §5.10에서는 개시의무가 반드시 요구되는 것이 아니다. 그렇지만 입증책임의 전환을 위해서는 개시가 필요하기 때문에 현실적으로는 커다란 차이가 없다.

4) 절차적 접근 방식: Principles의 특징

Principles의 특징으로는 절차적 접근방식을 들 수 있다. Principles는 이해관계 없는 이사나 주주들이 승인이 있는 경우에는 적용되는 기준을 완화하거나[46] 입증책임을 거래에 대해서 공격하는 자에게 전환함으로써 회사관계자가 내부승인절차를 밟도록 유도하고 있다.

이처럼 회사 내부의 승인이 의미를 갖기 위해서는 승인을 하는 이사나 주주들이 충분하고 정확한 정보를 가지고 있어야 한다. 그러한 정보는 이해상반사실 자체와 거래에 관한 것이어야 한다. 개시가 이루어지지 않은 경우에는 승인은 무효로 되고 결국 지배주주가 그 거래의 공정성을 입증하여야 한다.

이러한 절차적 접근방식은 '공정성'이라는 실체적 요건이 너무도 일반추상적인 개념으로서 가능한 한 법원이 그 판단을 행하는 경우를 제한하는 것이 좋다는 점에서 이해가 가능하다. 이러한 접근방식은 주주의 승인이 없는 경우에 공정성의 입증책임을 지배주주에 지우는 일련의 판결들과 궤를 같이하는 것이다.[47]

46 이사의 승인의 경우에는 공정성 기준에서 공정성에 관한 판단의 합리성 기준으로, 주주의 승인의 경우에는 공정성 기준에서 회사재산의 낭비 기준으로 각각 완화하고 있다.

47 Weinberger v. UOP, Inc.457 A.2d 701(Del.1983); Sterling v. Mayflower Hotel Corp.,93 A. 2d 107(Del. 1952) 및 Principles, 446에 인용된 판결 참조.

(3) 실체적 요건: 공정성

Principles는 법원이 공정성이라는 실체적 요건의 판단에 말려들 가능성을 줄이려고 시도하였지만 그러한 판단의 필요를 완전히 제거할 수는 없다. 결국 공정성의 판단에 있어서는 이제껏 법원이 채택해 온 다양한 기준들을 참고할 수밖에 없을 것이다. 이하에서는 대표적인 기준들을 살펴본다.[48] 주의할 것은 이들은 반드시 상호배타적인 것이 아니고 실제로 판결에서는 서로 혼합된 형태로 등장하는 경우가 많다는 사실이다.

1) 독립당사자 간의 교섭 기준(the arm's length test)

이 기준에 의하면 법원은 이해관계 없는 독립한 당사자 사이의 교섭에 의한 거래에서도 그러한 거래가 일어날 수 있는지 여부에 따라 공정성을 판단한다.[49] 일단 시장가격이 존재하는 경우에는 그것을 독립당사자 사이의 교섭에 의한 가격으로 볼 수 있을 것이다. 그러나 지배회사와 종속회사가 수직적인 결합관계에서 원료, 반제품 등을 계속적으로 거래하는 경우에는 그 시장가격이 존재하지 않을 가능성이 높다. 그러한 경우에는 예컨대 제품의 원가로부터 독립당사자 사이의 교섭에서 정해질 만한 가격을 구해 내는 수밖에 없을 것이다.[50] 이러한 기준은 실제로 법원의 판결에서 널리 채택되고 있다. 일반적으로 뒤에서 설명할 내재적 공정기준을 채택하고 있다고 간주되는 델라웨어주 법원도 이러한 독립당사자 사이의 교섭에 커다란 비중을 두고 있다. 뒤에서 자세히 소개하는 Weinberger v. UOP, Inc.판결[51]에서도 법

48 이하는 주로 Hirsh, Operation of a Public Subsidiary-Conflicts and Corporate Opportunity Problems, Publicly Held Subsidiary 64-67(Lipton ed. 1974)에 의존하였다.

49 이 기준을 채택한 대표적인 판례는 Pepper v. Litton, 308 U. S. 295(1939)이다.

50 그 예인 Chelrob v. Barrett, 293 N. Y. 442(1944)에 대한 소개로는 江頭(3), (주 7), 1231 이하 참조.

51 457 A. 2d 701(Del. 1983).

원은 종속회사가 지배회사와 교섭함에 있어서 외부이사들로 독립적인 교섭팀을 구성할 것을 강조한 바 있다. 이러한 독립당사자 사이의 교섭 기준이 충족되었는지 여부를 판단함에 있어서는 이사들의 독립성, 교섭시 종속회사의 효과적인 대표 여부 등이 중요하다.[52]

독립적인 교섭팀이 구성된 경우에도 지배주주와의 교섭에서 효과적인 대표가 이루어지지 않았거나 지배주주가 회사교섭팀의 반대를 억누르고 자신의 의사를 관철할 수 있었다면 독립당사자 사이의 교섭이 있었다고 보기 어렵다.

2) 의제적 사기 기준(constructive fraud tests)

의제적 사기란, 계약법상 실제로 사기가 없음에도 손해배상책임을 인정할 필요가 있는 경우에 고안된 개념으로서 회사법의 문맥에서는 회사에 손해를 줄 의도 없이 행해진 행위라도 그것이 충실의무와 자기의 사익 간의 충돌이 생길 수 있는 지위에 서는 자가 행한 행위는 의제적 사기에 해당한다.[53]

3) 내재적 또는 객관적 공정 기준(the intrinsic or objective fairness test)

이 기준은 주로 델라웨어주 법원이 취하고 있는 태도로서 자세한 것은 Weinberger판결 등에 관한 설명으로 미룬다.

4) 기대 기준(the expectation test)

공정성은 종속회사의 소수주주가 지배종속관계에 들어선 시점의 기대에 비추어 결정하는 기준이다. 개별주주들의 내심의 기대가 상이할 수 있으므로 집단소송의 맥락에서는 별로 도움이 될 수 없다.

52 Principles, 441-442.

53 Seagrave Corp. v. Mount, 212 F. 2d 389, 397(6th Cir. 1954).

5) 이익/불이익 기준

이에 의하면 지배 · 존속회사 사이의 자기거래의 경우에는 앞의 기준 중 하나가 적용된다. 자기거래란 지배회사가 지배권을 이용해서 소수주주의 희생하에 또는 소수주주에는 제공되지 않는 이익을 얻는 거래를 말한다. 자기거래에 해당하지 않는 경우에는 다음에 소개하는 사업판단기준이 적용된다.

6) 사업판단 기준(the business judgment rule)

이 기준은 회사의 경영진이 이해관계의 충돌이 없는 상태에서 내린 결정에 대해서는 존중한다는 원칙이다.

7) 소결

위의 어떠한 기준을 채택하든 상당한 정도의 불확실성을 피할 수 없을 뿐 아니라 남용될 가능성이 크다. 이러한 폐해를 고려하여 Clark 같은 학자는 자기거래를 원칙적으로 금지하고 예외적으로, 예컨대 SEC 같은 기관의 승인을 받아 허용하는 제안을 하고 있다.[54] 그러나 이러한 획기적인 제안이 실현될 가능성은 거의 없다. 그리하여 현재 미국법상 자기거래가 허용되는 구체적인 범위에 대해서는 상당한 불확실성이 존재한다.

(4) 정보개시의 중요성

지배 · 종속회사 간의 거래가 일반주주에게 알려지지 않는다면 그 조건이 위의 공정성 기준에 위반하여 종속회사에 불리한 경우에도 그러한 거래를 막기는 어렵다. 미국에서는 종속회사의 소수주주가 그러한 거래에 관한 정보를 얻는 방법은 주회사법에 의한 경우와 연방 증권거래소법에 의한 경우

54 Clark, (주 37), 188.

의 두 가지로 나눌 수 있다.

1) 주회사법

미국법상 재무제표의 확정 및 이익배당의 결정이 우리 상법에서와 같이 주주총회의 권한이 아니라 이사회의 권한에 속하기 때문에 재무제표 등의 회계관계정보에 접근할 권리가 주주에게 당연히 부여되고 있지 않다. 아직도 다수의 주회사법은 주주의 서면요청이 있는 경우에 한하여 대차대조표, 손익계산서, 잉여금계산서 등을 주주에게 교부하도록 하고 있다.[55] 심지어 델라웨어주를 비롯한 일부 주에서는 주주의 서면요청이 있는 경우에도 재무제표의 송부를 요구하고 있지 않다. 1984년 개정된 모범사업회사법은 과거의 소극적인 자세를 바꾸어 주주의 요청 여부에 관계없이 재무제표의 송부를 의무화하고 있다(§16.20). 캘리포니아주회사법은 보다 적극적인 자세를 취하고 있다.[56] 캘리포니아주법에 의하면 등록주주의 수가 100명 이상인 회사[57]는 대차대조표, 손익계산서, 재무상태변동보고서 등을 포함한 연차보고서를 각 주주에 송부하여야 한다. 이러한 연차보고서는 이사, 집행사원, 10%를 넘는 주주가 직접, 간접으로 관련된 거래 중 4만 달러가 넘는 거래에 대해서 기재하여야 한다.

2) 연방증권법상의 개시

1934년의 연방증권거래소법은 등록주주수가 500명 이상이고 총자산이 500만 달러 이상인 회사에 대해서는 정기적인 개시의무를 부과하고 있다(§12(g); Rule 12g-1). 이러한 정기적인 개시의무는 다시 두 가지로 나누어 볼 수 있다: (1) 위임장규칙상의 개시의무; (2) Form 10-K에 의한 개시의무,

55 W. Cary & M. Eisenberg, Cases and Materials on Corporations 270(6th ed.1988).

56 Id. 269-270.

57 34년법상 등록되었거나 등록이 면제된 회사는 제외한다.

(1)은 원래 주주총회와 관련하여 위임장권유가 이루어지는 경우에만 부과되었으나 1964년부터는 위임장권유가 행해지는지 여부와 관계 없이 확대 적용되기에 이르렀다(§14(c)). 위임장규칙에 따라 회사가 개시하여야 하는 정보 중에는 이사, 집행사원, 5% 이상의 주식을 보유한 실질주주가 관여한 이익상반거래가 포함된다(Rule 14a-3; Schedule 14A. Item 7(b)). (2)의 Form 10-K는 우리 증권거래법상의 유가증권보고서에 상당하는 것으로 이곳에서도 재무제표 외에 지배회사와의 이익상반거래에 관한 정보를 개시하여야 한다(Item 13).

3. 회사기회의 유용

(1) 서설

회사기회(corporate opportunity)란, 회사가 일종의 기득권을 갖는 사업기회라고 할 수 있다. 이사나 지배주주가 이러한 회사기회를 유용하거나 탈취하는 것은 충실의무위반으로 금지된다. 회사기회의 유용과 밀접한 관련이 있고 또한 흔히 혼동되는 문제로 회사와의 경쟁을 들 수 있다. 그러나 회사에 대한 전심전력의무가 인정되는 이사나 간부사원의 경우와는 달리 지배회사의 경우에는 종속회사와 별도의 독자적인 이익이 존재하므로 회사와의 경쟁이 완전히 금지되는 것은 아니다. 뒤에서 보는 바와 같이 Principles는 이사의 경우와는 달리 지배주주의 경우에는 회사와의 경쟁을 따로 금지하고 있지 않다. 이하에서는 먼저 전통적인 판례법의 태도와 Clark의 제안을 간단히 소개한 후에 Principles의 규정에 대해서 설명한다.

(2) 판례법의 태도와 Clark의 제안[58]

회사기회이론에서 가장 핵심적이면서도 가장 먼저 해결해야 할 문제는 유용이 금지되는 회사기회의 범위를 정하는 것이다. 판례법상 어떠한 사업기회가 특정회사의 회사기회에 속하는지 여부를 판별하는 기준으로 채택된 것은 여러 가지가 있으나 중요한 것은 다음 두 가지이다. ① "이익이나 기대"(interest or expectancy)기준; ② 사업부문(line of business)기준.[59] ①에 의하면 회사가 구체적으로 이익이나 기대를 갖는 사업기회를 유용하는 것만이 금지되고 ②에 의하면 회사의 사업부문에 속하는 사업기회는 모두 회사기회에 해당한다. 대체로 ①에 의한 경우가 ②에 의한 경우보다 회사기회의 범위가 협소한 것으로서 이사나 지배주주에 유리한 것으로 평가되고 있다. 현재 회사기회에 관한 미국의 판례는 상당히 혼란스러운 상태에 있다. 법원은 이들 두 가지 기준 중 어느 하나를 적용하거나 때로는 양자를 중복적용하기도 한다.[60] 이러한 혼란을 극복하기 위한 방안으로 Clark는 폐쇄회사인가 공개회사인가에 따라 적용기준을 달리하여야 한다고 주장한다. 폐쇄회사의 경우에는 회사기회를 엄격하게 축소함으로써 경영진의 운신의 폭을 널리 인정하는 이익 · 기대기준을 적용하고 공개회사의 경우에는 회사기회를 보다 넓게 인정되는 사업부문 기준을 적용할 것을 주장하고 있다.[61]

58 보다 상세한 것은 Clark, (주 37), 225 이하 참조.

59 일부 판례에서는 공정성 기준을 채택한 바도 있으나 그 내용이 모호하여서인지 별로 지지를 얻지 못하였다. Clark, (주 37), 229-229.

60 델라웨어주 법원은 두 가지 기준을 중복적용하여 어느 하나라도 만족하면 회사기회에 해당한다고 판시하고 있다. Clark, (주 37), 228.

61 그 이유로는 다음과 같은 것들을 들고 있다. 먼저 폐쇄회사의 주주는 자신이 신임하는 이사를 선임할 수 있고 이사의 활동을 보다 잘 감시할 수 있으므로 회사기회를 좁게 인정하더라도 별 문제가 없다. 반면, 공개회사의 이사는 회사일에 전심전력해야 하는 것이 보통이기 때문에 다른 사업기회에 신경 쓸 여유가 없다. 또한 공개회사의 경우에는 일반적으로 자금력이나 인력이 풍부하기 때문에 보다 다양한 사업기회를 활용하는 것이 가능하다. 따라서 공개회사에서는 이사가 회사사업 이외에 개인적으로 다른 사업을 수행하는 것을 넓게 인정할 필요가 없다는 것이다. 보다 자세한 것은 Clark, (주 37), 234-262 참조.

그러나 어느 기준을 택하더라도 특정의 사업기회가 과연 어느 회사의 회사기회에 속하는지 판별이 어려운 경우가 생길 수 있다. 지배회사나 종속회사가 모두 비슷한 업종에 종사하고 있거나 또는 문제된 사업기회 자체가 전혀 새로운 것인 경우에는 어느 회사에 속하는 것으로 볼 것인지의 판단이 쉽지 않을 것이다. 그러한 경우에는 사업기회의 배분이 자의적으로 이루어질 가능성이 높다. 바로 그러한 가능성을 고려한 Clark는 지배 · 종속회사 사이에서의 사업기회의 배분에 관해서 별도의 새로운 기준을 제시하고 있다. 지배회사는 종속회사의 의사결정을 지배한다. 그러나 지배회사에도 따로 소수주주가 존재하므로 종속회사의 이사와 마찬가지로 무조건 종속회사의 이익을 위해서 전심전력할 것을 요구할 수는 없다. 지배회사가 자신의 이익을 추구하는 것도 어느 정도는 인정할 필요가 있다. 법원은 바로 그러한 점을 고려하여 지배회사의 재량의 범위를 폭넓게 인정하는 경향을 보이고 있다. 심지어 뒤에 소개하는 Sinclair Oil Corp. v. Levien판결[62]과 같이 지배 · 종속회사 간의 사업기회배분을 이른바 경영판단(business judgment)으로 보아 거의 공격의 여지를 인정하지 않는 판결도 있다. 그러나 앞서 지적한 바와 같이 지배 · 종속회사 사이의 회사기회분배는 종속회사에 불리한 방향으로 이루어질 공산이 크다. Clark는 그러한 재량남용을 막기 위해서 지배 · 종속회사 사이에서는 사업기회를 우선적으로 종속회사에, 그리고 계열회사 사이에서는 지배주주의 지분율이 낮은 계열회사에 우선적으로 분배할 것을 제안하고 있다. 그의 제안에 의하더라도 사업기회를 지배회사나 지배주주의 지분율이 높은 계열회사에 배정하는 것이 가능하다. 그러나 그것을 위해서는 그 다른 회사가 그 사업기회를 활용하는 것이 상대적으로 가장 유리하다는 점을 입증해야 한다. Clark의 제안을 따른다면 사업기회의 배분이 지배주주의 부당이득을 위해서 왜곡될 가능성은 줄어들 것이다. 그러나 현실적으로 법

62 280 A. 2d 717(Del. 1971).

원이 그러한 제안을 수용할 가능성은 별로 높지 않다. 이하에서는 Principles의 내용을 소개하기에 앞서 지배회사와 종속회사 사이의 회사기회분배에 관한 선도적 판결인 Sinclair판결을 소개한다.

(3) Sinclair Oil Corp. v. Levien판결

1) 사실관계

Sinclair는 베네수엘라의 회사 Sinven의 주식 97%를 소유하고 있다. Sinclair는 베네수엘라 외에도 세계 각지에서 유전개발사업을 벌이고 있다. Sinven의 소수주주는 Sinclair를 상대로 손해배상을 청구하는 소를 제기하였다. 원고의 주장에 의하면 Sinclair는 타국에서의 사업 활동에 필요한 자금을 동원하기 위해서 Sinven으로 하여금 과다한 배당을 지급하도록 하였다는 것이다. 즉, Sinven은 1960년에서 1966년 사이에 7천만 달러의 이익을 올렸음에도 불구하고 무려 1억 8백만 달러의 배당을 지급하였다는 것이다. 물론 원고주주들도 Sinclair와 마찬가지로 배당을 받았지만, Sinven은 과다한 배당으로 인한 자금부족 때문에 사업 확장이 불가능하였다고 주장하였다.

제1심인 형평법원에서는 다음과 같은 근거에 기하여 원고주주의 승소를 선언하였다. 즉, Sinclair는 자회사의 이사회를 지배하고 있으므로 자회사에 충실의무를 부담하며 자회사와의 관계에서는 내재적 공정성 기준(the test of intrinsic fairness)을 준수하여야 하며 그에 의하면 Sinclair가 자회사와의 거래가 객관적으로 공정함을 입증할 책임을 부담한다.

2) 판결

델라웨어주 대법원은 원고에 대한 이익의 반환을 명한 형평법원의 판결을 파기하였다. 법원은 ① 이익배당의 문제와 ② 회사기회의 문제에 초점을 맞추었다. 먼저 ①에 대해서는 다음과 같이 판시하였다.

"친자회사 사이의 거래에서 친회사는 자회사에 대해서 충실의무를 부담하는 것은 사실이다. 그러나 바로 그것만을 이유로 내재적인 공정성 기준이 적용되는 것은 아니다. 이 기준은 친회사가 자회사와의 거래에 있어서 양쪽 모두에 서 있는 자기거래가 수반되는 충실의무의 경우에만 적용될 수 있다. 자기거래란 친회사가 자회사를 지배함으로써 자회사로 하여금 친회사가 자회사로부터 자회사의 소수주주를 배제하고 그들의 불이익으로 무엇을 얻도록 하게 만드는 것을 말한다."

이익배당이 실질적으로 자기거래에 해당하는 경우에는 내재적 공정성 기준이 적용될 여지가 있다. 그러나 사안의 이익배당은 자회사의 소수주주에게도 적용되었으므로 자기거래에 해당하지 않으며, 따라서 경영판단의 원칙이 적용되어야 한다는 것이다. ②에 대해서는 다음과 같이 판시하였다.

"원고는 Sinven에 독립적으로 찾아온 사업기회로서 Sinclair가 자신이 차지하거나 Sinven이 차지하는 것을 거부한 사업기회를 아무것도 입증하지 못하였다. … Sinven은 과도한 이익배당의 지급으로 인한 현금부족으로 인하여 사실상 확장능력을 상실하였다. 같은 기간 중 Sinclair는 자회사를 통해서 새로운 수익사업을 개발하는 회사정책을 활발하게 추진하였으나 Sinven은 참여가 허용되지 않았으며 배네수엘라의 사업에 한정되었다. 그러나 원고는 Sinven에게 찾아온 기회를 전혀 지적할 수 없었다. 따라서 Sinclair는 Sinven에 속한 사업기회를 유용하였다고 할 수 없다. Sinclair는 Sinven의 소수주주를 제외하고 또한 소수주주의 이익을 침해하여 Sinven으로부터 받은 것은 아무것도 없으므로 자기거래는 없다. 따라서 Sinclair의 확장정책을 평가하는 기준으로서는 사업판단이 적절한 기준이다."

(4) Principles

1) Principles §5.12

Principles §5.12는 "지배주주에 의한 회사기회의 유용"이라는 제목하에 다음과 같이 규정한다.

(a)일반원칙

지배주주는 다음 경우 이외에는 회사기회를 이용해서는 아니 된다.

① 기회유용이 회사의 공정한 경우; 또는

② 이익상충 및 회사기회에 관한 개시 후 이해관계 없는 주주가 기회유용을 사전에 승인하거나 추인하고 기회유용이 회사재산의 낭비에 해당하지 않는 경우

(b) 회사기회의 정의

이 규정의 목적상 회사기회는 다음과 같은 사업활동을 수행할 기회를 의미한다.

① 회사가 개발하거나 취득한 사업활동 또는 주로 회사와의 관계로 인해서 지배주주에게 알려진(comes to the controlling shareholder) 사업활동; 또는

② 지배주주가, 또는 지배주주의 동의하에 회사가, 회사의 주주들에게 회사가 수행하거나 수행하려고 하고 지배주주의 사업범위에는 속하지 않는 사업의 범위에 속할 유형의 사업 활동이라고 표시한 사업 활동.

(c) 입증책임

회사기회의 유용을 공격하는 당사자는 입증책임을 진다. 다만 위 (a) ②가 요구하는 개시 후 이해관계 없는 이사들이나 주주들이 기회유용을 사전에 승인하거나 추인하지 않은 경우에는 지배주주가 기회유용이 회사에 대해서 공정한 것임을 입증할 책임이 있다.

2) 회사기회의 정의[63]

지배주주의 경우 회사기회의 정의는 이사 등의 경우에서 보다 협소하다. 그것은 이사 등의 경우에서와는 달리 지배주주는 특히 독립한 회사의 경우에는 자회사와는 별도로 자신의 영업을 수행할 이익을 가지고 있기 때문이

63 상세한 것은 Principles, 471-473 참조.

다. §5.12는 회사기회를 두 가지의 기준으로 나누고 있다. ① 지배주주가 그 사업기회를 접하게 된 경로, ② 당해 사업활동이 지배주주가 주주들에게 회사사업으로 표시한 종류에 속하는지 여부.

먼저 ①에 대해서 살펴본다. 문제의 회사기회가 회사가 개발하거나 취득한 것인 경우에는 지배주주가 아니라 회사의 자산에 속한다. 또한 문제의 사업이 지배주주가 아니라 회사가 수행하는 분야에 속하는 경우에는 지배주주가 그것을 취득한 경우에도 그것을 회사에 제공하여야 할 것이다. 왜냐하면 다른 사정이 없는 한 그러한 경우에는 회사가 그러한 사업을 수행하는 것이 아니었다면 그러한 사업기회를 알 수 없었을 것으로 보아야 하기 때문이다. 한편 지배주주가 스스로 개발한 사업이나 그가 자신의 사업활동 중에 그 범위에 속하는 사업기회를 취득한 경우에는 다음의 ②에 해당하지 않는 한 회사에 제공할 필요가 없다.

②의 경우는 지배주주가 주주들에게 회사사업으로 표시한 종류의 사업에 속하는지 여부가 문제된다. 그러한 표시는 여러 가지 방법으로 행해질 수 있다. 처음의 청약관계 서류나 후의 연차보고서, 발표문, 상장신청서류, 기존의 사업관행 등에 의해서 나타날 수 있다. 그러나 정관의 사업목적으로 열거한 것만으로는 그러한 표시에 해당한다고 볼 수 없다. 그처럼 회사의 사업목적으로 표시된 경우에는 과연 지배주주가 그것을 이용하는 것이 공정한지를 따져보아야 할 것이다. 이 경우 중요한 것은 회사가 그 사업기회를 이용할 수 있는 법적 · 경제적 능력 등이다. 이와 관련해서는 지배주주가 회사가 그러한 사업기회를 활용할 수 있도록 경제적인 지원을 해야 할 의무는 없다.

이와 관련해서 살펴볼 판결은 델라웨어주 형평법원의 1968년 판결인 David J. Greene and Co.v. Dunhill International, Inc.판결[64]이다. 이 사건에서 문제된 것은 친자회사관계에 있는 Dunhill(던힐)과 Spalding(스폴딩)[65]사이에서 누

64 249A. 2d 427(Del. Ch. 1968).

65 던힐이 스폴딩주식의 80%를 보유하는 지배주주였다.

가 장난감회사인 Child Guidance Toys, Inc.(차일드)를 인수하는 것이 타당한가 하는 문제였다. 던힐은 스폴딩을 통해서 장난감사업을 하고 있었으며 앞으로도 스폴딩을 통해서만 그 사업을 영위할 것을 스폴딩주주들에게 그간의 행동을 통해서 표시하였다. 던힐은 새로운 기업의 인수를 통한 사업 확장계획을 널리 공표하며, 매도할 의사가 있는 기업은 자신에게 제의할 것을 밝혔다. 그후 차일드 제의를 받은 던힐은 자신이 전혀 장남감사업을 하고 있지 않았음에도 불구하고 그것을 인수하였다. 원고는 스폴딩의 소수주주로서 지배주주인 던힐이 충실의무에 위반하여 차일드를 인수할 기회를 유용하였다고 주장하였다. 법원은, 먼저 주주의 경우에도 이사나 간부사원과 마찬가지로 회사기회를 유용해서는 아니 된다고 전제하였다. 법원은 사업기회가 스폴딩의 사업부류에 속하고 그것이 실질적으로 이익이 될 것이며 그것을 활용할 재정적인 능력을 갖추었음이 충분히 인정된다는 이유로 원고의 승소를 선언하였다.

3) 기준 및 입증책임

§5.12에 의하여 회사기회의 유용에 대해서 적용되는 기준과 입증책임은 회사 내부의 승인을 받았는지 여부에 따라 달라진다. 회사기회의 유용에 관해서 이해관계 없는 소수주주의 승인을 받은 경우에는 그것을 공격하는 당사자가 회사자산의 낭비에 해당함을 입증하여야 한다. 따라서 그 경우에 종속회사의 소수주주가 지배회사의 책임을 묻기는 극히 어렵다. 이해관계 없는 소수주주의 승인이 없는 경우에도 이해관계 없는 이사들의 승인을 받은 경우에는 역시 공격하는 당사자가 그러한 유용이 회사에 불공정함을 입증할 책임이 있다. 지배회사가 입증책임을 지는 경우는 주주나 이사의 승인을 받지 않은 경우에 한정된다.

4) 이사에 의한 회사기회유용과의 비교

이사에 의한 회사기회유용을 규제하는 §5.05에서는 회사기회를 먼저 회사에 제공하여 회사가 그것을 채택하지 않은 경우에만 이용할 수 있다. 그러나 지배주주의 경우에는 회사에 대한 제공요건이 없다. 또한 이사의 경우가 지배주주의 경우보다 회사기회의 범위가 더 넓게 규정되어 있다. 이러한 규제상의 차이는 이사가 회사이익을 전심전력으로 추구할 의무를 부담하는 것과 달리 지배회사는 어느 정도 자신의 이익을 추구할 수 있어야 한다는 점에 비추어 타당한 것으로 여겨진다.

4. 종속회사 재산 등의 이용행위

(1) 서설

앞서 설명한 회사기회의 유용은 회사가 가져야 할 사업기회를 가로챔으로써 회사에 손해를 끼치는 행위이다. 그러나 회사에 손해가 발생하는 것은 아니지만 회사기회의 유용과 마찬가지로 충실의무 위반으로 보는 경우가 있다. 지배주주가 회사재산이나 정보 또는 지배주주의 지위를 이용하여 다른 주주들이 누릴 수 없는 금전적 이익을 얻는 경우가 바로 그것이다. 종래 이러한 유형에 속하는 거래에 대해서 개별적인 검토는 있었지만 그러한 거래들을 하나의 유형으로 파악하여 동일한 법리를 적용하려는 노력은 별로 찾아볼 수 없었다. Principles는 회사재산 등의 이용행위에 대해서 이사의 경우(§5.04)와 지배주주의 경우(§5.11)를 나누어 규정하고 있다. 이곳에서는 §5.11를 중심으로 설명한다.[66]

66 이 부분의 서술은 주로 Principles,447-447에 의존하였다.

(2) Principles §5.11

§5.11(지배주주의 회사재산, 중대한 비공개회사정보, 회사지위의 이용)은 다음과 같이 규정한다.

(a) 일반원칙

지배주주는 다음의 경우를 제외하고는 금전적인 이익을 얻기 위해서 회사재산, 지배적 지위(회사의 증권을 거래하는 경우), 중대한 비공개회사정보를 이용할 수 없다.

① 이용에 대한 대가를 제공하고 그 거래가 §5.10(회사와의 거래)의 기준을 충족한 경우; 또는

② 지배주주가 결과적으로 얻은 이익이 비슷한 처지의 다른 주주들에게도 비례적으로 제공되는 경우 또는 그것이 단지 지배적 지위의 이용으로부터 초래된 것이고 다른 주주들에게 불공정하지 않은 경우

이상의 이용이 달리 불법적이어서는 아니 된다.

(b) 입증책임

위 (a)항에 의해서 지배주주의 행위를 공격하는 당사자는 입증책임을 진다. 다만, 이익에 대한 대가가 제공된 경우 그 대가가 공정한지 여부를 입증할 책임은 회사와의 거래의 경우 §5.10에 정한 바에 따라 결정한다.

(c) 구제수단에 대한 특칙

본조에 의한 지배주주의 책임은 취득하고 보유한 부당한 이익의 범위에만 한정된다. 다만, 주주의 행위로 인한 예상된 손해가 취득한 이익의 가치를 초래하는 경우에는 그러하지 아니하며 동일한 이익의 취득에 기하여 중첩적인 책임은 지지 않는다.

(3) §5.11의 검토

1) 총설

이상의 규정은 이 점에 관한 판례법의 태도와 대체로 일치한다. 판례에서는 지배주주의 지위를 이용한 다양한 행위가 문제가 되었는데, 예컨대 자회사의 희생하에 세법상의 이익을 추구하는 것, 소수주주에게 불리한 배당정책을 취하게 하는 것, 자회사가 일정한 영업을 하지 못하도록 하는 것, 종속회사 재산을 매각하여 자신들만이 이익을 올리는 것, 자회사가 자신과의 경쟁을 하지 못하도록 하는 것 등이 문제가 되었다. §5.11은 이러한 다양한 사안에 관한 판례법에서부터 다음과 같은 원칙을 추출하였다. 원칙적으로 지배주주는 이해관계 없는 소수주주의 동의 없이는 회사재산 등을 이용해서 금전적 이익을 추구해서는 아니 된다. 예외적으로 그러한 이용이 허용되는 경우는, ① 대가를 지급한 경우(이 경우에는 일반적인 자기거래의 원칙이 적용된다)와 ② 이익이 다른 주주에게도 비례적으로 제공되었거나 이익이 지배적인 지위로부터 유래한 것이고 다른 주주들에게 불공정하지 않은 경우이다.

이 원칙이 구체적으로 어떻게 적용될 것인지를 살펴본다.

2) 지배적 지위의 이용

① 연결납세신고서의 제출[67]

미국의 연방세법전인 내국세입법전(Internal Revenue Code)에 의하면 다른 회사 주식의 80% 이상을 소유하는 회사는 그 회사와 공동으로 하나의 연결세금신고서(consolidated income tax returns)를 제출할 수 있다(§1501). 연결세무

67 이 문제에 대해서 상세한 것은 Schreiber & Yoran, Allocating the Tax Saving Derived form Filing Consolidated Tax Returns, 29 Baylor L. Rev. 243(1977).

신고를 하는 경우에는 한 회사의 이익을 다른 회사의 손실과 상쇄함으로써 결과적으로 이익이 많은 회사의 납세액을 감소시킬 수 있다. 이러한 연결세무신고로 인한 절세이익은 이익이 있는 회사와 손실이 있는 회사가 공동으로 행동함으로써만 얻을 수 있는 것이기 때문에 지배회사가 그것을 독점하는 것은 부당하다. 그러나 그것을 구체적으로 어떻게 분배할 것인가는 어려운 문제이다. 일부 판례는 그 분배가 공정하게 이루어져야 한다고 하여 공정성 기준을 택하고 있다.[68] 한편, 몇몇 판례들은 공정성 기준을 택하면서도 분배의 결정에 대해서도 "중대하고 명백한 기만"(gross and palpable overreaching)이 없는 한 사업판단의 원칙을 적용하고 있다.[69]

이 문제에 관해서 가장 유명한 판결은 1965년 뉴욕주 대법원 판결은 Case v. New York Central Railroad Co.판결[70]이다. New York Central Railroad Company(센트럴)의 자회사인 Mahoning Coal Railroad Company(마호닝)은 소유하고 있는 철도를 센트럴에 임대하고 그 대가로 그 철도사업 총수입의 40%와 회사경상비에 해당하는 금액을 받고 있었다. 센트럴은 마호닝을 비롯한 34개의 자회사와 더불어 연결세무신고서를 제출하고 연결납세로 인한 절세이익은 손실을 발생시킨 회사에 대부분 제공하도록 계약을 체결하였다 그후 3년간 이들 두 회사가 연결납세로 인하여 얻은 이익은 380여만 달러에 달하였으나 센트럴은 그 90%를 넘는 355만여 달러를 차지하였다. 마호닝의 소수주주는 그러한 연결납세에 관한 계약의 취소와 절세이익 전액의 양도를 구하는 소를 제기하였다. 법원은 센트럴이 마호닝의 소수주주에 대하여 공정한 교섭의무를 지며 그들의 희생하에 자신이 부당한 이익을 취하기 위해서 지위를 이용하여서는 아니 된다고 판시하면서도 마호닝이 손해본 것

68 대표적인 것은 Smith v. Tele-Communications, Inc. 184 Cal. Rptr. 571(1982).

69 Meyerson v. E1 Paso Natural Gas Co., 246 A. 2d 789(Del. Ch. 1967) 등 Principles, 468에 열거된 판례 참조.

70 256 N. Y. S. 2d 607(1965).

은 없으므로 그 계약이 불공정한 것은 아니라는 결론을 내렸다. 그 근거로는 센트럴이 존속하는 것이 마호닝에게도 결정적인 이익이 된다는 점, 센트럴의 손실은 장차 이익과 상쇄하기 위해서 7년까지 이월시키는 것이 가능하기 때문에 센트럴에게는 일종의 자산에 해당한다는 점을 들었다.

Principles에서는 절세이익의 분담에 관한 사전의 합의는 일종의 자기거래에 해당하기 때문에 §5.10의 적용을 받고 사후에 배분에 대해서는 §5.11(a)②가 적용된다. 사전의 합의가 없는 경우에도 지배회사는 절세로 인한 이익을 종속회사와 공정하게 분배하여야 한다. 공정성 여부는 결국 구체적으로 사실관계에 따라 달라질 것이다.

② 배당정책에 대한 영향

지배주주는 회사의 배당정책에 대해서도 영향을 미칠 수 있다. 지배주주는 배당정책을 마련함에 있어 일부 주주만을 불공정하게 취급해서는 안 된다.[71] 지배주주가 회사의 이익배당을 억제하고 다른 방법을 통해서 이익을 제공받음으로써 소수주주가 실질적으로 이익배당에서 배제되는 경우에는 §5.11의 위반에 해당하게 된다. 그러나 일단 이익이 배당되고 소수주주들도 동등하게 참여하는 경우에는 지배주주의 충실의무위반은 거의 문제될 여지가 없다.

③ 지배주주의 이익을 위해서 회사가 특정행위를 하는 것을 막는 경우

§5.11(a)는 지배주주가 자신의 지위를 이용해서 회사가 특정행위를 하지 못하도록 하는 것은 금지하고 있다. 그렇지만 지배주주가 회사와 경쟁하는 것을 막는 것은 아니다. 또한, 지배주주가 회사가 자신과 경쟁할 수 있도록 회사에 자금을 지원할 의무가 있는 것도 아니다. 그러나 지배주주가 회사가 자신과 경쟁하는 것을 막는 경우에는 §5.11에 위반한다. 그 입증책임은 소수주주가 부담한다.

71 United States v. Byrum, 408 U.S. 125(1972).

④ 회사재산의 매각

이 경우는 다음과 같은 예로서 더욱 분명히 알 수 있다.[72] 갑회사는 을회사의 B종 보통주식 전부를 소유함으로써 을회사를 지배하고 있다. 을회사는 상환가능한 A종 보통주식도 발행하고 있는바 이는 B종 보통주식으로 전환이 가능하다. 청산시 A종 보통주식은 B종 주식의 2배를 받을 수 있다. 을회사는 자산이라고는 공급 감소로 인해서 가격이 폭등한 자연자원밖에 없다. 이러한 가격상승의 이익을 독차지하기 위해서 갑회사는 을회사로 하여금 주주들에게 그러한 가격상승 사실과 청산계획을 알리지 않고 A종 주식을 상환하도록 하였다. 그후 갑회사는 을회사의 자산 전부를 높은 가격에 매각하고는 청산에 들어갔다. 이 경우 갑회사는 A종 주주에게 그러한 사정을 공시하고 그들이 청산 전에 B종 주식으로 전환할 기회를 주지 않고 A종 주식을 상환함으로써 가격상승 이익을 다른 주주들을 배제하고 독차지한 것은 §5.11(a) 위반이다.

3) 정보의 이용

지배주주가 회사정보를 이용해서 회사주식을 거래하여 이익을 올리는 행위는 §5.11에 위반한다. 이것은 내부자거래에 속하는 경우인데, 소수주주의 보호문제와는 다소 거리가 있으므로 이곳에서는 자세한 설명은 생략한다.

4) 회사재산의 이용

회사재산을 이용한 경우에는 지배주주로서의 지위를 이용한 경우와는 달리 당연히 대가를 지급하여야 한다. 여기서 말하는 회사재산에는 특허, 영업비밀 기타의 정보도 포함된다.

72 이하는 Principles, 462의 예시 4에 의존하였다.

V. 기업집단의 소멸

1. 서설

앞서 살펴본 것과 같이 종속회사에 소수주주가 존재하는 경우에는 현재의 법적 기술로는 충분히 해결하기 어려운 다양한 이해상반의 문제가 발생한다. 이러한 구조적인 이해상반은 그것을 낳는 구조가 소멸되는 경우에만 비로소 사라진다. 그러한 구조가 소멸되는 것은 다음의 두 가지 경우이다. 첫 번째는, 이들 지배회사와 종속회사가 합병을 통해서 하나의 회사로 통합되는 경우이다. 미국에서는 특히 이러한 지배·종속회사 사이의 합병은 소수주주에게 현금을 주고 축출하는 이른바 축출합병(freeze-out merger)의 형태로 이루어지는 것이 보통이므로 이곳에서도 축출합병을 중심으로 설명한다. 이해상반의 구조가 소멸하는 두 번째 경우는 지배회사가 종속회사의 지배주식을 처분하는 경우이다. 이하에서는 이 두 가지 경우에 대해서 차례로 살펴본다.

2. 축출합병(freeze-out merger)

(1) 축출의 필요성

앞서 살펴본 바와 같이 종속회사에 소수주주가 있는 경우 지배회사의 권한남용으로부터 종속회사의 주주를 보호하는 것은 극히 어렵다.[73] 그렇다면 이들 소수주주를 축출하는 것은 이러한 이해상반의 가능성을 구조적으로 제거한다는 측면에서는 오히려 바람직한 현상일 수도 있다. 미국에서는 지

73 그러한 사정은 미국에서도 대체로 마찬가지이다. Eisenberg, (주 34), 324면.

배주주가 소수주주를 축출하는 일이 빈번하게 일어난다. 지배주주가 소수주주를 착취하는 것을 막는 것이 그토록 어려움에도 불구하고 지배주주가 굳이 소수주주를 축출하기를 원하는 이유는 반드시 분명한 것은 아니다.[74] 일반적으로 말해서, 지배주주로부터 소수주주를 보호하는 면에 있어서 미국법은 우리 법보다 훨씬 발달되어 있다. 미국에서 소수주주의 축출이 자주 발생하고 있는 것은 지배주주의 운신의 폭을 제한하는 그러한 법적인 규제를 지배주주들이 부담스러워하고 있음을 보여 주는 징표라고 할 수 있다.

(2) 축출의 방법

지배회사가 종속회사에서 소수주주를 축출하는 방법은 축출합병 외에도 해산과 주식병합(reverse stock splits)이 있다. 해산의 경우에는 먼저 영업을 지배주주에게 양도하고 해산하는 방법과, 해산 후 청산시에 영업재산은 지배주주에, 나머지 재산은 소수주주에 분배하는 방법이 있으나 두 가지 모두 법원에 의해서 대체로 부적법하다는 평가를 받고 있다.[75] 주식병합에 의한 축출은, 예컨대 소수주주 중 보유주식수가 제일 많은 주주가 1,000주 미만을 보유하는 경우 1,000주를 1주로 병합하는 방법을 취하는 것이 보통이다. 그 경우 1,000주 미만의 소수주주들은 단주(fractional share) 대신에 현금을 받게 된다. 그러나 주식병합에 의한 축출의 예는 그리 많지 않다.[76]

가장 흔한 것은 합병을 통한 축출이다. 전형적인 예는 지배회사가 종속회사를 자신이나 자회사에 흡수합병하고 종속회사의 소수주주들에게 자신의 주식 대신에 현금을 지급하는 경우이다. 우리 법상으로는 소멸회사의 주주

74 이 문제에 대해서는 R. Gilson, The Law and Finance of Corporate Acquisitions 854-868(1986)이 비교적 자세히 다루고 있다.

75 Cary & Eisenberg, (주 55), 1168-1169.

76 그에 대한 법적 평가는 구체적 사안에 따라 엇갈리고 있다. Cary & Eisenberg,(주 55),1200-1201.

들이 존속회사의 주식을 교부받게 되어 있으므로 이 방법은 불가능하다. 그러나 미국에서는 1925년 플로리다주법이 처음 도입한 이래 1993년 3월 1일 현재 2개의 주를 제외하고는 모두 주에서 현금합병을 인정하고 있다.[77]

(3) 사업상의 목적 기준: Singer판결

주법이 현금합병을 허용한 것을 계기로 델라웨어주에서는 약식합병(short-form merger)에서 시작해서 나중에는 정식합병(long-form merger)[78]의 경우에도 소수주주의 축출을 허용하기에 이르렀다.[79] 그러한 축출에 불만이 있는 주주는 주식매수청구권을 행사하는 길밖에 없었다. 소수주주의 보호가 미흡하다는 주장이 높아 감에 따라 지배주주의 권한행사를 제한하기 위해서 종전의 태도를 뒤엎은 것이 바로 1977년 델라웨어주 대법원이 선고한 Singer v. Magnavox Co.판결[80]이다. 소수주주를 축출하는 효과를 가져오는 합병은 적어도 정당한 사업상의 목적(valid business purpose)이 있어야 한다는 Singer판결의 결론과 같은 태도를 취하고 있는 주는 아직도 다수를 차지하고 있다.[81] Singer판결의 사안은 다음과 같은 것이었다. 한 회사가 신설한 자회사를 통해서 Magnavox회사에 대한 공개매수를 실행하여 1주당 9달러에 주식의 84%를 취득하였다. 그로부터 1년 이내에 그 자회사와 Magnavox회사 사이에 합병을 통해서 Magnavox회사의 소수주주들을 1주당 9달러를 주고 축출하였다. 델라웨어주 대법원은 합병의 무효와 손해배상을 구하는 소수주주들의 청구를 기각한 형평법원(Court of Chancery)의 판결을 다음과 같은 이유로 파기하였다. 즉, 회사를 지배하는 주주는 소수주주에 충실의무를 부담하며

77 Model Business Corporation Act Annotated 1238 (3rd.1993).
78 약식의 절차에 의하는 약식합병(short form merger)이 아닌 합병을 말한다.
79 Gilson, (주 74), 870.
80 380 A. 2d 969 (Del. 1977).
81 Principles, 1054.

소수주주의 축출만을 목적으로 합병을 감행하는 것은 사기에 해당하는 것은 아닐지라도 소수주주에 대한 다수주주의 충실의무의 위반이다. 또한 법원은 지배주주가 사업상의 목적을 제시하는 경우에도 합병조건 등이 Sterling판결[82]에서 채택한 "완전한 공정성"(entire fairness) 기준에 적합한지 여부를 면밀히 검토할 것이고 그 기준을 위반한 경우에는 형평법상 요구되는 적당한 구제수단을 부여할 것이라고 판시하였다.

그러나 Singer판결의 정확한 사정거리에 대해서는 다음과 같은 의문이 제기되었다.[83] '사업상의 목적'을 얼마나 엄격히 해석할 것인가, '완전한 공정성'과 가격의 공정성은 어떻게 다른 것인가, 형평법상 요구되는 적당한 구제수단은 구체적으로 무엇인가 등이다. 이러한 의문에 대해서는 Singer판결 이후 논의가 계속되었으나 그러한 논의에 어느 정도 매듭을 지은 것이 바로 다음에 소개하는 1983년의 Weinberger v. UOP, Inc.판결[84]이다.

(4) 사업상의 목적기준의 포기 :Weinberger판결

Weinberger판결은 Singer판결에서 채택하였던 사업상의 목적기준을 포기하였다는 점 외에도 Singer판결이 야기하였던 여러 가지 의문점에 대해서도 판시하고 있으므로 자세히 소개하기로 한다.[85]

82 Sterling v. Mayflower Hotel co. 93A. 2d 107(1952). 지배 · 종속회사 사이의 합병은 정의상 지배회사가 종속회사를 지배하므로 자기거래와 마찬가지의 법리가 적용된다. 위 판결은 이 점에 관한 대표적인 판례이다. 위 판결에서 문제된 것은 친회사인 힐튼호텔과 자회사인 메이플라워호텔 사이의 합병이었다. 법원은 친회사는 자회사의 다수주주로서 소수주주에 대해서 fiduciary의 지위에 선다는 전제하에 친회사는 결국 거래의 양편에 서기 때문에 그 거래의 완전한 공정성(entire fairness)의 입증책임을 진다고 판시하였다.

83 보다 자세한 것은 Gilson, (주 74), 883-888.

84 457 A. 2d 701(1983).

85 이 판결에 대한 논문은 많으나 우선 Berger & Allingham, A New Light on Cash-out Mergers: Weinberger Eclipses Singer, 39 Bus. Law. 1, 3-5 (1983) 참조.

1) 사실관계

1974년 자회사를 매각하여 축적한 자금을 투자할 곳을 찾고 있던 Signal은 상장회사 UOP의 주식 50.5%를 주당 21달러에 공개매수를 통해서 취득하였다. Signal은 UOP의 이사회 정원 13석 중에서 6석을 차지하였고 이어서 UOP의 사장이 퇴사하자 그 자리도 자기 회사 출신으로 채웠다 그로부터 약 3년이 지난 후에도 여유자금의 투자대상을 찾지 못한 Signal은 UOP의 나머지 주식에 눈을 돌렸다. UOP의 이사를 겸하고 있던 Signal의 이사 2명이 UOP의 내부정보를 이용하여 작성한 계획서를 Signal에 제출하였다. 그에 의하면 UOP의 주식을 주당 24달러 이내에 매수한다면 유리한 투자가 될 수 있다는 것이었다. Signal의 고위경영진에서는 주당 20내지 21달러에 나머지 주식을 매수하는 안을 경영위원회에 제출하기로 결정하였다. 이어서 열린 Signal의 경영위원회에는 위원이 아니었음에도 UOP의 사장이 참석하여 그 정도 가격이면 '너그러운'(generous) 것이라고 자신의 견해를 밝혔다. UOP의 사장은 외부이사 전원을 전화로 접촉하고 자사의 고문투자은행에 거래조건의 공정성에 대한 의견서(fairness opinion) 작성을 의뢰하였다. Signal과 UOP, 양사의 이사회는 전화를 통한 공동이사회를 개최하여 UOP를 주당 21달러에 Signal에 흡수합병하기로 합의하였다. UOP의 이사를 겸하고 있던 Signal 측 이사들은 UOP의 이사회에 참석하기는 하였으나 표결에는 참여하지 않았다. 이들이 합의한 합병계약서에는 (1) Signal을 제외한 소수주주의 과반수 찬성을 얻을 것, (2) 소수주주의 찬성표에 Signal의 찬성표를 더하면 총 주식의 3분의 2 이상일 것이라는 조건이 포함되어 있었다. UOP의 주주총회에서 이러한 조건이 모두 충족되었으므로 합병이 실현되었다.

이 합병에 반대하는 UOP의 소수주주인 원고가 합병의 취소 또는 손해배상을 구하는 소송을 집단소송(class action)으로 제기하였다. 원고는 ① 합병의 조건이 Signal에게만 유리하다. ② 합병이 정당한 사업상의 목적이 없이 순전히 소수주주의 축출을 위해서 실행되었다. ③ UOP의 주주총회에서 위임장 설명서 등에 합병조건의 교섭이나 공정성 의견의 졸속성에 관한 개시가 불충분했다는 점 등을 주장하였다. 원심은 원고의 청구를 기각하였다. 원고의 상고에 대하여 대법원은 애초에는 원심의 판단을 지지하였으나 바로 재심을 행하여 원심판결을 파기 환송하였다.

2) 판결요지

판결의 요지는 대략 다음과 같이 정리할 수 있다.

합병에 적용되는 '완전한 공정성' 기준(entire fairness standard)은 절차의 공정성(fair dealing)과 가격의 공정성(fair price)의 양자를 포함한다. Signal과 UOP 사이의 거래절차는 다음과 같은 이유로 공정한 것으로 볼 수 없다. (1) 계획서의 존재 여부와 내용이 UOP의 외부이사나 주주들에게 개시되지 않았다; (2) 가격에 대한 교섭이 거의 없었다는 사실이 UOP의 주주들에게 개시되지 않았다; (3) UOP의 공정성의견이 사실은 졸속으로 작성된 것임에도 충실한 보고서처럼 주주들에게 제시되었다.

가격의 공정성을 판단함에 있어서는 원심과 마찬가지로 주식매수청구 절차에서 적용되는 기준을 적용하지만 그 기준은 다음과 같이 확충한다. 종래 델라웨어주에서 적용해 온 자산가치, 시장가치, 수익가치의 3자를 적당히 가중평균하여 주가를 산정하던 가중평균법은 "금융계에서 사용되는 일반적인 기법을 배제하는 (한)" 이제 분명히 시대에 뒤진 것이다. 앞으로 주식매수 청구절차에서 주식의 평가는 기업금융이론 내지 실무상 일반적으로 승인된 방법 또는 재판절차에서 이용가능한 모든 방법을 동원하여야 한다. 델라웨어주 회사법 262조는 주가의 산정에 있어 "모든 관계있는 요소들"(all relevant Factors)을 고려하되 합병의 실행으로 인하여 발생할 가능성이 있는 가치 중에서 사행성 있는(speculative) 것은 배제하도록 하고 있다. 법원은 이러한 사행성의 예외를 아주 협소한 예외로 보아 합병시에 알려지고 입증이 가능한 미래의 가치도 주가산정에 고려해야 한다고 판시하였다. 따라서 현금합병의 경우 주주들이 축출됨으로써 입는 손해도 고려해야 한다.

앞으로 현금합병에서 소수주주가 가격의 불공정을 이유로 금전배상을 구하는 경우에는 위에서 설시한 주식평가에 관한 새로운 기준에 따른 주식매수 청구절차에 의하는 것이 원칙이다. 그러나 가격의 불공정 이외에 사기, 부실표시, 고의적인 낭비 등의 이유로 청구하는 경우에는 종래와 같은 형평법상의 구제가 인정된다.

Singer판결 이후 사업상의 목적 기준은 거의 무의미한 것으로 전락하였다. 델라웨어주가 취하고 있는 공정성 기준, 현재 주주들이 행사할 수 있는 강화된 주식매수청구권, 구체적인 사실관계에 적합한 구제수단을 부여할 수 있는 광범한 재량 등에 비추어 Singer판결에서 제시된 사업상의 목적 요건이 소수주주의 보호에 더 기여할 것이 없으므로 그 요건은 폐기하기로 한다.

(5) 축출에 대한 제한: Weinberger판결의 의미

Weinberger판결에서 사업상 목적 기준을 포기함에 따라 이제는 순전히 소수주주를 축출하기 위한 합병도 굳이 그럴듯한 사업목적을 끌어 댈 필요 없이 가능하게 되었다. 그러나 축출에 대한 제한이 완전히 사라진 것은 아니고 축출에 대한 규제는 오히려 한층 복잡해졌다고 할 수 있다. 이하에서는 Weinberger판결에서 제시하고 있는 축출규제를 간단히 정리하기로 한다.[86] 먼저 축출합병은 여전히 공정성 요건을 충족하여야 한다. 완전한 공정성 요건은 절차의 공정성과 가격의 공정성으로 나눌 수 있다. 절차의 공정성과 관련해서는 합병의 교섭과정, 이사회에 대한 정보의 개시, 이사와 주주의 승인과정 등이 중요하다. 소수주주에 의한 승인결의와 독립적인 교섭위원회의 선임 등과 같이 종속회사의 의사결정절차를 지배주주의 영향력으로부터 단

86 이 부분의 서술은 Gilson, (주 74) 905-907에 크게 의존하였다.

절시키는 절차적인 배려가 베풀어진 경우에는 불공정을 입증할 책임이 원고에 전가된다. 가격의 공정성을 판단함에 있어서는 주식매수청구권의 경우와 동일한 주식 평가방법이 적용된다. 한편 종래 주식평가에 있어서 적용해오던 델라웨어공식(이른바 Delaware block method)[87]은 포기하고 그 대신 "금융계에서 이용되는 일반적인 평가기법"에 따라 '모든 관계있는 요인'들을 감안하여 '공정한 가치'를 구하도록 하고 있다. 그리하여 평가에 있어서는 합병으로 인하여 장차 기대되는 이익도 특히 '사행적인' 것을 제외하고는 고려할 수 있고, 따라서 소수주주는 이른바 시너지 이익(synergistic gains)의 배분에도 참여할 수 있다.

이처럼 주식매수청구권의 경우 주식평가방법이 일반소송에서의 주식평가방법과 동일해지고 또한 소수주주의 이익을 충분히 반영하는 방향으로 개선됨에 따라 완전한 공정성 요건의 위반을 주장하는 주주는 원칙적으로 주식매수청구권만을 행사할 수 있을 뿐이다. 예외적으로 일반적인 손해배상청구나 유지청구를 할 수 있는 경우는 사기, 부실표시, 자기거래, 고의적인 회사재산의 낭비 등의 경우이다. 일반소송에 의한 손해배상을 구하는 경우에도 주식평가방법이 통일되었으므로 배상액 자체는 주식매수청구권을 행사한 경우와 다를 바가 없을 것이나 일반소송의 경우에는 집단소송이 가능하고 주식매수청구권에 부과되는 여러 가지 절차상의 제약을 피할 수 있다는 이점이 있다.

(6) Weinberger판결 이후

델라웨어주 이외의 주에서 Weinberger판결을 추종하는 판결은 아직 별로

87 자산가치(asset value), 수익가치(earnings value), 시장가치(market value)의 가중평가치를 구하는 방식으로 델라웨어주 법원이 처음 채택하였다.

많지 않다. 한편, 델라웨어주에서는 Weinberger판결을 보완하는 후속판결들이 나오고 있다. 그들 중 대표적인 것이 Rosenblatt v. Getty Oil Co.판결[88]과 Rabkin v. Philp A. Hunt Chemical Corp.판결[89]이다. Rosenblatt판결은 조부회사와 손자회사 사이의 합병에 관한 것이다. 이들 두 회사는 모두 석유회사였는데, 양 회사의 경영진은 당시까지의 경쟁관계를 청산하고 합병을 하기로 합의하고 자산평가를 위해서 독립적인 석유엔지니어링업체를 고용하였다. 양 회사는 또한 각각 평가작업을 위해서 투자은행을 선임하였다. 이들 양 회사는 합병조건의 결정에 필요한 주식평가에 있어 열띤 교섭을 벌였고 마침내 합병조건에 합의하였다. 합병계약은 양 회사의 이사회는 물론이고 주주총회에서 통과되었다. 특히 손자회사의 소수주주의 89.4%의 동의를 얻었다. 그럼에도 불구하고 손자회사의 소수주주인 원고는 합병의 공정성을 공격하는 집단소송을 제기하였다. 델라웨어주 대법원은 문제의 합병은 절차의 면에서나 가격의 면에서 공정하다는 이유로 원고의 청구를 기각한 원심의 판결을 유지하였다. 법원은 특히 양 회사 사이의 교섭이 독립한 당사자 사이의 교섭과 마찬가지로 공정하게 이루어진 것에 감명을 받은 것으로 보인다. Rosenblatt판결에서 법원이 판시한 중요한 사항은 다음과 같다. (1) 친회사가 내부적으로 마련한 평가서를 자회사에 개시해야 하는 경우는 Weinberger판결에서와 같이 그 자료가 자회사의 이사나 임원에 의해서 작성된 경우에 한정된다. (2) 친회사와의 교섭을 담당한 자들이 자회사의 외부이사이고 이들이 충분한 정보를 가지고 적극적으로 교섭에 임한 경우에는 절차적 공정성은 크게 향상된다. (3) 소수주주의 압도적인 찬성은 공정성 판단에 긍정적으로 작용한다. (4) 주식의 평가가 외부의 공정성 의견과 외부전문가의 평가에 기하여 이루어진 경우 종래의 델라웨어공식에 의하더라도

88 493 A. 2d 929(Del. 1985).

89 498 A. 2d 1099(Del. 1985).

무방하다.

Rosenblatt판결을 절차의 공정성이 가격의 공정성에 대한 판단에도 영향을 줄 수 있음을 보여 준다. 따라서 이러한 합병을 계획하는 자들은 장차 소송을 예방하기 위해서는 절차의 객관성 내지 중립성을 확보하는 데 주의할 필요가 있다. 이러한 절차중시사고는 뒤에서 보는 바와 같이 Principles에서 두드러지게 부각되고 있다.

두 번째 판결인 Rabkin판결의 사실관계는 다음과 같다 1983년 3월 1일 Olin Corporation(올린)은 Philip A. Hunt Chemical Corporation(헌트)의 대주주로부터 헌트주식 63.4%를 주당 25달러에 취득하였다. 당시 양 당사자 사이에 체결된 주식매입계약에 의하면 그로부터 1년 이내에 올린이 헌트의 나머지 주식을 매입하는 경우에는 가격을 역시 25달러로 하도록 되어 있었다. 올린은 처음부터 헌트의 나머지 주식을 매입할 의사가 있었으나 25달러의 구속을 받는 1년이 지나기를 기다려 매입에 착수하였다. 올린은 매수가격으로 주당 20달러를 제시하였고 헌트의 이사회도 결국 그에 동의하여 합병계약이 체결되었다. 헌트의 소수주주들인 원고는 합병을 막기 위해서 소송을 제기하였다. 원고는 올린이 합병시점을 불공정하게 조작함으로써 가격이 과도하게 낮게 결정되었다고 주장하였다. 이에 대해서 형평법원은 Weinberger판결에 의하면 사기적인 요소(deception)가 없는 한 소수주주는 주식매수청구권에 의존할 수밖에 없다는 전제하에 원고의 청구를 각하하였다. 대법원은 원심의 판결을 파기 환송하였다. 대법원은 Weinberger판결이 주식매수청구권 이외의 구제수단을 반드시 사기가 있는 경우에만 인정하는 것은 아니며 절차의 공정을 판단함에 있어서는 거래의 시점도 하나의 요소가 될 수 있으므로 원심은 원고의 청구를 각하할 것이 아니라 과연 원고의 주장대로 올린이 합병의 시점을 늦춘 것이 절차의 불공정에 해당하는지 여부를 따져 보아야 했다고 판시하였다.

(7) 축출에 대한 연방법적 제한

축출합병에 대한 주회사법의 규제에 불만을 품은 주주들은 연방법에서 보호막을 찾고자 하였다. 그들이 동원한 것은 극히 추상적인 문언으로 되어 있고, 따라서 융통성 있는 해석의 여지가 가장 큰 증권거래소법 10(b)조였다. 그러나 이들의 시도는 이미 1977년 연방대법원의 Santa Fe Industries v. Green판결[90]에 의해서 좌절되었다.[91] Santa Fe판결은 자회사의 주식 95%를 보유하는 친회사와 자회사 간의 합병에 관한 것이다. 자회사의 소수주주인 원고는 주식매수청구 절차에 의존하는 대신 규칙 10b-5에 기하여 합병의 취소 또는 공정한 가격과 친회사가 제공한 가격과의 차액의 회복을 구하는 소송을 연방법원에 제기하였다. 원고는 친회사가 관계정보를 모두 개시하였고 그 정보가 정확하였다 하더라도 정당한 사업상의 목적이 결여된 축출합병은 규칙 10b-5상의 사기에 해당한다고 주장하였다. 그러나 대법원은 이들 회사 간의 합병은 '사기적'(deceptive)이지도 '조종적'(manipulative)이지도 않기 때문에 규칙 10b-5의 위반에 해당하지 않는다고 판시하였다. 대법원에 의하면 증권거래시의 사기나 조종에 해당하지 않는 단순한 충실의무의 위반이나 충실의무부담자가 행한 거래의 실체적 불공정은 규칙 10b-5의 적용대상이 아니라는 것이다.

(8) Principles

Principles는 지배회사와 종속회사 사이의 합병과 관련해서 소수주주의 이익을 주로 주식매수청구권으로 보호하려는 태도를 취하고 있다. §7.25(a)

90 430 U.S. 462(1977).

91 이하의 설명은 주로 Clark, (주 37), 519에 의존하였다.

는 다음과 같은 요건을 갖추는 경우에는 지배 · 종속회사 간의 합병에서 주식매수 청구권이 배타적인 구제수단이라고 하고 있다.

(1) 종속회사의 이사들이 합병에 동의함에 있어 소수주주들에 지급된 대가가 그 주식의 공정한 가치(fair value)에 해당한다는 것을 믿은 것에 충분한 근거(adequate basis)가 있을 것. (2) 소수주주에게 거래의 조건과 이해상반에 대한 개시를 행하였을 것. (3) 합병이 법률과 정관의 규정에 따른 승인을 받았을 것. (4) 거래를 승인하지 않은 주주들에 Principles가 규정하는 내용의 주식매수청구권[92]이 부여될 것. 따라서 이들 네 가지 요건을 충족한 경우에는 사업상의 목적 없이 순전히 소수주주 축출을 위한 합병도 허용된다는 결론이 된다.[93]

입증책임에 관해서 Principles는 이해관계 없는 이사나 주주의 승인을 높이 평가하고 있다. 즉, 이해관계 없는 이사에 의해서 사전에 승인되거나 이해관계 없는 주주에 의해서 사전에 승인받거나 사후에 추인받은 경우에는 합병을 공격하는 당사자가 위 (1) 내지 (4)의 위반을 입증한 책임을 부담한다(§7.25(b)). 그 밖의 경우에는 지배 회사쪽에서 위 (1) 내지 (4)의 요건을 충족하였음을 입증하여야 한다.

한편, 위에서 (1) 내지 (3)은 충족되었으나 (4)가 충족되지 않은 경우—즉, 주식매수청구권이 부여되지 않거나 그 내용이 Principles가 정하는 것과 다른 경우—에는 입증책임은 다시 두 가지 경우로 나누어 부담한다(§7.25(c)). 먼저 당해거래가 이해관계 없는 주주의 사전승인을 받은 것인 경우에는 그것이 공정하지 않다는 이유로서만 다툴 수 있으며 그 입증책임은 다투는 자가 부담한다. 반면, 그러한 승인이 없는 경우에는 지배주주가 그 거래가 나머지 주주들에 대해서 공정하였다는 점을 입증할 책임이 있다.

92 Principles는 §7.22와 §7.23의 규정에 따를 것을 요건으로 하고 있다. 그 자세한 내용에 대해서는 김건식, 미국회사법상의 주식매수청구권, 법학 34권 3/4호(1993) 102면 이하 참조.

93 Principles, 1055.

3. 지배주식의 매각

(1) 지배프리미엄

지배종속관계는 지배회사가 종속회사의 지배주식을 타인에게 매각하는 경우에 소멸한다. 지배주식은 회사의 지배를 가능케 하기 때문에 이른바 지배프리미엄(control premium)이라는 것이 붙어서 거래되는 것이 일반적이다. 왜 지배프리미엄이 존재하는가에 대해서는 아직 정설이 없이 다투어지고 있다. 그 존재근거를 어떻게 보는가에 따라서 지배프리미엄의 규제에 대한 태도가 달라지게 된다.[94] 지배프리미엄의 근거를 소수주주의 착취 가능성에서 찾는 견해는 지배주주가 그것을 독차지하는 것을 금지함으로써 부정목적의 지배권 이동을 막으려 할 것이다. 한편 지배프리미엄을 새로운 지배주주가 회사재산을 보다 효율적으로 운영함으로써 얻을 이익의 일부로 파악하는 견해에 의하면 지배프리미엄의 분배를 강제함으로써 지배권 이동을 어렵게 하는 것은 바람직하지 않을 것이다. 지배프리미엄에 대해서는 그것이 회사재산(corporate asset)으로 보아 모든 주주들이 나누어 가져야 한다는 견해도 있지만[95] 널리 지지를 받고 있지 않다.[96] 일반적으로 판례는 지배주주가 주식 매각시에 프리미엄을 받는 것 자체를 막지는 않고 있다. 그러나 다음의 두 가지 측면에서의 제한이 주로 논의되고 있다. (1) 지배주주가 기업을 약탈(loot)할 의도를 가지고 있는 자에게 그 사실을 알면서 지배주식을 양도하는 것은 지배주주의 충실의무위반에 해당하는가. (2) 지배주주가 지배주식을 매각할 때 소수주주의 요청이 있으면 그들의 보호주식도 자기의 주식과

94 Principles, 504 이하.

95 그 대표자는 Berle이다. Berle, 'Control' in Corporate Law, 58 Colum. L. Rev. 1212(1958); the Price of Power: Sale of Corporate ControL, 50 Cornell L. Q. 628(1965).

96 Clark, (주 37), 491-492.

함께 매각될 수 있도록 배려해야 할 의무가 있는가. 이하에서는 (1)과 (2)의 문제를 차례로 살펴보고 이어서 지배주식의 매각에 관한 여러 문제점을 잘 보여 주는 1955년 연방 제2항소법원판결인 Perlman v. Feldmann판결[97]을 소개한다.

(2) 약탈자에 대한 매각

지배주주가 회사를 불법적인 방법으로 약탈할 의도가 있는 자에게 지배주식을 양도하는 것은—지배주주의 고의, 중과실의 경우에는 물론이고 아마도 과실이 있는 경우에도—충실의무위반이라는 것이 판례의 태도이다.[98] 그러나 약탈자가 약탈의도를 미리 밝히는 경우는 거의 없을 것이므로 문제는 지배주주가 약탈의도를 파악하기 위해서 어느 정도의 주의를 기울일 의무가 있는가 하는 것이다. 주의의무를 넓게 인정하는 경우에는 지배주식의 양도가 저해될 것이므로 지배주주가 양수인의 의도를 조사해야 하는 것은 의심스러운 사정이 있는 경우에 한한다.[99] 예컨대 양수인의 사업상의 평판이 좋지 않고 제시한 가격이 너무 높은 경우에는 지배주주가 일단 경계해야 할 것이다. 그러나 실제로 양수인이 약탈의도를 드러내는 경우가 많지 않기 때문에 요즈음에는 이에 관한 판례가 별로 나오지 않고 있다.

(3) 소수주주의 주식 매각기회의 탈취

양수자가 회사의 주식 전부(또는 회사의 전 재산)를 매수할 의사를 표명해

97 219 F. 2d 173(2d Cir. 1955), cert. denied, 349 U. S. 925(1955).

98 Clark, (주 37), 479.

99 Gerdes v. Reynolds, 28 N. Y. S. 2d 622(Sup. Ct. 1941); DeBaun v. First Western Bank & Trust Co., 120 Cal. Rptr. 354(Cal. App. 1975).

온 경우에 지배주주가 양수자에게 자신의 주식만을 프리미엄을 붙여 양도하는 것은 허용되지 않는다. 그 법리를 보여 주는 대표적인 판결은 1969년 캘리포니아주 판결인 Brown v. Halbert판결[100]이다. Brown판결의 사실관계는 다음과 같다. Tulare Savings and Loan Association이라는 금융기관의 사장 겸 대주주인 Halbert는 영업양도의 의사가 있는지를 묻는 McDonald에게 회사영업 자체는 팔 수 없으나 자신의 지배주식은 주당 1,548달러에 매각할 의사가 있음을 밝혔다. Halbert는 회사의 이사들이나 주주들에게 McDonald의 제안에 대해서 알리지 않은 채 교섭을 벌여 결국 그 가격에 주식을 매각하였다. Halbert는 이사직을 계속 유지하면서 McDonald가 나머지 주식을 매수하는 것을 도왔다. 그는 McDonald가 10~20년간 이익배당을 중지할 것이므로 나머지 주주들에게 McDonald가 제시한 300달러에 주식을 매각할 것을 권유하였다. 나중에 Halbert가 고가로 매각한 사실을 알게 된 소수주주들은 충실의무위반을 이유로 소를 제기하였다. 법원은 다음과 같은 원칙을 적용하여 Halbert가 충실의무를 위반하였다고 판시하였다.

"이사 겸 다수주주가 다른 주주에게는 허용되지 않는 가격에 지배주식을 매각하고, 그 매각으로 인하여 소수주주가 손해(prejudice)를 입을 수 있는 경우에 부담하는 의무는 자신이 얻는 것과 실질적으로 동등한 이익을 얻을 기회를 주기 위하여, 그리고 소수주주의 충분한 보호를 위하여 적극적으로, 그리고 충분한 개시와 함께 공개적으로 행동하는 것이다."[101]

법원은 지배주주가 다른 주주들이 유리한 가격에 주식을 매각할 기회를 가로채는 것을 금해 온 종래의 판결[102]에서 한 걸음 더 나아가 소수주주도 지배주주가 받은 가격과 실질적으로 동등한 가격을 받을 수 있도록 노력할

100 76 Cal. Rptr. 781(Cal. App. 1969).
101 Id. 793-794.
102 Low v. Wheeler, 24 Cal. Rptr. 538(Cal. App. 1962); McManus v. Durant, 154 N. Y. S. 580 (App. Div. 1915).

의무를 부과하였다. 그리고 법원은 그러한 '적극적인' 의무를 이 사건에서와 같이 제3자가 먼저 회사 주식 전부에 대한 관심을 표명해 온 경우에 한하지 않고, "소수주주가 손해를 입을 수 있는 경우"에 부과하고 있다.

(4) 기회평등의 원칙

Brown판결을 넓게 해석한다면, 지배주주가 지배주식을 매각함에 있어서는 소수주주도 같은 조건으로 참여할 수 있도록 노력할 의무가 있다고 볼 수 있다. 실제로 Andrews 교수가 주장하는 이른바 '기회평등의 원칙'(the equal opportunity rule)[103]에 의하면 그와 비슷한 결과가 될 것이다. 그 원칙에 의하면 지배주주가 지배주식을 매각하는 경우에는 소수주주에게도 같은 조건으로 주식을 매각할 수 있는 기회가 주어져야 한다. 만약 매도를 원하는 주식의 수가 매수자가 매수하고자 하는 주식수를 초과하는 경우에는 안분비례에 따라서 각 주주가 매도할 수 있는 주식수를 결정한다. 기회평등의 원칙에 의하면 주주들은 지배주식의 매각의 경우에도 공개 매수시와 마찬가지의 지위를 갖는다. 기회평등의 원칙에 대해서는 반론도 만만치 않다. 지배프리미엄을 소수주주들과 나누어야 한다고 하면 지배주주들이 요구하는 프리미엄이 높아질 것이기 때문에 바람직한 지배권의 이동이 어려워질 것이라는 것이 그 반론의 요지이다.[104] 일반적으로 판례는 기회평등의 원칙을 취하고 있지 않다.[105]

103 Andrews, The Stockholders' Right to Equal Opportunity in the Sale of Shares, 78 Harv. L. Rev. 505(1965).

104 대표적인 견해로서 Easterbrook & Fischel, (주 37),109-144(1991).

105 Principles, 503.

(5) Perlman v. Feldman판결[106]

철판회사인 Newport의 이사회장이자 지배주주인 Feldman은 철판의 구입자 조합인 Wilport에 지배주식을 매도하였다. 당시 한국전 때문에 철판수요가 급증하였지만 가격규제 때문에 철판가격을 인상할 수 없었다. 그리하여 Newport는 이른바 Feldman Plan이라고 해서 구입자에게 선금을 받음으로써 사실상 가격인상효과를 노리는 방법을 취하고 있었다. Wilport는 Newport의 지배권을 장악함으로써 선금을 주지 않고도 철판을 확보할 수 있기 때문에 당시 주가가 12달러에 불과하였음에도 20달러를 지급하였다. 원고는 Newport의 소수주주로서 회사에 대한 손해배상을 구하는 대표소송을 제기하였다. 법원은 Feldman이 다른 주주들에게는 제공되지 않는 유리한 가격에 지배주식을 매각한 것은 충실의무위반이라고 판시하며 Feldman에게 취득한 지배프리미엄을 다른 주주들에게 분배할 것을 명하였다. 이 판결을 어떻게 해석할 것인가에 대해서는 견해가 분분하다.[107]

(6) 기업매수의 규제를 위한 주법[108]

최근 미국의 다수의 주에서는 주 내의 회사에 대한 적극적인 기업매수를 억제하기 위해서 다양한 경영권 보호 장치를 마련하고 있다. 이들 주법의 주목적은 물론 기존의 경영진을 보호하는 것이지만 부수적인 효과로서 소수주주의 이익을 보호될 수 있는 여지가 있다. 그 대표적인 예가 인디애나주법이다. 1986년 제정된 인디애나주법에 의하면 매수자가 인디애나주

106 219 F. 2d 173(2d Cir. 1955), cert. denied, 349 U. S.925 (1955).

107 약탈자에 대한 매각으로 보는 견해, 회사기회의 유용으로 보는 견해, 전시의 정부규제를 회피하려는 행위에 대한 제재로 보는 견해 등 다양한 견해가 있다. Clark, (주 37), 492.

108 이 문제에 관해서 상세한 것은 유영일, 주식공개매수에 관한 연구(서울대 법학박사 학위 논문, 1994) 참조.

회사[109]의 지배주식을 취득하는 경우 그 지배주식의 의결권을 행사할 수 있으려면 소수주주의 과반수의 동의를 얻어야 한다(Ind. Code §23-1-42-9). 이러한 제한은 지배주식의 취득이 공개매수를 통해서 이루어진 경우는 물론이고 지배주주로부터 매수한 경우에도 마찬가지로 적용된다. 한편, 펜실베이니아주법에 의하면 매수인이 지배주식(원칙적으로 20%이상)을 취득한 경우에는 나머지 주주들이 그 지배주주에 대해서 보유주식의 공정한 가치(fair value)를 지급할 것을 청구할 수 있다(Pa. Bus. Corp. Law, §2546). 공정한 가치를 산정함에 있어서는 지배주식에 대해서 지급한 프리미엄의 일부도 산입하여야 한다.

(7) Principles §5.16

1) 규정

Principles(5.16)는 이 문제에 대해서 "지배주주에 의한 의결권 있는 지분증권(이하 '주식' 이라고 함)의 제3자에 대한 처분"이라는 제목하에 다음과 같이 규정하고 있다.

"지배주주는 다른 주주들과 마찬가지로 주식을 처분할 권리를 갖는다. 그 권리에는 다른 주주에게는 비례적으로 제공되지 않는 가격에 처분할 권리도 포함된다. 다만, 다음과 같은 경우에는 지배주주는 다른 주주들에 대한 공정거래의무를 위반한 것으로 본다:

(a) 지배주주가 거래와 관련하여 상대하는 다른 주주들에게 거래에 대한 개시를 하지 않은 경우; 또는

(b) 매수인이 제5부[110]상의 공정거래의무를 위반하여 자신이나 그 관계자가

109 동법은 인디애나주법을 설립준거법으로 설립한 회사 중에서도 일정한 기준(예컨대, 주주 수 100인 이상)을 충족한 회사만을 대상으로 한다.

110 공정거래의무에 관하여 규정하고 있는 부분.

상당한 경제적 이익을 취할 가능성이 있는 것이 사정에 비추어 분명할 경우."

2) 지배프리미엄의 허용: 원칙

Principles는 일반적인 판례의 태도에 따라 지배주식의 매각시 지배프리미엄의 취득을 원칙적으로 허용하였다. 그것은 프리미엄이 반드시 소수주주의 착취 가능성 때문에 생긴 것이라는 증거가 없을 뿐 아니라, 설사 그렇다고 해도 지배프리미엄을 배분하는 것은 소수주주의 착취를 막는 좋은 방법이 아니라는 판단에 따른 것이다.[111] 지배프리미엄이 효율적인 회사운영의 가능성을 반영하는 것인 경우에도 그것을 소수주주들과 나누어 줄 필요는 없을 것이다. 주식을 계속 보유하는 주주들은 효율적인 회사운영의 결과에 결국 참여할 것이기 때문이다. 통상 지배주주는 매수자에게 나머지 주주들에게도 같은 기회를 줄 것을 요구한다. 그러나 그렇지 않은 경우에도 이하에서 설명하는 두 가지 경우를 제외하고는 지배주주는 충실의무를 위반한 것으로 볼 수 없다.

3) 소수주주에 대한 개시: 예외 1

이 경우는 위에서 살펴본 Brown판결과 같은 사안에 대비한 것이다. 매수자는 흔히 지배주주에게는 프리미엄을 지급하면서도 소수주주들에게는 낮은 가격을 지급하고자 한다. 이때 지배주주가 자신의 프리미엄을 숨기면서 소수주주에게 매각을 권유할 수 있다면 소수주주의 이익이 크게 침해될 가능성이 있다. 주의할 것은 이 경우에도 프리미엄 자체가 금지되지 않는다는 것이다. 소수주주들이 그것을 알면서도 낮은 가격에 매각하기를 선택하는 경우에는 그 선택을 막을 이유는 없다는 것이다. 또한 이 규정에 의하면 매수자의 원래의 청약이 모든 주주에 대한 것이었던 경우에도 지배주주가 그

111 Principles, 505.

것을 거부하고 프리미엄을 요구하는 것도 가능하다.

4) Looting의 가능성: 예외 2

Principles의 태도는 일반적인 판례의 태도에 따른 것이다.

VI. 결어: 미국법의 절차적 접근방식

기업의 집단화가 가장 일찍부터 광범위하게 진전된 미국에서도 기업집단에 관한 별도의 입법은 존재하지 않는다. 주회사법과 연방증권법에는 종속회사의 소수주주를 보호하는 데 원용할 수 있는 규정들이 산재하고 있으나 그것은 지극히 불완전할 뿐 아니라 불충분하다. 지배회사의 불공정한 행동을 통제하는 역할은 주로 법원, 특히 주법원이 맡아 왔다. 이들 법원이 지배·종속회사 사이의 이익충돌에 관하여 형성해 온 판례법—그리고 차츰 중요성을 더해 가고 있는 주제정법—은 당연한 일이기는 하지만 주에 따라 상당한 차이를 나타내고 있다. 엄청나게 다양한 미국의 현상을 한두 마디로 요약하는 것은 무지나 만용을 드러내는 일이 될 것이다. 그러나 회사법 분야에서 압도적인 비중을 차지하며 법형성의 첨단을 걷고 있는 델라웨어주 법원의 최근 판결들과 그 영향을 뚜렷이 드러내고 있는 Principles의 규정들을 찬찬히 살펴보면 하나의 두드러진 경향을 발견할 수 있다. 그것은 '공정성'이라는 실체적인 요건으로부터 차츰 회사 내부의 독립적인 의사결정권자의 참여라는 절차적인 요건으로 초점이 옮겨가고 있는 현상이다. 공정성을 내용의 공정성뿐 아니라 절차의 공정성을 포함하는 개념으로 파악하는 델라웨어주 법원의 판결이나 이해관계 없는 소수주주의 승인이 있으면 지배주주에 훨씬 유리한 기준을 적용하고 입증책임을 충실의무위반을 주장하는 소수주주에 전환시키는 Principles의 기본적인 태도는 모두 그 현상을 극명하게 보여 주고 있다. 이러한 절차중시경향은 실체 판단의 어려움을 감안하면 이해할 수 없는 바가 아니다. 그건 '공정성'의 내용에 대해서 끊임없는 천착이 있어 왔고 나름의 성과가 있었음에도 불구하고 결국 법원의 주관적인 판단에 따를 수밖에 없다는 사실을 바꿀 수는 없었다.

이러한 절차적 접근이 의미를 가질 수 있으려면 대체로 다음 두 가지의 전제조건이 충족되지 않으면 안 된다. ① 회사 내부의 의사결정에 참여하는 주체의 독립성, ② 의사결정에 필요한 정보의 확보. Principles는 특히 이 두 가지 조건에 충분한 배려를 하고 있다. 이들 조건은 어느 것도 쉽게 충족할 수 있는 것이 아니다. 이들은 모두 유무의 문제가 아니라 정도의 문제라고 할 수 있다. 이들 조건의 충족 여부에 대한 판단이 형식적으로 이루어지는 경우에는[112] 위와 같은 절차적 접근방식은 지배주주의 행동을 정당화하는 의의만을 갖게 될 것이다. 미국에서는 이미 회사실무가 이들 조건에 익숙해 있기 때문에 이들 조건을 실질적으로 부과할 수 있는 토양이 세계 어느 나라에서보다도 더 잘 갖춰져 있는 것으로 보인다. 이처럼 이들 조건과 회사실무의 관련을 강조하는 경우에는 이러한 절차적 접근방식이 우리나라를 비롯한 다른 토양의 국가에서도 타당할 수 있는 가능성은 줄어들 것이다. 이 점은 특히 위 ①에서 더욱 두드러진다. ①은 회사 내부에 이해관계 없는 의사결정권자가 존재하는 것을 전제하고 있다. 그 대표적인 예로는 외부이사를 들 수 있을 것이다. 그러나 우리의 회사 현실에서는 진정한 의미의 외부이사, 즉 이해관계 없는 이사를 찾기는 극히 어렵다. 그렇다고 해서 이사회의 외부이사 참여를 법으로 강제하자는 견해에 쉽사리 동조할 수도 없다. 그러한 변화가 경제계에 미칠 파장을 고려할 때 현재의 미국의 회사에 타당할 수 있는 조직원리가 반드시 현재의 우리 회사에도 적합하다고 만연히 단정할

112 이제껏 우리나라에서는 이 같은 조건은 극히 형식적인 외형을 갖추기만 하면 충족된 것으로 인정하는 경향이 있었다.

수는 없기 때문이다.

주의할 것은 소수주주의 실효성 있는 보호에는 이상의 사항 외에도 여러 가지 제도적 여건이 영향을 미칠 수 있다는 점이다. 이곳에서는 예컨대 증거수집절차, 집단소송제도, 기업공시제도 등의 차이가 실제의 보호수준을 크게 좌우할 수 있다는 점을 지적하는 데 그치기로 한다.[113]

결론적으로 지배 · 종속회사 간의 이익상반을 규제하는 미국법은 비록 체계적으로 정비되거나 통일되지는 않았지만 우리 법에 비해서 훨씬 발달하였음을 인정하지 않을 수 없다. 미국의 기업집단이 완전자회사를 많이 활용하는 비교적 단순한 소유구조를 취하고 있는 것은, 적어도 부분적으로는 이익상반에 대한 규제의 엄격성에 기인하는 것으로 볼 수 있다. 그러나 이 분야에서의 미국의 선진적인 법리도 다른 법리와 마찬가지로 결국 미국사회의 고유한 요소에 의하여 지탱되고 있음을 간과해서는 아니 될 것이다.

성곡학술문화재단 성곡논총 제25집(성곡학술문화재단, 1994), 459-507면.

* 추기: 355면의 서술과는 달리 현재 공정거래법상 지주회사 설립은 허용되며 출자총액제한은 폐지되었다. 또한 지배주주에 대한 통제를 위하여 상법에 업무집행지시자의 책임을 묻는 근거(401조의2)를 마련하였다.

113 보다 상세한 것은 김건식, "주주간의 이해조정에 관한 시론," 한림법학포럼 1권(1992) 84-85면.

03 지주회사허용과 관련된 법률적 문제점

I. 총설

1. 순수지주회사의 법률적 문제점

상층의 지주회사와 하층의 자회사라는 다수의 법인으로 구성된 기업집단과 다수의 사업부문으로 구성되었지만 법적으로는 하나의 법인인 기업은 경제적으로는 그다지 큰 차이가 없다. 그러나 법률적으로는 커다란 차이를 보인다. 그러한 법적인 차이는 주로 법률이 지주회사와 자회사를 각각 별개의 법인으로 파악하고 있는 것에서 비롯된다고 할 것이다. 지주회사형태는 공정거래법뿐만 아니라 상법, 증권거래법, 세법, 노동법, 기타 업법 등의 관련법률상 여러 가지 어려운 문제를 발생시킨다. 이러한 문제들은 반드시 순수지주회사에 고유한 문제라기보다는 이른바 사업지주회사에서도 마찬가지로 일어날 수 있는 공통된 문제이다. 그러나 순수지주회사가 자유화되는 경우에는 그 문제들이 보다 심각하게 대두될 가능성이 없지 않다. 따라서 그에 대한 대책을 충분히 강구할 필요가 있을 것이다. 이곳에서는 이들 법률적인 문제점을 차례로 검토하기로 한다. 이곳에서는 개별적인 문제점에 들어가기 앞서 자회사방식과 사업부문방식과의 법적인 차이점을 정리해 두고자 한다.

2. 자회사방식과 사업부문방식의 법적인 차이

기업 내부에는 경영자와 종업원으로 구성되는 경영의 최소단위가 여럿 존재한다. 이들을 경영기능단위(managing unit)라고 부를 수 있을 것이다.[1] 자회사방식이란 경영기능단위를 각각 별도의 회사로 관리하는 방식인 데 비하여 사업부문방식은 경영기능단위를 회사 내부의 일개 사업부문으로 관리하는 방식이다. 그러나 자회사방식이라고 해서 반드시 각자 회사가 독자적으로 경영되는 분권적 경영이 행해지는 것은 아니며 또한 사업부문방식이라고 해서 반드시 모든 사업부문이 단일한 기업인 것처럼 집권적 경영이 이루어지는 것도 아니다. 오히려 사업부문방식이라고 할 때에는 각 경영기능단위가 하나의 법인에 속하면서도 각각 별개의 기업으로서 독자적으로 경영되는 분권적인 경영방식을 가리키는 것이 보통이다. 그러나 사업부문방식으로 분권적인 경영을 행함에 있어서는 자회사방식과는 달리 어려움이 따른다. 사업부문은 회사의 일부이므로 자금조달, 인사 등 중요한 의사결정은 적어도 형식적으로는 사업부문에서가 아니라 이사회에서 행해질 수밖에 없다. 또한 사업부문은 법인격이 없으므로 외부와의 거래도 직접 담당할 수 없고 회사의 중앙경영기구를 통할 수밖에 없다. 또한 사업부문은 자회사에 비해서 양도하기가 어렵다. 자회사의 경우에는 모회사가 그 지주비율을 조정

1 宍戸善一, 持株會社と會社分割, 商事法務 1412호(1996), 10면 참조(다만 경영기능집단이라는 용어를 사용하고 있다).

함으로써 양자 간의 관계를 적절히 변화시킬 수 있는 데 비하여 사업부문의 경우에는 그러한 융통성은 없다.

3. 성립, 운영, 해소시의 문제점

지주회사를 허용하는 경우에 발생하는 법적인 문제는 회사법, 세법, 노동법 등 법 분야별로 나누어 볼 수도 있지만(법 분야별 고찰) 지주회사의 성립단계, 운영단계, 해소단계와 같이 단계를 나누어 고찰하는 것(단계별 고찰)도 가능하다. 이곳에서는 법 분야별 고찰을 중심으로 하되 그에 앞서 지주회사가 성립되는 단계의 문제를 간단히 언급하기로 한다.

II. 지주회사의 성립형태

1. 서설

지주회사가 구체적으로 성립되는 형태는 크게 기존의 사업회사가 사업부문을 독립시키는 이른바 분사형(分社型)과 기존의 사업회사들이 상부에 지주회사를 설립하고 자신은 그 자회사로 전환하는 이른바 통합형(統合型)의 두 가지로 나누어 볼 수 있다.[2]

2 藤田友敬, 持株會社の設立, 商事法務 1431호(1996)(이하 "藤田(1996)"으로 인용), 4면. 藤田은 지주회사가 다른 회사를 매수하는 경우도 이러한 두 가지 경우와 나란히 설명하고 있으나 엄밀히 말해서 지주회사가 설립되는 경우는 아니라고 할 것이다.

2. 분사형: 회사분할

기존의 사업회사가 특정사업부문을 법인으로 독립시키는 것은 이미 경제계에서 널리 행해지고 있다. 사업회사가 각 사업부문을 분사화해서 순수지주회사로 되는 경우에는 실질적으로 회사가 분할되는 결과가 된다. 그러나 현행 상법상 회사의 분할에 관한 규정은 없고 다음과 같은 대안이 존재할 뿐이다.

① 사업부문의 현물출자로서 자회사설립

② 자회사를 새로 설립한 후 자회사에 사업부문을 현물출자(유상증자)

③ 자회사를 새로 설립하면서 사업부문을 재산인수(영업양도)

④ 자회사를 새로 설립한 후 사업부문을 사후설립의 형태로 양도(영업양도)

이러한 방법은 어느 것이나 영업양도 내지 그에 준하는 현물출자가 포함된다. 분할되는 사업부문이 중요한 경우에는 "영업의 중요한 일부"에 해당하여 주주총회의 특별결의가 요구될 가능성이 있다(상법 374조 1호). 이때 "중요성"을 판단하는 기준으로는 자산이 영업에서 어느 정도의 비중을 차지하는가 하는 "양적 기준"과 그 양도가 회사의 사업내용에 질적인 변화를 초래하는가 하는 "질적 기준"이라는 두 가지가 있을 것이다. 일반적으로는 후자, 즉 질적 기준을 중시하는 견해가 많다고 하지만[3] 양적 기준도 고려하지 않을 수 없을 것이다.

또한 일본에서는 완전자회사에 대한 영업양도는 경제적으로는 영업이 기업 외부로 유출되는 것이 아니므로 특별결의가 필요없다는 견해도 있다.[4] 그러나 일단 영업이 자회사로 이전되면 뒤에 서술하는 바와 같이 지주회사의 주주가 지배할 수 있는 가능성이 줄어들게 되므로 그러한 측면에서는 주주총회의 결의를 거치게 할 필요가 있을 것이다.

3 藤田, (주 2), 5면.

4 이하 상세한 것은 藤田, (주 2), 5면.

위에서 열거한 기존의 분사방식은 어느 것도 사업회사의 준비금, 충당금 등을 신설되는 자회사에 계승시킬 수 없다는 근본적인 단점을 지니고 있다. 그리하여 최근에는 상법에 회사분할제도를 명문으로 도입하자는 주장이 유력해지고 있다.[5] 또한 정부에서도 통상산업부를 중심으로 기업구조조정을 촉진한다는 관점에서 회사분할제도를 도입하고 세제지원을 해주는 것을 검토하고 있다.

3. 통합형: 기존의 사업회사의 통합

복수의 기존 사업회사가 상층에 지주회사를 둔 자회사형태로 전환하는 경우에도 지주회사구조가 성립될 수 있다. 예컨대 현대그룹에 속하는 계열사들이 상층에 현대지주회사를 설립하고 그 자회사가 되는 경우가 그것이다. 과연 진정 이러한 수요가 우리나라에 존재하는지는 의문이지만 최근 경제계에서 그룹기조실이나 비서실의 대안으로 검토하는 것은 바로 이러한 형태의 지주회사이다. 일본에서도 금융계를 비롯한 업계에서 그러한 형태에 관심을 갖는 대기업이 많다고 한다.[6] 이러한 형태의 지주회사는 기업의 결합시에 합병의 대안으로서 이용될 가능성이 있을 것이다. 합병을 하는 경우에는 서로 이질적인 기업이 하나의 회사로 결합하기 때문에 독자적인 기업문화나 고용조건을 유지하기 어렵다. 그러나 만약 결합되는 기업이 지주회사하의 자회사의 형태로 결합하는 경우에는 각 기업이 독자적인 기업문화나 고용조건 등을 유지하는 것이 가능할 것이다.

통합형으로 지주회사를 성립시키는 방법도 크게 두 가지로 나눌 수 있다. 첫번째 방법은 먼저 지주회사가 될 회사를 설립하는 방법이다. 그후 지주회

5 이 문제에 대한 최근의 문헌으로는 신찬수 외, 회사분할의 제도화에 관한 연구(1995) 참조.

6 江頭憲治郎, 純粋持株會社をめぐる法的諸問題, 商事法務 1426호(1996)(이하 "江頭(1996)"으로 인용), 6면.

사가 사업회사들의 주주를 상대로 공개매수를 한다. 그러나 이 방식의 약점은 그 성공 여부가 불확실하다는 것이다. 사업회사의 주주들이 공개매수에 응하지 않는 경우에는 지주회사가 지배권을 장악할 수 없기 때문이다. 또한 지주회사가 공개매수자금을 조달하는 것이 어려운 경우도 적지 않을 것이다. 자금조달이 어려운 경우에는 지주회사가 자신이 발행할 신주를 이용하여 공개매수(교환공개매수)를 하는 것도 생각해 볼 수 있으나 역시 성공 여부는 불확실할 것이다.

통합형의 두 번째 방법은 먼저 자회사부터 설립하는 방법이다. 즉 사업회사들이 각각 자신의 영업을 전부 현물출자하여 자회사를 설립한다.[7] 다음에는 자회사의 주식만 가진 이들 지주회사들이 합병을 하게 되면 결과적으로 사업회사들의 상위에 하나의 지주회사가 존재하는 형태에 이르게 된다. 이 경우에는 자회사 설립시와 합병시에 모두 주주총회의 특별결의를 얻어야 할 것이다. 따라서 각 회사의 주주들의 동의를 얻어낼 수 없는 경우에는 이 방법도 취할 수 없다.[8]

III. 회사법상의 문제점

1. 서설

지주회사에 관한 회사법적인 문제는 몇 가지로 나누어 볼 수 있다. 첫째, 지주회사의 주주를 보호하는 문제이다. 이 문제는 우리나라에서는 그다지 의식되지 못하였으나 특히 독일에서는 콘체른법의 중심적인 과제로 논의되

7 또는 현금으로 설립한 자회사에 영업을 양도하는 방법도 사용할 수 있을 것이다.

8 江頭, (주 6), 6면은 이 방법을 기존의 대기업들이 상위에 지주회사를 설립할 수 있는 유일한 방법으로 보고 있다.

고 있다. 둘째, 자회사의 주주 및 채권자를 보호하는 문제이다. 회사의 주주와 채권자를 보호하는 문제는 회사법의 근본적인 과제라고 할 수 있다. 특히 지주회사의 맥락에서 이 문제가 중요한 것은 자회사가 독립성을 갖지 못하여 자회사의 이익이 지주회사를 위해서 희생될 가능성이 높기 때문이다. 이하에서는 이들 문제점을 차례로 살펴보기로 한다.

2. 지주회사에서의 주주의 보호

(1) 문제의 소재—주주권의 축소화

지주회사의 주주의 취약한 처지는 "주주권의 축소화"라는 말로 요약될 수 있다. 지주회사의 주주들은 사업으로 인한 투자위험은 고스란히 부담하면서도 경영에 대한 지배는 대부분 상실하게 된다. 통상의 사업회사에서도 주식소유가 분산되면 일반 주주들의 영향력은 크게 줄어든다. 그러나 지주회사의 구조에서는 지주회사의 주주가 기업 전체의 경영에 대하여 갖는 영향력은 한층 더 약해질 수밖에 없다. 회사가 각 사업부문을 분사화하여 지주회사의 형태를 취하는 경우 실제의 사업활동은 자회사(사업자회사)가 담당하고 지주회사는 자회사의 지배, 관리만을 담당하게 된다. 이러한 지주회사 형태의 기업에서 중요한 사업상의 결정은 자회사 차원에서 이루어진다. 예컨대 자회사가 합병이나 영업양도 등 중요한 사항을 결정하는 경우 자회사의 주주총회에서 의결권을 갖는 주주는 지주회사의 주주가 아니라 지주회사 자체이다. 지주회사 자체의 의결권은 결국 지주회사의 대표이사가 행사하게 될 것이다. 그리하여 지주회사의 일반 주주들은 실제로 사업상의 중요한 결정에서 소외된다. 즉 지주회사의 형태를 취하게 되면 실제의 경영에 대한 권한이 주주총회에서 이사회 내지 대표이사에로 이동하는 현상이 한층 더 강화된다.

이러한 주주 소외의 문제는 물론 순수지주회사에 국한된 것이 아니라 현행법상 허용되고 있는 사업지주회사에서도 발생하는 문제이다. 그러나 그 심각성이 순수지주회사에서 훨씬 두드러지는 것은 부인할 수 없다.[9] 사업지주회사에서는 그래도 주주의 주된 수입원은 지주회사의 사업활동이기 때문에 주주들은 지주회사의 경영진을 통제함으로써 자신의 이익을 어느 정도 보호할 수 있다. 그러나 순수지주회사에서 중요한 것은 전적으로 자회사의 사업활동임에도 불구하고 자회사의 이사는 지주회사의 주주가 직접 통제할 수 있는 대상이 아니다.[10] 현재 전통적인 상법의 해석론에 의하는 한 지주회사의 주주는 자회사의 주주는 아니므로 자회사의 이사를 선임하거나 대표소송을 제기하는 등의 행위를 할 수 없다. 심지어 지주회사가 자회사주식을 양도하는 것은 영업양도와 사실상 차이가 없음에도 불구하고 관여할 수 없다.

이러한 주주의 지위를 보호하기 위한 방안으로는 주주의 참여나 지주회사이사의 책임을 폭넓게 인정하는 것을 생각해 볼 수 있다. 이하 차례로 설명한다.

(2) 주주의 참여(1): 지주회사형성단계에서의 동의

앞서 지적한 바와 같이 기존의 사업회사가 지주회사구조로 전환되는 경우에 일반 주주의 지위는 취약해진다. 따라서 지주회사의 형태로 전환되는 과정에서 주주들에게 의사를 반영시킬 수 있는 기회를 줄 필요가 있을 것이다. 일본의 통산성보고서는 주주의 보호는 사업회사가 순수지주회사로 전환하는 과정에서 주주의 특별결의를 요구함으로써 달성된다고 보고 있다.[11] 그러나

9 座談會, “純粋持株會社の規制緩和をめぐる諸問題,” 商事法務 1388호(1995) 22면(森本發言).

10 사실 자회사의 경영진이 지주회사의 경영진에 대하여 갖는 영향력도 “사실상의” 영향력에 불과하다.

11 통산성, 산업정책국(편), 企業組織の新潮流(1995)(이하 “통산성”으로 인용), 50-51면. 반대하는 자는 주식매수청구권을 행사하여 퇴출할 수 있을 것이다.

일단 주주가 지주회사로의 전환에 동의했다고 해서 그후의 지주회사운영에 대해서는 잠자코 따라야만 한다고 해석하는 것은 주주의 동의에 지나치게 큰 의미를 부여하는 것이 아닌가 생각한다. 주주는 일단 지주회사가 성립됨에 따라 사업회사의 활동을 통제할 수 있는 지위를 영구적으로 상실하게 된다. 주주에게 이러한 결과가 자신의 이익에 어떠한 영향을 미치는가를 합리적으로 판단하여 동의 여부를 결정할 것을 기대할 수 있을지는 의문이다.

(3) 주주의 참여(2): 지주회사운영단계에서의 참여

지주회사의 주주를 충분히 보호하기 위하여는 지주회사의 형성단계에서뿐 아니라 지주회사의 운영단계에서도 참여를 인정할 필요가 있다. 즉 지주회사의 주주에게도 자회사의 관리와 운영에 관하여 직접 관여할 수 있는 권한을 부여할 필요성이 인정된다. 이러한 권한에는 의결권뿐 아니라 대표소송제기권이나 회계장부열람청구권과 같은 소수주주권도 포함된다. 어느 정도는 해석론상으로도 지주회사주주의 권한행사를 인정할 수 있을 것이다. 예컨대 자회사의 합병 또는 영업양도는 지주회사의 영업양도와 마찬가지로 보아 지주회사 주주총회의 결의가 필요한 것으로 해석할 수 있는 여지도 없지 않다. 그러나 자회사 이사에 대한 대표소송이나 자회사에 대한 직접적인 회계장부열람청구권 등의 경우에는 명문의 규정이 없는 한 해석론상으로 인정하기는 어렵다. 궁극적으로는 입법에 의하여 해결할 문제라고 할 것이다.

(4) 지주회사 이사의 책임[12]

회사법상 지주회사의 이사와 자회사의 이사는 별개 회사의 이사로서 각

12 일반적으로 酒巻俊雄, 純粋持株會社と會社法上の問題, ジュリスト 1104호(1997), 25면 참조.

각 자기 회사에 대해서 충실의무를 부담한다. 기존의 사업지주회사는 독자적으로 직접 사업을 경영하고 있으므로 그 한도에서 이사의 임무는 일반적인 회사에서와 다른 점이 없을 것이다. 그러나 순수지주회사의 이사는 원칙적으로 대외적 사업활동은 없이 자회사들을 지배, 총괄관리하는 것이 기본적인 직무이다. 자회사경영과 관련하여 이사의 직무가 어디까지 미치는가는 명확치 않은 문제이다. 지주회사와 자회사가 별개라는 것을 강조한다면 결국 자회사경영의 책임은 자회사측의 이사가 지게 될 것이다. 지주회사 측의 이사는 자회사의 주주총회에서 의결권을 제대로 행사하는 것만으로 족하다는 해석도 가능하다. 그러한 해석에 의하면 일단 지주회사 이사는 자회사의 이사를 제대로 선임한 것으로 임무를 다했다고 볼 수도 있다. 그러나 그렇다면 지주회사 측의 이사의 책임을 물을 수 있는 경우는 거의 생각하기 어려울 것이다. 반면에 독일에서는 지주회사의 주주가 처한 특수한 사정을 고려하여 지주회사의 이사의 직무를 보다 광범위하게 인정하는 견해가 유력하다.[13] 그러한 견해에 의하면 지주회사의 이사는 전체 그룹의 이익극대화를 위하여 필요한 경우에는 자회사의 경영에도 관여해야 할 것이다.

이처럼 지주회사의 이사에 그룹 전체를 지휘할 의무〔독일에서의 이른바 콘체른지휘의무(Konzernleitungspflicht)〕를 부과한다고 해도 문제가 해결되는 것은 아니다. 먼저 이사가 그룹 전체의 이익을 고려하는 경우에도 반드시 개별기업의 경영에 관여해야 하는 것은 아니다. 만약 자회사 경영진에 경영을 맡기는 것이 전체 이익에 도움이 되겠다고 판단되면 그들의 독자적인 경영을 허용할 수 있을 것이다. 이러한 분권화된 경영은 일부 자회사들에게만 허용하는 것도 가능할 것이다. 결국 그것은 지주회사 이사의 경영판단(business judgment)에 맡길 수밖에 없는 사항이다. 지주회사의 이사가 자회사의 경영

13 보다 상세한 것은 神作裕之, 純粋持株會社における株主保護(中), 商事法務 1430(1996)(이하 "神作(中)"으로 인용), 10-12면 참조.

에 적극 간섭하고자 하는 경우에도 문제는 남는다. 그러한 간섭을 위해서는 지주회사의 이사가 자회사의 이사에게 지시할 수 있는 권한이 있어야 한다. 그러나 지주회사가 자회사의 주식을 100% 소유하는 경우에도 그러한 지시권한이 법률상 인정되는 것은 아니다. 물론 지주회사는 자회사의 경영진에 대한 임면권을 갖고 있으므로 사실상으로는 자회사의 경영진이 지주회사의 지시를 거스르기 어려울 것이다. 그러나 이러한 "사실상의 영향력"은 법률상 지시권을 갖는 것과는 차이가 있다. 만약 자회사 이사가 지주회사의 지시에 따라 회사에 대한 임무를 해태한 경우에도 지주회사의 영향력이 사실상의 것에 지나지 않는다면 지주회사 내지 지주회사 이사에 법적 책임을 묻기가 어려울 것이다.[14] 결국 어느 면으로 보나 지주회사 이사의 책임을 묻기는 극히 어려울 것이다.[15]

지주회사의 결정에 구속력을 부여하는 방법으로는 자회사의 중요한 사항을 주주총회결의사항으로 하는 규정을 두는 방법을 생각해 볼 수 있다. 지주회사가 자회사를 100% 소유하고 있는 경우에는 지주회사의 지시를 주주총회결의나 이사회결의와 동일시해 볼 수도 있을 것이다. 판례가 일인주주의 의사결정을 총회결의나 이사회결의에 대체하는 것을 인정하고 있기 때문이다.[16] 이러한 해결은 그 타당성 여부는 접어 두더라도 완전한 해결이 될 수 없다. 그러한 판례의 편법은 지주회사가 보유하는 자회사의 주식이 100% 미만인 경우에는 적용될 수 없기 때문이다. 결론적으로 기존법의 해석만으로는 합리적인 결과에 이르기 어렵기 때문에 입법적인 해결이 필요할 것이다.

14 이러한 책임은 자회사의 주주나 채권자의 이익을 위해서도 인정할 필요가 있을 것이다.

15 이 점에 대해서는 학설이 일치되고 있다. 神作(中), (주 13), 11면.

16 총회결의에 관해서는 대법원 1976. 5. 11. 74다52 판결. 이사회결의에 관하여는 대법원 1992. 3. 31. 91다16310 판결.

3. 자회사의 주주와 채권자의 보호

(1) 문제의 소재

지주회사는 특정 자회사의 이익보다는 그룹 전체의 이익을 위해서 운영되는 것이 보통이다. 따라서 그룹 전체의 이익을 위해서 특정 자회사에 불리한 조치가 행해질 가능성도 없지 않다. 만약 그 자회사가 공개되어 소수주주가 존재한다면 그 소수주주는 부당하게 불이익을 입게 된다. 자회사가 모두 100% 자회사라면 적어도 개별 자회사의 주주들 사이에 이익이 상충하는 경우란 생겨나지 않을 것이다. 그러나 그 경우에도 개별 자회사의 채권자들 사이에는 이해가 엇갈리게 될 것이다.

(2) 자회사의 소수주주보호

순수지주회사의 자회사가 공개된 경우에는 자회사에도 소수주주가 존재하게 된다. 이 경우에는 소수주주와 지주회사 사이에 이익의 상충(conflict of interests)이 생겨나게 된다.[17] 이러한 상황에서 지주회사가 특정자회사의 소수주주의 이익을 희생시키는 방법은 그야말로 무궁무진하다. 그리고 그러한 이익상충을 규제하는 회사법상의 장치는 현실적으로 극히 미흡한 것이 사실이다.[18] 자회사가 공개되어 있는 한 이익상충의 문제는 피하기 어렵다. 이 문제는 순수지주회사에 고유한 것은 아니고 현재의 사업지주회사에서도 마찬가지로 일어날 수 있는 것이다. 이 문제에 대해서는 이미 상당한 연구가 축적되어 있으므로 이곳에서는 더 이상 논하지 않는다. 다만 지주회사로 하

17 개별자회사의 소수주주들의 이익도 반드시 일치하는 것은 아닐 것이다.

18 이 문제에 대해서 보다 상세한 것은 김건식, "재벌과 소수주주보호," 기업구조연구회 편, 한국의 대기업, 누가 소유하며 어떻게 지배되는가?(1995) 201-243면.

여금 자회사주식을 가급적 100%를 보유함으로써 자회사에 소수주주가 발생하지 않도록 유도하는 방법에 관해서 언급하기로 한다.

미국에서는 지주회사구조에서 자회사가 공개되어 소수주주가 존재하는 경우는 극히 드물다. 그 이유로는 몇 가지를 들 수 있다. 첫째, 미국의 회사법상 소수주주의 이익이 잘 보호되고 있기 때문에 소수주주가 존재하면 자회사를 그룹차원에서 마음대로 경영하기가 힘이 든다. 둘째, 증권거래소의 상장규정이 엄격하기 때문에 자회사는 공개해도 상장하기 어렵다. 셋째, 연결납세를 할 수 있으려면 자회사주식의 80% 이상을 보유해야 한다. 이상의 이유 때문에 미국에서는 다른 기업을 인수하는 경우에도 그 주식의 일부만을 취득하기보다는 전부를 인수하고자 하는 예가 많고, 일단 지배주식을 취득한 경우에는 나머지 주주들을 회사 외로 축출하고자 하는 예가 많다. 우리나라에서도 미국에서와 같은 조건이 갖추어지는 경우에는 마찬가지로 소수주주 있는 자회사를 회피할 여지가 있다.

(3) 자회사의 채권자 보호

지주회사가 그룹을 특정의 자회사에게 불리한 방향으로 운영하는 경우에는 그 자회사의 소수주주뿐 아니라 채권자도 불이익을 입게 된다. 자회사가 지급불능상태에 빠진 경우에 자회사의 채권자는 지주회사에게 책임을 물을 수 있는가? 이 문제 역시 사업지주회사의 맥락에서도 일어날 수 있는 문제이다. 이 문제도 비교적 잘 알려진 문제이므로 더 이상 언급하지 않기로 한다.[19]

19 이 문제에 관하여 대표적인 문헌으로는 江頭憲治郎, 會社法人格否認の法理(1980)(이하 "江頭(1980)"으로 인용).

4. 순수지주회사와 정관의 사업목적

순수지주회사는 직접으로는 아무런 사업활동도 영위하지 않고 자회사를 통해서만 사업활동을 영위한다. 따라서 순수지주회사의 정관에 사업목적을 어떻게 기재할 것인가에 관하여 의문이 있다. 사업목적으로 "각종의 회사의 주식, 지분을 소유하고 그들 회사를 지배하는 사업"과 같이 규정할 것인가, 아니면 자회사가 행하는 주요 사업을 일일이 따로 기재하여야 하는가? 우리나라에서는 별로 이 문제에 관한 논의가 없는 것 같다. 그러나 일본에서는 지주회사와 관련하여 활발하게 논의되고 있다. 최근의 법무성의 지도에 의하면 순수지주회사가 신규사업에 진출할 때에 자회사의 영업을 순수지주회사의 영업으로서 정관에 기재하여야 한다.[20] 이러한 견해에 의하면 지주회사 주주의 예측 가능성이 제고되며 신규사업진출에 견제도 어느 정도 가능할 것이다. 그러나 신규사업진출시마다 정관을 변경해야 할 필요가 생길 수 있기 때문에 실무상으로는 크게 불편하다. 또한 이처럼 정관의 사업목적에 의하여 주주를 보호하려는 시도는 이미 그 모국이라고 할 수 있는 영미에서는 포기되었다. 영미에서는 정관목적을 여러 페이지에 걸쳐서 상세하게 기재함으로써 이른바 능력외이론이 의의가 상실되었다. 이러한 점에 비추어 정관을 위와 같이 포괄적으로 기재하는 것은 허용하는 것이 타당할 것이다.[21] 또한 순수지주회사의 경우에는 정관에 자회사의 사업을 구체적으로 기재하고 있는 경우에도 그와는 별도로 회사가 직접 사업을 하지 않고 자회사의 주식을 보유하며 자회사를 지배할 뿐이라는, 즉 회사가 순수지주회사라는 취지를 정관에 명시하여야 할 것이다.[22]

20 통산성, (주 11), 53면.
21 같은 취지로는 藤田, (주 2), 6면.
22 藤田, (주 2), 6면.

IV. 증권거래법상의 문제[23]

1. 서설

자신은 아무런 사업을 영위하지 않고 사업자회사의 주식을 보유할 뿐인 지주회사에 투자를 하고자 하는 투자자들이 제대로 투자판단을 할 수 있으려면 자회사의 기업내용에 관한 정보를 검토할 필요가 있을 것이다. 그러나 현재 우리나라의 공시제도는 대체로 회사단위로 되어 있기 때문에 자회사의 정보에 대해서는 충분한 공시가 이루어지고 있다고 하기 어렵다. 물론 이 문제는 사업지주회사의 경우에도 존재한다. 그러나 순수지주회사의 경우에는 공시의 중요성이 훨씬 더 크다. 사업지주회사의 경우에는 지주회사 자신이 사업을 상당 부분 수행하고 있어 그에 대한 공시가 이루어지고 있지만 순수지주회사의 경우에는 사업에 대한 공시가 거의 이루어지고 있지 않기 때문이다.

2. 계속공시

순수지주회사가 상장회사인 경우에는 증권거래법상 일정한 요건을 갖추는 경우에는 사업보고서와 반기보고서를 제출할 의무를 부담한다(186조의 2, 186조의 3). 사업보고서 등에 대하여 보다 자세한 사항은 "상장법인 등의 주요경영사항신고 및 사업보고서에 관한 규정"에 규정되어 있다(8조). 이하에서는 위 규정 8조를 중심으로 사업보고서에 기재할 사항 중 순수지주회사의 경우에 문제될 소지가 있는 것만을 살펴보기로 한다.

먼저 "1. 회사의 개황"에서 "가. 회사의 목적"을 기재하게 되어 있다. 여기

23 이에 관하여 상세한 것은 前田雅弘, "純粹持株會社と證券取引法," 商事法務 1431호(1996), 25면 이하; 洲崎博史, "持株會社におけるデスクロージャー," 資本市場法制研究會報告 持株會社の法的諸問題(1995) 99면 이하.

서 회사의 목적에는 정관소정의 목적을 기재해야 할 것이다. 지주회사의 경우에는 정관소정의 목적에 무엇을 기재할 것인가에 대해서 다소 의문이 있다는 점에 대해서는 이미 언급한 바 있다.

다음 "2. 사업의 개요"에는 지주회사가 행하는 종속회사의 관리, 자회사에 대한 서비스제공 등 지주회사 자신의 사업에 대해서 기재해야 함은 물론이다. 그러나 자회사의 사업내용은 "5. 관계회사 등의 현황"의 "다. 종속회사에 관한 사항"에서 기재하면 된다. 여기서 종속회사에 관한 사항을 보다 자세히 규정할 필요가 있을 것이다. "3. 재무에 관한 사항"에는 지주회사 자신의 재무제표는 물론이고 연결재무제표도 공시하게 되어 있다.

3. 발행공시

순수지주회사가 증권을 모집, 매출을 하는 경우에는 유가증권신고서에 의하여 투자판단에 필요한 정보를 공시하여야 한다. 지주회사가 제출하는 유가증권신고서의 기재사항 중 기업정보에 관한 것은 사업보고서의 경우와 거의 비슷하다(유가증권신고 등에 관한 규정 7조). 증권정보에 관해서는 자금의 사용목적을 기재하게 되어 있다. 실제로 생산판매를 담당하지 않는 지주회사로서는 자금의 사용목적은 거의 관계회사에 대한 출자 또는 융자가 될 수 밖에 없다. 그러나 현행 규정상으로는 자금의 사용목적을 각 관계회사별로 상세하게 기재하는 것이 요구되지 않고 있다.

4. 연결재무제표

순수지주회사에서는 순수지주회사 자체에 관한 정보만을 공시하는 것은 무의미하고 자회사들과 연결하여 공시할 필요가 있다. 그 경우에 중요한 것이 연결재무제표이다. 우리나라에서도 1992년 이래 연결재무제표의 작성이 강제되고 있고 유가증권신고시나 사업보고서 제출시에 첨부하게 되어 있다. 그러나 연결의 범위가 좁아서 실질적인 계열회사를 모두 포괄하지 못하는 문제점이 있다.

5. 관계회사 등과의 거래내용

지주회사구조에서 관계회사 간의 거래에 관한 공시는 각 회사의 경영성적을 파악하기 위해서는 물론이고 이익상충행위를 규제하기 위해서도 필요하다. 현재 이 점에 관한 공시는 크게 강화되고 있다(상장법인 등의 주요경영사항신고 및 사업보고서에 관한 규정(5조, 8조 1항 8호)).

6. 세그멘트정보

순수지주회사에서 자회사가 둘 이상인 경우에는 연결재무제표만 보아서는 그룹 전체의 사정은 몰라도 경영기능단위인 각 자회사별 경영실적은 제대로 파악, 평가하기 어렵다. 이러한 각 사업부문별 정보가 바로 세그먼트정보이다. 그러나 기업 측으로서는 이러한 세그멘트정보를 공시하는 것은 전혀 달가운 일이 아니다. 그것을 작성하는 비용도 부담스럽지만 기업비밀이 노출될 우려가 있기 때문이다. 기업회계기준에 의하면 "매출액과 매출원가는 업종별로 구분하여 기재할 수 있다"(45조). 단지 "기재할 수 있다"고 하고 있으므로 반드시 강제되는 것은 아니라고 해석된다. 위에서 말한 기업의 부담과 비밀보호의 필요를 고려하면 이해가 가지 않는 것도 아니다. 그러나 회사의 이해관계자로서는 반드시 필요한 정보라고 하지 않을 수 없다.[24]

24 1993년 증권관리위원회가 제정한 사업보고서의 작성지침에서는 시장점유를, 생산능력 및 실적, 매출실적, 제조원가명세서 등 중요한 사항에 관해서는 사업부문별로 기재하도록 함으로써(작성지침 2220, 2240, 2250, 2350) 세그멘트정보공시를 강제하고 있다.

V. 세법상의 문제점

지주회사는 세법상 여러 가지 문제를 발생시킨다.[25] 이러한 세법상의 문제들이 합리적으로 해결되지 않는다면 지주회사에 관한 공정거래법상의 제한이 사라지더라도 지주회사의 이용이 위축될 가능성이 있다.

1. 지주회사설립시의 법인세

지주회사가 허용되는 경우에도 기존의 사업회사의 상층에 지주회사를 새로 설립하여 기존의 회사들을 그 지주회사의 자회사로 편입시키는 것은 어렵다. 이미 지적한 바와 같이 그 경우에는 먼저 지주회사가 될 회사를 설립하여 그 지주회사로 하여금 사업회사의 주주들을 상대로 공개매수를 하여야 한다. 그러나 지주회사가 공개매수의 자금을 조달하는 것도 어렵고 공개매수를 성공시키는 것도 어렵다. 우리 법상으로는 상장회사주식의 거래에서는 양도소득세는 부과되지 않지만 증권거래세는 부과된다는 점도 부담이 아닐 수 없다.

실제로 지주회사의 설립형태로 보다 현실적인 것은 기존의 사업회사가 특정한 사업부문을 분사화하는 것이다. 또는 기존의 사업지주회사가 새로운 회사를 설립하여 그 회사에 자신이 보유하는 자회사주식을 모두 현물출자하는 경우(이른바 중간지주회사의 경우)이다. 구체적으로는 사업회사가 기존의 사업부문을 현물출자하여 자회사를 설립하거나 이미 설립된 자회사에 그것을 영업양도하는 방법을 취하게 된다. 이 경우에는 양도소득이 발생하는 등 현행법상으로는 과세부담의 문제가 있다.[26]

25 이에 관한 문헌은 별로 많지 않으나 우선 增井良啓, 持株會社と租稅法, 商事法務 1428호(1996)(이하 "增井(1996)"으로 인용), 7면 이하 참조.

26 이 점에 관하여 자세한 것은 신찬수 외, 85-86면. 일본에서는 압축기장에 의한 과세이연이 원칙적으로 인정되고 있다. 增井, (주 25), 12면.

2. 지주회사 설립 후의 법인세

(1) 이중과세

순수지주회사의 익금은 자회사로부터의 배당이고 지급하는 것은 일부의 임금 등을 제외하고는 대부분이 배당이다. 따라서 배당을 과세상 어떻게 처리하는가가 중요하다. 우리 법인세법상 다른 법인으로부터 수취한 배당은 익금에 산입되는 것이 원칙이다.[27] 반면에 지급배당은 손금에 산입되지 않는다. 따라서 수취배당에 대해서는 이중과세의 문제가 생겨난다.

(2) 결손과 이익의 상쇄 가능성: 연결납세제도의 도입필요성

또한 자회사들 중 일부는 이익이 나고 일부는 결손이 날 수도 있다. 그러한 경우 이익과 결손이 상쇄되지 않으므로 이익이 난 회사는 법인세를 부담하게 된다. 이처럼 회사를 순수지주회사로 나눔으로써 과세부담이 늘어나게 되면 지주회사의 이용이 저해될 것이다. 그러나 현행 세법은 독립기업을 전제로 구성되어 있으므로 처리가 어렵다. 만약 연결납세제도가 도입된다면 이 문제는 해결될 것이다. 일본에서도 지주회사해금론을 계기로 법인세법에 연결납세제도를 도입하자는 주장이 있다.[28] 그러나 연결납세제도를 도입하면 세수가 줄어든다는 점을 유의할 필요가 있다.

27 다만 기관투자가의 경우에는 수취배당의 20%만이 익금에 산입된다(법인세법 15조1항10호).
28 增井, (주 25), 7면 주 1).

(3) 지주회사의 서비스제공

지주회사는 그룹 전체와 개별 자회사를 관리하는 한편으로 개별 자회사를 상대로 컨설팅 등 서비스를 제공하는 경우가 없지 않다. 이때 지주회사가 개별 회사에 대해서 아무런 수수료도 징수하지 않는 경우에는 원래 자회사에서 손금처리되었어야 할 금액이 지주회사에서 결손으로 처리된다.

3. 기타

일본에서는 지주회사가 허용되는 경우에는 소규모폐쇄회사의 사주가 자산관리의 차원에서 지주회사를 이용할 가능성을 우려하고 있다.

VI. 노동법상의 문제점

1. 서설

회사가 독립성을 잃고 다른 회사와 함께 그룹으로 운영되는 경우에는 노동법상으로도 여러 가지 문제가 발생한다. 이들 문제는 기본적으로 노동법상의 법률관계를 구성함에 있어서 이들 회사의 하나의 기업으로 볼 것인가 아니면 법적인 형식에 따라 각 회사를 별개의 법인으로 볼 것인가의 차이에서 연유하는 것으로 볼 수 있다. 이러한 사정은 지주회사에서도 마찬가지이다. 노동법상의 법률관계를 각 자회사별로 구성할 것인가(개별구성방식) 아니면 지주회사 및 산하 자회사를 하나의 기업으로 보아 전체적으로 구성할 것인가(전체구성방식)? 아니면 구체적인 사안별로 타당한 해결책을 모색할 것인가? 이 문제에 대해서는 아직 뚜렷이 확립된 견해가 있는 것 같지 않다. 만약 전체구성방식을 취하는 경우에는 사업부문형태 대신 지주회사형태를 취하는 장점이 크게 줄어들 우려가 있다. 지주회사형태를 취하는 중요한 이유 중의 하나가 바로 자회사에 따라서 근로조건을 달리 정하는 것이기 때문이다. 그렇다고 해서 개별구성방식이 항상 사용자측에 유리한 것만도 아니다. 왜냐하면 사업부문 간의 이동은 전체구성방식에서라면 전직이나 전근에 해당할 것이나 개별구성방식에서는 보다 엄격한 절차가 요구되는 "전적"에 해당할 것이기 때문이다.

이하에서는 지주회사구조에서 발생하는 노동법상의 문제점 중 중요한 몇 가지만을 살펴보기로 한다.[29]

근로계약의 직접 당사자는 아니라도 근로관계에 영향력을 행사하고 있는 경우에는 일정한 요건하에 사용자와 같은 책임을 과하는 법리—사용자개념의 확장, 이러한 법리가 개별노동관계법과 집단적노동관계법에서 어떻게 문제되는가. 그리고 기업그룹이 형성되는 경우의 문제를 차례로 살핀다.

2. 근로계약상의 사용자성

근로계약의 의무는 그 근로계약에 명시된 당사자인 사용자가 부담하는 것이 원칙이다. 문제는 자회사가 근로계약의 직접 당사자로서 사용자로 되어 있는 경우에 지주회사도 사용자성을 지니는가 하는 것이다. 만약 지주회사의 사용자성이 인정되는 경우에는 자회사의 근로자가 지주회사에 퇴직금의 지급을 구할 수도 있을 것이다. 판례에서도 사용자성을 반드시 형식적인 계약당사자에 한정하지 않고 "실질적인 사용종속관계"를 중시하고 있다. 따라서 지주회사가 자회사의 근로관계를 실질적으로 지배하고 있는 경우에는

29 이 문제에 관하여 보다 상세한 것은 최영호, 지주회사에 관한 노동법상의 몇 가지 문제점, 인권과 정의 1997년 9월호(게재 예정), 참조.

사용자로 인정될 여지가 없지 않다.

3. 부당노동행위법상의 사용자성

노동조합 및 노동관계조정법에 의하면 사용자는 근로3권침해행위, 즉 부당노동행위를 해서는 아니 된다(81조). "사용자"는 "사업주, 사업의 경영담당자 또는 그 사업의 근로자에 관한 사항에 대하여 사업주를 위하여 행동하는 자"로 정의되고 있다(동법 2조 2호). 여기서 사업주란 형식적 근로계약의 당사자를 의미한다고 본다. 지주회사도 사용자에 포함된다고 볼 수 있는가? 지주회사도 사용자에 포함된다면 지주회사가 부당노동행위를 행하는 경우에는 책임을 부담하게 될 것이다. 판례와 학설은 모두 사용자개념을 근로계약의 당사자에 국한시키지 않고 폭넓게 인정하고 있다.[30] 판례가 기준으로 들고 있는 것은 개별근로관계에서와 마찬가지로 "실질적인 사용종속관계"이다. 따라서 지주회사도 자회사의 근로자와의 사이에 "실질적인 사용종속관계"가 인정될 수 있다면 사용자로서 부당노동행위에 대한 책임을 부담할 수 있다.

4. 전적의 문제

단일회사가 아니라 지주회사의 형태를 취하게 되면 자회사 간 또는 지주회사와 자화사 사이의 인사이동은 동일회사 내부의 인사이동인 전근이나 전직이 아니라 전적에 해당된다. 전적을 하면 종래 근무하던 회사와의 근로계약은 해지되고 새로 근무할 회사와의 사이에 새로운 근로계약을 체결하게 된다. 따라서 전적이 유효하기 위해서는 근로자의 동의가 필요하다. 명시

30 김유성, 노동법Ⅱ(1996), 310면; 김형배, 노동법(제8판 1996), 616면.

적이 아닌 묵시적인 동의도 무방한가? 특히 문제되는 것은 근로자의 동의없이 기업그룹 내의 다른 계열회사로 전적시키는 관행이 있는 경우이다. 판례는 그러한 관행이 인정되기 위해서는 "그와 같은 관행이 해당기업에서 일반적으로 근로관계를 규율하는 규범적인 사실로서 명확히 승인되거나 기업구성원이 이에 대한 이의를 제기함이 없이 당연한 것으로서 받아들여 사실상의 제도로 확립되어있지 않으면 안 된다"고 엄격한 태도를 보이고 있다.[31] 현재 그러한 관행의 존재를 이유로 묵시적 동의를 인정한 판례는 없다.

다음에 문제되는 것은 입사시에 전적에 관한 포괄적 동의를 받아 둠으로써 전적발령시의 구체적 동의를 대체할 수 있는가 하는 것이다. 판례는 비교적 엄격한 조건하에 그러한 포괄적인 동의를 허용하고 있다.[32]

31 大阪 1993. 1. 26. 92다11695(공보 1993, 854면).

32 그에 관하여는 대법원의 다음과 같은 판시를 참조. "근로자의 동의를 전적의 요건으로 하는 이유는 근로관계에 있어서 업무지휘권의 주체가 변경됨으로 인하여 근로자가 받을 불이익을 방지하려는 데 있다고 할 것인바, 다양한 업종과 업태를 가진 계열기업들이 기업그룹을 형성하여 자본, 임원의 구성, 근로조건 및 영업 등에 관하여 일체성을 가지고 결제활동을 전개하고, 그 그룹 내부에서 계열기업 간의 인사교류가 동일 기업 내의 인사이동인 전보나 전근 등과 다름없이 일상적 · 관행적으로 빈번하게 행하여져 온 경우, 그 그룹 내의 기업에 고용된 근로자를 다른 계열사로 전적시키는 것은 비록 형식적으로는 사용자의 법인격이 달라진다고 하더라도, 실질적으로 업무지휘권의 주체가 변동된 것으로 보기 어려운 면이 있으므로, 사용자가 기업그룹 내부의 이와 같은 전적에 관하여 미리(근로자가 입사할 때 또는 근무하는 동안) 근로자의 포괄적인 동의를 얻어 두면 그때마다 근로자의 동의를 얻지 아니하더라도 근로자를 다른 계열기업으로 유효하게 전적시킬 수 있다고 보아야 할 것이다. 그러나 근로기준법 제22조와 같은 법 시행령 제7조 제1호에 의하면 사용자는 근로계약 체결시에 근로자에 대하여 임금 · 근로시간 · 취업의 장소와 종사하여야 할 업무에 관한 사항 등의 근로조건을 명시하여야 되도록 규정되어 있는바, 근로자의 특정기업에의 종속성을 배려하여 근로자의 보호를 도모하고 있는 위 규정의 취지에 비추어 볼 때, 사용자가 기업그룹 내의 전적에 관하여 근로자의 포괄적인 사전동의를 받는 경우에는 전적할 기업을 특정하고(복수기업이라도 좋다) 그 기업에서 종사하여야 할 업무에 관한 사항 등의 기본적인 근로조건을 명시하여 근로자의 동의를 얻어야 된다고 해석하여야 할 것이다." 大阪 1993. 1. 26. 92누8200(공보 1993, 868면).

Ⅶ. 도산법상의 문제점

특정 자회사에 대해서 도산절차가 개시된 경우에 지주회사 내지 친회사의 채권도 다른 채권과 마찬가지로 평등하게 대우할 것인가 아니면 다른 채권보다 후순위로 대우할 것인가의 문제가 있다. 미국에서는 파산법상 열후처리가 명문으로 채택되고 있으나(파산법 510조 (C)항) 실정법적인 근거가 없는 우리나라에서는 열후적 처리를 하지 않아도 위법은 아니다. 그러나 회사정리실무상으로는 계열회사 상호 간의 채권은 열후적 취급을 하고 있다고 한다. 왜냐하면 그처럼 열후적 처리를 하지 않고서는 정리계획에 대해서 나머지 채권자들의 동의를 받을 수 없기 때문이다. 문제는 파산과 같은 청산형 도산의 경우에 발생한다. 이 경우에는 해석론을 동원하여 친회사채권을 열후화시킬 여지가 전혀 없는 것은 아니지만 보다 확실한 해결을 위해서는 역시 입법에 의존할 수밖에 없을 것이다.

기업그룹을 이루고 있는 한 회사가 도산한 경우에는 그것이 다른 회사에도 영향을 미쳐서 그룹 전체가 도산에 이르는 경우가 적지 않다. 그룹 전체가 도산하는 경우에는 각 계열사의 채권자들을 어떻게 취급해야 할 것인가? 이에 관해서는 아직 정설이 없는 것 같다. 이들 채권자 사이의 변제율을 동등하게 하는 것만이 능사는 아니다. 그러한 결과는 특정회사를 신뢰하여 거래한 채권자에게 불이익을 주는 것으로 볼 수도 있고 애당초 회사별로 법인격을 인정한 것과도 상치되기 때문이다.[33]

33 高橋宏志, "債權者の平等と衡平," ジュリスト 1111호(1997. 5. 1) 159-160면.

VIII. 각종 규제법상의 문제점

1. 서설

은행업, 전기통신사업, 운수사업 등 "공공성"이 강한 것으로 인정되는 이른바 규제산업(regulated industries)에 대하여는 개별규제법에 의하여 진입규제, 가격규제, 거래규제 등 다양한 규제가 가해지고 있다.[34] 회사는 특정 규제산업을 직접 행하는 경우에는 바로 해당규제법의 적용을 받게 될 것이다. 만약 다른 회사가 이러한 규제산업 분야의 회사의 주식을 취득하여 자회사로 삼는 경우에는, 즉 지주회사의 형태로 규제산업분야에 진출하는 경우에는 여러 가지로 복잡한 문제가 발생한다. 지주회사 자체를 직접 사업회사로 보아 규제를 적용할 것인가도 문제이고 지주회사와 사업자회사의 관계, 그리고 다른 자회사와 사업자회사의 관계에도 규제의 필요가 생길 것이다. 이러한 문제는 주로 금융지주회사를 중심으로 논의되고 있지만 그 밖의 규제산업 분야에서도 대비할 필요가 있을 것이다. 또한 이 문제는 사업지주회사가 허용되고 있는 오늘날에도 존재하지만 순수지주회사가 허용되는 경우에는 보다 심각한 문제로 부각될 것이다. 이미 살펴본 바와 같이 지주회사는 다양한 법적 측면에서 문제를 발생시킬 소지가 있지만 그에 대한 대비가 가장 시급한 것이 이러한 규제법적 측면이라고 할 것이다. 이하에서 설명하는 각종의 문제에 대한 대비는 적어도 지주회사의 허용과 동시에 이루어지지 않으면 바로 중대한 혼란이 초래될 가능성이 있다.[35]

34 이하 상세한 것은 根岸 哲, 持株會社と獨占禁止法, 持株會社の法的諸問題(資本市場研究會 1995)(이하 "根岸(1995)"로 인용), 41면 이하 참조.

35 江頭, (주 6), 7면.

2. 규제산업회사주식의 취득 등

은행법(17조의 3)이나 전기통신사업법(6조 5호, 7조) 등 일부 규제법률에서는 주식보유한도를 정하고 있기 때문에 사업회사의 주식을 취득함으로써 지주회사가 출현하는 것은 억제되고 있다. 특히 현행 은행법상으로는 주식보유한도의 적용을 받지 않는 금융전업 기업가는 개인에 한정되고 있으므로(17조의4 제1항) 법의 개정이 없는 한 미국에서와 같은 은행지주회사는 설립이 불가능하다. 한편 규제법률에 따라서는 그러한 주식취득에 대해서 명시적인 규정을 두고 있지 않은 경우가 있다. 예컨대 전기사업법에서는 사업회사의 영업양도나 합병은 인가사항으로 하고 있으나 지배주식이 양도되는 경우에 대해서는 아무런 규정이 없다. 또한 증권거래법에서도 영업양도나 합병은 인가사항이지만(35조 1항) 제1대주주가 변경되는 경우는 보고사항으로 되어 있다(36조 3호). 그러나 합병이나 영업양도를 인가사항으로 할 필요가 있다면 지배주주의 변경도 마찬가지로 인가사항으로 할 필요가 있는 것은 아닐까? 또한 지주회사가 합병되거나 규제산업자회사를 매각하는 것도 인가사항으로 해둘 필요가 있을 것이다.

3. 지주회사와 겸업규제

규제법에 따라서는 회사의 업무범위에 제한을 두어 겸업을 규제하는 경우가 많다(예컨대 증권회사에 관한 증권거래법 51조, 은행에 관한 은행법 25조). 이처럼 겸업을 규제하는 취지는 본업의 적절한 수행의 확보, 본업에의 악영향 방지, 본업에서의 독점력의 행사방지, 본업과 겸업 사이의 이익상반방지 등 여러 가지가 있을 수 있다.[36]

36 根岸, (주 34), 43면.

이러한 겸업규제는 법문상으로는 규제산업 자회사의 상층에 있는 지주회사가 별개의 자회사에 의하여 겸업을 하는 경우에는 적용이 없는 것으로 보인다. 그러나 별개의 자회사를 통한 겸업이 무제한 허용된다면 겸업규제의 취지가 무시될 가능성이 있다. 따라서 자회사를 통한 겸업까지 규제하지 않고서는 겸업규제의 목적을 달성할 수 없는 경우에는 자회사를 통한 겸업도 명시적으로 규제할 필요가 있을 것이다.

4. 지주회사와 자회사 사이의 거래규제

규제산업회사와 그 지주회사, 자회사, 또는 계열회사 사이의 거래는 다른 거래에서와 마찬가지로 불공정하게 이루어질 가능성이 크다. 그러한 거래가 방치되는 경우에는 규제산업회사의 건전성이 훼손될 우려가 있다. 특히 규제산업회사가 경영이 어려워지면 정부가 구제할 수밖에 없는 산업인 경우에는 더욱더 그러한 불공정거래의 가능성이 높고 폐해가 클 것이다. 따라서 지주회사가 허용되는 경우에는 규제법에 이들 계열회사 사이의 거래가 공정하게 이루어질 수 있도록 담보하는 장치를 마련할 필요가 있다(이른바 arm's length rule).

5. 기타

(1) 임원에 대한 규제

규제법에 따라서는 규제산업회사의 이사 등 임원에 대해서 그 임면이나 겸직수행을 제한하는 경우가 많다. 지주회사가 허용되는 경우 그 규제의 실효를 거두기 위해서는 그 지주회사의 임원에 대해서도 마찬가지의 규제를 가할 필요가 있을 것이다.

(2) 주무관청의 감독, 조사

규제법에서는 주무관청이 회사에 대하여 보고서 등 정보제출을 요구하거나 검사를 행할 권한을 인정하는 것이 일반적이다(예컨대 은행에 대한 은행법 32조, 36조, 37조). 지주회사가 등장하는 경우 이러한 규제의 실효를 거두기 위해서는 지주회사도 규제의 대상으로 삼을 필요가 있을 것이다.

IX. 보론(補論): 그룹기조실의 법률문제

1. 서설

현재 재벌그룹은 대부분 기획조정실이나 회장비서실 같은 이름으로 그룹회장의 업무를 보조하는 조직(이하 "기조실")이 존재한다. 이들 기조실의 구성방식이나 기능은 각 그룹에 따라 차이가 있다. 대체로 각 계열사로부터 인원을 파견받거나 적어도 각 계열사가 직원의 봉급을 지급하는 구조로 운영되고 있는 것으로 알려지고 있다. 기조실의 기능은 그룹차원의 기획, 금융, 인사를 맡는 경우에서부터 일상업무를 제외한 중요업무의 대부분을 맡는 경우에 이르기까지 그룹에 따라 다양하다. 이들 기조실에 대해서는 최근 중요한 기능을 수행함에도 불구하고 법적인 실체가 명확치 않아 책임이 부여되고 있지 않다는 비판이 가해지고 있다. 처음에는 정부 내에서는 기조실의 기능에 대해서 다소 부정적인 시각이 많았던 것 같다. 그러나 이제는 그러한 기능이 필요하다면 그것을 어떠한 형태로든 제도적인 차원으로 수용하여 권한과 책임을 분명히 하자는 의견이 일반적인 것으로 보인다. 한편 이러한 정부의 움직임에 대해서 재계에서는 기조실의 규제에 대해서 우려를 표명하는 한편으로는 지주회사를 허용하여 지주회사에 기조실의 기능을 맡길 수 있도록 해달라는 주장이 제기되고 있다. 다른 한편으로는 기조실체제가 유지되는 한 지주회사가 허용되더라도 기존 재벌이 지주회사체제로 전환할 실익이 별로 없지 않을 것으로 보는 시각도 유력하다. 이처럼 기조실의 운명은 지주회사의 장래와 밀접한 관련이 있으므로 이곳에서는 기조실의 법적인 문제점에 대해서 간단히 살펴보기로 한다.

2. 법적 평가

기조실의 직원들은 법형식적으로는 대체로 계열회사가 파견한 직원의 지위를 가지고 있다. 그러나 이들은 자신을 파견한 특정회사가 아니라 그룹 전체—보다 실질적으로는 그룹 전체를 지배하는 그룹 회장—를 위하여 일한다. 따라서 이들은 실질적으로 그룹 회장의 피용자라고 할 수 있다.

3. 계열회사의 비용부담의 허용 여부

이들 기조실직원의 봉급은 그룹 회장이 자기 돈으로 지급하는 것이 아니라 형식적인 사용자인 각 계열회사가 지급하는 것이 일반적이다. 왜 계열회사가 주주의 피용자의 봉급을 지급해야 하는가? 이에 대해서는 결국 기조실의 운영이 계열회사에도 도움이 되기 때문에 계열회사가 비용을 지급하는 것은 정당화된다는 주장도 있을 수 있다. 그러나 기조실의 효용을 인정한다 하더라도 각 계열회사가 얻은 이익이 부담하는 비용에 비례하는 것은 아닐 것이다. 현재와 같은 막연하고 불투명한 관계는 그룹 회장과 각 계열회사 사이의 이익상충을 조장할 우려가 있다. 따라서 현재와 같이 각 계열회사가 받는 이익과 지급하는 비용을 보다 분명히 함으로써[37] 이익상충의 여지를 봉

37 그룹회장과 계열회사 사이에 서비스공급계약을 체결하는 것도 한 가지 방안이 될 수 있을 것이다.

쇄할 필요가 있다.

4. 계열회사에 대한 기조실의 지시

기조실은 계열회사에 대한 구체적인 지시를 행하는 경우가 없지 않다. 이러한 지시는 결국 지배주주인 그룹 회장의 지시로 보아야할 것이다. 법적으로는 계열회사의 경영진이 이러한 지시에 따를 의무는 없다. 오히려 회사이익에 반함에도 불구하고 그러한 지시를 수용한 경우에는 법적으로 책임을 질 수도 있다. 그러나 현실적으로는 계열회사가 기조실의 지시를 거역하는 것은 생각하기 어렵다. 오히려 문제가 되는 것은 명시적인 지시가 없음에도 불구하고 계열회사 측에서 스스로 그룹 회장의 심중을 추단하여 그의 이익에 부합하는 조치를 취하는 것이 아닌가 생각된다.

5. 권한에 상응하는 책임

이제껏 기조실은 중요한 결정을 내리고 엄청난 권한을 행사해 왔음에도 불구하고 그러한 권한에 상응하는 법적인 책임을 진 일은 없었다. 법적으로 쉽게 생각해 볼 수 있는 것은 이들의 지시에 따른 계열회사의 이사들이 선관주의의무를 위반한 것에 대한 책임을 묻는 것이다. 그러나 지배주주인 그룹 회장의 책임을 묻지 않는 한 이들의 권한남용행위를 막을 수 없을 것이다.

6. 결론

우리나라에서는 다양한 산업 분야의 여러 기업을 기조실과 같은 하나의 지휘본부에서 통일적으로 관리통제하는 경영시스템 자체에 대한 반감이 널리 퍼져 있는 것 같다. 그러나 그러한 체제 자체가 반드시 문제가 있는 것은 아니다. 어떠한 기업조직체제를 취하는가는 기본적으로 기업 측의 선택에 맡겨야 할 사항이라고 생각된다. 다만 그러한 체제의 운용에 따르는 비용의 부담과 책임의 귀속은 공정하고 합리적으로 이루어져야 할 것이다. 현재의 기조실은 중앙집권적인 의사결정보다는 오히려 제도의 불투명성이 더 문제라고 여겨진다. 이러한 사정을 개선하기 위해서도 소수주주의 이익을 보다 효과적으로 보호할 수 있는 장치를 마련하는 것이 중요할 것이다.

공정거래위원회 용역보고서, 우리나라 지주회사금지제도의 평가 및 개선방안(1997)
(공저자: 장지상, 최도성 교수)

* 추기: 이 글은 최도성, 장지상 두 분 교수님과 공정거래위원회에 제출한 용역보고서에 실린 것이다. 우리나라에서도 공정거래법의 개정으로 순수지주회사의 설립이 허용되는 것과 아울러 금융지주회사법의 제정으로 금융지주회사도 도입되었다. 이 글에서 다루어진 쟁점에 대한 보다 상세한 논의는 김건식/노혁준 편, 지주회사와 법(보정판 2008) 참조.

04 지주회사의 운영과 회사법: 총론적 고찰*

I. 서설

1. 기업의 집단화와 지주회사

우리나라에서 기업, 특히 대기업은 독립적으로 존재하기보다는 다른 기업들과 함께 기업집단을 이루고 있는 경우가 많다.[1] 흔히 재벌이라고 불리는 이러한 기업집단은 일부 예외[2]를 제외하고는 특정 지배주주가 절대적인 영

* 이 글은 서울대학교 법학대학원 노혁준 교수와 공동집필한 것임..

1 이러한 기업의 집단화 현상은 규모의 경제, 범위의 경제를 추구하는 현대 기업활동에서 흔히 관찰되는 것으로서, 일반적으로 통합적 경영(unified managerial control), 주식의 공동소유(commonality of shareholding) 등의 특성을 나타내게 된다. David Milman, Group of Companies: the Path towards Discrete Regulation, Regulating Enterprise-Law and Business Organizations in the U. K.(Edited by David Milman), Oxford and Portland, 1999, p.220.

2 과거 공기업에서 민영화된 KT, POSCO 등이 대표적인 예이다.

향력을 행사하는 것이 보통이다. 기업집단의 구성원에 대한 지배력의 원천은 하청관계나 자금제공관계인 경우도 생각해 볼 수 있지만 가장 일반적인 것은 역시 주식소유관계라고 할 것이다.

기업집단의 소유구조는 지배주주가 계열회사를 통해서 다른 계열회사를 지배하는 식의 복잡한 형태를 취하고 있는 것이 일반적이다. 그러나 최근에는 지주회사와 같이 단순한 소유구조를 취하는 기업집단도 늘고 있다.[3] 1999년 공정거래법의 개정으로 이른바 순수지주회사[4]의 설립이 허용된 이래 이제까지 20여 개의 기업집단이 지주회사로 전환하였으며 전환을 계획 중인 기업집단도 적지 않은 것으로 알려지고 있다.

2. 지주회사와 회사법

동일한 지배주주의 통일적인 지휘를 받는 다수의 기업으로 구성되는 기업집단은 법적으로 어려운 문제를 낳고 있다. 회사법, 공정거래법, 세법, 도산법, 노동법, 행정규제법 등 기업에 관한 기존 법제가 대부분 독립적인 기업을 적용대상으로 삼고 있어 기업집단을 효과적으로 규율하는 데 한계가 있기 때문이다. 이러한 현실과 법제 사이의 괴리는 특히 지주회사의 경우에 더욱 심각하다.

이 논문은 기업집단 중에서도 지주회사에 초점을 맞추어 법적인 고찰을 시도한다. 지주회사를 바라보는 다양한 법적 시각 중에서도 회사법적인 측면에 집중하고자 한다. 실무적으로 공정거래법, 세법, 노동법 등도 무시할 수 없는 분야이지만 그러한 개별법적 시각에 대해서는 각각 별개의 논문에 맡기기로 한다.

3 LG그룹을 그 예로 들 수 있다.

4 예컨대 공정거래법 제2조 제1의2는 지주회사의 개념을 "주식의 소유를 통하여 자회사의 사업을 지배하는 것을 주된 사업으로 하는 회사"로 규정하고 있다.

지주회사의 문맥에서 발생하는 회사법적인 문제는 크게 지주회사의 형성단계와 운영단계의 문제로 구분해 볼 수 있다.[5] 이들 중 형성단계의 문제점에 관해서는 이미 이 책의 제2편에서 상세히 검토한 바 있다. 이 논문을 포함해서 제3편에서는 지주회사의 운영과 관련한 법적 쟁점들에 대해서 검토하기로 한다.

3. 지주회사에서의 대리문제

지주회사의 문맥에서 발생하는 대리문제(agency problem)도 개별 회사의 대리문제와 본질적으로 차이가 있는 것은 아니다. 특히 지주회사 차원에서의 대리문제는 독립적인 회사에서의 대리문제와 차이가 없다. 다만, 실제로 사업을 영위하는 자회사(사업자회사)에 대한 지주회사 경영진의 간섭을 어느 선에서 인정할 것인가가 어려운 문제라고 할 것이다. 자회사의 차원에서는 지주회사(또는 그 지배주주)의 이익을 위해서 자회사 이익이 희생되는 경우에 자회사의 소수주주와 채권자의 이익을 보호하는 것이 중요한 과제이다.

4. 논의의 대상과 순서

앞서 언급한 바와 같이 이 논문에서는 지주회사의 운용상 발생하는 회사법적 문제점을 개괄적으로 살펴보고자 한다. 다만, 지주회사 및 자회사의 소수주주 및 채권자 보호에 관한 문제, 예컨대 지주회사 소수주주의 자회사에 관한 정보접근권, 의결권 행사, 이른바 세그먼트 정보의 공시, 법인격 부인론 등을 통한 자회사 채권자 보호 등의 문제는 이미 많이 논의된 바 있으므로 그에 관해서는 필요한 한도에서 간단히 언급하는 데 그치기로 한다.

5 지주회사의 해소단계에 관해서는 아직 특별한 쟁점이 부각되고 있지 않다.

이 논문의 구성은 다음과 같다. 먼저 지주회사를 포함한 기업집단에 관한 외국법제의 최근 동향을 살펴보고(II), 지주회사 차원의 쟁점(III)과 자회사 차원의 쟁점(IV)을 차례로 검토하고자 한다.

II. 기업집단에 관한 외국법제의 최근 동향

1. 기업집단에 관한 전통적 규제방식

기업집단에서 비롯되는 회사법적인 문제를 해결하는 방안으로는 크게 두 가지의 극단을 상정해 볼 수 있다. 하나는 독일의 콘체른법과 같이 기업집단에 관한 체계적인 규정을 상법에 도입하는 것이고 다른 하나는 미국에서처럼 법원이 기업집단에서 발생하는 구체적인 문제 상황에 상응하여 적절한 해결책을 모색하는 것이다. 독일식 접근방식은 일응 이상적으로 보이지만 기업집단의 운영실태와 그에 대한 합리적인 규제에 관한 충분한 연구가 뒷받침되지 않고는 실행하기 어렵다. 한편 법원에 의존하는 미국식 접근방식은 입법에 의존하는 방안보다 불확실성이 높은 반면에 융통성이 있다는 장점이 있다.[6] 대부분의 법제는 이러한 입법에 의한 해결과 판례에 의한 해결이라는 양극단 사이에 자리잡고 있다.

이하에서는 먼저 독일 콘체른법의 개요를 간단히 언급하고 다른 나라의 최근 동향을 언급하기로 한다.[7] 독일 주식법상 콘체른(Konzern)이란 법적으

6 그러나 법원에 의존하는 방안이 실효를 거두기 위해서는 법원이 분쟁의 실질을 고려하여 기존의 법규정을 융통성 있게 해석하는 적극적인 자세가 필요할 것이다. 기업집단에 관한 미국의 회사법리에 관해서는 김건식, "기업집단과 소수주주보호: 미국회사법을 중심으로," 성곡논총 25집 상권(1994), 459-504면 참조.

7 독일 콘체른법에 관한 국내 문헌은 부지기수이다. 김건식, "콘체른에서의 소수주주보호," 기업법의 현대적 과제(이태로 교수 화갑기념논문집), 조세통람사, 1992; 신현윤, 기업결합법론, 법문사, 1999; 유진

로 독립된 복수의 기업이 통일적 지휘 하에 결합되어 있는 것을 가리키며, 그 성립의 근거에 따라 계약상의 콘체른(Vertragskonzern)과 사실상의 콘체른(faktischer Konzern)으로 구분된다.[8]

'계약상의 콘체른'이란 지배회사와 종속회사가 주로 지배계약(Beherrschungsvertrag)이라는 특수한 계약을 통하여 일방적인 지시와 복종관계를 맺음으로써 성립된다(주식법 제291조 제1항). 일단 지배계약이 체결되면 지배회사는 종속회사의 이사에 대해서 지시권을 갖게 되고, 종속회사의 이사는 종속회사에 불리한 지시더라도 지배회사의 이익이나 콘체른 이익에 부합하는 한 그것을 이행할 의무를 지게 된다(주식법 제308조). 그 대가로 지배회사는 종속회사의 결손을 전보하고(주식법 제302조) 자회사 소수주주에 대한 이익배당을 보장함으로써(주식법 제304조 제1항), 자회사의 채권자 및 소수주주를 보호할 의무를 지게 된다.

물론 지배계약 없이도 지배종속관계가 존재할 수 있다. 이러한 경우를 '사실상의 콘체른'이라 하는데 실제로는 계약상의 콘체른보다는 사실상의 콘체른이 훨씬 더 많다. 그럼에도 불구하고 정작 콘체른법에는 사실상의 콘체른에 관한 규정은 별로 없다. 사실상의 콘체른에 적용될 만한 중요 규정으로는 지배회사가 종속회사에 불이익한 법률행위 또는 조치를 유발한 것으로 인정될 경우 지배회사는 그 불이익을 전보하거나 구체적인 이익전보 약정을 체결하여야 한다는 규정(주식법 제311조) 등이 고작이다. 한편 판례는 지배회사의 지휘통제가 이처럼 특정 가능하고 개별적인 영향력 행사에 그치지 않고 지속적이고 포괄적인 통제에 이르는 경우에는, 이른바 '가중된

희, "계약상의 콘체른," 안암법학(1995); 유진희, "사실상의 콘체른의 법률관계," 안암법학(1993); 정대근, "독일주식법상의 자격적 사실상 콘체른," 사법행정(2001. 10); 권기범, "독일법상의 콘체른 설립통제 및 경영통제," 상사법연구 제11집(1992) 등.

8 이 밖에 가장 강력한 기업결합형태로 지칭되는 편입(Eingliederung) 콘체른을 계약상의 콘체른과 다른 별도의 콘체른형태로 보기도 한다.

사실상의 콘체른(qualifizierter faktischer Konzern)'이 존재하는 것으로 보아 실질적으로 계약상의 콘체른과 비슷한 결과를 인정하고 있다. 이처럼 독일의 콘체른법이 기업집단에 관한 입법적인 대처로는 대표적인 예인 것은 부정할 수 없지만, 그것이 현실의 기업집단을 규율하는 범위는 그다지 넓지 않다고 할 것이다.

2. 영국

영국의 회사법에는 지주회사에 관한 특별규정을 두고 있지 않다. 다만, 회사법제의 개혁을 위하여 결성된 회사법 검토그룹(Company Law Review Steering Group)은 2000월 11월 발표한 「경쟁력 있는 경제를 위한 현대회사법(Modern Company Law for a Competitive Economy—Completing the Structure 〈London, DTI〉)」이란 보고서의 초안(제10장)에서 기업집단규정을 제시한 바 있다.

이 보고서는 이른바 선택방식(elective method)을 채택하여 특정 회사(종속회사)를 지배하고자 하는 회사(지배회사)는 종속회사의 채무를 보증하여야 하고 이러한 지배관계를 제3자가 알 수 있도록 공시해야 한다고 하였다. 이 경우 종속회사는 정기 외부감사 및 회계처리 등에 관한 회사법상 규제를 면할 수 있다. 지배회사는 종속회사의 채무에 대해서 책임을 지지만, 종속회사는 지배회사의 채무에 대해서 책임을 지지 않는다. 그러나 이러한 초안의 내용은 2001년 7월 26일 제출한 최종보고서에서는 생략되었다. 그 이유는 (i) 이러한 기업집단 책임제도가 영국에 대한 외국인 투자의 저해요인이 될 수 있고, (ii) 기업의 부담을 증가시키는 방향으로 기업집단책임을 재구성하는 결과가 되며, (iii) 회계적 의무의 면제는 기업집단활동의 투명성을 떨어뜨리는 계기가 될 수 있고, (iv) 만약 과세관청이 조세부과를 위해 각 자회사에게 회계자료의 제출을 계속 요구한다면 위 제안의 실효성이 의문시된다

는 등의 비판 때문이라고 한다.[9]

3. 일본

일본도 우리나라와 마찬가지로 기업집단에 관한 별도의 법률을 두지 않고 있다. 그러나 일찍부터 지주회사를 포함하는 모자회사 법제에 관한 논의가 진전된 결과 현재 상법과 증권거래법에는 모자회사에 관련된 특별규정들이 상당부분 새로 도입되어 있다. 일본 상법 조항 중 (i) 자회사에 의한 모회사 주식 취득의 금지(일본 상법 제211조의2), (ii) 상호주의 의결권 행사제한(일본 상법 제241조 제3항), (iii) 모회사 감사인의 겸직 금지(일본 상법 제276조) 등은 우리 상법과 매우 유사하다. 나아가 1999년 모자회사에 관한 일본 상법의 개정시 다음과 같은 규정을 새로 채택하였다. 먼저 모회사 소수주주를 보호하기 위한 여러 제도적 장치가 마련되어 있다. 즉 모회사 주주는 권리행사를 위하여 필요한 경우에 법원의 허가를 얻어 자회사의 주주총회 의사록, 이사회 의사록, 정관, 주주명부, 사채원부, 대차대조표, 손익계산서, 영업보고서, 이익처분계산서 등을 열람, 등사할 수 있고(일본 상법 제244조 제4항, 제260조의4 제4항, 제263조의4 제4항, 제282조 제3항), 모회사의 발행주식 총수의 100분의 3을 가지는 소수주주는 그 권리행사를 위하여 필요한 경우에 법원의 허가를 받아 자회사의 회계장부 내지 서류를 열람, 등사할 수 있다(일본 상법 제293조의8 제1항).[10] 또한 일본 상법은 자회사에 대한 모회사 감사의 조사권을

9 Peter Muchlinski, The Company Law Review and Multinational Corporate Groups, The Reform of United Kingdom Company Law(Edited by John de Lacy), Cavendish Publishing, 2002, p.263.

10 우리나라 대법원은 "자회사의 회계장부라 할지라도 그것이 모자관계에 있는 모회사에 보관되어 있고, 또한 모회사의 회계상황을 파악하기 위한 근거자료로서 실질적으로 필요한 경우에는 모회사의 회계서류로서 모회사 소수주주의 열람, 등사청구의 대상이 될 수 있다(2001. 10. 26. 99다58051 판결)"고 하여, 일정한 경우에 모회사가 보관하고 있는 자회사의 회계장부를 모회사의 회계서류로서 열람할 수 있도록 하고 있을 뿐이다.

우리 상법보다 폭넓게 인정하고 있다(일본 상법 제274조의3). 즉 우리 상법 제412조의4 제2항에 해당하는 구 일본 상법 제274조의3 제2항을 삭제하여 모회사 감사가 먼저 영업보고를 요구하는 절차를 거칠 필요 없이 직접 자회사를 조사할 수 있도록 하고 있다.[11]

4. EU

기업집단에 관한 EU에서의 논의는 1970년대에 시작하여 1974년, 1981년, 1984년 초안(preliminary draft)의 형태로 제시된 바 있다. 제9지침안으로 불리는 이 초안은 독일의 콘체른법을 기본모델로 하고 있으며 아직 공식적으로 EC이사회(Council)에 제출되지 못하고 있다.[12]

한편 2003년 5월 21일 EC위원회(Commission of the European Communities)가 EC이사회 및 유럽의회에 제출한 보고서는 기업집단에 관한 별도 지침안의 필요성을 부정하면서 제9지침안의 폐기 및 다음 세 가지 사항의 보완을 제안하고 있다[13]: (i) 그룹의 구조와 내부관계에 관한 완전한 정보공시가 관련 주주 및 채권자의 보호를 위해 긴요하다. 그룹 관련 규율에 있어서 가장 중요한 것은 투명성이라고 할 것이다. 기존의 회사법 지침은 지배회사가 비상장회사인 경우 그룹 관련 정보공시 측면에서 미흡한 것으로 보인다. (ii) 그룹 관련 채권자들을 보호하고 주주들의 손실과 이익이 균형을 이룬다는 전제 하에 그룹의 거시적 경영을 가능하게 하는 규제틀이 마련되어야 한다. 다만, 이러한 가이드라인은 다소 시간이 걸리더라도 신중하게 입안

11 일본 상법 제274조의3 제1항은 "모회사의 감사는 그 직무를 수행하기 위하여 필요한 때에는 자회사에 대하여 영업의 보고 또는 자회사의 업무와 재산상태를 조사할 수 있다"고 하고 있다.

12 홍복기, EU회사법, 법문사, 1999, 191면.

13 Commission of the European Communities, "Modernizing Company Law and Enhancing Corporate Governance in the European Union—A Plan to Move Forward," Communication from the Commission to the Council and the European Parliament, 2003. 5. 21.

되어야 한다. (iii) 소액의 자본투자만으로 다수 자회사를 지배하는 이른바 피라미드구조인 경우 연간 지배구조보고서(annual corporate governance statement)를 제출하도록 하고 원칙적으로 상장회사들은 이러한 피라미드구조에 포함시키지 않도록 할 필요가 있다. 이와 같은 위원회의 제안은 유럽 경제사회위원회(European Economic and Social Committee)에 의하여 대체로 지지를 받고 있다.[14]

5. 시사점

기업집단에 관한 입법례 중 독일의 콘체른법이 가장 체계적이라는 점에 대해서는 거의 다툼이 없다. 그러나 독일의 콘체른법에 대해서도 많은 비판이 제기되고 있다. 우선 계약상의 콘체른에 해당되면 지배회사에 종속회사의 손실을 전보할 포괄적 의무가 발생하므로 지배계약의 체결 없이 지배관계를 유지하려는 현상—이른바 결혼증서 없는 동거(cohabitation without marriage certificates)—이 나타나고 있다.[15] 물론 지배계약이 없는 사실상의 콘체른의 경우에도 종속회사가 지배회사의 영향력 행사로 인하여 손해를 입는 경우에

14 Opinion of the European Economic and Social Committee on the "Communication from the Commission to the Council and the European Parliament Modernizing Company Law and Enhancing Corporate Governance in the European Union—A Plan to Move Forward," Official Journal of the European Union, 2004. 3. 30. 이에 따르면 피라미드구조의 남용 등 일부 용어의 모호함이 있기는 하지만, 기업집단에 관한 기존의 초안을 폐기한 것은 잘된 결정이며, 기업집단에 관한 별도의 입법을 서둘 필요는 없다고 한다.

15 Janet Dine, Models of Companies and the Regulation of Groups, The Corporate Dimension(Edited by Barry A K Rider), Jordans, 1998, p.298. 또한 사실상 콘체른의 경우에도 불이익을 판단하고 이를 금전으로 평가하는 데에 많은 어려움이 발생하고 있다. 결국 독일 콘체른 법제는 이익과 손실을 조화시킨다는 타당한 근거에 터잡고 있지만, 만족스러운 결과와는 거리가 있다는 평가를 피할 수 없을 것이다. Eddy Wymeersch, "Do We Need a Law on Groups of Companies?," Capital Market and Company Law(Edited by Klaus J. Hopt., Hamburg and Eddy Wymeersch), Oxford Univ. Press, 2003, p.588.

는 종속회사의 주주나 채권자는 지배회사를 상대로 손해배상을 청구할 수 있다. 그러나 이들이 손해배상을 청구하는 단계에서는 이미 지배회사도 도산 상태에 빠져 있을 가능성이 높기 때문에 그다지 실효성이 높지 않다.

영국과 EU의 입법논의에서 나타나듯이 기업집단에 관한 별도의 법제를 도입하는 작업은 주의를 요한다. 특히 다음과 같은 점을 유의할 필요가 있을 것이다. 첫째, 지배회사의 지배권과 이에 따른 책임은 어느 정도 균형을 유지하여야 한다는 점이다. 지배회사에 지시권, 지휘권이 어느 정도 보장된다면 이로 인해 자회사의 소수주주, 채권자에게 불측의 손해가 발생하지 않도록 지배회사의 책임 있는 조치가 뒤따라야 할 것이다. 둘째, 사실상의 영향력 행사를 이유로 지배회사에게 자회사 채무에 대한 책임을 폭넓게 인정하는 것은 오히려 기업집단의 활동을 위축시킬 우려가 있다. 셋째, 조직법적인 측면에서도 독립적인 회사를 전제로 하는 기존의 회사법규정을 기업집단의 현실을 반영하여 수정할 필요가 있을 것이다.[16]

III. 지주회사 차원의 쟁점

1. 지주회사의 자회사에 대한 지시권

회사법상 지주회사는 자회사의 대주주에 불과하다. 대주주는 회사의 경영성과에 큰 영향을 받지만 회사법상 이사에 대해서 구체적으로 지시할 수 있는 법적 권한을 갖는 것은 아니다. 이러한 논리는 대주주가 회사형태를 취하는 지주회사에도 그대로 적용된다. 지주회사의 경영성과가 자회사의 경영

16 예컨대 100% 자회사의 경우에도 사외이사 내지 감사위원회(또는 감사)를 강제할 필요가 있는지 의문이 제기되고 있다.

성과로부터 직접적인 영향을 받는다고 해서 자회사 이사를 법적으로 구속하는 지시를 내릴 수는 없다. 그러나 지주회사, 특히 독자적인 사업을 영위하지 않는 이른바 순수지주회사는 오로지 자회사의 지배와 관리만을 담당할 뿐이라는 점을 고려하면, 단순히 주주로서의 권한을 행사하는 것에서 한 걸음 더 나아가 자회사의 경영에 직접 개입할 수 있는 통로를 원할 수도 있을 것이다. 회사운영에 무관심한 일반 주주와는 달리 지주회사는 자회사의 경영에 직접 개입할 인센티브가 있다. 실제로 지주회사가 그룹 차원의 전략적 경영방침과 목표를 수립하고 이를 사업자회사들로 하여금 따르도록 하는 것이 보통이다. 경우에 따라서는 단순히 경영목표를 정하고 경영성과를 평가하는 데 그치지 않고 보다 적극적으로 자회사 경영에 관여하고자 하는 지주회사도 있을 수 있다. 그러한 경우에는 지주회사가 전통적인 지배수단인 주주총회를 통한 이사의 선임 및 해임, 재무제표 승인, 조직변경 승인 등의 권한 이외에 경영계약, 자회사 정관이나 이사회 규칙, 임원겸임 등의 방법으로 자회사에 대한 직접적인 통제권을 확보하는 것이 가능한지가 문제될 것이다.

2. 지주회사 이사의 의무

자회사에 대한 지주회사의 지시는 위와 같이 권한의 측면에서 접근할 수도 있지만 자회사경영에 대한 지주회사 이사의 의무라는 측면에서 접근할 수도 있다. 현재 우리나라에서는 지주회사가 실제로 사업자회사의 사업계획, 자금조달, 인사 등 적어도 경영의 주요 사항에 대해서는 다소간 관여하고 있는 것으로 보인다. 앞서 언급한 지주회사의 지시권은 이러한 관여의 수단으로서 논의되는 것이다. 그러나 이론상으로는 지주회사가 사업자회사의 이사를 선임하는 것을 제외하고는 경영에 전혀 관여하지 않을 가능성도 존재한다. 이와 관련해서는 지주회사의 이사가 자회사의 경영에 대해서 어느 정도까지 개입하여야 이사로서의 의무를 다하는 것인가라는 문제를 검토할 필요가 있다.

3. 자회사 회계정보에 관한 지주회사의 책임

자회사의 주식을 보유할 뿐 독자적인 사업을 영위하지 않는 순수지주회사의 경우 재무제표 등 회계정보는 모두 자회사의 회계정보를 토대로 작성할 수밖에 없다. 만약 자회사의 회계정보가 부정확한 것이라면 그것을 토대로 작성된 지주회사의 회계정보도 부실을 면할 수 없다. 최근 증권관련집단소송법이 도입되는 등 부실공시로 인한 법적 리스크는 한층 높아짐에 따라 지주회사로서도 자회사 회계정보의 부실로 인한 소송 가능성에 관심을 기울이지 않을 수 없게 되었다. 현재 증권거래법상 발행시장공시, 유통시장공시의 중요한 부분에 허위기재, 기재누락이 있으면 당해 유가증권발행인, 이사 등은 투자자들에게 손해배상을 해야 한다.[17] 이러한 공시 중 수시공시의 경우를 제외하고는 모두 증권관련집단소송의 대상이 될 수 있다. 지주회사의 공시정보에는 이른바 지분법(持分法)에 의하여 자회사의 손익이 반영되기 때문에 지주회사와 그 이사는 자회사의 잘못된 회계정보 때문에 막대한 손해배상책임을 지게 될 수도 있다.

자회사의 회계분식에 따른 부실공시책임으로부터 지주회사를 무조건 보호해 주기는 어려울 것이다. 이 문제는 결국 현행 증권거래법상 '상당한 주의'를 어떻게 해석할 것인가의 문제로 통한다고 할 것이다. 증권거래법에 의하면 공시서류 중 부실기재가 있다 하더라도 피고가 "상당한 주의를 하였음에도 불구하고 이를 알 수 없었음을 증명하는 경우"에는 책임을 면할 수 있다(제14조 제1항). 다만, 그 '상당한 주의'가 구체적으로 무엇을 의미하는지가

17 증권거래법 제14조(발행공시), 제186조 제4항(수시공시), 제186조의5(정기공시).

아직 충분히 밝혀지지 않은 상태이고, 실제 소송사례도[18] 많지 않기 때문에 법원이 어떠한 태도를 취할지는 예측하기 어렵다.

그러나 지주회사의 일 부문으로서가 아니라 자회사의 경영진에 의하여 독립적인 실체로서 운영되는 자회사의 경우에는 지주회사에서 자회사의 내부통제에 대해서 적절한 관심을 베풀고 적절한 외부 감사인을 선정하도록 하였다면 일단 상당한 주의를 다한 것으로 인정될 여지가 크다고 할 것이다. 어차피 '상당한 주의'의 이행 여부는 추상적으로 결정할 수 없고, 배상책임자의 직무내용, 관련자료의 입수 가능성 등 구체적인 사정을 종합적으로 고려하여 결정할 수밖에 없을 것이다.[19] 향후 우리 증권관련법령에서도 미국 증권법처럼 전문가 부분과 비전문가 부분을 분리하여 주의의무의 범위를 보다 구체적으로 규정하는 방안을 검토할 필요가 있다고 하겠다.[20]

4. 지주회사의 소수주주보호: 특히 지주회사의 자회사 주식처분과 관련하여

지주회사체제에서 실질적으로 사업을 수행하는 주체는 자회사이고 지주회사는 자회사로부터의 배당이 주된 수입원이다. 지주회사 주주들로서는 실제 소득의 원천은 자회사임에도 불구하고 법적으로 자회사 주주가 아니기 때문에 직접 자회사 경영을 감시하지 못하는 불합리가 발생한다. 흔히 '주주권의 간접화 내지 축소'라고 불리는 이러한 문제점에 대해서는 자회사 정보의 공시범위를 확대하고 지주회사의 소수주주에게 자회사의 회계장부열람,

18 널리 알려진 사건으로서 서울지법 남부지원 1994. 5. 6. 92가합11689(이른바 신정제지사건)에서 주간사의 상당한 주의의무 위반 여부가 문제된 바 있다.

19 이동신, "유가증권 공시서류의 부실기재에 관한 책임," 증권거래에 관한 제문제(상), 재판자료 제90집 (2001), 384면 참조.

20 미국의 1933년 증권법 제11조(b)(3)(B), (C) 등 참조.

자회사 이사에 대한 이중대표소송, 위법행위유지청구를 허용하는 등 다양한 입법적 보완책이 이미 제시된 바 있다.[21] 이미 상당한 논의가 축적되어 있는 이들 보완책에 대해서는 논의를 반복하지 않고 여기서는 순수지주회사가 자회사 주식을 처분하는 경우의 문제에 대해서만 간단히 살펴보고자 한다.

회사의 영업양도에 관한 상법 제374조 제1항은 "영업의 전부 또는 중요한 일부의 양도"(제1호)와 "다른 회사의 영업 전부의 양수"(제3호), "회사의 영업에 중대한 영향을 미치는 다른 회사의 영업 일부의 양수"(제4호)가 있을 때에는 주주총회의 특별결의절차를 밟도록 하고 있다. 여기에서 독자적인 사업 없이 단지 자회사의 관리만을 수행할 뿐인 순수지주회사가 주요 자회사의 주식을 다른 곳에 매각하거나 새로운 회사의 주식을 매수하는 것이 과연 상법상의 영업양수, 양도에 해당하는지 문제된다.[22]

상법상 영업은 일반적으로 적극 · 소극재산으로 구성된 영업용 재산과 재산적 가치가 있는 사실적 관계의 총합이라는 의미로 이해되고 있으므로,[23] 영업의 양수 · 양도는 단순한 주식매매와는 뚜렷이 구별되는 개념이다. 그러나 순수지주회사 주주의 관점에서는 지주회사가 보유하는 자회사 주식이 처분되는 경우나 지주회사의 영업 일부가 양도되는 경우나 실질적으로 차이가 없다. 이 문제에 관해서는 (i) 자회사 지분의 매각은 지주회사의 중요재산을 양도하는 것으로 인정될 가능성이 많다는 견해[24]와 (ii) 지분매각이 순

21 이에 관하여는 이동원, 지주회사, 세창출판사, 2001, 279-286면; 김문재, "지주회사의 도입에 따른 회사법의 향방," 상사법연구 제18권 제1호(1999), 104-108면; 황승화, "현행 지주회사제도의 문제점과 개선방안 연구," 상장협 제48호(2003. 9), 131-138면; 前田雅弘, "親子會社をめぐる株主等の保護とその問題點," 親會社株主保護の問題を中心に, 法律のひろば(1998. 11); 神作裕之, "純粋持株會社における株主保護(上, 中, 下)," 商事法務 제1429호, 제1430호, 제1431호(1996) 등 참조.

22 이는 순수지주회사에서 특히 두드러지는 쟁점이지만 일반 지주회사에서도 마찬가지로 문제될 여지가 있다.

23 이철송, 상법총칙 · 상행위, 박영사, 2003, 212면.

24 清水眞, 持株會社の取締役の職務, 商事法務 제1582호(2000. 12), 45면.

수지주회사의 영업의 폐지나 중단을 초래할 염려가 있는 경우에는 지주회사 주주총회의 특별결의가 필요하다는 견해[25]가 제시되고 있다.

결론부터 밝히자면 일반적으로 주식을 영업과 동일시하는 해석을 취하는 것은 바람직하지 않다고 하겠다. 이러한 방식으로 영업의 개념을 확장시키다 보면, 결국 주식을 대량으로 매수, 매도하는 거래가 모두 영업의 양도나 양수에 해당하여 주주총회의 승인을 요하게 될 것이다. 이러한 해석은 회사의 신속한 의사결정에 걸림돌이 되는 것은 물론이고 특히 다른 회사에 대한 적대적 공개매수를 어렵게 한다는 단점이 있다. 따라서 순수지주회사의 경우에도 원칙적으로 자회사의 주식양도나 다른 회사주식의 취득을 영업양수도와 동일시하는 해석은 바람직하지 않다고 할 것이다. 다만, 지주회사가 자산의 대부분을 차지하는 자회사 주식을 전부 처분하는 경우와 같이 주식매각이 지주회사의 존재의의 자체를 위협하는 것일 때에는 지주회사 주주총회의 특별결의대상이 된다고 볼 것이다.[26]

Ⅳ. 자회사 차원의 쟁점

종래 자회사 차원의 법적 쟁점으로는 자회사의 소수주주나 채권자를 보호하는 문제가 많은 관심을 끌었다. 법인격 부인론, 업무집행 지시자의 책임(상법 제401조의2), 지배주주의 충실의무 등은 이러한 자회사 차원의 문제를 해결하기 위한 법리로서 활발하게 논의되고 있다.[27] 이곳에서는 이러한 법

25 황승화, (주 21), 132면.

26 다만, 실제로는 이러한 정도에 미치지 않는 주요 자회사 지분의 매각이라 하더라도, 그 중요성 정도에 따라 주주총회의 결의를 받아 두는 것이 바람직할 것이다.

27 高橋英治, 従屬會社における少數派株主の保護, 有斐閣, 1998; 大和正史, "子會社の少數株主・債權者の保護," Jurist 제1140호(1998.9); 神田秀樹, "持株會社と商事法," 商事法務 제1479호(1998.1); 森本滋, "親子

리 외에 앞으로 더 심도 있게 논의할 필요가 있다고 보이는 쟁점들을 몇 가지 언급하고자 한다.

1. 자회사 이사의 의무와 겸임이사

지주회사체제에서 생기는 또 하나의 어려운 문제로는 자회사 이사의 의무를 어떻게 파악할 것인지의 문제가 있다. 자회사 이사가 그룹 전체의 이익을 고려하여 자기 회사에 불리한 조치를 취할 수 있는 것인지, 지주회사로부터의 지시 · 권고사항 등을 이행하는 경우에는 이사로서의 주의의무가 경감되는 것인지 등이 그 예이다. 또한 최근 지주회사와 자회사, 그리고 자회사와 다른 자회사의 이사를 겸임하는 예가 늘어 감에 따라 새로운 법적 쟁점이 등장하고 있다. 즉 지주회사와 자회사 간 겸임이사가 있는 경우 이러한 겸임이사는 어떠한 의무를 지는지, 그리고 겸임이사가 있는 회사 사이의 거래가 상법상 자기거래(제398조)에 해당하는지 등에 대해서 논란이 있다. 이러한 쟁점들에 관하여는 제10장의 "지주회사 관계에서 이사의 의무와 겸임이사"에서 상세히 다루기로 한다.

2. 지주회사와 자회사 사이의 거래

기업들이 집단을 이루는 주된 이유 중 하나는 기업 사이의 협조와 교류를 통한 시너지효과를 누리려는 것이다. 이른바 비용시너지효과(cost synergy effect)란 공동구매, 공동마케팅 등을 통하여 그룹 전체의 비용을 절감하는 효

會社法制をめぐる諸問題," 商事法務 제1500호(1998. 8); 최장현, "지주회사의 법적 문제에 관한 연구— 회사법상의 문제를 중심으로," 조선대학교 박사학위논문, 2001; 최성근, 지주회사의 해금과 상법관련법제에 관한 연구, 한국법제연구원, 1999 등 참조.

과를 말하고, 수익시너지효과(revenue synergy effect)란 그룹화를 통한 효율성 증대로 매출 및 수익이 증대하는 효과를 가리킨다. 지주회사는 특히 이러한 비용시너지효과의 증대를 위하여 지주회사 차원에서 경영관리, 리스크관리, 인사, 법무, IR 등 기능을 수행하는 경우가 많다. 이러한 기능수행에 수반되는 비용이 자회사 경영의 지원을 위하여 발생한 것이라면 자회사에게 부담시키는 것이 마땅할 것이다.[28] 그러나 우리 세법은 공동운영을 이유로 공통비용을 배부할 수 있는 경우를 엄격하게 제한하고 있으므로, 실제로 지주회사와 자회사 사이에 공통비용을 배부하기는 쉽지 않다.[29] 이와 관련하여 지주회사의 수익원 확보와 지주회사와 자회사 사이의 거래가 중요한 쟁점으로 부각되고 있다.

지주회사의 수익원은 자회사에서 받는 배당과 자회사에 대한 서비스업무의 대가로 구성된다. 물론 사업지주회사인 경우 자체 사업에서 수익을 얻을 수 있고, 기업에 따라서는 지주회사로 전환하면서 일부 부동산을 지주회사 자산으로 남겨 둠으로써 임대료 수입을 올리는 사례도 없지 않다.[30] 그러나 자회사의 경영이 부진한 경우에는 배당을 기대할 수 없을 것이므로 순수지주회사가 배당에만 의존하다가는 경영에 어려움을 겪을 수 있다. 지주회사

28 예컨대 保坂圭作, 持株會社のことがわかる本, 日本實業出版社, 1998, 112면에 의하면, 모회사는 그룹의 다양한 문제를 다루기 때문에 특정 자회사에게 직접 부과할 수 없는 모회사 자신의 경비가 발생하고, 이들 경비에 관하여도 사업자회사 전체에 부과하는 것이 적당하다면 어떤 기준으로 배부해야 한다고 한다. 그 기준으로는 매출 등 수익액 기준, 인건비 등 비용액 기준, 사업자회사의 종업원 수 기준 등이 제시되고 있다.

29 법인세법 시행령 제48조는 "법인이 당해 법인 외의 자와 동일한 조직 또는 사업 등을 공동으로 운영하거나 영위함에 따라 발생되거나 지출된 손비 중 다음 각 호의 기준에 의한 분담금액을 초과하는 금액은 당해 법인의 소득금액계산에 있어서 이를 손금에 산입하지 아니한다. 1. 출자에 의하여 특정사업을 공동으로 영위하는 경우에는 출자 총액 중 당해 법인이 출자한 금액의 비율 기타의 경우에는 당해 조직 · 사업 등에 관련되는 모든 법인 등의 직전 사업연도의 매출액 총액에서 당해 법인의 매출액이 차지하는 비율. 다만, 공동행사비 및 공동구매비 등 재정경제부령이 정하는 손비에 대하여는 참석인원수 · 구매금액 등 재정경제부령이 정하는 기준에 의할 수 있다"고 하고 있다.

30 이태윤, "지주회사 설립사례," 상장협 제49호(2004. 3), 115면 참조.

가 경영자문계약, 브랜드사용계약을 체결하고 자회사들로부터 서비스 업무에 대한 대가를 수령하는 방안이 주목을 받는 것은 바로 그 때문이다.

예컨대 일본의 통신대기업인 NTT에는 조사연구부문 인력을 비롯하여 약 300명의 종업원이 근무하고 있는데 이들은 자회사들에 대하여 경리, 세무, 법무 등 서비스를 제공하고 그 대가를 수령하고 있다고 한다.[31] 우리나라에서도 용역료, 브랜드 사용료 등의 명목으로 지주회사가 자회사와의 사이에 서비스 제공에 따른 대가를 받는 사례가 없지 않다.[32] 이러한 서비스 용역대가의 수령을 부정적으로 보는 시각도 있을 수 있으나, 오히려 지주회사가 서비스에 대한 적절한 대가를 수령하지 않는 것이 지주회사 주주이익에 반하는 측면이 있다고 할 것이다.

서비스 제공계약에 관해서는 과연 제공되는 서비스의 실체가 있는지 등 여러 쟁점이 있을 수 있으나,[33] 가장 문제되는 것은 역시 대가의 공정성이라고 할 것이다. 즉 이러한 용역제공계약, 브랜드사용계약 등이 실제로는 지주회사가 자회사의 이익을 희생시키면서 자신의 이익을 노리는 수단으로 악용될 우려가 있는 것이 사실이다.[34] 물론 이러한 거래의 불공정성의 문제는

31 持株會社の理論と實務, 東京大學法律プロフェッショナル・セミナ―, 別冊商事法務 No.231, 2000, 192면. NTT사례 (1998. 12. 23. 아사히신문 보도 참고)

32 이태윤, 앞의 논문, 115면은 세아홀딩스가 자회사에 대한 경영진단 및 자문, 경영평가, 공동 실무참여 등 경상적으로 발생되는 자회사에 관한 업무에 대하여 일종의 인건비 명목인 용역료를 수수하는 방안을 마련했다고 기술하고 있다. 공정거래법상 지주회사는 아니지만, (i) 주식회사 신세계는 주식회사 광주신세계로부터 매출액의 1%를 구매대행수수료로 수령하고 있고, (ii) 한무쇼핑 주식회사는 현대백화점으로부터 감가상각비 공제 전 영업이익의 10%를 관리대금으로 수령하고 있으며, (iii) 롯데쇼핑 주식회사도 주식회사 롯데미도파로부터 감가상각비 공제 전 영업이익의 10%를 업무제휴에 따른 대가로 지급받고 있다. 주식회사 광주신세계, 주식회사 현대백화점의 2004년도 사업보고서, 주식회사 롯데미도파의 2002. 8. 28.자 기타 주요 경영사항에 대한 공시 참조.

33 持株會社の理論と實務, 東京大學法律プロフェッショナル・セミナ―, 116면에서 지적하고 있듯이 지주회사의 법무팀이 자회사들에게 법무서비스를 제공하는 것이라면 변호사법위반이 문제될 여지도 있다.

34 예컨대 앞서 본 NTT의 경우 NTTe데이터(NTT가 약 54%를 출자하고 있는 자회사)로부터 받은 경영운영비의 규모가 NTT가 제공한 서비스에 비추어 적정한지에 관한 논란이 있었다.

서비스 계약의 경우에만 제기되는 것이 아니다. 서비스 계약은 대상인 서비스의 가치를 정확하게 평가하는 것이 어렵다는 점에서 남용의 가능성이 높지만, 지주회사와 자회사 간의 다른 거래에서도 이와 같은 거래의 불공정성 문제는 항상 제기될 수 있다.

같은 기업집단에 속하는 계열회사 사이의 거래는 그 조건이 불공정하게 결정될 위험이 크다. 그러한 내부거래의 불공정성은 회사법적 측면에서는 불리한 조건으로 거래하는 회사의 주주이익에 반한다는 점에서, 공정거래법적 측면에서는 공정경쟁을 침해할 우려가 있다는 점에서,[35] 세법적 측면에서는 부당한 조세회피의 여지가 있다는 점에서 각각 관심의 대상이 되고 있다. 그러나 현재 계열사간 불공정 거래에 관한 가장 실효성 있는 규제는 공정거래법상 이른바 부당내부거래에 관한 규제라고 할 수 있다. 즉, 공정거래법 제23조 제1항 제1호는 "거래의 상대방을 부당하게 차별하여 취급하는 행위(차별적 취급행위)"를 금지하고 있으며, 같은 항 제7호는 "부당하게 특수관계인 또는 다른 회사에 대하여 가지급금 · 대여금 · 인력 · 부동산 · 유가증권 · 무체재산권 등을 제공하거나 현저히 유리한 조건으로 거래하여 특수관계인 또는 다른 회사를 지원하는 행위(부당지원행위)"를 금지하고 있다.[36]

회사법상으로도 지주회사와 자회사 간 불공정한 조건에 의한 거래가 완전히 방치되고 있는 것은 아니다. 지주회사와 자회사는 각각 별개의 법인이기 때문에 자신의 이익이 아닌 그룹 전체의 이익이나 다른 회사의 이익을 도모하는 것은 원칙적으로 허용되지 않는다. 그러한 행위를 감행한 이사는 회사에 대해서 손해배상책임을 질 수 있다(상법 제399조). 또한 자회사에 불리

35 공정거래법상 부당내부거래, 특히 부당지원행위 규제의 주된 논거는 경제력 집중 억제에 있지만 거래질서의 보호도 하나로 논거로 인정되어, 법체계적으로 '경제력 집중'이 아닌 '불공정거래행위' 규제 편에 위치하게 되었다. 홍명수, 부당한 지원행위의 의의와 위법성 판단, 공정거래와 법치(권오승 편저), 법문사, 2004, 397면.

36 이러한 공정거래법상의 규제에 대한 최근의 근본적인 비판으로는 송옥렬, "기업집단 부당내부거래규제의 법정책적 이해," 서울대학교 법학 제46권 제1호(2005) 참조.

한 내용의 거래에 응하도록 영향력을 행사한 지주회사의 관련자는 이른바 업무집행 지시자(상법 제401조의2)로서 자회사의 이사와 연대하여 손해배상책임을 지게 된다. 그러나 주주대표소송을 제기하는 것이 쉽지 않은 상황에서 현실적으로 이러한 손해배상책임이 그대로 실현될 가능성은 높지 않다. 설사 부당내부거래에 책임 있는 자회사 및 지주회사 이사들의 손해배상책임이 인정되는 경우에도 이들이 자력이 없다면 현실적인 구제가 이루어질 수 없을 것이다.[37]

보다 실효성이 있는 것은 지주회사 자체의 책임을 묻는 방안이다. 지주회사가 영향력을 행사하여 자회사에 불이익한 조건을 수용하도록 한 경우, 지주회사 자체가 자회사에 대한 손해배상 또는 이득반환의무를 지도록 하는 방안에 관해 일본에서는 다양한 논의가 전개되고 있다.[38] 먼저 상법상 이익공여금지조항(상법 제467조의2, 일본상법 제294조의2)을 활용하자는 견해가 있다. 지주회사가 자회사 이사의 선임, 해임권을 배경으로 거래상 이익을 얻은 것이므로 "주주의 권리행사와 관련하여 재산상의 이익을 공여받은 것"으로 보아야 한다는 데 논거를 두고 있다.

이에 대하여는 위 조항은 이른바 총회꾼을 염두에 둔 것이어서 입법취지와 맞지 않을 뿐 아니라 자회사의 손해액이 아닌 공여된 이익액을 기준으로 하므로 그 실효성이 의심스럽다는 반론이 존재한다.[39] 다음으로 불공정한 거래로 인한 지주회사의 이익을 일종의 '숨은 이익처분'으로 구성하는 견해도 있다. 이는 일본 상법 제290조, 유한회사법 제46조가 독일 주식법에서와

37 물론 지주회사가 별도의 사용자책임, 불법행위책임을 지거나 계약조건의 불공정성으로 인해 계약이 사법상 취소, 무효화하는 경우도 상정은 할 수 있으나, 실제로 이러한 경우는 매우 드물 것이다. 업무집행 지시자를 지주회사 자체로 보는 방안도 있을 수 있으나, 지주회사를 이사로 간주하는 방식에는 법적 문제점이 많다.

38 江頭憲治郎, 結合企業法の立法と解釋, 有斐閣, 1995, 101면.

39 최성근, (주 27), 58-59면.

같이 출자반환금지원칙을 규정하고 있다고 보는 견해이지만 위 조항들이 숨은 이익처분에 관한 조항으로 보기는 어렵다는 반론도 만만치 않다.[40] 이러한 사정은 우리 회사법상으로도 대체로 마찬가지라고 할 수 있다. 우리나라에서 기업집단 내의 내부거래에 대해서 공정거래법의 규제가 전면에 나서게 된 것은 이처럼 회사법상 지주회사와 자회사 간 불공정한 거래를 실효적으로 규제할 수단이 마땅치 않다는 고려가 작용한 것으로 판단된다.

입법론적으로는 부당내부거래에 대해서 현재와 같이 공정거래위원회와 같은 공적 기관에 의존하기보다는 사적 경제 주체의 자발적인 활동을 유도하는 것이 바람직할 것으로 판단된다. 저명한 학자와 실무가들로 구성된 미국법률가협회(American Law Institute)가 1990년대 초에 발표한 『기업지배구조의 원칙』(Principles of Corporate Governance)이라는 책자에 의하면 지배·종속관계에 있는 회사 사이에 중요한 거래를 행할 때에는 종속회사의 이해관계 없는 이사나 주주들의 승인을 받음으로써 거래의 불공정성에 대한 시비를 회피할 수 있다.[41] 이처럼 종속회사의 이해관계 없는(disinterested) 이사나 주주의 동의를 요하는 절차적 접근방식을 취하는 대신 지배회사에 무거운 책임을 부담시킴으로써 불공정 거래를 차단하자는 주장도 존재한다. 현실적으로 종속회사에서 이해관계 없는 독립이사들이 자율적으로 회사이익을 보호하는 결정을 내릴 것을 기대하기는 어렵다. 따라서 지배회사와 종속회사 사이에 통상적이 아닌 거래에 의하여 종속회사가 손해[42]를 입은 경우에는 지배회사가 무과실 전보책임을 지는 것이 바람직하다는 논리인 것이다.[43]

구체적 방식이야 어떻든 장차 지주회사와 자회사 간 불공정거래의 문제는 공정거래법의 시각보다는 회사법의 시각이 강조될 필요가 있을 것이다.

40 김문재, (주 21), 95-96면.

41 제5. 10조("Transactions by a Controlling Shareholders with the Corporation") 참조.

42 일응 지배회사가 얻은 이익을 종속회사의 손해로 추정한다.

43 江頭憲治郎, (주 38), 148면, 330면 참조.

내부거래를 불공정거래행위 차원에서 접근하는 경우, 공정한 거래질서라는 측면만을 강조한 나머지 그룹 내부거래에 따른 계약의 안정성, 거래의 비밀보호 등 내부거래의 장점이 무시될 가능성이 많다.[44] 또한 계열사가 실지로 지점 또는 사업부문에 불과한 때에는 이를 독립적인 경쟁단위로 보아 경쟁제한을 따지는 것 자체가 부적절한 면이 있다.[45] 특히 공정거래법상 지주회사인 경우 설립, 전환단계에서 이미 엄격한 요건과 행위제한을 받고 있으며, 자회사의 지분 30~50%를 보유하면서 실질적으로 자회사들과 경제적 이해관계를 같이하는 경우가 많을 것이므로, 공정거래법적 관점에서는 부당지원을 규제할 필요성이 약화된 것으로 볼 것이다.

V. 맺음말

이 논문에서는 현재 증가일로에 있는 지주회사의 운영과 관련하여 몇 가지 새로운 문제점들을 개관해 보았다. 글을 마무리하면서 두 가지 사항을 지적해 두고자 한다.

먼저 우리도 지주회사(또는 지배회사)와 자회사(또는 종속회사)의 책임 및 권한관계를 명확히 하고 그룹의 실체를 인정하는 일반적인 그룹법제를 도입할 필요성이 있는지를 고민할 필요가 있을 것이다. 영국과 EU에서의 논의에서 보듯이 이러한 그룹법제는 지배회사의 지시권을 보장해 주는 반면, 지배회사로 하여금 자회사에 대한 책임을 부담하게 함으로써 오히려 기업활

44 이인권, 기업집단의 이해와 과제, 공정거래와 법치(권오승 편저), 법문사, 2004, 274면.

45 미국의 Copperweld Corp. v. Independence Tube Corp., 467 U. S. 752(1984) 사건에서도 모회사와 100% 자회사 간의 거래는 하나의 사업자 내부에서의 행위와 동일하게 취급하여야 한다고 보았다. 현재 미국에서는 위 판결이 100% 소유관계가 아니더라도 의사결정을 지배할 수 있는 모자회사 관계에 적용될 수 있다고 보는 것이 대체적인 견해이다.

동의 탄력성을 제한할 우려가 있다. 지주회사체제로 전환하는 결정에도 여러 이유가 있고 지주회사와 자회사 간 관계에도 다양한 유형이 있다. 지주회사가 유한책임의 특권을 유지하면서 신규사업에 진출하려는 경우도 있고, 지주회사가 일종의 벤처캐피탈과 같이 자회사에 대한 투자자로서 전략적 투자결정만을 담당할 수도 있다. 반면 실제로 하나의 사업부문으로 운영할 계획임에도 불구하고 자회사별 근로조건의 탄력성, 성과평가의 용이성을 고려하여 지주회사형태를 택하는 경우도 있을 것이다. 이처럼 지주회사가 다양한 형태로 운영될 가능성이 있다는 점을 고려하면 지주회사의 모든 측면에 대해서 억지로 하나의 틀만을 요구하는 것은 바람직하지 않을 것이다.

둘째, 앞으로는 지배회사와 종속회사 사이의 거래에 관하여 공정거래법상 내부거래에 관한 규제보다는 회사법상 이익충돌제한규정을 더 활용하는 것이 바람직할 것이다. 특히 가급적 회사 내부의 독립적인 이사나 주주들에 의한 절차적 규제와 기업 내부 통제시스템에 의한 사전적 조정수단이 제대로 작동되도록 유도할 필요가 있다. 이러한 체제는 기업의 자율성과 예측 가능성을 높인다는 점에서도 공정거래위원회에 의한 사후적 통제보다 나은 면이 있다고 할 것이다.

김건식 · 노혁준 편, 지주회사와 법(2007, 도서출판 소화)

≫ 저자 약력

김건식

1977년 서울대 법대 졸업

1980년 미국 하버드 법대 LL.M.

1985년 미국 워싱턴 주립대 J.D.

1995년 미국 워싱턴 주립대 Ph.D.

1995년~1996년 일본 동경대 법학부 객원조교수

1998년 미국 하버드 법대 객원교수

1986년~현재 서울대 법대 교수

2008년~2010년 서울대 법대 학장

주요 저서 및 논문

「무의결권우선주에 관한 연구」(상장협 연구보고서, 1994)

「Chaebol and Corporate Governance in Korea」
(워싱턴주립대 박사학위논문, 1995)

『미국의 증권규제』(공저, 홍문사, 2001)

『자본시장법』(공저, 두성사, 2009)

『기업지배구조와 법』(도서출판 소화, 2010)

회사법 연구 I

초판인쇄 | 2010년 9월 10일
초판발행 | 2010년 9월 17일

지 은 이 | 김건식
발 행 인 | 고화숙
발 행 처 | 도서출판 소화
등 록 | 제13-412호
주 소 | 서울시 영등포구 영등포동 7가 94-97
전 화 | 2677-5890
팩 스 | 2636-6393
홈페이지 | www.sowha.com

ISBN 978-89-8410-326-9 94360
ISBN 978-89-8410-325-2 (세트)

값 24,000원